好讀

雜阿含經

第一冊／遠離憂悲苦惱　卷一至卷十

劉宋　求那跋陀羅尊者　翻譯
台大獅子吼佛學專站　編註

〈推薦序〉

劃時代、開創性的讀經會成果

敝人與邱大剛居士認識的因緣或許可以追溯到1998年2月15日「中華電子佛典協會」（CBETA）成立大會之時，他是台大獅子吼佛學站的主要負責人，此BBS站早在1995年，已經開始討論如何進行電子佛典化的相關問題。因此，邱居士能特地來參加CBETA的成立大會，並且長期的護持與指教，實在是CBETA的大善知識。

2014年5月初，敝人接到邱居士的電郵，希望請敝人寫《好讀 雜阿含經》的推薦序。敝人感到很高興但也心虛，因為自己不是《阿含經》方面的專家，不敢造次。但是，能為邱居士所出版之非常有特色的法寶，隨喜寫序，卻倍感榮幸，於是鼓起勇氣，贅言如下：

所謂非常有特色的法寶，因為這是善用第二代網際網路（所謂Web2.0）概念所建立之線上讀經會的研習成果。它讓使用者透過分享（Share）與互動（Interactive），讓資訊內容可因使用者的參與（Participation）而隨時產生，經由維基（Wiki）、和社群網絡（Social Network）等新功能達成迅速分享的效果，進而產生豐富的知識資源。

這種網際網路合作交流的研習方式，是敝人非常推崇、大力推廣的新一代教育模式，因為科學界的研究人員已經開始運用Web2.0廣大開放的性質，隨時展示他們的研究歷程，被稱為"Science2.0"，因為這些研習歷程在其他溝通機制中會被隱藏的細節可以顯現，可以讓科學研究更有效率。此外，這種建立於眾生平等（anyone）、突破時空障礙、隨時（anytime）隨地（anyplace）的合作交流的機制，也是很合乎佛教之「自覺、覺他、覺行圓滿」精神，也是新一代教導、學習與評量的模式。但是，敝人只停留於"Science2.0"理念的推廣，沒有實際付諸行動，因此，我們可以說：邱居士此紙本版或網路版《好讀 雜阿含經》是劃時代、開創性的讀經會成果，也是電子佛典未來的發展方向。

《好讀 雜阿含經》內容包含「導讀」之基礎或背景知識，方便初學者進入經文的情境中；提供「新式標點」、「校勘」、「註解」、漢譯異譯或南傳《尼柯耶》的「對應經典」，讓讀者可以有效率地瞭解經文；還有「讀經拾得」，舉例經文所載在現實生活的觀察或應用，以及藉由十幾年來台大獅子吼站上的問答以及讀經班，搜集對各經常見的Q&A，列入線上版「進階辨正」等多層次的結構，可以說是兼具「深入淺出」、「古今輝映」、「解行並重」、「上下交融」之妙。

此外，對於《好讀 雜阿含經》，邱居士也與我分享一些心得，例如：《雜阿含經》第296經指出了聖弟子不求過去世，不求未來世，不著我見、眾生見、壽者見。經中原文是：「多聞聖弟子於此因緣法、緣生法正知善見，不求前際，言：『我過去世若有、若無？我過去世何等類？我過去世何如？』不求後際：『我於當來世為有、為無？云何類？何如？』內不猶豫：『此是何等？云何有此為前？誰終當云何之？此眾生從何來？於此沒當何之？』若沙門、婆羅門起凡俗見所繫，謂說我見所繫、說眾生見所繫、說壽命見所繫、忌諱吉慶見所

繫，爾時悉斷、悉知，斷其根本，如截多羅樹頭，於未來世，成不生法。」

這段經文的義理與《金剛般若波羅蜜經》所述「無我相、人相、眾生相、壽者相」呼應，像這樣的義理探源，可以貫通《阿含經》與《般若經》的緣起智慧，不會顧此失彼或自讚毀他，進而善巧融通不同佛教傳統的佛典，共同探索佛教的本質以去蕪存菁，共同究明各種法門的流變以截長補短、各盡其用，如此則是全體佛教之幸，也是所有眾生之福。

釋惠敏

序於法鼓文理學院

2014年7月17日

（東京大學文學博士、法鼓文理學院校長）

研讀《雜阿含經》的隨身法藏——《好讀 雜阿含經》

《好讀 雜阿含經》是古典今讀的現代註釋書，從傳統字詞解讀、修行與生活對話，到深入佛陀的根本教義。本書最可貴之處，非一人之作，而是眾人智慧的結集。一群佛教的知識分子，透過網路建構虛擬佛教修行壇城——「台大獅子吼佛學專站」（以下簡稱「獅子吼網站」），從網路發展初期的Telnet開始，架設BBS到Web 2.0，跨越不同的網路介面，匯聚世界各地的佛子，共同研讀、線上公開分享，歷經十多年的線上讀經會（2000-2014），如今開花結果，將豐碩的內容結集出版成書。眾佛子如此好樂正法、毅力堅持、樂施予人的胸襟，令人不禁讚歎：「自利亦利他，是施獲大利，慧者如是施，淨信心解脫。」（《雜阿含經》卷四十六）

從獅子吼網站的設立、持續推動到本書結集出版紙本，幕後的堅持者是獅子吼網站的發起人邱大剛居士。回想大剛居士與香光結緣至今，已將近有二十年了。大剛居士於大一時（1995）創立「獅子吼網站」，透過e-mail聯繫，徵詢「香光書鄉出版社」同意將佛使比丘《一問一智慧》電子檔張貼於BBS上。1997年，筆者以《佛教圖書館館刊》主編身分，邀請他撰寫網路上與佛教相關的BBS站發展之過去、現在、未來（文章詳見〈虛空善法堂：佛教BBS〉，《佛教圖書館館刊》第14期）。這一路走來，大剛居士由一位校園內善根深厚的年輕學子，到現在投入社會創業、傑出有成，卻依然能持續地精進學佛、奉獻佛法，堪稱現代學佛者的楷範。

本書籌畫出版已歷時數年。從2010年至今，大剛居士在事業忙碌之餘，躬自審閱校注，多次與筆者書信往返討論相關問題；至本書出版前，仍謹慎翔實的從頭檢閱，力求義理精準、文字簡明，如同本書的書名——《好讀 雜阿含經》，讓深奧的佛法核心教義容易閱讀、人人想讀。凡此種種努力，是法的力量，是法身慧命的堅持！今（2014）年5月大剛居士再度來函，邀請筆者寫序，僅以個人在佛教圖書館服務的經驗與觀察，述說本書出版的意義與價值。

自學研讀《雜阿含經》的寶典

《雜阿含經》旨在闡述佛法核心教義、揭示從人天善道的修行到究竟解脫之道，是佛陀教法中最接近真實，也是最完整結集的重要經典。本書的出版，於自學研讀《雜阿含經》者，猶如一本小型的工具書，對照經文、經義導讀、關鍵摘句、註解、校勘……。此外，還整理了南北傳《雜阿含經》相對應的經號，對有心深入研讀者，可說是珍貴的研究資訊。更有「讀經拾得」，匯集了多位善知識的修行心得，生命與經文的對話，提供讀者現實生活中的觀察與應用實例。

「數位到紙本，紙本到數位」不同媒介的互補功用

《好讀 雜阿含經》，原是網路讀經會的資料（http://buddhaspace.org/agama/），研讀後不斷整理，萃取精華，再以紙本出版。也許有人會質疑，已經在網路上流通，為何還需要將它印成紙本？就個人所知，國外出版社如Springer，往往是先出版電子版，再出版紙本，影響不同的群眾。因此，將網路的討論或文章結集出版，透

過不同媒介,更可以攝化不同的對象。網路的超連結,開啟閱讀的多元性;紙本閱讀,可綜觀瀏覽,也可細細品味《雜阿含經》的法味。又,本書線上版有「進階辨正」(對經文疑義與辨正等資訊),提供進階者的延伸閱讀。本書真的做到「數位到紙本,紙本到數位」的相互連結。

記錄佛教線上讀經會的學習歷史

《好讀 雜阿含經》的出版是多人於網路上共同參與、共同學習、共同成長的讀經記錄。佛弟子在網路時代,藉用科技工具,展現合作學習的模式,超越傳統一地、一時、一人的局限,可以隨時、隨地、遠端相互切磋。十多年來,參與讀書會的成員已將四部《阿含經》讀過數遍,如實呈顯的閱讀心得,是來自不同領域的多元思考。其共同努力的成果,足以揭示佛法正知見以及疑義的解答。線上讀經的模式,正在改變傳統的學習模式和佛教弘法方式。而本書的出版,記載了佛教線上讀書會的學習歷史,標誌著佛教弘傳方法的跨越。

時代在進步,站在前人的肩膀,佛法的弘傳將更向前邁進!願當代佛法的弘傳,善用數位科技,與日俱進,燃燈供佛、普利人間。

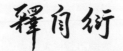

釋自衍

序於香光尼眾佛學院

2014年12月25日

(香光尼眾佛學院圖書館館長、《佛教圖書館館刊》暨《佛教圖書館電子報》主編)

〈編序〉

願解如來真實義

《長阿含經》等經典記載，佛陀在涅槃前告訴弟子，要辨識什麼是真正的佛說，得要依經及依律來審查判斷，而不盲信任何人。佛陀也要弟子在佛涅槃後以經為師、以戒為師，如此就能如同佛陀還在世。

在當今各宗派之說百家爭鳴、諸學者看法百花齊放的情況下，躬自讀經不啻是客觀理解佛說最穩當的方法。

從2000年開始，有一群在「台大獅子吼佛學專站」網路上的佛弟子們，分別來自台灣、美國、加拿大、馬來西亞等地，相約每週閱讀《阿含經》，並分享摘句、筆記。十幾年過去了，讀經班已閱畢四部《阿含經》數遍，持續至今。從當年對佛法生澀地理解，到對佛經讀出興味來，如人飲水、冷暖自知。不管是在對佛法的體會上、對正見的釐清上、對修行的實作上、還有對佛法在生活的運用上，《阿含經》都帶給成員們深刻地影響。

早些年要取得《阿含經》並不是那麼容易。雖然有新文豐出版社出版的《大正藏‧阿含部》較經濟實惠，但字體略小、密密麻麻，閱讀較為吃力；後來有出版社重新編輯《阿含藏》，雖整齊易讀，然費用較高，不是所有人都能負擔。因此，種下了往後要結緣《阿含經》想法的種子。多年之後有經濟能力實現當初的想法了，但朋友們建議：如果不能讓讀者較容易瞭解《阿含經》的意義，那麼印經的效果就非常有限。希望加上註解，幫助讀者理解，至少也能節省讀者查詢佛學辭典的工夫和時間。

因此，從2008年開始，一起讀經的許多朋友，基於「台大獅子吼佛學專站」自1995年來的討論以及2000年開始線上讀經會的記錄，開始將《阿含經》加以標註，希望能結合大家讀經的經驗，協助新手快速地自學，掌握《阿含經》的內容。

本書的編輯及註解，即希望能夠協助讀者體會《阿含經》內容的意義，並運用在生活及修行上。因此首重文筆的白話及簡潔，經文之外的內容一律是白話，避免名相堆砌，愈講愈玄。然而有興趣讀《阿含經》的人，大多是為了探究佛陀說法本懷。為了讓讀者自行深入經藏、不假他人之手，因此不是給予全文的白話翻譯，而是做盡量客觀、直譯的註解，希望讀者在熟悉佛經的體例及用詞後，未來不論閱讀哪部佛經，都能悠然自得。

本書的編輯完全由義工發心合作，期許在這個過程中，讓參與的大眾同霑法益，並從對《阿含經》的瞭解開始，自利利他。雖然都是無償的義工，但佛經的註解必須特別嚴謹，因此各卷都是由編輯們謹守以經解經的原則，參照阿含各經及《大藏經》中其餘經典的用法，以及南傳《尼柯耶》的內容，交叉比對；也向法師、大德們請教，以期盡量把握住經文的原意。

為了方便流通，本書的紙本版免費授權給法鼓文化出版，於書店流通；若有收益，也由法鼓文化做佛法上的用途。至於網路版、電子書版，則永久由「台大獅子吼佛學專站」免費提供閱讀及下載。另外，編輯或站友也會結緣紙本版給有需要的佛弟子。

　　二十多年前，筆者首次接觸《阿含經》時，國內關於《阿含經》的研究相關資源都相當有限，也沒有研修《阿含經》的風氣，甚至連經文的取得都不是很容易，遂讓我們有了流通《阿含經》的想法。這些年來，透過許多法師及大德們的努力，佛教界已有了閱讀《阿含經》的風氣，並希望藉本書的出版能貢獻一分心力。

　　期許本書的發行能協助佛弟子對佛法有更深入地瞭解，並勤修戒定慧、息滅貪瞋癡，自在解脫地行走人間。

邱大剛

2015 年 1 月 1 日
（台大獅子吼佛學專站站長、
美商現觀科技執行長）

目次

《阿含經》簡介

什麼是《阿含經》

「阿含」是音譯自Āgama，義譯是「傳（承）」，由釋迦牟尼佛所傳來的法。

釋迦牟尼佛在菩提樹下悟道後，開始了他四十九年的說法，而《阿含經》則記錄了佛陀在人間的說法內容。從佛陀對過去的同修五比丘說法開始，佛法幫助無數的人解脫煩惱、身心自在，憑藉著實際可行的修行次第，永離眾苦、究竟清涼。

五比丘跟著佛陀成為人間最早解脫的聖者，是聽了佛陀什麼精闢的說法？佛陀的各大弟子，不分貴賤，如何從一介凡夫、外道、貴族、甚至賤民，照著佛法實修，一一成為自在生死、遊戲神通的聖僧？他們又是從佛陀學到了什麼法，而能自修成道？

種種不同背景的過客：愚鈍的小弟、吝嗇的富人、有信心的窮人、生病的患者、求生天的外道、欲證無上大法的婆羅門、想成就神通的鄉民、欲知三世因果的婦人，如何一一都能從佛法得益？他們能從佛法得益，我們也能，只要有心，人人都能離苦得樂。

最平實的，往往也是最容易有效果的。《阿含經》是佛陀說法的忠實記載，也是指導我們如何處理不同問題的教材。沒有華麗的辭藻，只有實用的記錄；沒有虛無的詭辯，只有實修的指南；沒有分毫的藏私，只有無盡的分享。經中記載了佛陀如何點燃一盞盞的心燈，燈燈相傳，照亮世間。讓我們也參與佛陀在人間傳法的盛會，依照覺悟的教法，自證於一次次的禪修中，應用在一天天的生活中。

四部《阿含經》

《阿含經》分為四部：《雜阿含經》、《增壹阿含經》、《中阿含經》、《長阿含經》。

為什麼會分成四部呢？一般認為是為了經典整理的方便，依照長度和性質所區分的：

《長阿含經》中各經的篇幅最長，集成一部。

《中阿含經》中各經的長度，大致上比《長阿含經》短一些。

《雜阿含經》的每篇經文又更短，「雜」有「小而花樣多」的意思，因而做為經名。這些經文依據不同的分類而整理，區分為對不同事類的「相應」。

《增壹阿含經》也是許多迷你的經文，每十篇合為一品，且一法一法的增加，而稱作「增壹」。古代用語「增壹」也指十進位的十位數加一，1～9後的10即增壹，11～19後的20又增壹，恰恰表達每十篇合為一品的意思。

就內容的取向來看，《雜阿含經》闡明佛教的根本教理，尤其教導我們如何以智慧觀照一切；《中阿含經》重視煩惱的對治，尤其在修定的次第有務實的探討；《增壹阿含經》循序漸進，如同教科書般能讓人地毯式地瞭解佛法；《長阿含經》則記載佛陀行走人間、顯正破邪的歷史，並以古代人所能理解的角度描繪佛教的世界觀。

漢譯《阿含經》的價值

歷史上《阿含經》的傳抄，主要分為北傳及南傳兩個路線。北傳即當今漢譯的《阿含經》，南傳則是巴利語的《尼柯耶》。兩者的主要義理相同，在細節上則經過千年的傳抄而互有出入。

南傳的《尼柯耶》有五部，是《相應部》、《增支部》、《中部》、《長部》、《小部》。其中《相應部》即相當於北傳的《雜阿含經》，《增支部》相當於《增壹阿含經》，《中部》相當於《中阿含經》，《長部》相當於《長阿含經》，《小部》相當於散見北傳大藏經中《法句經》、《本事經》、《本生經》等經文。

歐美學者對於佛典的接觸，較多起於巴利佛典的譯本，因此巴利佛典在歐美的知名度一般高於漢譯佛典，近代也有讀《阿含經》的學者以《尼柯耶》作為對照。

由於中國人對於佛經翻譯及保存的恭謹，漢譯的《阿含經》在一千年前翻譯後即不再更動，不同刻本的異體字或缺字也有校勘可尋。南傳的《尼柯耶》則到近代還數次結集修訂，由結集者的共識修改不一致或有疑義的部分；然而近代結集者的共識是否必定是原義？則見仁見智。

就傳抄的路徑而言，北傳的四部《阿含經》是由不同部派所傳，來源較多元，更確保其內容不是單一宗派的一家之言。而南傳的五《尼柯耶》則皆為同一部派所傳，五《尼柯耶》的組織及義理相當整齊。

有些人因為佛世時有巴利語，就以為

巴利語佛典沒有經過翻譯的過程，其實是誤解。巴利語接近佛世時的俗語，然而巴利經典也是西元前一世紀末才以各國的文字書寫下來，當今南傳的《尼柯耶》一般認為是由僧伽羅文的抄本翻譯的，也是經過幾次翻譯、傳抄。北傳的《阿含經》則分別由不同的部派所傳抄，大致是由梵文或僧伽羅文抄本翻譯為中文。兩者有不同的傳抄路徑、也都經過翻譯的過程。現今《尼柯耶》的主要中譯本，翻譯自日文或東南亞各國版本，轉手的次數並不一定都較《阿含經》少。

因此若見到有部分經文在《阿含經》及《尼柯耶》不一致的狀況，不須迷信何者才正確，而要從整體佛經的意義來看，透過其餘經典中相關義理的交叉比對，來確認其意義。近年南傳學者也開始以《阿含經》作對照，釐清《尼柯耶》中意義不清楚的段落。

《阿含經》另一個特色在於有龐大的大藏經經文互為呼應，因此若特定古代用詞特別難懂，可以中華電子佛典協會（CBETA）的電子大藏經進行搜尋，協助瞭解該用詞的意義。

對於華人而言，讀中文《阿含經》一般還是比讀外文來得能精確的掌握字義。我們也必須感念諸多翻譯佛經的先賢，有他們基於實修、一字一句的潛心翻譯，我們才有文詞優美、義理深厚《阿含經》可以瞭解佛陀說法的原義。

南無本師釋迦牟尼佛！

本書使用方法

本書閱讀方法

很多人不讀經，可能是覺得經典太高深、或是文言文太難懂，而本書就是要協助一同學習佛法的讀者（簡稱「同學」）克服這樣的障礙。

就「經典太高深」而言，《阿含經》的內容都是佛陀向一般弟子開示的內容，如果連智商不足的周利槃特、沒讀過書的賤民除糞人尼提，都能聽懂佛陀的教導並且進而悟道，識字且受過良好教育的同學們，自然都應該能理解《阿含經》的內容。

若感到「文言文太難懂」，也不必害怕。其實大多數佛經的文言文只要熟悉之後，比起一般的文言文還來得容易掌握。只要識字就可以讀《阿含經》，在日積月累的練習讀經之後，自然能熟習佛經的語法，充分掌握佛經的意涵、如同佛陀親自向您說法。只是初學者常會遇到難詞，需要翻查佛學辭典，可能比較繁瑣，因此本書將難詞一一註釋，以方便同學們閱讀經典。

初學者在閱讀本書時，可先由「導讀」學習基礎知識，以方便進入經文的情境中、領會佛陀的開示。為了協助沒有讀過經的初學者，某些經文前還有「經文導讀」，一小段、一小段地翻譯、解釋該經的內容，希望能讓初學者熟悉佛經的體例以及文字，之後自己讀其餘經文就比較容易了。

閱讀「經文」時若有難詞，可查閱「註解」，瞭解難詞或專有名詞的意義。

讀經更重要的是落實在生活中，因此在「讀經拾得」中舉例經文所載在現實生活的觀察或應用，例如「六識有哪些日常生活中的例子？」、「苦集滅道要如何應用到生活中？」、「十二因緣有什麼實例？」協助讀者瞭解佛法與我們這個時代的周遭有什麼緊密的結合，有什麼平日就能理解或應用的情境。讀者也可加上自己的心得筆記，舉一反三。

《雜阿含經》前三卷相當重要，但也較為難懂，因此需要反覆研習。若難以理解古文，或可嘗試易讀的第四卷，在對佛經的古文及形式較熟悉後，回過頭讀前三卷，或許就較容易了。

讀經時可以神遊其中，將自己融入經中，成為古代追隨佛陀求法的佛弟子，看佛陀如何將一個觀念或事件解釋給我們這些古人們瞭解。解脫之道，就從菩提樹下一一開展。

若在讀經當中有疑問或想法，除了就近請教寺院或法師，Facebook的用戶也可加入「大家來讀經」http://facebook.com/groups/budadigest/社團，一同研討。沒有Facebook帳號的同學則可上「台大獅子吼佛學專站」http://buddhaspace.org上的「獅子吼讀經班」版，線上讀經班於每週末進行線上語音討論。

本書的線上版另有「進階辨正」，提供複雜或有疑義的詞句分析及詳細辨正資訊。這些資訊由於較為深奧或蕪雜，並沒有在印出的書本上，有志尋根究柢者可逕行參閱線上版。

佛陀教導我們「四正勤」：已生惡令斷滅，未生惡令不生，未生善令生起，已生善令增長。就從今天開始，一天讀一點、一天禪思一些，深入經藏、智慧如海。

《雜阿含經》的主題分類（相應教）

經典在歷時千年、跨越多國的取經及傳抄，有的經卷次序可能前後錯置，《雜阿含經》就有這個現象。因此印順法師、楊郁文老師等諸學者比對相關經論，提出《雜阿含經》各卷較合理的次序。

經卷的次序並不影響經典的意義，因此一般在團體的讀經會時，常照著卷數依次閱讀《雜阿含經》。而若是自行閱讀經典，則學者們所提出的次序，不失為系統性閱讀《雜阿含經》的參考，可以將相同主題分類（「相應教」）的各卷一起研習。以下表格節錄自楊郁文老師所作「雜阿含經題解」：

誦	相應教		卷	經號
五陰誦	陰相應	（1/5）	一	1～32
		（2/5）	十	256～272
		（3/5）	三	59～87
		（4/5）	二	33～58
		（5/5）	五	103～110
	羅陀相應		六	111～129
	斷知相應	（1/2）	六	130～132
	見相應	（1/2）	六	133～138
		（2/2）	七	139～171
	斷知相應	（2/2）	七	172～187
六入處誦	六入處相應	（1/5）	八	188～229
		（2/5）	九	230～255
		（3/5）	四十三	1164～1177
		（4/5）	十一	273～282
		（5/5）	十三	304～342
雜因誦	因緣相應	（1/3）	十二	283～303
		（2/3）	十四	343～364
		（3/3）	十五	365～370
	食相應		十五	371～378
	諦相應	（1/2）	十五	379～406
		（2/2）	十六	407～443
	界相應	（1/2）	十六	444～454
		（2/2）	十七	455～465
	受相應		十七	466～489
弟子所說 註1	舍利弗相應		十八	490～500
	目揵連相應	（1/2）	十八	501～503
		（2/2）	十九	504～534
	阿那律相應	（1/2）	十九	535～536
		（2/2）	二十	537～545
	大迦旃延相應		二十	546～555
	阿難相應	（1/2）	二十	556～558
		（2/2）	二十一	559～565
	質多羅相應		二十一	566～575
如來所說 註2	天相應	（1/2）	佚失	佚失
	天相應	（2/2）	三十一	861～872
	修證相應		三十一	873～891
	入界陰相應		三十一	892～901
	不壞淨相應	（1/3）	三十一	902～904
道品誦	念處相應	（1/2）	二十四	605～639
		（2/2）	佚失	佚失
	正勤相應		佚失	佚失
	如意足相應		佚失	佚失
	根相應	（1/2）	佚失	佚失
		（2/2）	二十六	642～660
	力相應		二十六	661～703
	覺支相應	（1/2）	二十六	704～711
		（2/2）	二十七	712～747

誦	相應教		卷	經號
道品誦	聖道分相應	（1/2）	二十八	748 ～ 796
		（2/2）	二十九	797 ～ 800
	安那般那念相應		二十九	801 ～ 815
	學相應	（1/2）	二十九	816 ～ 829
		（2/2）	三十	830 ～ 832
如來所說 註3	不壞淨相應	（2/3）	三十	833 ～ 860
		（3/3）	四十一	1121 ～ 1135
	大迦葉相應	（1/2）	四十一	1136 ～ 1144
		（2/2）	三十二	905 ～ 906
	聚落主相應		三十二	907 ～ 916
	馬相應	（1/2）	三十二	917 ～ 918
		（2/2）	三十三	919 ～ 926
	釋氏相應		三十三	927 ～ 936
	無始相應	（1/2）	三十三	937 ～ 939
		（2/2）	三十四	940 ～ 956
	婆蹉種出家相應		三十四	940 ～ 956
	外道出家相應	（1/2）	三十四	965 ～ 969
		（2/2）	三十五	970 ～ 979
	雜相應	（1/2）	三十五	980 ～ 992
		（2/2）	四十七	1241 ～ 1245
	譬喻相應		四十七	1246 ～ 1264
	病相應	（1/2）	四十七	1265 ～ 1266
		（2/2）	三十七	1023 ～ 1038
	業報相應		三十七	1039 ～ 1061
八眾誦	比丘相應	（1/2）	三十八	1062 ～ 1080
		（2/2）	三十九	1081 ～ 1083
	魔相應		三十九	1084 ～ 1103
	帝釋相應	（1/2）	四十	1104 ～ 1120
		（2/2）	四十六	1222 ～ 1225
	剎利相應	（1/2）	四十六	1226 ～ 1240
		（2/2）	四十二	1145 ～ 1150
	婆羅門相應	（1/3）	四十二	1151 ～ 1163
		（2/3）	四	88 ～ 102
		（3/3）	四十四	1178 ～ 1187
	梵天相應		四十四	1188 ～ 1197
	比丘尼相應		四十五	1198 ～ 1207
	婆耆舍相應	（1/2）	四十五	1208 ～ 1221
		（2/2）	三十六	993 ～ 994
	諸天相應	（1/4）	三十六	995 ～ 1022
		（2/4）	二十二	576 ～ 603
		（3/4）	四十八	1267 ～ 1293
		（4/4）	四十九	1294 ～ 1318
	夜叉相應		四十九	1319 ～ 1324
	林相應	（1/2）	五十	1325 ～ 1330
		（2/2）	五十	1331 ～ 1362

註1
為佛及弟子記說有關「六入處」、「因緣」、「食」、「諦」、「界」、「受」等法義，附於「雜因誦」之後。

註2
同註1。

註3
為佛記說有關修證等法義，附於「道品誦」之後。

本表的用意在於方便同學們閱讀《雜阿含經》，因此僅列出對於研習《雜阿含經》最直接有用的資訊，若對進一步的學術考據有興趣，可另查相關論著。

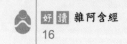

凡例

以第124-125頁為例 >>

導讀

將接下來幾經當中,將會一再出現的詞或概念,
做簡潔扼要的說明,方便讀者能在最短時間內掌
握法義重點。

相應教、卷數、經號、大正藏頁欄資訊

本書的卷數、經號,皆依照大正藏的編排,另於
各卷標示該卷屬於何相應教,以方便讀者將屬於
同樣相應教的卷數一併參照。

考量到本書讀者中包括佛學研究者,於每經開頭
的大正藏經號旁,另外標註大正藏頁欄資訊,方
便學者於論文中標示出處或翻查大正藏。

《雜阿含經》原典

好讀 雜阿含經
124

導讀:十二因緣的還滅

十二因緣中只要有一支斷了,下一支就不生,而可從中切斷十二因緣的鎖鏈,這稱為十二因緣的「還滅」,佛陀不止告訴我們由於十二因緣而流轉生死的現象,更教導我們還滅的方法。

然而十二因緣並不是每一支都容易下手斷除的,例如已「生」了,就無法不「老死」。一般認為是在觸、受、愛、取這幾支下手,有「明」以照見五蘊,即可滅掉後續的苦果。

前面第62經讀過了什麼是「明」,接下來幾經則列舉「還滅」的一些重點:
- 第63經:解說如何將「明」應用在「觸」的過程中。
- 第64經:提到如何讓輾轉相依的「識、名色」不再增長。
- 第65經:如實觀察「受」支,就能滅「愛」支。
- 第66、67經:如實觀察五陰,就能滅「愛」支。
- 第68經:滅「觸」支。

而斷除十二因緣的鎖鏈。

第 63 經 【0016b13】

如是我聞:

一時,佛住舍衛國祇樹給孤獨園。

爾時,世尊告諸比丘:「●五受陰。謂色受陰,受、想、行、識受陰。比丘!若沙門、婆羅門計●有我,一切皆於此五受陰計有

● 計:思量分別。

引用

本書中若引用經文,例如「讀經拾得」中引用相關經文,皆註明經目以及CBETA凡例。例如:

《中阿含經》卷四十三〈根本分別品2〉第165經溫泉林天經:
「慎莫念過去,亦勿願未來,過去事已滅,未來復未至。
現在所有法,彼亦當為思,念無有堅強,慧者覺如是」
(**CBETA, T01, no. 26, p. 697, a18-21**)

引用自《中阿含經》卷四十三,
第2品〈根本分別品〉,第165經,
溫泉林天經

引用自CBETA經文,大正藏第1冊,第26經,第697頁,
a欄(第一欄)第18~21行

卷第三
125

我。何等為五？諸沙門、婆羅門於色見是我、異我、相在；如是受、想、行、識，見是我、異我、相在。如是愚癡無聞凡夫計我，無明分別，如是觀不離我所；不離我所者，入於諸根⑱；入於諸根已，而生於觸⑲；六觸入⑳所觸，愚癡無聞凡夫生苦樂，從是生此等及餘。謂六觸❶身，云何為①六？謂眼觸入處，耳、鼻、舌、身、意觸入處。比丘！有意界、法界、無明界⑪，無明觸所觸。愚癡無聞凡夫言有、言無、言有無、言非有非無、言我最勝、言我相似，我知、我見。

「復次，比丘！多聞聖弟子住六觸入處，而能厭離⑫無明，能生於明。彼於無明離欲而生於明，不有、不無、非有無、非不有無、非有我勝、非有我劣、非有我相似，我知、我見。作如是知、如是見已，所起前前無明觸滅，後明觸集起。」

於無明離欲而生於明

佛說是經已，諸比丘聞佛所說，歡喜奉行。

【對應經典】
‧《雜阿含經》卷二第45經。
‧南傳《相應部尼柯耶》〈蘊相應22〉第47經觀見經。

【讀經拾得】
凡夫所經歷的十二因緣，通常每一支都帶有無明的成分。佛陀則教導我們，若離開了無明，「無明觸」就變成「明觸」，也就不是心意動搖、產生貪愛的「六觸入處」，而不會起煩惱。

⑱ 諸根：眼、耳、鼻、舌、身、意等六根。
⑲ 六觸入：「六觸入處」的略稱。「六觸入處」指由「六觸」進入身心的管道，常特指六觸使人心意動搖、產生貪愛的過程、時空、或情境。六觸是「眼觸、耳觸、鼻觸、舌觸、身觸、意觸」，這裡的「觸」特指感官、外境、識，三者接觸⋯
⑳ 六觸：眼觸、耳觸、鼻觸、舌觸、身觸、意觸。這裡的⋯⋯特指感官、外境、識，三者接觸，進而能生起其它心理運作。舉例而言，眼根、光線、眼識，三者接觸而生「眼觸」，依著眼觸生起受、想、行等心理運作。
⑪ 意界、法界、無明界：六根的意根這一類（意界）、六境的法境這一類（法界）、無明這一類。（在卷八會解說：有意根、有法界，就有意識，這三者和合生觸。這時如果是在無明的狀況下，就是無明觸。）
⑫ 厭離：捨棄。
① 宋、元、明三本無「為」字。

本經的關鍵摘句

重要的經文摘句會以亮色凸顯，並且通常會給予一個摘句標題，以提綱契領。所摘句的段落，是根據「台大獅子吼佛學專站」讀經班多年來由各讀經者所貢獻的摘句整理。

對應經典

列出與本經意義相同或大同小異的其他「對應經典」。另外，與本經經文一部分意義相同的「參考經典」，則標示「參考」。

讀經拾得

收錄本經的義理分析、相關經文、讀經心得、生活應用。

進階辨正

此圖示 ⊕ 代表此經的線上版有額外的「進階辨正」內容，提供經文疑義的辨正或進階議題的探討，通常篇幅較長，僅列於線上版供有志尋根究柢者參閱。

校勘

以白底黑字①、②、③表示。

校勘是比對大正藏（以高麗藏二刻為底本）、思溪藏（宋本）、普寧藏（元本）、嘉興藏（明本）、正倉院聖語藏（聖本）等大藏經間的不同用字。

同一校勘若於同一經或鄰近頁面出現多次者，僅在第一次出現時作校勘，並於其校勘文字之後加上「＊」符號，其餘各字不再重複處理，僅於經文該字後方標上「＊」表示同前。

註解

以黑底白字❶、❷、❸表示。

本書原則上只在每冊中第一次出現某專有名詞或難詞時，加以註解。若難詞於不同冊再次出現時，則會再次註解，但較基本的專有名詞不會於不同冊重覆註解。

線上版在難詞於不同卷再次出現時，會有超連結以供快速查詢，這則是書本版難以實現的設計。

好讀

雜阿含經

卷第一

導讀：五陰；陰相應（1/5）

在佛經的用語中，人的身心及世間的一切可區分為：

■色：物質（例如身體）及物理世界的現象。

■受：感受。例如苦的感受、樂的感受、不苦不樂的感受。

■想：取相；面對境界而心中浮現對應的相；也就是認知。例如看到一個顏色，心中立刻浮現過往所見過相同的顏色，而知道這是什麼顏色。

■行：造作。例如意念的造作、意志力。

■識：識知；覺知。

以上色、受、想、行、識五項，合稱「五陰」或「五蘊」（蘊是「積聚」的意思）。

五陰有以下特性：

■無常：遷流變化，沒有恆常不變的。

■苦：受到逼迫。

■空：因緣和合而生，沒有實體。

■非我：不是「我」。

既然五陰都有無常、苦、空、非我的本質，執著於五陰而引起煩惱，實在不智。於是佛陀教導我們如何認清真相，斷除煩惱執著，解脫生死輪迴，獲得真正的自由。

《雜阿含經》「陰相應」的內容依次為現今版本的卷一、十、三、二、五，當中佛陀教導我們五陰的運作、五陰的本質、執著五陰造成的後果、不執著五陰而能解脫。

第 1 經經文導讀

如是我聞：

佛教的經典都是由佛弟子們結集而成，因此在經典的一開始，通常會說「如是我聞」，表示這部經是結集者親自聽聞的。最著名的結集者，就是被佛陀稱讚「多聞第一」的阿難尊者，他的故事在許多經典中會一一提到。

一時，佛住舍衛國祇樹給孤獨園。

佛經在開頭也會記載此部經發生的地點。《雜阿含經》的第 1 經，發生在舍衛國的祇樹給孤獨園。舍衛國是當時著名的大國，佛教中許多精彩的事件發生在這裡，之後我們也將一一讀到。

爾時，世尊告諸比丘：「當觀色無常，如是觀者，則為正觀。正觀者，則生厭離；厭離者，喜、貪盡；喜、貪盡者，說心解脫。

佛陀教導弟子：「應該認清物質及物理世界的現象是無常的，這樣則是正確的見解。依正確的見解而修行，則能捨棄物質及物理世界的現象，喜愛和貪欲則可消除，心就能解脫。」

如果了知自己的身體以及貪著的物品，是會變化、毀壞、消失的，就不會那麼的執著。能接受它們都是無常的事實，就是開啟智慧的第一步。

舉個粗淺的例子：花瓶若打破了，智者會將之清掃乾淨，從容善後；但愚者則會心痛不已、哀哀慘叫。這是因為智者知道任何事物都是無常的，在花瓶未破時就知道無法永遠擁有花瓶；在花瓶破時，自然也不會痛心，而能以智慧行事，心就不會被花瓶所役使。

「如是觀受、想、行、識無常，如是觀者，則為正觀。正觀者，則生厭離；厭離者，喜、貪盡；喜、貪盡者，說心解脫。

也要認清心理的各個層面都是無常的。不論是感受、取相、造作、識知外境的心，都是無常的。

例如目前是受苦還是受樂，也是無常的。因此不會執著於快樂，而沉迷於聲色犬馬，甚至為了要快樂而犧牲健康。

真正深入的觀察，則要在禪修中一一體驗，能在實修中沒有了貪欲，才能達到真正的解脫，而不只是口頭禪。

「如是，比丘！心解脫者，若欲自證，則能自證：『我生已盡，梵行已立，所作已作，自知不受後有。』

心解脫的人，若要自己證知，則有能力作證：「我不會再次出生，清淨的修行已經確立，應當完成的都已完成，自己知道不會再受輪迴。」

「如觀無常，苦、空、非我亦復如是。」

此經文中講「無常」的觀法，皆可以「苦」、「空」、「非我」替代入。舉例而言：

當觀五陰是苦：身心都是受到逼迫的。

當觀五陰是空：身心都是因緣和合而生，沒有實體。

當觀五陰非我：身心都不是「我」。

第 1 經　【0001a06】

如是我聞：

一時，佛住舍衛國❶祇樹給孤獨園❷。

爾時，世尊❸告諸比丘❹：「當觀色❺無常❻，如是觀者，則為正觀。正觀者，則生厭離；厭離者，喜、貪❼盡；喜、貪盡者，說心解脫。

「如是觀受❽、想❾、行❿、識⓫無常，如是觀者，則為正觀。正觀者，則生厭離；厭離者，喜、貪盡；喜、貪盡者，說心解脫。

「如是，比丘！心解脫者，若欲自證，則能自證：『我生已盡，梵行已立，所作已作，自知不受後有⓬。』

「如觀無常，苦、空、非我⓭亦復如是。」

時，諸比丘聞佛所說，歡喜奉行。

（側欄）當觀五陰無常、苦、空、非我

---

❶ 舍衛國：舍衛城是古代中印度拘薩羅國的首都，該國的南方有另外一個國家也叫作拘薩羅國，為方便區分，後來就將舍衛的首都名作為國號，稱作舍衛國。在當今印度北部近尼泊爾處。

❷ 祇樹給孤獨園：佛陀的道場之一，由給孤獨長者向祇陀太子買下土地，並由祇陀太子布施樹林。「給孤獨長者」是須達多長者的綽號，因為他樂善好施，常常救濟孤獨無依的人，因此被稱為給孤獨長者。

❸ 世尊：世間所尊重的覺者。佛弟子一般皆尊稱佛陀為「世尊」。

❹ 比丘：出家受具足戒（完整出家戒律）的男子。

❺ 色：物質及物理世界的現象。例如身體。

❻ 無常：遷流變化，沒有恆常不變的。

❼ 喜、貪：喜愛、貪欲。

❽ 受：感受。例如苦的感受、樂的感受、不苦不樂的感受。

❾ 想：取相；面對境界而心中浮現對應的相；也就是認知。例如看到一個顏色，心中立刻浮現過往所見過相同的顏色，而知道這是什麼顏色；接觸到一個概念、語言，心中立刻浮現過往所接觸過相同的概念、語言，而知道這是什麼概念、語言。

❿ 行：造作。例如意念的造作、意志力。

⓫ 識：識知；覺知。

⓬ 我生已盡，梵行已立，所作已作，自知不受後有：我不會再次出生，清淨的修行已經確立，應當完成的都已完成，自己知道不會再受輪迴。

⓭ 苦、空、非我：苦：受到逼迫。空：因緣和合而生，沒有實體。非我：不是「我」，又譯為「無我」。

【對應經典】

- 南傳《相應部尼柯耶》〈蘊相應22〉第12經無常經。
- 南傳《相應部尼柯耶》〈蘊相應22〉第13經苦經。
- 南傳《相應部尼柯耶》〈蘊相應22〉第14經無我經。
- 南傳《相應部尼柯耶》〈蘊相應22〉第51經喜盡（一）經。

第 2 經 【0001a16】

如是我聞：

一時，佛住舍衛國祇樹給孤獨園。

爾時，世尊告諸比丘：「於色當正思惟❶，觀①色無常如實知❶。所以者何❶？比丘！於色正思惟，觀色②無常如實知③者，於色欲貪斷；欲貪斷者，說心解脫。

「如是受、想、行、識當正思惟，觀識無常如實知。所以者何？於識正思惟，觀識無常者，則於識欲貪斷；欲貪斷者，說心解脫。

「如是心解脫者，若欲自證，則能自證：『我生已盡，梵行已立，所作已作，自知不受後有。』如是正思惟無常，苦、空、非我亦復如是。」

時，諸比丘聞佛所說，歡喜奉行。

【對應經典】

- 南傳《相應部尼柯耶》〈蘊相應22〉第52經喜盡（二）經。
- 參考 南傳《相應部尼柯耶》〈六處相應35〉第182經凡無常者（一〇～一二）經。
- 參考 南傳《相應部尼柯耶》〈六處相應35〉第183經凡無常者（一三～一五）經。
- 參考 南傳《相應部尼柯耶》〈六處相應35〉第184經凡無常者（一六～一八）經。
- 參考 南傳《相應部尼柯耶》〈六處相應35〉第186經外（一、二、三）經。

---

❶ 正思惟：正確的思惟；如理的思惟。
❶ 如實知：契合真理的了知。
❶ 所以者何：為何會這樣呢？
① 大正藏無「觀」字，今依據宋、元、明三本補上。
② 宋本無「色」字。
③ 宋本無「知」字。

【讀經拾得】

本經中「於色當正思惟」是指什麼？就是下一句話「觀色無常如實知」。其餘經中也有更詳細的說明，例如《雜阿含經》卷十第259經中，舍利弗尊者說要思惟：「五受陰為病、為癰、為刺、為殺、無常、苦、空、非我。」（CBETA，T02，no. 99, p. 65, b14-15）

第 3 經　【0001a28】

如是我聞：

一時，佛住舍衛國祇樹給孤獨園。

爾時，世尊告諸比丘：「於色不知、不明、不斷、不離欲，則不能斷苦。如是受、想、行、識，不知、不明、不斷、不離欲，則不能斷苦。

「諸比丘！於色若知、若明、若斷、若離欲，則能斷苦；如是受、想、行、識，若知、若明、若斷、若離欲，則能堪任斷苦。」

時，諸比丘聞佛所說，歡喜奉行。

【對應經典】

■ 南傳《相應部尼柯耶》〈蘊相應22〉第24經遍智（證知）經。
■ 南傳《相應部尼柯耶》〈六處相應35〉第27經曉了（二）經。

第 4 經　【0001b06】

如是我聞：

一時，佛住舍衛國祇樹給孤獨園。

爾時，世尊告諸比丘：「於色不知、不明、不斷、不離欲、心不解脫者，則不能越❶生、老、病、死怖。如是受、想、行、識，不知、

---

❶ 越：超越。

不明、不斷、不離欲貪、心不解脫者，則不能越生、老、病、死怖。

「比丘！於色若知、若明、若斷、若離欲，則能越生、老、病、死怖。諸比丘！若知、若明、若離欲貪、心解脫者，則能越生、老、病、死怖。如是受、想、行、識，若知、若明、若斷、若離欲貪、心解脫者，則能越生、老、病、死怖。」

時，諸比丘聞佛所說，歡喜奉行。

【對應經典】

■ 參考 南傳《相應部尼柯耶》〈六處相應35〉第27經曉了（二）經。

第 5 經　　【0001b16】

如是我聞：

一時，佛住舍衛國祇樹給孤獨園。

爾時，世尊告諸比丘：「於色愛喜者，則於苦愛喜❶⑧；於苦愛喜者，則於苦不得解脫、不明、不離欲。如是受、想、行、識愛喜者，則愛喜苦，愛喜苦者，則於苦不得解脫。

「諸比丘！於色不愛喜者，則不喜於苦；不喜於苦者，則於苦得解脫。如是受、想、行、識不愛喜者，則不喜於苦；不喜於苦者，則於苦得解脫。

「諸比丘！於色不知、不明、不離欲貪、心不解脫，貪心不解脫者，則不能斷苦；如是受、想、行、識，不知、不明、不離欲貪、心不解脫者，則不能斷苦。

「於色若知、若明、若離欲貪、心得解脫者，則能斷苦；如是受、想、行、識，若知、若明、若離欲貪、心得解脫者，則能斷苦。」

時，諸比丘聞佛所說，歡喜奉行。

---

❶⑧ 於色愛喜者，則於苦愛喜：貪愛色的話，即是貪愛苦。（因為色是無常、「苦」、空、非我的。）

【對應經典】

- 此經前半段南傳《相應部尼柯耶》〈蘊相應22〉第29經歡喜經。
- 此經後半段南傳《相應部尼柯耶》〈蘊相應22〉第24經遍智（證知）經。

第 6 經　　【0001c02】

如是我聞：

一時，佛住舍衛國祇樹給孤獨園。

爾時，世尊告諸比丘：「於色不知、不明、不離欲貪、心不解脫者，則不能越生、老、病、死怖；如是受、想、行、識，不知、不明、不離欲貪、心不解脫者，則不能越生、老、病、死怖。

「諸比丘！於色若知、若明、若離欲貪、心解脫者，則能越生、老、病、死怖；如是受、想、行、識，若知、若明、若離欲貪、心解脫者，則能越生、老、病、死怖。」

時，諸比丘聞佛所說，歡喜奉行。

【對應經典】

- 參考 南傳《相應部尼柯耶》〈六處相應35〉第27經曉了（二）經。

第 7 經　　【0001c11】

如是我聞：

一時，佛住舍衛國祇樹給孤獨園。

爾時，世尊告諸比丘：「於色愛喜者，則於苦愛喜；於苦愛喜者，則於苦不得解脫。如是受、想、行、識愛喜者，則愛喜苦，愛喜苦者，則於苦不得解脫。

「諸比丘！於色不愛喜者，則不喜於苦；不喜於④苦者，則於苦得解脫。如是受、想、行、識不愛喜者，則不喜於苦；不喜於苦者，則於苦得解脫。」

時，諸比丘聞佛所說，歡喜奉行。

無常及苦、空	非我、正思惟
無知等四種	及於色喜樂❶

【對應經典】

■ 南傳《相應部尼柯耶》〈蘊相應22〉第29經歡喜經。

第 8 經　　【0001c22】

如是我聞：

一時，佛住舍衛國祇樹給孤獨園。

爾時，世尊告諸比丘：「過去、未來色無常，況現在色。聖弟子！如是觀者，不顧過去色，不欣⑤未來色，於現在色厭、離欲、正向❷滅盡。如是，過去、未來受、想、行、識無常，況現在識。聖弟子！如是觀者，不顧過去識，不欣未來識，於現在識厭、離欲、正向滅盡。如無常，苦、空、非我亦復如是。」

時，諸比丘聞佛所說，歡喜奉行。

> 三世的五陰都是無常、苦、空、非我

---

❶ 無常及苦空，非我正思惟，無知等四種，及於色喜樂：此頌是將《雜阿含經》第1經至第7經的關鍵名詞整理出來，以方便記憶。佛陀在世時，說法皆由弟子背誦而流傳，結集經典時弟子將關鍵名詞以頌偈代表，以避免遺漏、並協助憶念。這叫作「攝頌」。《雜阿含經》中通常是以每十經為一頌，第1經其實是四本經（無常、苦、空、非我）的合併，所以此攝頌其實也含括十經。

❷ 正向：正確的趣向。

④ 宋、元、明三本無「於」字。

⑤ 「欣」，大正藏原為「欲」，今依據元、明二本改作「欣」，如此即與後文「不欣未來識」前後呼應。

【對應經典】

- 《雜阿含經》卷三第79經。
- 南傳《相應部尼柯耶》〈蘊相應22〉第9經過去‧未來‧現在（一）經。
- 南傳《相應部尼柯耶》〈蘊相應22〉第10經過去‧未來‧現在（二）經。
- 南傳《相應部尼柯耶》〈蘊相應22〉第11經過去‧未來‧現在（三）經。
- 參考 藏傳《俱舍論疏》9.001。

【讀經拾得】

- 《中阿含經》卷四十三〈根本分別品2〉第165經溫泉林天經：「慎莫念過去，亦勿願未來，過去事已滅，未來復未至。現在所有法，彼亦當為思，念無有堅強，慧者覺如是。」（CBETA, T01, no. 26, p. 697, a18-21）
- 《中阿含經》卷四十三〈根本分別品2〉第166經釋中禪室尊經：「若比丘不樂過去色，不欲、不著、不住，不樂過去覺、想、行、識，不欲、不著、不住，如是比丘不念過去……若比丘不樂未來色，不欲、不著、不住，不樂未來覺、想、行、識，不欲、不著、不住，如是比丘不願未來……若比丘不樂現在色，不欲、不著、不住，不樂現在覺、想、行、識，不欲、不著、不住，如是比丘不受現在法。」（CBETA, T01, no. 26, p. 700, a23-b16）

導讀：非我

印度傳統的婆羅門教，認為「有我」，即有靈魂之類，具有「永恆、不變、獨存、自在、能主宰」的特性。

而佛陀悟道時，發現一切的事物以及身心，都是因緣而生、因緣而滅。一般人執著於有「我」的見解（「我見」），事事以自我為中心，反而造成業與輪迴，造成生、老、病、死、憂、悲、苦、惱。

如果有「恆常、不變、獨存、自在、能主宰」的「我」，這個「我」應該是不會變的，不會變也就不應該有苦（受逼迫）。但實際上——

- 身心都是遷流變化的，因此才會有苦：無常即苦。
- 會變、會苦就不是「永恆、不變、獨存、自在、能主宰」的我：苦即非我。
- 既然沒有「永恆、不變、獨存、自在、能主宰」的「我」，身心也就不是「我」所擁有的：非我者亦非我所。

第 9 經　【0002a02】

如是我聞：

一時，佛住舍衛國祇樹給孤獨園。

爾時，世尊告諸比丘：「色無常，無常即苦，苦即非我，非我者亦非我所❷。如是觀者，名真實正觀。如是受、想、行、識無常，無常即苦，苦即非我，非我者⑥亦非我所。如是觀者，名真實正⑦觀。

「聖弟子！如是觀者，厭於色，厭受、想、行、識，厭故不樂，不樂故得解脫。解脫者真實智生：『我生已盡，梵行已立，所作已作，自知不受後有。』」

時，諸比丘聞佛所說，歡喜奉行。

【對應經典】

- 南傳《相應部尼柯耶》〈蘊相應22〉第15經無常者（一）經。
- 南傳《相應部尼柯耶》〈蘊相應22〉第16經無常者（二）經。
- 南傳《相應部尼柯耶》〈蘊相應22〉第17經無常者（三）經。
- 藏傳《俱舍論疏》6.005。

【讀經拾得】

- 生活上的體驗

  除了從邏輯上分析外，也可從生活中體會此經所說的道理，例如：

  1. 色無常，無常即苦：身體會一直變化老去，有時健康有時生病，被無常逼迫著就是苦。人會喜愛一些事物，所喜愛的事物會因無常而消逝或不如預期，也是苦。

  2. 苦即非我：生病時痛不欲生，會寧願沒有這個病苦的身體、寧願不把身體視為我。身體的病痛不是我所能完全主宰控制的，自然不是自在的「我」。

  3. 非我者亦非我所：究竟來看，既然連「我」都沒有，哪還有什麼東西是「我所擁有」的呢？

---

❷ 我所：我所擁有的。

⑥ 宋、元、明三本無「者」字。＊

⑦ 大正藏無「正」字，今依據宋、元、明三本補上。＊

■ 進一步的修行

和此經同義的《中阿含經》卷二十九〈大品1〉第120經說無常經中則有寫道：「多聞聖弟子作如是觀，修習（三十）七道品，無礙正思正念」（CBETA, T01, no. 26, p. 609, c10-11）。「當觀色無常」後，還須搭配實際的修行（道品），而不只是字面上的理解，才能真實正觀。

第 10 經　【0002a12】

如是我聞：

一時，佛住舍衛國祇樹給孤獨園。

爾時，世尊告諸比丘：「色無常，無常即苦，苦即非我，非我者即非我所。如是觀者，名真實正*觀。如是受、想、行、識無常，無常即苦，苦即非我，非我者*即非我所。如是觀者，名真實正*觀。

「聖弟子！如是觀者，於色解脫，於受、想、行、識解脫。我說是等解脫於生、老、病、死、憂、悲、苦、惱。」

時，諸比丘聞佛所說，歡喜奉行。

【對應經典】

■ 南傳《相應部尼柯耶》〈蘊相應22〉第15經無常者（一）經。
■ 南傳《相應部尼柯耶》〈蘊相應22〉第16經無常者（二）經。
■ 南傳《相應部尼柯耶》〈蘊相應22〉第17經無常者（三）經。

第 11 經　【0002a21】

如是我聞：

一時，佛住舍衛國祇樹給孤獨園。

爾時，世尊告諸比丘：「色無常，若因❷、若緣❸生諸色者，彼亦無常。無常因、無常緣所生諸色，云何有常❷❹？如是受、想、行、識無常，若因、若緣生諸識者，彼亦無常。無常因、無常緣所生諸識，云何有常？如是，諸比丘！色無常，受、想、行、識無常。無常者則是苦，苦者則非我，非我者則非我所。

> 五陰因緣而生，都是無常、苦、空、非我

「聖弟子！如是觀者，厭於色，厭於受、想、行、識。厭者不樂，不樂則解脫，解脫知見❷❺：『我生已盡，梵行已立，所作已作，自知不受後有。』」

時，諸比丘聞佛所說，歡喜奉行。

【對應經典】

- 南傳《相應部尼柯耶》〈蘊相應22〉第18經因（一）經。
- 南傳《相應部尼柯耶》〈蘊相應22〉第19經因（二）經。
- 南傳《相應部尼柯耶》〈蘊相應22〉第20經因（三）經。
- 南傳《相應部尼柯耶》〈六處相應35〉第139經內因（一）經。
- 南傳《相應部尼柯耶》〈六處相應35〉第140經內因（二）經。
- 南傳《相應部尼柯耶》〈六處相應35〉第141經內因（三）經。
- 南傳《相應部尼柯耶》〈六處相應35〉第142經外因（一）經。
- 南傳《相應部尼柯耶》〈六處相應35〉第143經外因（二）經。
- 南傳《相應部尼柯耶》〈六處相應35〉第144經外因（三）經。
- 藏傳《俱舍論疏》2.071。
- 參考 藏傳《俱舍論疏》9.004。

---

❷ 因：原因；產生結果的直接原因。

❸ 緣：外緣；資助因的間接條件。

❷❹ 若因、若緣生諸色者，彼亦無常。無常因、無常緣所生諸色，云何有常：造成色的原因及外緣，也是無常的。由無常的原因及外緣而產生出來的各式各樣的色，怎麼會是恆常的。

❷❺ 解脫知見：知道自己已證得了解脫的智慧。

【讀經拾得】

本經中說「無常因、無常緣所生諸色，云何有常」，表示由無常的東西組合起來的成品，自然也是無常的。

例如一棟大樓，它的組成是水泥、鋼筋、磚頭、木板等等。這些東西都不是永恆的，有一天會敗壞，因此這些東西組合起來的大樓也不是永恆的。

同理，佛陀說我們認為的「我」，是由五陰組合起來的，我們要觀察這些組合物是不是無常的？若是，則組合起來的「我」也是無常的。

第 12 經　【0002b04】

如是我聞：

一時，佛住舍衛國祇樹給孤獨園。

爾時，世尊告諸比丘：「色無常，若因、若緣生諸色者，彼亦無常。無常因、無常緣所生諸色，云何有常？受、想、行、識無常，若因、若緣生諸識者，彼亦無常。無常因、無常緣所生諸識，云何有常？

「如是，比丘！色無常，受、想、行、識無常，無常者則是苦，苦者則非我，非我者則非我所。如是觀者，名真實正*觀。聖弟子！如是觀者，於色解脫，於受、想、行、識解脫。我說是等為解脫生、老、病、死、憂、悲、苦、惱。」

時，諸比丘聞佛所說，歡喜奉行。

【對應經典】

- 南傳《相應部尼柯耶》〈蘊相應22〉第18經因（一）經。
- 南傳《相應部尼柯耶》〈蘊相應22〉第19經因（二）經。
- 南傳《相應部尼柯耶》〈蘊相應22〉第20經因（三）經。
- 南傳《相應部尼柯耶》〈六處相應35〉第139經內因（一）經。
- 南傳《相應部尼柯耶》〈六處相應35〉第140經內因（二）經。
- 南傳《相應部尼柯耶》〈六處相應35〉第141經內因（三）經。
- 南傳《相應部尼柯耶》〈六處相應35〉第142經外因（一）經。
- 南傳《相應部尼柯耶》〈六處相應35〉第143經外因（二）經。
- 南傳《相應部尼柯耶》〈六處相應35〉第144經外因（三）經。
- 參考 藏傳《俱舍論疏》9.004。

第 13 經　　【0002b15】

如是我聞：

一時，佛住舍衛國祇樹給孤獨園。

爾時，世尊告諸比丘：「若眾生於色不味❷者，則不染❷於色；以眾生於色味故，則有染著。如是眾生於受、想、行、識不味者，彼眾生則不染於識；以眾生味受、想、行、識故，彼眾生染著於識。

「諸比丘！若色於眾生不為患❷者，彼諸眾生不應厭色，以色為眾生患故，彼諸眾生則厭於色。如是受、想、行、識不為患者，彼諸眾生不應厭識；以受、想、行、識為眾生患故，彼諸眾生則厭於識。

「諸比丘！若色於眾生無出離❷者，彼諸眾生不應出離於色；以色於眾生有出離故，彼諸眾生出離於色❸。如是受、想、行、識於眾生無出離者，彼諸眾生不應出離於識。以受、想、行、識於眾生有出離故，彼諸眾生出離於識。

「諸比丘！若我於此五受陰❸不如實知味是味、患是患、離是離者，我於諸天、若魔、若梵❸、沙門❸、婆羅門❸、天、人眾中，不脫、不出、不離，永住顛倒❸，亦不能自證得阿耨多羅三藐三菩提❸。

「諸比丘！我以如實知此五受陰味是味、患是患、離是離故，我於

味

患

離

---

❷ 味：愛著於其滋味。

❷ 染：染著、執著。

❷ 患：禍患。

❷ 出離：解脫束縛。

❸ 以色於眾生有出離故，彼諸眾生出離於色：因為眾生有可能解脫色的束縛，所以那些眾生解脫色的束縛。

❸ 五受陰：色、受、想、行、識合稱「五陰」，有執著的五陰，又稱為「五受陰」。參見《雜阿含經》卷二第 55、58 經。又譯為「五盛陰」、「五取蘊」。

❸ 梵：梵天，初禪天之一，此天離欲界的淫欲，寂靜清淨。

❸ 沙門：出家的修行人。

❸ 婆羅門：依古代印度種姓制度，四種姓中最上位的階級。此處指在家的修行人。

❸ 顛倒：違反真理的見解。

❸ 阿耨多羅三藐三菩提：無上正等正覺，也就是佛陀的智慧。

諸天、若魔、若梵、沙門、婆羅門、天、人眾中，自證得脫、得出、得離、得解脫結縛，永不住顛倒，亦能自證得阿耨多羅三藐三菩提。」

時，諸比丘聞佛所說，歡喜奉行。

【對應經典】

- 南傳《相應部尼柯耶》〈蘊相應22〉第28經味（三）經。

【讀經拾得】

- 《雜阿含經》卷二第41、42、58等經有定義味、患、離：「緣色生喜樂，是名色味；若色無常、苦、變易法，是名色患；若於色調伏欲貪、斷欲貪、越欲貪，是名色離。」（CBETA, T02, no. 99, p. 14, c21-23）

- 《中阿含經》卷二十五〈因品4〉第99經苦陰經（CBETA, T01, no. 26, p. 585, c17-p. 586, a28）有舉出色及受的味、患、離的實例。

- 色、受、想、行、識之「味」有什麼生活上的例子？
  色味：漂亮的東西讓人愛著於其滋味。
  受味：舒服的感受讓人愛著於其滋味。
  想味：取相清晰，讓人愛著於其滋味。
  行味：造作而成功，讓人愛著於其滋味。
  識味：正確的識別，讓人愛著於其滋味。

  什麼是愛著於「識味」？以打坐時來舉例，明明是要練習專注在打坐的方法上、放下其它一切，但是腦袋一直轉、停不下來，也算是因為染著於識，無法放下。

- 色、受、想、行、識之「患」有什麼生活上的例子？
  色患：漂亮的東西會毀壞。
  受患：舒服的感受會消逝。
  想患：取相不一定清晰。
  行患：造作可能失敗。
  識患：識別可能錯誤。

- 色、受、想、行、識之「離」有什麼生活上的例子？
  色離：見美不貪著，見醜不嫌惡。
  受離：受苦不生瞋，受樂不忘形。
  想離：心中不管浮現什麼相，都不貪著。
  行離：自己的意志是否能貫徹、都不起煩惱。
  識離：不管識別正確或錯誤，都不執著。

  在禪修中觀照的實例，在卷八將有更細部的討論，屆時可參見卷八第198、209經的「讀經拾得」。

第 14 經　【0002c11】

如是我聞：

一時，佛住舍衛國祇樹給孤獨園。

爾時，世尊告諸比丘：「我昔於色味有求有行❸，若於色味隨順❸覺，則⑧於色味以智慧如實見。如是於受、想、行、識味有求有行，若於受、想、行、識味⑨隨順覺，則於識味以智慧如實見。

「諸比丘！我於色患有求有行，若於色患隨順覺，則於色患以智慧如實見；如是受、想、行、識患⑩有求有行，若於識患隨順覺，則於識患以智慧如實見。

「諸比丘！我於色離有求有行，若於色離⑪隨順覺，則於色離以智慧如實見；如是受、想、行、識離有求有行，若於受、想、行、識離隨順覺，則於受、想、行、識離以智慧如實見。

「諸比丘！我於五受陰不如實知味是味、患是患、離是離者，我於諸天、若魔、若梵、沙門、婆羅門、天、人眾中，不脫、不離、不出，永住顛倒，不能自證得阿耨多羅三藐三菩提。

「諸比丘！我以如實知五受陰味是味、患是患、離是離，我於諸天⑫、若魔、若梵、沙門、婆羅門、天、人眾中，已⑬脫、已*離、已*出，永不住顛倒，能自證得阿耨多羅三藐三菩提。」

時，諸比丘聞佛所說，歡喜奉行。

> 過去四種說　　厭離及解脫
> 二種說因緣　　味亦復二種

---

❸ 有求有行：從事於尋求。「求」是「尋求」，「行」在此處指「從事於」。

❸ 隨順：依從。舉例來說，「隨順父母的教導」即「依從（隨著、順著）父母的教導」。

⑧ 宋、元、明三本無「則」字。

⑨ 宋本無「味」字。

⑩ 宋本無「患」字。

⑪ 大正藏無「離」字，今依據前後文補上。

⑫ 大正藏在「天」字之下有一「人」字，今依據宋、元、明三本刪去。

⑬ 「已」，大正藏原為「以」，今依據元、明二本改作「已」。＊

【對應經典】

- 南傳《相應部尼柯耶》〈蘊相應22〉第26經味（一）經。
- 南傳《相應部尼柯耶》〈蘊相應22〉第27經味（二）經。
- 南傳《增支部尼柯耶》集3〈等覺品11〉第101經。

【讀經拾得】

「色離」應該能夠離於苦，為什麼於「色離」也要隨順覺？

《中阿含經》卷十八〈長壽王品2〉第75經淨不動道經：「若比丘如是行：無我、無我所、我當不有、我所當不有，若本有者，便盡得捨。阿難，若比丘樂彼捨、著彼捨、住彼捨者，阿難，比丘行如是，必不得般涅槃。」（CBETA, T01, no. 26, p. 543, a16-20）

原來只要有執著，縱使只是執著於色離，就沒辦法般涅槃。這不是在字面上瞭解就可以，而是要實證的了。

導讀：結使

我們之所以不是聖人，是因為我們的心中有許多「結使」（煩惱），就像繩子上打的結一般，一個一個綁住自己的結，要一個一個的解開。

要能超越生死，自然就不應該隨著這些煩惱執著的使喚。

一個一個結解開了，結自然就不見了，解脫了。

第 15 經　【0003a06】

如是我聞：

一時，佛住舍衛國祇樹給孤獨園。

爾⑭時，有異比丘❸來詣佛所，稽首佛足，却住一面❹，白佛言：「善哉！世尊！今當為我略說法要❹，我聞法已，當獨一靜處❹，修不放逸❹。修不放逸已，當復思惟；所以善男子❹出家，剃除鬚髮，身著法服，信家非家、出家❹，為究竟無上梵行❹，現法作證❹：『我生已盡，梵行已立，所作已作，自知不受後有。』」

爾時，世尊告彼比丘：「善哉！善哉！比丘快說此言，云：『當為我略說法要，我聞法已，獨一靜處，修不放逸，乃至自知不受後有』如是說耶？」

比丘白佛：「如是，世尊！」

佛告比丘：「諦聽，諦聽，善思念之，當為汝說。比丘！若隨使使者，即隨使死❹；若隨死者，為取所縛❹。比丘！若不隨使使，則不隨使死；不隨死者，則於取解脫。」

---

❸ 異比丘：某位大家較不熟悉的比丘。

❹ 稽首佛足，却住一面：以頭頂禮受禮者的腳或地（五體投地、最高禮法），然後退下，在旁邊站著。

❹ 法要：正法的摘要。

❹ 獨一靜處：獨自處在安靜的地方。

❹ 不放逸：不怠惰。

❹ 善男子：信佛的好男人。

❹ 信家非家、出家：基於正信從家出離，出家修行。其中「信家非家」可詮釋為「相信世俗的家不是最終的歸宿」。又譯為「正信非家，出家學道」。

❹ 為究竟無上梵行：為了成就無上的清淨修行。

❹ 現法作證：這一生就體證。

❹ 若隨使使者，即隨使死：若被結使（煩惱）役使的人，就會隨著結使而流轉生死。「使」有「驅役」的意思；煩惱可以驅役人，「使」就引申為「煩惱」。第一個「使」是名詞「結使」，第二個「使」是動詞「役使」。

❹ 為取所縛：被執著所纏縛，而不得解脫。「取」的意思是執取、執著。

⑭ 宋、元、明三本無「爾」字。

比丘白佛：「知已，世尊！知已，善逝❺⓿！」

佛告比丘：「汝云何於我略說法中，廣解其義❺❶？」

比丘白佛言：「世尊！色隨使使、色隨使死；隨使使、隨使死者，則為取所縛。如是受、想、行、識，隨使使、隨使死；隨使使、隨使死者，為取所縛。

「世尊！若色不隨使使、不隨使死；不隨使使、不隨使死者，則於取解脫。如是受、想、行、識，不隨使使、不隨使死；不隨使使、不隨使死者，則於取解脫。如是，世尊！略說法中，廣解其義。」

佛告比丘：「善哉！善哉！比丘！於我略說法中，廣解其義。所以者何？色隨使使、隨使死；隨使使、隨使死者，則為取所縛。如是受、想、行、識，隨使使、隨使死；隨使使、隨使死者，則為取所縛。

「比丘！色不隨使使、不隨使死；不隨使使、不隨使死者，則於取解脫。如是受、想、行、識，不隨使使、不隨使死；不隨使使、不隨使死者，則於取解脫。」

時，彼比丘聞佛所說，心大歡喜，禮佛而退。獨在靜處，精勤修習，住不放逸。精勤修習，住不放逸已思惟；所以善男子出家，剃除鬚髮，身著法服，信家非家、出家，乃至自知不受後有。

時，彼比丘即成羅漢❺❷，心得解脫。

【對應經典】

■ 南傳《相應部尼柯耶》〈蘊相應22〉第36經比丘（二）經。
■ 參考 南傳《相應部尼柯耶》〈蘊相應22〉第63～65經。

---

❺⓿ 知已，世尊！知已，善逝：知道了，世間所尊重的覺者！知道了，徹底的到彼岸的覺者！
❺❶ 汝云何於我略說法中，廣解其義：你如何根據我精簡的說法，闡釋其意義？（佛陀要這位比丘舉一反三做解釋，來看他是否真的已瞭解了。）
❺❷ 羅漢：此處為「阿羅漢」的簡稱，即斷盡煩惱、不再輪迴的四果聖人。

第 16 經 【0003b14】

如是我聞：

一時，佛住舍衛國祇樹給孤獨園。

爾時，有異比丘來詣佛所。所問如上，差別者❺❸：「隨使使、隨使死者，則增諸數❺❹；若不隨使使、不隨使死者，則不增⑮諸數。」

佛告比丘：「汝云何於我略說法中，廣解其義？」

時，彼比丘白佛言：「世尊！若色隨使使、隨使死；隨使使、隨使死者，則增諸數。如是受、想、行、識，隨使使、隨使死；隨使使、隨使死者，則增諸數。

「世尊！若色不隨使使、不隨使死；不隨使使、不隨使死者，則不增諸數。如是受、想、行、識，不隨使使、不隨使死；不隨使使、不隨使死者，則不增諸數。如是，世尊！我於略說法中，廣解其義。」如是，乃至得阿羅漢，心得解脫。

【對應經典】

■ 南傳《相應部尼柯耶》〈蘊相應22〉第35經比丘（一）經。

第 17 經 【0003b28】

如是我聞：

一時，佛住舍衛國祇樹給孤獨園。

有異比丘從座⑯起，偏袒右肩❺❺，合掌❺❻白佛言：「善哉！世

---

❺❸ 所問如上，差別者：所提的問題跟前一經雷同，差別的地方如下。

❺❹ 增諸數：增加了種種狀況（使得人們更不得解脫）。

❺❺ 偏袒右肩：將袈裟掛於左肩，而露出右肩，是古代印度用以表示恭敬長者的方式之一，因這樣子方便做雜務，代表當事人願意為長者服務。

❺❻ 合掌：雙手合而為一，十指合併，以表示內心是專一的，而作為敬禮。

⑮ 「增」，宋本作「增不增」。

⑯ 「座」，大正藏原為「坐」，今依據永樂北藏改作「座」。

尊！為我略說法要。我聞法已，當獨一靜處，專精思惟，住不放逸；所以善男子出家，剃除鬚髮，身著法服，信家非家，出家學道，為究竟無上梵行，現法身作證❺❼：『我生已盡，梵行已立，所作已作，自知不受後有。』」

爾時，世尊告彼比丘：「善哉！善哉！汝作是說：『世尊！為我略說法要，我於略說法中，廣解其義，當獨一靜處，專精思惟，住不放逸。乃至自知不受後有』汝如是說耶？」

比丘白佛：「如是，世尊！」

佛告比丘：「諦聽，諦聽，善思念之，當為汝說。比丘！非汝所應❺❽之法❺❾，宜速斷除。斷彼法者，以義饒益，長夜安樂❻⓪。」

時，彼比丘白佛言：「知已，世尊！知已，善逝！」

佛告比丘：「云何於我略說法中，廣解其義？」

比丘白佛言：「世尊！色非我所應，宜速斷除；受、想、行、識非我所應，宜速斷除。以義饒益，長夜安樂。是故，世尊！我於世尊略說法中，廣解其義。」

佛言：「善哉！善哉！比丘！汝於我略說法中，廣解其義。所以者何？色者非汝所應，宜速斷除。如是受、想、行、識非汝所應，宜速斷除。斷除已，以義饒益，長夜安樂。」

時，彼比丘聞佛所說，心大歡喜，禮佛而退。獨一靜處，精勤修習，住不放逸。精勤修習，住不放逸已思惟；所以善男子出家，剃除鬚髮，身著法服，正信非家、出家，乃至自知不受後有。

時，彼比丘成阿羅漢，心得解脫。

【對應經典】
■ 南傳《相應部尼柯耶》〈蘊相應22〉第69經非自所應經。
■ 藏傳《俱舍論疏》1.021。

---

❺❼ 身作證：親身體證。
❺❽ 非汝所應：不是你所該倚靠（對應）的。也就是不可靠。
❺❾ 法：事物。「法」在這邊是廣義的用法，代表任何有形、無形、真實、虛妄的事物或道理。
❻⓪ 以義饒益，長夜安樂：以真義帶來幫助，而能長時間的幸福。

【讀經拾得】

本經從反面列舉，什麼是「非汝所應」：「色者非汝所應，宜速斷除。如是受、想、行、識非汝所應，宜速斷除。」

卷十第259經則有從正面列舉，什麼「是所應處」：「若比丘未得無間等法，欲求無間等法，精勤思惟：『五受陰為病、為癰、為刺、為殺、無常、苦、空、非我。』所以者何？是所應處故。」（CBETA, T02, no. 99, p. 65, b14-15）

第 18 經　【0003c28】

如是我聞：

一時，佛住舍衛國祇樹給孤獨園。

爾時，有異比丘從座*起，偏袒右肩，為佛作禮，却住一面，而白佛言：「善哉！世尊！為我略說法要，我聞法已，當獨一靜處，專精思惟，不放逸住，乃至自知不受後有。」

佛告比丘：「善哉！善哉！汝作如是說：『世尊！為我略說法要，我聞法已，當獨一靜處，專精思惟，不放逸住，乃至自知不受後有。』耶？」

時，彼比丘白佛言：「如是，世尊！」

佛告比丘：「諦聽，諦聽，善思念之，當為汝說。若非汝所應，亦非餘人所應，此法宜速除斷。斷彼法已，以義饒益，長夜安樂。」

時，彼比丘白佛言：「知已，世尊！知已，善逝！」

佛告比丘：「云何於我略說法中，廣解其義？」

比丘白佛言：「世尊！色非我、非我所應，亦非餘人所應，是法宜速除斷。斷彼法已，以義饒益，長夜安樂。如是受、想、行、識，非我、非我所應，亦非餘人所應，宜速除斷，斷彼法已，以義饒益，長夜安樂。是故，我於如來❻略說法中，廣解其義。」

佛告比丘：「善哉！善哉！汝云何於我略說法中，廣解其義？所

---

❻ 如來：乘真如之道而來成正覺，即指佛陀。「如來」是古印度對覺者的稱號之一。

以者何？比丘！色非我、非我所應，亦非餘人所應，是法宜速除斷。斷彼法已，以義饒益，長夜安樂。如是受、想、行、識，非我、非我所應，亦非餘人所應，是法宜速除斷。斷彼法已，以義饒益，長夜安樂。」

時，彼比丘聞佛所說，心大歡喜，禮佛而退。獨一靜處，精勤修習，不放逸住，乃至自知不受後有。

時，彼比丘心得解脫，成阿羅漢。

【對應經典】

■ 南傳《相應部尼柯耶》〈蘊相應22〉第69經非自所應經。

第 19 經　【0004a28】

如是我聞：

一時，佛住舍衛國祇樹給孤獨園。

爾時，有異比丘從座*起，為佛作禮，而白佛言：「世尊！為我略說法要，我聞法已，當獨一靜處，專精思惟，不放逸住，不放逸住已思惟；所以善男子正信家非家、出家，乃至自知不受後有。」

爾時，世尊告彼比丘：「善哉！善哉！汝今作是說：『善哉！世尊！為我略說法要，我聞法已，當獨一靜處，專精思惟，不放逸住，乃至自知不受後有。』耶？」

比丘白佛言：「如是，世尊！」

佛告比丘：「諦聽，諦聽，善思念之，當為汝說。比丘！結所繫❷法宜速除斷，斷彼法已，以義饒益，長夜安樂。」

時，彼比丘白佛言：「知已，世尊！知已，善逝！」

佛告比丘：「汝云何於我略說法中，廣解其義？」

---

❷ 結所繫：結使（煩惱）所繫縛的。

比丘白佛言：「世尊！色是結所繫法，是結所繫法宜速除斷。斷彼法已，以義饒益，長夜安樂。如是受、想、行、識結所繫法，是結所繫法宜速除斷。斷彼法已，以義饒益，長夜安樂。是故我於世尊略說法中，廣解其義。」

佛告比丘：「善哉！善哉！汝於我略說法中，廣解其義。所以者何？色是結所繫法，此法宜速除斷，斷彼法已，以義饒益，長夜安樂。如是受、想、行、識是結所繫法，此法宜速除斷，斷彼法已，以義饒益，長夜安樂。」

時，彼比丘聞佛所說，心大歡喜，禮佛而退，獨一靜處，專精思惟，不放逸住，乃至心得解脫，成阿羅漢。

【對應經典】

■ 南傳《相應部尼柯耶》〈蘊相應22〉第70經所染止住經。

第 20 經　　【0004b25】

深經亦如是說❻❸。

第 21 經　　【0004b26】

如是我聞：

一時，佛住舍衛國祇樹給孤獨園。

爾時，有異比丘從座*起，為佛作禮，而白佛言：「世尊！為我略說法要，我聞法已，當獨一靜處，專精思惟，不放逸住，不放逸住

---

❻❸ 深經亦如是說：有一部經叫作「深經」，和前經有相同的說法。此處「深」疑為「染」字形相似之誤，也就是前經內容的「結所繫」可以「染」代入，而成為一經。

已思惟；所以善男子正信非家、出家，乃至自知不受後有。」

　　爾時，世尊告彼比丘：「善哉！善哉！汝今作是說：『善哉！世尊！為我略說法要，我聞法已，當獨一靜處，專精思惟，不放逸住，乃至自知不受後有。』耶？」

　　比丘白佛言：「如是，世尊！」

　　佛告比丘：「諦聽，諦聽，善思念之，當為汝說。比丘！動搖❻❹時，則為魔❻❺所縛；若不動者，則解脫波旬❻❻。」

　　比丘白佛言：「知已，世尊！知已，善逝！」

　　佛告比丘：「汝云何於我略說法中，廣解其義？」

　　比丘白佛言：「世尊！色動搖時，則為魔所縛；若不動者，則解脫波旬❻❼。如是受、想、行、識動搖時，則⑰為魔所縛；若不動者，則解脫波旬。是故我於世尊略說法中，廣解其義。」

五陰不動搖，得解脫於魔

　　佛告比丘：「善哉！善哉！汝於我略說法中，廣解其義。所以者何？若色動搖時，則為魔所縛；若不動者，則解脫波旬。如是受、想、行、識動搖時⑱，則為魔所縛；若不動者，則解脫波旬。」乃至自知不受後有，心得解脫，成阿羅漢。

【對應經典】

■ 南傳《相應部尼柯耶》〈蘊相應22〉第64經思經。
■ 參考 南傳《相應部尼柯耶》〈蘊相應22〉第63經取經。

【讀經拾得】

若真能不被色受想行識所動搖，自然不受魔擾。《雜阿含經》卷三十九有許多實例，佛陀教導弟子面對魔擾的終極方法，就是觀五蘊無常，而不動搖、不繫著。

---

❻❹ 動搖：心動。
❻❺ 魔：害人智慧與性命、障礙善事者。
❻❻ 波旬：惡魔的名字，是欲界最高天（他化自在天）的天主。
❻❼ 色動搖時，則為魔所縛，若不動者，則解脫波旬：被色所役使時，即被惡魔所纏縛；如果不被色役使，即不被惡魔纏縛。
⑰ 宋、元、明三本無「則」字。
⑱ 宋、元、明三本無「時」字。

第 22 經　【0004c20】

如是我聞：

一時，佛住舍衛國祇樹給孤獨園。

爾時，有比丘名劫波⑲，來詣佛所，頭面禮足❻❽，却住一面，白佛言：「如世尊說，比丘心得善解脫。世尊！云何比丘心得善解脫？」

爾時，世尊告劫波曰：「善哉！善哉！能問如來心善解脫❻❾。善哉！劫波！諦聽，諦聽，善思念之，當為汝說。劫波！當觀知諸所有色，若過去、若未來、若現在，若內、若外，若麁❼⓪、若細，若好、若醜，若遠、若近，彼一切悉皆無常。正觀無常已，色愛即除❼①。色愛除已，心善解脫。如是觀受、想、行、識，若過去、若未來、若現在，若內、若外、若麁、若細，若好、若醜，若遠、若近，彼一切悉皆無常。正觀無常已，識愛即除。識愛除已，我說心善解脫。劫波！如是，比丘心善解脫者，如來說名心善解脫。所以者何？愛欲斷故。愛欲斷者，如來說名心善解脫。」

時，劫波比丘聞佛所說，心大歡喜，禮佛而退。

爾時，劫波比丘受佛教已，獨一靜處，專精思惟，不放逸住，乃至自知不受後有，心善解脫，成阿羅漢。

【對應經典】

■ 南傳《相應部尼柯耶》〈蘊相應22〉第124經劫波（一）經。
■ 南傳《相應部尼柯耶》〈蘊相應22〉第125經劫波（二）經。

---

❻❽ 頭面禮足：五體（兩肘、兩膝、頭額）投地，以頭碰觸受禮者的腳或地面的最高禮法。

❻❾ 心善解脫：心徹底地解脫。

❼⓪ 麁：「粗」的異體字，容易辨識者（不必然是形體粗大者）。

❼① 色愛即除：對於物質及物理世界現象的貪愛即可消除。

⑲ 「劫波」，巴利本作 Kappa。

導讀：五陰無我

佛教說「無我」，我們所認知的「我」其實是由因緣而生、因緣而滅的。

凡夫則執著認為在五陰中有「我」。舉例而言，就「身體」與「我」的關係而言，凡夫可能誤認：

- 身體是「我」：
  身體就是「我」，至於受、想、行、識都是由這個「我」所擁有的東西。
- 身體異「我」：
  身體之外有「我」。例如以為「識」甚至所謂的「靈魂」是「我」，而身體是由這個「我」所擁有的東西。
- 身體和「我」互相含攝：
  「我」處於身體之中，或是身體處於「我」之中。例如認為有造物主（大我）遍於一切物質（也包括身體）之中，一切物質都有造物主在其中，但造物主卻又不是物質。

以上三類認為有「我」的見解，佛經中稱為「色是我」、「色異我」、「相在」，這幾個名詞詳細的邏輯定義及探討，在卷五第 109 經（CBETA, T02, no. 99, p. 34, b15）會進一步說明。

佛陀則發現五陰都是因緣生滅的，一切的身心運作中沒有不變的自我。

修證無我的智慧，才能徹底地放下自我（無我），也不掛念身外之物（無我所），去除貢高我慢、愛欲等結使的束縛。

第 23 經　【0005a11】

如是我聞：

一時，佛住王舍城⓻迦蘭陀竹園⓼。

⓻ 王舍城：中印度摩羯陀國的首都。

⓼ 迦蘭陀竹園：佛陀的道場之一，為迦蘭陀長者所擁有的竹林中所建立的道場，是佛教最早蓋的寺院。

爾時，尊者羅睺羅⑳❼往詣佛所，頭面禮足，却住一面，白佛言：「世尊！云何知、云何見❼我此識身及外境界一切相❼，能令無有我、我所見、我慢使繫著❼？」

佛告羅睺羅：「善哉！善哉！能問如來：『云何知、云何見我此識身及外境界一切相，能㉑令無有我、我所見、我慢使繫著』耶。」

羅睺羅白佛言：「如是，世尊！」

佛告羅睺羅：「善哉！諦聽，諦聽，善思念之，當為汝說。羅睺羅！當觀若所有諸色，若過去、若未來、若現在，若內、若外，若麁、若細，若好、若醜，若遠、若近，彼一切悉皆非我、不異我❼、不相在❼，如是平等慧正觀。如是受、想、行、識，若過去、若未來、若現在，若內、若外，若麁、若細，若好、若醜，若遠、若近，彼一切非我、不異我、不相在。如是平等慧如實觀。

「如是，羅睺羅！比丘如是知、如是見。如是知、如是見者，於此識身及外境界一切相，無有我、我所見、我慢使繫著。

「羅睺羅！比丘若如是於此識身及外境界一切相，無有我、我所見、我慢使繫著者，比丘是名斷愛欲，轉去諸結，正無間等，究竟苦邊❽。」

時，羅睺羅聞佛所說，歡喜奉行。

觀五陰非我、不異我、不相在

---

❼ 羅睺羅：比丘名，以嚴持戒律、精進修道聞名，譽為「密行第一」。他是佛陀未出家求道前的兒子，又譯為「羅云」。

❼ 云何知、云何見：如何知道、如何見解？

❼ 我此識身及外境界一切相：我這個「有識的身體」及「身外的一切境界、形相」。

❼ 令無有我、我所見、我慢使繫著：去除「（識身是）我」的見解，去除「（外境界一切相可由）我所擁有」的見解，解脫「自我中心、傲慢」的結使（煩惱）的繫縛。

❼ （色）異我：色之外有我。（而色是由這個我所擁有的。）

❼ （色、我）相在：我處於色之中，或色處於我之中。

❽ 斷愛欲，轉去諸結，正無間等，究竟苦邊：斷除愛欲的執著，轉化各個結使（煩惱），不偏不倚地洞察（沒有間隔、差距的以智慧觀察），徹底地斷盡了苦。

⑳ 「羅睺羅」，巴利本作 Rāhula。

㉑ 大正藏無「能」字，今依據元、明二本補上。

【對應經典】

- 《雜阿含經》卷八第198經。
- 《雜阿含經》卷十七第465經。
- 南傳《相應部尼柯耶》〈羅睺羅相應18〉第21經使經。
- 南傳《相應部尼柯耶》〈羅睺羅相應18〉第22經遠離經。
- 南傳《相應部尼柯耶》〈蘊相應22〉第71經羅陀經。
- 南傳《相應部尼柯耶》〈蘊相應22〉第91經羅睺羅（一）經。

第 24 經　【0005b05】

如是我聞：

一時，佛住王舍城迦㉒蘭陀竹園。

爾時，世尊告羅睺羅：「比丘！云何知、云何見我此識身及外境界一切相，無有我、我所見、我慢使繫著？」

羅睺羅白佛言：「世尊為法主、為導、為覆。善哉！世尊當為諸比丘演說此義，諸比丘從佛聞已，當受持奉行。」

佛告羅睺羅：「諦聽，諦聽，善思念之，當為汝說。」

羅睺羅白佛：「唯然，受教。」

佛告羅睺羅：「當觀諸所有色，若過去、若未來、若現在，若內、若外，若麤、若細，若好、若醜，若遠、若近，彼一切非我、不異我、不相在。如是平等慧如實觀。如是受、想、行、識，若過去、若未來、若現在，若內、若外，若麤、若細，若好、若醜，若遠、若近，彼一切非我、不異我、不相在。如是平等慧如實觀。

「比丘！如是知、如是見我此識身及外境界一切相，無有我、我所見、我慢使繫著。

「羅睺羅！比丘如是識身及外境界一切相，無有我、我所見、我

㉒「迦」，大正藏原為「伽」，今依據宋、元、明三本改作「迦」。

慢使繫著者，超越疑心，遠離諸相，寂靜解脫，是名比丘斷除愛欲，轉去諸結，正無間等，究竟苦邊。」

時，羅睺羅聞佛所說，歡喜奉行。

使、增諸數	非我、非彼	結繫、動搖
劫波所問	亦羅睺羅	所問二經

【對應經典】

- 《雜阿含經》卷八第199經。
- 《雜阿含經》卷十七第466經。
- 南傳《相應部尼柯耶》〈羅睺羅相應18〉第22經遠離經。
- 南傳《相應部尼柯耶》〈蘊相應22〉第92經羅睺羅（二）經。

【讀經拾得】

佛教說聖者沒有「我見」，眾生的「我見」不僅限於婆羅門教說的「恆常、不變、獨存、自在、能主宰」的「真我」，更是日常生活自以為的那個「我」，例如把身體當作我（色是我）的那個「我」、把身心當作我（五陰是我）的那個「我」、愛面子的那個「我」、自我保護的那個「我」、天人合一把大自然當作我的那個「我」，眾生都執著「有我」而輪迴生死，聖者則體證到這些都只是因緣生滅而沒有我的主體，自然就沒有了因「我」而起的種種煩惱乃至輪迴。

另一方面，「無我」也不是說「我等於無」，那是斷滅見，在卷二會說明那是另一種錯誤的見解。

第 25 經　【0005b28】

如是我聞：

一時，佛住舍衛國祇樹給孤獨園。

時，有異比丘來詣佛所，為佛作禮，却住一面，白佛言：「如世尊說多聞❽，云何為多聞？」

佛告比丘：「善哉！善哉！汝今問我多聞義耶？」

---

❽ 多聞：多聽聞佛法而受持。在此經中特別指出是多聽聞「五受陰是生厭、離欲、滅盡、寂靜法」。

比丘白佛：「唯然，世尊！」

佛告比丘：「諦聽㉓，善思，當為汝說。比丘當知，若聞色是生厭、離欲、滅盡、寂靜法，是名多聞；如是聞受、想、行、識，是生厭、離欲、滅盡、寂靜法，是名多聞比丘，是名如來所說多聞。」

時，彼比丘聞佛所說，踊躍歡喜，作禮而去。

第 26 經　　【0005c09】

如是我聞：

一時，佛住舍衛國祇樹給孤獨園。

爾時，有異比丘來詣佛所，頭面禮足，却住一面，白佛言：「如世尊所說法師，云何名為法師？」

佛告比丘：「善哉！善哉！汝今欲知如來所說法師義耶？」

比丘白佛：「唯然，世尊！」

佛告比丘：「諦聽，善思，當為汝說。」

佛告比丘：「若於色說是生厭、離欲、滅盡、寂靜法者，是名法師；若於受、想、行、識，說是生厭、離欲、滅盡、寂靜法者，是名法師，是名如來所說法師。」

時，彼比丘聞佛所說，踊躍歡喜，作禮而去。

【對應經典】

- 南傳《相應部尼柯耶》〈蘊相應22〉第115經說法者（一）經。
- 南傳《相應部尼柯耶》〈蘊相應22〉第116經說法者（二）經。
- 南傳《相應部尼柯耶》〈六處相應35〉第154經說法者經。

㉓「諦聽」，宋、元、明三本作「諦聽諦聽」。

第 27 經 　【0005c20】

如是我聞：

一時，佛住舍衛國祇樹給孤獨園。

爾時，有異比丘來詣佛所，頭面作禮，却住一面，白佛言：
「如世尊說法次法向㉔⑧，云何法次法向？」

佛告比丘：「善哉！善哉！汝今欲知法次法向耶？」

比丘白佛：「唯然，世尊！」

佛告比丘：「諦聽，善思，當為汝說。比丘！於色向厭、離
欲、滅盡，是名法次法向；如是於㉕受、想、行、識，於識向厭、離
欲、滅盡，是名法次法向。」

時，彼比丘聞佛所說，踊躍歡喜，作禮而去。

【對應經典】

- 南傳《相應部尼柯耶》〈蘊相應22〉第39經隨法（一）經。
- 南傳《相應部尼柯耶》〈蘊相應22〉第40經隨法（二）經。
- 南傳《相應部尼柯耶》〈蘊相應22〉第41經隨法（三）經。
- 南傳《相應部尼柯耶》〈蘊相應22〉第42經隨法（四）經。

第 28 經 　【0005c29】

如是我聞：

一時，佛住舍衛國祇樹給孤獨園。

爾時，有異比丘來詣佛所，頭面禮足，却住一面，白佛言：
「世尊！如世尊所說，得見法涅槃⑧，云何比丘得見法涅槃？」

⑧ 法次法向：依著一個修行「法」、下一個修行法（「次法」）的正確方「向」順序修行。
⑧ 見法涅槃：當生達到涅槃（滅除煩惱、生死）。又譯為「現法涅槃」、「見法般涅槃」。
㉔ 「法次法向」，巴利本作 Dhammānudhammapaṭipanna。
㉕ 大正藏無「於」字，今依據宋、元、明三本補上。

佛告比丘：「善哉！善哉！汝今欲知見法涅槃耶？」

比丘白佛：「唯然，世尊！」

佛告比丘：「諦聽，善思，當為汝說。」

佛告比丘：「於色生厭、離欲、滅盡，不起諸漏❽，心正解脫，是名比丘見法涅槃；如是受、想、行、識，於識㉖生厭、離欲、滅盡，不起諸漏，心正解脫，是名比丘見法涅槃。」

時，彼比丘聞佛所說，踊躍歡喜，作禮而去㉗。

【對應經典】

■ 南傳《相應部尼柯耶》〈六處相應35〉第154經說法者經。
■ 參考 南傳《相應部尼柯耶》〈蘊相應22〉第115經說法者（一）經。
■ 參考 南傳《相應部尼柯耶》〈蘊相應22〉第116經說法者（二）經。
■ 參考 藏傳《俱舍論疏》2.078。

第 29 經　【0006a12】

如是我聞：

一時，佛住舍衛國祇樹給孤獨園。

爾時，有異比丘名三蜜㉘離提，來詣佛所，頭面禮足，却住一面，白佛言：「如世尊說說法師。云何名為說法師㉙？」

佛告比丘：「汝今欲知說法師義耶？」

比丘白佛：「唯然，世尊！」

佛告比丘：「諦聽，善思，當為汝說。若比丘於色說厭、離欲、滅盡，是名說法師。如是於受、想、行、識，於識*說厭、離欲、滅盡，是名說法師。」

---

❽ 漏：煩惱。一般人由眼、耳等感官，時常引生煩惱而不停止，所以以漏譬喻煩惱。

㉖ 宋、元、明三本無「於識」二字。*

㉗「去」，明本作「退」。

㉘「蜜」，宋、元、明三本作「密」。*

㉙「說法師」，巴利本作 Dhammakathika。

時，彼比丘聞佛所說，踊躍歡喜，作禮而去。

> 多聞、善說法　　　向法及涅槃
>
> 三蜜＊離提問　　　云何說法師

【對應經典】

■ 參考 南傳《相應部尼柯耶》〈蘊相應22〉第115經說法者（一）經。
■ 參考 南傳《相應部尼柯耶》〈蘊相應22〉第116經說法者（二）經。

第 30 經　【0006a24】

如是我聞：

一時，佛住王舍城迦蘭陀竹園㉚。

爾時，尊者舍利弗㉟在耆闍崛山㊱中。

時，有長者子名輸屢那㉛㊲，日日遊行，到耆闍崛山，詣尊者舍利弗，問訊㊳起居已，却坐一面，語舍利弗言：「若諸沙門、婆羅門於無常色、變易、不安隱色言：『我勝、我等、我劣㉜㊴。』何故沙門、婆羅門作如是想，而不見真實？若沙門、婆羅門於無常、變易、不安隱受、想、行、識而言：『我勝、我等、我劣。』何故沙門、婆羅門作如是想，而不見真實？

「若沙門、婆羅門於無常色、不安隱色、變易言：『我勝、我

㊟ 舍利弗：比丘名，以「智慧第一」聞名。又譯為「舍利子」，因為他的母親名叫「舍利」。

㊱ 耆闍崛山：為音譯，義譯為「靈鷲山」，因山頂似鷲頭、且山中多鷲而得名。位於摩揭陀國王舍城東北角。

㊲ 輸屢那：為音譯，義譯為「二十億耳」，善彈琴。後來出家證得阿羅漢，成為尊者二十億耳，以「精進第一」聞名。

㊳ 問訊：問候請安。

㊴ 於無常色，變易、不安隱色，言：「我勝、我等、我劣」：在無常的、變化的、不安穩的色上，說「我較優越」，或認為「我是等同的」，或認為「我較差」。

㉚ 「王舍城迦蘭陀竹園」，巴利本作 Rājagaha Veḷuvana Kalandakanivāpa。

㉛ 「輸屢那」，巴利本作 Soṇa。

㉜ 「我勝、我等、我劣」，巴利本作 Seyyo ham asmīti Sadiso hamasmīti Hīno hamasmīti。

等、我劣。』何所計❾而不見真實？於無常、變易、不安隱受、想、行、識言：『我勝、我等、我劣。』何所計而不見真實？」

「輸屢那！於汝意云何？色為常、為無常耶？」

答言：「無常。」

「輸屢那！若無常，為是苦耶㉝？」

答言：「是苦㉞。」

「輸屢那！若無常、苦*，是變易法，於意云何？聖弟子於中見色是我、異我、相在不？」

答言：「不也。」

「輸屢那！於意云何？受、想、行、識為常、為無常？」

答言：「無常。」

「若無常，是苦耶*？」

答言：「是苦。」

「輸屢那！識若無常、苦*，是變易法，於意云何？聖弟子於中見識是我、異我、相在不？」

答言：「不也。」

「輸屢那！當知*色，若過去、若未來、若現在，若內、若外，若麁、若細，若好、若醜，若遠、若近，彼一切色不是我、不異我、不相在，是名如實知。如是受、想、行、識，若過去、若未來、若現在，若內、若外，若麁、若細，若好、若醜，若遠、若近，彼一切識不是我、不異我、不相在，是名如實知。輸屢那！如是於色、受、想、行、識生厭、離欲、解脫，解脫知見：『我生已盡，梵行已立，所作已作，自知不受後有。』」

---

❾ 計：思量分別。

㉝ 「苦耶」，元本作「若苦」。

㉞ 「苦」，元本作「若」。*

　　時，舍利弗說是經已，長者子輸屢那遠塵離垢❾，得法眼淨❾。時，長者子輸屢那見法得法，不由於他，於正法中，得無所畏。從座㉟起，偏袒右肩，胡跪合掌，白舍利弗言：「我今已度，我從今日歸依佛、歸依法、歸依僧，為優婆塞❾。我從今日已，盡壽命，清淨歸依三寶❾。」

　　時，長者子輸屢那聞舍利弗所說，歡喜踊躍，作禮而㊱去。

【對應經典】

■ 南傳《相應部尼柯耶》〈蘊相應22〉第49經輸屢那（一）經。

【讀經拾得】

　　修行人一定是謙虛的，不過「無我」並不僅僅是「謙虛」，此經中提到的「我勝、我等、我劣」都是基於「我見」而有的比較。

導讀：四聖諦

在前面的經文中，佛陀說明了身心的無常、苦、空、非我的本質。而身心的苦是從何而來？能如何解脫？

這就是佛陀悟到的四個真理（「四聖諦」），苦、集、滅、道：
- 苦：無常即是苦、會受到逼迫因此是苦、執著於有我而有苦。
- 集：苦的起因，是由於沒有智慧（「無明」）、貪愛而來。
- 滅：苦的止息，叫作「涅槃」。
- 道：正確的解脫之道。

了知四聖諦的原理後，在實際的修行中，辨明身心讓人愛著的滋味（「味」），了知身心無常、苦、變易的禍患（「患」），不貪愛身心則可以出離於禍患（「離」）。

❾ 遠塵離垢：遠離塵垢。塵垢在此特指「見惑」（見道所斷的惑），斷了見惑而得正見，稱作「得法眼淨」，證得初果。

❾ 法眼淨：清楚明白的見到真理（四聖諦）。初果聖者即有法眼淨。

❾ 優婆塞：在家的男性佛教徒。

❾ 三寶：佛陀、佛法、聖眾（僧）的合稱。

㉟ 「座」，大正藏原為「坐」，今依據宋、元、明三本改作「座」。

㊱ 「而」，宋、元、明三本作「已」。

| 第 31 經 | 【0006c04】 |

如是我聞：

一時，佛住王舍城迦蘭陀竹園。

爾時，尊者舍利弗在耆闍崛山。

時，有長者子名輸屢那，日日遊行，到耆闍崛山，詣舍利弗所，頭面禮足，却坐一面。

時，舍利弗謂：「輸屢那！若沙門、婆羅門於色不如實知，色集[95]不如實知，色滅[96]不如實知，色滅道跡[97]不如實知故，輸屢那！當知此沙門、婆羅門不堪能斷色。如是沙門、婆羅門於受、想、行、識不如實知，識集不如實知，識滅不如實知，識滅道跡不如實知故，不堪能斷識。

「輸屢那！若沙門、婆羅門於色如實知，色集如實知，色滅如實知，色滅道跡如實知故，輸屢那！當知此沙門、婆羅門堪能斷色。如是，輸屢那！若沙門、婆羅門於受、想、行、識如實知，識集如實知，識滅如實知，識滅道跡如實知故，輸屢那！當知此沙門、婆羅門堪能斷識。

「輸屢那！於意云何？色為常、為無常耶？」

答言：「無常。」

又問：「若無常者，是苦耶？」

答言：「是苦。」

舍利弗言：「若色無常、苦者，是變易法，聖弟子寧於中見色是我、異我、相在不？」

答言[37]：「不也。」

---

[95] 色集：色的生起、因緣。

[96] 色滅：色的止息、解脫。

[97] 色滅道跡：解脫色的正確道路。

[37] 「言」，宋、元、明三本作「曰」。

「輸屢那！如是受、想、行、識為常、為無常耶？」

答言：「無常。」

又問：「若無常者，是苦耶？」

答言：「是苦。」

又問：「若無常、苦者，是變易法，聖弟子寧於中見識是我、異我、相在不？」

答曰：「不也。」

「輸屢那！當知色，若過去、若未來、若現在，若內、若外，若麁、若細，若好、若醜，若遠、若近，於一切色不是我、不異我、不相在，是名如實知。輸屢那！聖弟子於色生厭、離欲、解脫，解脫生、老、病、死、憂、悲、苦、惱。

「如是受、想、行、識，若過去、若未來、若現在，若內、若外，若麁、若細，若好、若醜，若遠、若近，彼一切識不是我、不異我、不相在，是名如實知。輸屢那！聖弟子於識生厭、離欲、解脫，解脫生、老、病、死、憂、悲、苦、惱。」

時，輸屢那聞舍利弗所說，歡喜踊躍，作禮已，去。

【對應經典】

■ 南傳《相應部尼柯耶》〈蘊相應22〉第50經輸屢那（二）經。

第 32 經　【0007a10】

如是我聞：

一時，佛住王舍城迦蘭陀竹園。爾時，尊者舍利弗在耆闍崛山。

時，有長者子名輸屢那，日日遊行，到耆闍崛山，詣舍利弗所，頭面禮足，却坐一面。

時，舍利弗告輸屢那：「若沙門、婆羅門於色不如實知，色集不如實知，色滅不如實知，色味不如實知，色患不如實知，色離不如實

知故，不堪能超越色。若沙門、婆羅門於受、想、行、識不如實知，識集不如實知，識滅不如實知，識味不如實知，識患不如實知，識離不如實知故，此沙門、婆羅門不堪能超越識。

「若沙門、婆羅門於色、色集、色滅、色味、色患、色離如實知，此沙門、婆羅門堪能超越色。若沙門、婆羅門於受、想、行、識、識集、識滅、識味、識患、識離如實知，此沙門、婆羅門堪能超越[38]識。

「輸屢那！於汝意云何？色為常、為無常耶？」

答言：「無常。」

「無常者，為苦耶？」

答言：「是苦。」

「輸屢那！若色無常、苦，是變易法，聖弟子於中寧有是我、異我、相在不？」

答言：「不也。」

「輸屢那！於汝意云何？如是受、想、行、識為常、為無常？」

答言：「無常。」

「若無常者，是苦耶？」

答言：「是苦。」

「輸屢那！若無常、苦，是變易法，聖弟子於中寧有是我、異我、相在不？」答言：「不也。」

「輸屢那！當知色，若過去、若未來、若現在，若內、若外，若麤、若細，若好、若醜，若遠、若近，於一切色不是我、不異我、不相在，是名如實知。

「輸屢那！受、想、行、識，若過去、若未來、若現在，若內、若外，若麤、若細，若好、若醜，若遠、若近，於一切識不是我、不

---

[38]「越」，宋、元、明三本作「越於」。

異我、不相在,是名如實知。

「輸屢那!聖弟子於此五受陰正觀非我、非我所。如是正觀,於諸世間無所攝受;無攝受者,則無所著;無所著者,自得涅槃:『我生已盡,梵行已立,所作已作,自知不受後有。』」

時,長者子輸屢那聞舍利弗所說,歡喜踊躍,作禮而去。

【讀經拾得】

五受陰與苦、集、滅、道的關係,進一步解說可參見《雜阿含經》卷二第41經(CBETA, T02, no. 99, p. 9b)。

雜阿含經卷第一

總結:卷一

卷一的內容,從第 1 經開始就展現了整體的脈絡。將卷一各經對應到第 1 經,可歸納出以下關係:

| 正觀五陰無常、苦、空、非我 | 生厭離 | 喜、貪盡 = 心解脫 | 自知自證:我生已盡、梵行已立、所作已作、自知不受後有。 |

其他各經亦可整理如下,補充第 1 經的內容:

1. 正觀,各經中亦用:正觀、真實觀、正思惟、知、明、如實知。
2. 五陰,其範圍經中描述 為:若過去、若現在、若未來;若內、若外;若麤、若細;若好、若醜;若遠、若近。
3. 正觀五陰:於五陰、五陰集、五陰滅、五陰滅道跡如實知;於五陰味、五陰患、五陰離如實知。
4. 見五陰為無常、苦、空、非我(非我、非我所、不異我、不相在)。
5. 則於五陰向厭、離欲、滅盡。
6. 喜、貪盡 = 心解脫 → 真實智生 → 可自知自證 = 解脫知見:「我生已盡、梵行已立、所作已作、自知不受後有。」= 斷苦,越生、老、病、死、憂、悲、苦、惱。

好讀

雜阿含經

卷第二

導讀：不如我意的五陰；陰相應（4/5）

如果身體是「我」，我們對身體應該有完全的自主能力，就像國王在自己的王國中想做什麼，就能做什麼。但是身體會生病、會痛苦，可見身體不是「我」。

心理也是如此，剎那生滅，更不會是「我」。

我們對於身心都會有不滿意的地方，也可見身心並非「我」。

與其追求「自我」或「真我」，不如了知「無我」而修行斷除對自我的執著，就能解脫煩惱，證得涅槃。

有著這樣的智慧，我們即能依靠觀察自己的身心而修證佛法（「住於自洲、住於自依」），依靠正法的教導而修證佛法（「住於法洲、住於法依」），不必外求（「不異洲、不異依」）。

本卷屬於《雜阿含經》的「陰相應」，是解說五陰的相關經文。

第 33 經　【0007b22】

如是我聞：

一時，佛住舍衛國祇樹給孤獨園。

爾時，世尊告諸比丘：「色非是我。若色是我者，不應於色病、

苦生，亦不應於色欲令如是❶、不令如是。以色無我故，於色有病、有苦生，亦得於色欲令如是、不令如是❷。受、想、行、識亦復如是。比丘！於意云何？色為是常、為無常耶？」

比丘白佛：「無常，世尊！」

「比丘！若無常者，是苦不？」

比丘白佛：「是苦，世尊！」

「若無常、苦，是變易法❸，多聞聖弟子於中寧見有我、異我、相在不？」

比丘白佛：「不也，世尊！」

「受、想、行、識亦復如是。是故，比丘！諸所有色，若過去、若未來、若現在，若內、若外，若麁、若細，若好、若醜，若遠、若近，彼一切非我、不異我、不相在，如是觀察；受、想、行、識亦復如是。

「比丘！多聞聖弟子於此五受陰非我、非我所，如實觀察。如實觀察已，於諸世間都無所取❹，無所取故無所著❺，無所著故自覺涅槃❻：『我生已盡，梵行已立，所作已作，自知不受後有。』」

佛說此經已，諸比丘聞佛所說，歡喜奉行。

【對應經典】
■ 參考 南傳《相應部尼柯耶》〈蘊相應22〉第59經五群比丘經。

❶ 欲令如是：想要使它成為什麼樣子。
❷ 以色無我故，於色有病、有苦生，亦得於色欲令如是、不令如是：因為身體不是我，因此身體會生病、會苦，我也會想要讓身體變成這樣、不變成這樣。
❸ 變易法：具有會變化的性質，與「無常」意思類似。
❹ 取：執取；執著。
❺ 著：心情纏綿於事物而無法捨離；執著。
❻ 涅槃：滅除煩惱、生死。

第 34 經 【0007c13】

　　如是我聞：

　　一時，佛住波羅㮈①②國❼仙人住處❽鹿野苑③❾中。

　　爾時，世尊告餘五比丘❿：「色非有我。若色有我者，於色不應病、苦生，亦不得於色欲令如是、不令如是。以色無我故，於色有病、有苦生，亦得於色欲令如是、不令如是；受、想、行、識亦復如是。比丘！於意云何？色為是常、為無常耶？」

　　比丘白佛：「無常，世尊！」

　　「比丘！若無常者，是苦耶？」

　　比丘白佛：「是苦，世尊！」

　　「比丘！若無常、苦，是變易法，多聞聖弟子寧於中見是我、異我、相在不？」

　　比丘白佛：「不也，世尊！」

　　「受、想、行、識亦復如是。是故，比丘！諸所有色，若過去、若未來、若現在，若內、若外，若麁、若細，若好、若醜，若遠、若近，彼一切非我、非我所，如實觀察。受、想、行、識亦復如是。

　　「比丘！多聞聖弟子於此五受陰見非我、非我所。如是觀察，於諸世間都無所取，無所取故無所著，無所著故自覺涅槃：『我生已盡，梵行已立，所作已作，自知不受後有。』」

---

❼ 波羅㮈國：中印度的古國，在摩揭陀國的西北。

❽ 仙人住處：古代傳說鹿野苑是仙人和有神通的得道者遊學的地方，因此又名「仙人住處鹿野苑」。

❾ 鹿野苑：中印度波羅㮈國的地名，當地林中有許多鹿，因此稱鹿野苑。佛陀成道後，在此地度化憍陳如等五位比丘證阿羅漢，是他第一次為弟子說法。

❿ 五比丘：佛最早度化的五位比丘，分別是憍陳如（又譯作「拘隣」）、阿濕波誓（又譯作「馬勝」）、摩訶男、十力迦葉、摩男拘利。

① 「㮈」，宋、元、明三本作「柰」。

② 「波羅㮈」，巴利本作 Bārāṇasī。

③ 「鹿野苑」，巴利本作 Migadāya。

佛說此經已，餘五比丘不起諸漏，心得解脫。

佛說此經已，諸比丘聞佛所說，歡喜奉行。

【對應經典】

■ 南傳《相應部尼柯耶》〈蘊相應22〉第59經五群比丘經。
■ 南傳律藏《大品》犍度部 I.6.13。
■ 《五蘊皆空經》。
■ 參考《彌沙塞部和醯五分律》卷十五。
■ 參考《四分律》卷三十二。

第 35 經　【0008a05】

如是我聞：

一時，佛住支提❶竹園精舍❷。

爾時，有三正士❸出家未久，所謂尊者阿㝹律陀❹、尊者難提❺、尊者金毗羅❻。

爾時，世尊知彼心中所念，而為教誡④：「比丘！此心、此意、此識❼，當思惟此，莫思惟此，斷此欲、斷此色⑤，身作證具足住❽。比丘！寧有色，若常、不變易、正住不？」

比丘白佛：「不也，世尊！」

---

❶ 支提：支提山，位於王舍城北方。迦蘭陀竹園位於支提山側。
❷ 竹園精舍：位於王舍城旁，又名竹林精舍，即迦蘭陀竹園。
❸ 正士：追尋正道的人。
❹ 阿㝹律陀：比丘名，以「天眼第一」聞名。又譯為阿那律。
❺ 難提：比丘名，佛陀稱讚他「乞食耐辱，不避寒暑」第一。
❻ 金毗羅：比丘名，佛陀稱讚他「獨處靜坐，專意念道」第一。
❼ 此心、此意、此識：在《阿含經》中通常心、意、識三者相通，三者並列是以同義字重複以使語意更加充實的用法。依作用可區分三者，心是精神作用的中心，有「集起」的意思，意指「思量」作用，識指「了別、認識」作用。
❽ 具足住：進入（達成）並保持著。又譯為「成就遊」。
④「誡」，宋本作「戒」。
⑤「色」，元、明二本作「以」。

佛告比丘：「善哉！善哉！色是無常、變易⑥之法，厭、離欲、滅、寂❶、沒❷。如是色從本以來，一切無常、苦、變易法。如是知已，緣彼色生諸漏害❸、熾然❷、憂惱皆悉斷滅，斷滅已，無所著，無所著已，安樂住；安樂住已，得般涅槃❷。受、想、行、識亦復如是。」

佛說此經時，三正士不起諸漏，心得解脫。

佛說此經已，諸比丘聞佛所說，歡喜奉行。

第 36 經　【0008a21】

如是我聞：

一時，佛住摩偷羅國❷跋提河❷側傘蓋菴羅❷樹園。

爾時，世尊告諸比丘：「住於自洲⑦、住於自依⑧；住於法洲、住於⑨法依；不異洲、不異依❷。比丘！當正觀察，住自洲自依，法

自依、法依、不異依

---

❶ 寂：寂靜。

❷ 沒：消失、終了。

❸ 害：禍害。

❷ 熾然：猛烈燃燒的樣子，此處形容煩惱像火一般逼迫身心。

❷ 般涅槃：常略稱為「涅槃」，義譯為「圓寂」、「入滅」。

❷ 摩偷羅國：中印度的古國，在當今印度德里東南約一百四十公里處，為古代通商要地。

❷ 跋提河：印度五大河之一，全名阿夷羅跋提河，即當今印度的拉布提河。

❷ 菴羅：芒果。

❷ 住於自洲、住於自依；住於法洲、住於法依；不異洲、不異依：依靠觀察自己的身心而修證佛法，依靠正法的教導而修證佛法，不必外求。

⑥ 大正藏在「易」字之下有『正住不？』比丘白佛：「不也，世尊！」佛告比丘：「善哉！善哉！色是無常、變易』二十五字，今依據宋、元、明三本刪去。

⑦「自洲」，巴利本作 Attadīpa。

⑧「自依」，巴利本作 Attasaraṇa。

⑨ 宋、元、明三本無「住於」二字。

洲法依，不異洲不異依。何因生憂悲惱苦？云何有？因⑩何故？何繫著？云何自觀察未生憂悲惱苦而生，已生憂悲惱苦生長增廣？」

諸比丘白佛：「世尊法根、法眼、法依❷，唯願為說。諸比丘聞已，當如說奉行。」

佛告比丘：「諦聽，善思，當為汝說。比丘！有色⑪、因色、繫著色❷，自觀察未生憂悲惱苦而生，已生而復增長廣大；受、想、行、識亦復如是。比丘！頗有色常、恒、不變易、正住耶？」

答言：「不也，世尊！」

佛告比丘：「善哉！善哉！比丘！色是無常，若善男子知色是無常、苦⑫、變易，離欲、滅、寂靜、沒，從本以來，一切色無常、苦、變易法知已，若色因緣生憂悲惱苦斷，彼斷已無所著，不著故安隱❸樂住，安隱樂住已，名為涅槃。受、想、行、識亦復如是。」

佛說此經時，十六比丘不生諸漏，心得解脫。

佛說此經已，諸比丘聞佛所說，歡喜奉行。

竹園、毘舍離❸　　清淨、正觀察

無常、苦⑬、非我　　五、三、與十六

【對應經典】

■ 南傳《相應部尼柯耶》〈蘊相應22〉第43經自洲經。

---

❷ 法根、法眼、法依：佛法的根源，佛法的導引，佛法的依歸。

❷ 因色、繫著色：依著色，執著色。

❸ 安隱：安穩。

❸ 毘舍離：古代中印度大城之一，位在當今恆河北岸。

⑩「因」，大正藏原為「四」，今依據前後文改作「因」。

⑪「色」，宋、元、明三本作「色色」。

⑫「苦」，大正藏原為「已」，今依據前後文改作「苦」。

⑬ 竹園……苦（六經）出第三卷（82-87）。

第 37 經 【0008b15】

如是我聞：

一時，佛住舍衛國祇樹給孤獨園。

佛陀不與
世間諍

爾時，世尊告諸比丘：「我不與世間諍❷，世間與我諍。所以者何？比丘！若如法語者，不與世間諍，世間智者❸言有，我亦言有。云何為世間智者言有，我亦言有？比丘！色無常、苦、變易法，世間智者言有，我亦言有。如是受、想、行、識，無常、苦、變易法，世間智者言有，我亦言有。世間智者言無，我亦言無；謂色是常、恒、不變易、正住者，世間智者言無，我亦言無。受、想、行、識，常、恒、不變易、正住者，世間智者言無，我亦言無，是名世間智者言無，我亦言無。比丘！有世間世間法⑭❸，我亦自知自覺❸，為人分別演說顯示，世間盲無目者❸不知不見，非我咎也。

「諸比丘！云何為世間世間法，我自知，我自覺，為人演說，分別顯示，盲無目者不知不見？是比丘❸！色無常、苦、變易法，是名世間世間法；如是受、想、行、識，無常、苦，是世間世間法。比丘！此是世間世間法，我自知自覺，為人分別演說顯示，盲無目者不知不見。我於彼盲無目不知不見者，其如之何❸？」

佛說此經已⑮，諸比丘聞佛所說，歡喜奉行。

【對應經典】

■ 南傳《相應部尼柯耶》〈蘊相應22〉第94經華（增長）經。

---

❷ 諍：諍論；為了主張自己的看法而與人爭執。

❸ 世間智者：世間有智慧的人。

❸ 世間世間法：描述世間的法中，最寫實地描述世間的法。

❸ 自知自覺：親自證知、親自覺悟。

❸ 世間盲無目者：形容世間沒有智慧的人，有如失明的人（看不見東西）。

❸ 是比丘：此處可能有經文脫落，原文可能為「如是，比丘」。

❸ 其如之何：表示對其（指對方）無可奈何。

⑭ 「世間世間法」，巴利本作 Loke lokadhammo。

⑮ 「已」，大正藏原為「己」，今依據前後文改作「已」。

【讀經拾得】

《大方廣佛華嚴經》卷四十〈入不思議解脫境界普賢行願品〉：「恒順眾生……隨順而轉。」（CBETA, T10, no. 293, p. 845, c24-p. 846, a5）

佛陀不與世間諍，而隨順眾生；但佛陀有智慧，因此隨順而轉，將眾生轉向智慧、導向解脫。本經中，佛陀即隨緣應和世間智者合乎佛法的部分，而不應和其不合乎佛法的部分。

第 38 經　【0008c08】

如是我聞：

一時，佛住舍衛國祇樹給孤獨園。

爾時，世尊告諸比丘：「世人為卑下業，種種求財活命，而得巨富，世人皆知。如世人之所知，我亦如是說。所以者何？莫令我異於世人。

「諸比丘！譬如一器❸，有一處人，名為捷茨，有名鉢，有名匕匕羅，有名遮留，有名毘悉多，有名婆闍那，有名薩牢❹。如彼彼⑯所知，我亦如是說。所以者何？莫令我異於世人故。如是，比丘！有世間法，我自知自覺，為人分別演說顯示，知見❹而說，世間盲無目者不知不見；世間盲無目者不知不見，我其如之何？

「比丘！云何世間世間法，我自知自覺，乃至不知不見？色無常、苦、變易法，是為世間世間法；受、想、行、識，無常、苦、變易法，是世間世間法。比丘！是名世間世間法，我自知自見，乃至盲無目者不知不見，其如之何？」

佛說此經已，諸比丘聞佛所說，歡喜奉行。

---

❸ 器：容器。

❹ 捷茨、鉢、匕匕羅、遮留、毘悉多、婆闍那、薩牢：這些是不同地方的人對於「鉢」所給予的不同名稱。

❹ 知見：知道、見到。

⑯ 大正藏無「彼」字，今依據宋、元、明三本補上。

【對應經典】

■ 參考 南傳《相應部尼柯耶》〈蘊相應22〉第94經華（增長）經。

【讀經拾得】

同一個東西，在不同的地方會有不同的名稱，佛陀就隨順著不同地方的稱呼而名之，而不會堅持如何稱呼才對的。

但不論世間的東西如何稱呼，佛陀更進一步的了知，它是無常、苦、變易法。

第 39 經 【0008c26】

如是我聞：

一時，佛住舍衛國祇樹給孤獨園。

爾時，世尊告諸比丘：「有五種種子。何等為五？謂根種子、莖種子、節種子、自落種子、實種子❷。此五種子不斷、不壞、不腐、不中風❸，新熟堅實，有地界而無水界，彼種子不生長增廣。若彼種新熟堅實，不斷、不壞、不中風，有水界而無地界，彼種子亦不生長增廣。若彼種子新熟堅實，不斷、不壞、不腐、不中風，有地、水界，彼種子生長增廣。

識於色受想行攀緣生長

「比丘！彼五種子者，譬取陰俱識❹；地界者，譬四識住❺；水界者，譬貪喜四取攀緣識住❻。何等為四？於色中識住，攀緣色，喜、貪潤澤，生長增廣；於受、想、行中識住，攀緣受、想、行，貪、喜潤澤，生長增廣。比丘！識於中若來、若去、若住、若沒、若生長增廣。

---

❷ 根種子、莖種子、節種子、自落種子、實種子：不同的繁殖植物的方法，例如塊根繁殖（如蘿蔔）、插枝繁殖（如葡萄）、取一整節來繁殖（如甘蔗）、自行落下就會繁殖（如落地生根）、果實裡的種子繁殖。

❸ 不中風：不被風吹所傷害。

❹ 取陰俱識：執取（執著）諸陰（色、受、想、行）同在的識。

❺ 四識住：「色、受、想、行」等四個「識」在其中生長增廣的基地。

❻ 貪喜四取攀緣識住：貪著四識住。其中「四取攀緣識住」就是「四識住」。

　　「比丘！若離色、受、想、行，識有若來、若去、若住、若生⑰者，彼但有言數，問已不知，增益生癡，以非境界故❹。色界離貪，離貪已，於色封滯❹意生縛斷❹；於色封滯意生縛斷已，攀緣斷；攀緣斷已，識無住處，不復生長增廣。受、想、行界離貪，離貪已，於行封滯意生觸斷；於行封滯意生觸斷已，攀緣斷，攀緣斷已，彼識無所住，不復生長增廣。不生長故，不作行；不作行已住，住已知足，知足已解脫；解脫已，於諸世間都無所取、無所著；無所取、無所著已，自覺涅槃：『我生已盡，梵行已立，所作已作，自知不受後有。』我說彼識不至東、西、南、北、四維、上、下，無所至趣，唯見法❺，欲入涅槃、寂滅、清涼❺、清淨、真實。」

　　佛說此經已，諸比丘聞佛所說，歡喜奉行。

色受想行界離貪，則識無住處，不造作

【對應經典】

- 南傳《相應部尼柯耶》〈蘊相應22〉第54經種子經。

【讀經拾得】

- 本經的譬喻怎麼講？

　　種子只要有土壤、有水分，就能開始生長。

　　此經中則譬喻如下：

- 種子　　　　　＝執取四陰同在的識（取陰俱識）

- 土壤（地界）＝色、受、想、行（四識住）

- 水分（水界）＝貪喜四識住

　　識（種子）生長在色、受、想、行（土）中間，只要有貪喜（水），就會愈長愈大。

---

❹ 彼但有言數，問已不知，增益生癡，以非境界故：這只是空話，如果去問他，他就回答不出來了，只會愈來愈迷惑，因為他其實沒有相關經驗。其中「言數」又譯為「言說」。

❹ 封滯：攀住占用，就是執取的意思。

❹ 意生縛斷：意識所生的結縛已斷除。

❺ 見法：見證真理。

❺ 清涼：無惱熱，即涅槃之意。

⑰ 「生」，明本作「坐」。

本經所說的解脫的次第為：

於色、受、想、行界離「貪」、意生縛斷、攀緣斷 →「識」無住處，不復生長增廣 → 不作「行」→ 住、知足、解脫、無所取、無所著、自覺涅槃。

■ 本經所說，有什麼生活上的例子？

一個學生在沒看過金庸小說之前，不會對金庸小說有特別的感覺。但看了一部金庸小說，上癮了，就想要看更多的金庸小說，因此雪球愈滾愈大，成為金庸小說迷。也就是說在讀小說的身心運作之後，強化了對於小說的喜愛及覺知，因此又看更多的金庸小說，又更強化了對於小說的喜愛及覺知。對金庸小說的識（覺知）在讀小說的色、受、想、行當中，由於有貪喜，就會生長增廣。

看電影也是如此，本來沒有特別想看電影的人，可能在看了一部特定類型的片子後有了喜好，就想看更多該類型的片子，終於培養出對於該類電影的嗜好，這也是由於有貪喜，因此對該類電影的識在色、受、想、行中生長增廣。

「由儉入奢易，由奢入儉難」，喜愛享受，如果執著，會更強化對享受的覺知，也是貪喜潤澤，生長增廣的結果。

第 40 經　【0009a27】

如是我聞：

一時，佛住舍衛國祇樹給孤獨園。

爾時，世尊告諸比丘：「封滯者不解脫，不封滯則解脫。云何封滯不解脫？比丘！攀緣四取陰識❺❷住。云何為四？色封滯識住，受、

---

❺❷ 取陰識：執著（色、受、想、行）陰的識。

想、行封滯識住，乃至非境界故，是名封滯，故不解脫。云何不封滯則解脫？於色界離貪，受、想、行、識離⑱貪，乃至清淨⑲真實，是則不封滯則解脫。」

佛說此經已，諸比丘聞佛所說，歡喜奉行。

【對應經典】

■ 南傳《相應部尼柯耶》〈蘊相應22〉第53經封滯經。

導讀：六根

有句成語「六根清淨」。六根是哪六個？眼、耳、鼻、舌、身、意。六根猶如外境進入身心的管道，因此又稱為「六入處」。

六根能接收外境：
■ 眼根接收影像（色）而有視覺（眼識）。
■ 耳根接收聲音（聲）而有聽覺（耳識）。
■ 鼻根接收香臭（香）而有嗅覺（鼻識）。
■ 舌根接收味道（味）而有味覺（舌識）。
■ 身根接收碰觸（觸）而有觸覺（身識）。
■ 意根（腦功能）接收各種訊息（法）而有意識。（照經中所說，「意根」是心、意、識一類，不見得單純是肉體的「腦」。由於現代所謂的「腦功能」與意根作用類似，為方便理解，姑且以「腦功能」描述。）

其中色、聲、香、味、觸、法，稱為「六境」、「六塵」。

「眼」根接收到影像（「色」），而會有視覺（「眼識」）。眼根、影像、視覺，三者接「觸」，而能感「受」影像，映「想」起這是影像，而有造作（「行」）。

⑱ 宋、元、明三本無「離」字。
⑲「淨」，宋、元、明三本作「涼」。

這些在《雜阿含經》卷八以後會有詳細的說明，經文是：「緣眼、色，生眼識，三事和合生觸，觸俱生受、想、思。」

而這一連串的身心反應，就是五陰生起的過程。更進一步，五陰既然都是因緣而生，也就會因緣而滅。

從卷八開始，會對六根的運作以及修行過程，有更詳細的分析。以下的幾經，算是一個序幕。

「緣眼、色，生眼識，三事和合觸，觸俱生受、想、思。」

卷三第68經、卷八第218~229經、卷十一第273經。

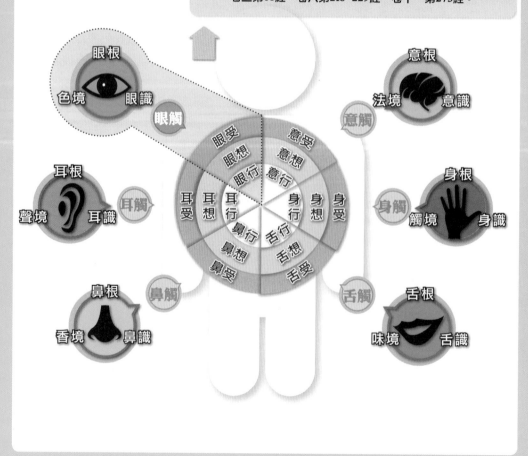

第 41 經經文導讀

爾時，世尊告諸比丘：「有五受陰——色受陰，受、想、行、識受陰。我於此五受陰，五種如實知——色如實知，色集、色味、色患、色離如實知。如是受、想、行、識如實知，識集、識味、識患、識離如實知。

佛陀告訴我們有五受陰，而且佛陀對這五受陰的五種情況：

1. 五受陰。
2. 五受陰的集。
3. 五受陰的味。
4. 五受陰的患。
5. 五受陰的離。

都契合真理、如其原貌的了知。

佛陀接著一一說明五受陰的這五種情況：

云何色如實知？諸所有色，一切四大及四大造色，是名色，如是色如實知。

什麼是契合真理的了知色？

色是由「四大」以及四大所造成的物質及物理現象所構成的。

四大是地、水、火、風，是古印度人所認為物質世界及物理現象的四元素：

- 地大：堅固性。
- 水大：濕潤性。
- 火大：溫熱性。
- 風大：移動性。

佛陀教導我們，要契合真理的了知色。

云何色集如實知？於色喜愛，是名色集，如是色集如實知。

「色集」指色的集起、色的生起。

色是怎麼集起的？由於有對色的喜愛。

人們喜愛物質及物理現象,因此集起了物質及物理現象。舉例來說,喜愛物質,因此輪迴時就脫離不了物質的世界。

佛陀教導我們,要契合真理的了知色集。

云何色味如實知?謂色因緣生喜樂,是名色味,如是色味如實知。

「色味」指色使人愛著的滋味,也就是色的吸引力。

色直接(因)間接(緣)的讓人產生喜愛,就是色味。

舉例來說,漂亮的物品讓人愛不釋手,就是色味的例子。

佛陀教導我們,要契合真理的了知色味。

云何色患如實知?若色無常、苦、變易法,是名色患,如是色患如實知。

「色患」指色的禍患。

色有無常、苦、會變化的特質,稱為色的禍患。

舉例來說,漂亮的東西總有一天會毀壞,就是色患的例子。

佛陀教導我們,要契合真理的了知色患。

云何色離如實知?若於色調伏欲貪、斷欲貪、越欲貪,是名色離,如是色離如實知。

「色離」指色的出離。

如果能調伏對色的貪欲、斷除貪欲、超越貪欲,就是出離於色。

佛陀教導我們,要契合真理的了知色離。

解釋完了色、色集、色味、色患、色離,佛陀又繼續解說受。人們為什麼會有對「色陰」的心理反應呢?起因於人們有「受陰」,這裡的「受」也就是「感受」:

云何受如實知?有六受身——眼觸生受,耳、鼻、舌、身、意觸生受。是名受,如是受如實知。

受陰包括了：

　　1. 眼觸而生「眼受」。
　　2. 耳觸而生「耳受」。
　　3. 鼻觸而生「鼻受」。
　　4. 舌觸而生「舌受」。
　　5. 身觸而生「身受」。
　　6. 意觸而生「意受」。

稱作「六受身」，這裡的「身」是指「種類」，也就是有六種感受。

這裡的「觸」特指感官、外境、識，三者接觸，因此上面的六受身可詳述為：

　　1. 眼、色、眼識，三者接觸而生「眼受」。
　　2. 耳、聲、耳識，三者接觸而生「耳受」。
　　3. 鼻、香、鼻識，三者接觸而生「鼻受」。
　　4. 舌、味、舌識，三者接觸而生「舌受」。
　　5. 身、觸、身識，三者接觸而生「身受」。
　　6. 意、法、意識，三者接觸而生「意受」。

在以後的經中會詳述「觸」的運作機制。

眼、耳、鼻、舌、身，都有接收的器官，所以比較具體、容易瞭解。意則是比較抽象的，可以解釋為腦的功能。

可注意的是，「五受陰」是色受陰、受受陰、想受陰、行受陰、識受陰。其中的「受受陰」是指感受，分為眼受、耳受、鼻受、舌受、身受、意受等六受身。不要混淆了。

云何受集如實知？觸集是受集，如是受集如實知。

「受集」指感受的集起。

前面已提過，感官、外境、識，三者接「觸」，會產生感受，因此說「觸」的集起，就是「受」的集起。

實際上，「觸」不只能生起受，也能生起想、行，如稍後經文所示。

云何受味如實知？緣六受生喜樂，是名受味，如是受味如實知。

「受味」指受陰使人愛著的滋味，也就是受的吸引力。

六受能產生使人愛著的滋味，就叫受味。舉例而言，看到漂亮的圖畫，感到賞心悅目，這種感受能吸引人、讓人愛著於其滋味。

云何受患如實知？若受無常、苦、變易法，是名受患，如是受患如實知。云何受離如實知？於受調伏欲貪、斷欲貪、越欲貪，是名受離，如是受離如實知。

經文其餘段落對於五受陰的五種情況的定義，同學們應該都能依此分析，自行解讀其意義了。

比較須要解釋的是行、識的定義：

云何行如實知？謂六思身——眼觸生思，耳、鼻、舌、身、意觸生思。是名為行，如是行如實知。

「行」指造作。「思維」是最常見的心中的造作，所以此處將「行」區分為由眼觸乃至意觸而生起的「思」。

云何識如實知？謂六識身——眼識身，耳、鼻、舌、身、意識身。是名為識身，如是識身如實知。

「識」指了別。也就是了知、識別六境。

識可分為六種，即六識身：

1. 眼根接收影像（色）而有視覺（眼識）。
2. 耳根接收聲音（聲）而有聽覺（耳識）。
3. 鼻根接收香臭（香）而有嗅覺（鼻識）。
4. 舌根接收味道（味）而有味覺（舌識）。
5. 身根接收觸碰（觸）而有觸覺（身識）。
6. 意根（腦功能）接收各種訊息（法）而有意識。

比丘！若沙門、婆羅門於色如是知、如是見；如是知、如是見，離欲向，是名正向。若正向者，我說彼入。受、想、行、識亦復如是。

佛陀說：「諸位比丘，如果出家修行人及在家修行人，對於色如上說的那樣去知道、見解，能往離欲的方向而去，那叫作正確的趣向。正確趣向的人，我說他是深入瞭解了。受、想、行、識也是一樣。」

接著佛陀說：

若沙門、婆羅門於色如實知、如實見，於色生厭、離欲，不起諸漏，心得解脫；

> 若出家修行人、在家修行人能契合真理的了知、見解色，就能對色不喜愛（生厭）、不貪愛（離欲）、不生起任何煩惱（不漏）、心自由了。

> 最後佛陀總結：

若心得解脫者，則為純一；純一者，則梵行立；梵行立者，離他自在，是名苦邊。

> 心真正自由的人，就沒有任何缺失（純一就是沒有雜質）；沒有任何缺失，清淨的行為（梵行）就能成立；有梵行的人，不必任何依靠而得自在，到了苦的盡頭、可以無苦了。

第 41 經　【0009b07】

如是我聞：

一時，佛住舍衛國祇樹給孤獨園。

爾時，世尊告諸比丘：「有五受陰──色受陰，受、想、行、識受陰。我於此五受陰，五種如實知──色如實知，色集、色味、色患、色離如實知。如是受、想、行、識如實知，識集、識味、識患、識離如實知。

「云何色如實知？諸所有色，一切四大❸及四大造色❹，是名色，如是色如實知。云何色集如實知？於色喜愛，是名色集❺，如是

---

❸ 四大：古代印度人認為一切物質及物理現象，是由四種元素所構成的：地大（堅固性）、水大（濕潤性）、火大（溫熱性）、風大（移動性）。

❹ 四大造色：由「四大」所造成的各種物質及物理現象。

❺ 於色喜愛，是名色集：對色的喜愛造成色生起。第 42 經的相當經文作「愛喜是名色集」，相當的《七處三觀經》經文作「愛習為色習」，相當的南傳經文作「由食物的生起而有色的生起」。

色集如實知。云何色味如實知？謂色因緣生喜樂，是名色味，如是色味如實知。云何色患如實知？若色無常、苦、變易法，是名色患，如是色患如實知。云何色離如實知？若於色調伏欲貪、斷欲貪、越欲貪，是名色離，如是色離如實知。

「云何受如實知？有六受身——眼觸❺❻生受，耳、鼻、舌、身、意觸生受，是名受，如是受如實知。云何受集如實知？觸集是受集，如⑳是受集如實知。云何受味如實知？緣六受生喜樂，是名受味，如是受味如實知。云何受患如實知？若受無常、苦、變易法，是名受患，如是受患如實知。云何受離如實知？於受調伏欲貪、斷欲貪、越欲貪，是名受離，如是受離如實知。

「云何想如實知？謂六想身。云何為六？謂眼觸生想，耳、鼻、舌、身、意觸生想，是名想，如是想如實知。云何想集如實知？謂觸集是想集，如是想集如實知。云何想味如實知？想因緣生喜樂，是名想味，如是想味如實知。云何想患如實知？謂想無常、苦、變易法，是名想患，如是想患如實知。云何想離如實知？若於想調伏欲貪、斷欲貪、越欲貪，是名想離，如是想離如實知。

「云何行如實知？謂六思❺❼身——眼觸生思，耳、鼻、舌、身、意觸生思，是名為行，如是行如實知。云何行集如實知？觸集是行集，如是行集如實知。云何行味如實知？謂行因緣生喜樂，是名行味，如是行味如實知。云何行患如實知？若行無常、苦、變易法，是名行患，如是行患如實知。云何行離如實知？若於㉑行調伏欲貪、斷欲貪、越欲貪，是名行離，如是行離如實知。

「云何識如實知？謂六識㉒身❺❽——眼識身，耳、鼻、舌、身、

---

❺❻ 觸：感官、外境、識，三者接觸。是十二因緣之一。舉例而言，眼根、光線、眼識，三者接觸而生「眼觸」，依著眼觸而生起受、想、行等心理運作

❺❼ 思：思維、意向；使心造作的精神作用。是最常見的一種行陰。

❺❽ 六識身：六個識的種類：眼識、耳識、鼻識、舌識、身識、意識。這邊的「身」是指種類，只是虛擬的比喻，而不是指身體。

⑳ 宋、元、明三本無「如」字。

㉑ 大正藏無「於」字，今依據宋、元、明三本補上。

㉒ 「六識」，宋、元、明三本作「六識六識」。

意識身，是名為識身，如是識身如實知。云何識集如實知？謂名色❺⁹集，是名識集❻⁰，如是識集如實知。云何識味如實知？識因緣生喜樂，是名識味，如是識味如實知。云何識患如實知？若識無常、苦、變易法，是名識患，如是識患如實知。云何識離如實知？謂於識調伏欲貪、斷欲貪、越欲貪，是名識離，如是識離如實知。

「比丘！若沙門、婆羅門於色如是知、如是見；如是知、如是見，離欲向，是名正向❻¹。若正向者，我說彼入㉓。受、想、行、識亦復如是。若沙門、婆羅門於色如實知、如實見，於色生厭、離欲，不起諸漏，心得解脫；若心得解脫者，則為純一；純一者，則梵行立；梵行立者，離他自在，是名苦邊❻²。受、想、行、識亦復如是。」

佛說此經已，諸比丘聞佛所說，歡喜奉行。

【對應經典】

■ 參考 南傳《相應部尼柯耶》〈蘊相應22〉第56經取轉經。

【讀經拾得】

此經對五受陰的定義，列表如下：

五受陰	定義
色	一切四大及四大造色。
受	眼觸生受。耳‧鼻‧舌‧身‧意觸生受。
想	眼觸生想。耳‧鼻‧舌‧身‧意觸生想。
行	眼觸生思。耳‧鼻‧舌‧身‧意觸生思。
識	眼識身。耳‧鼻‧舌‧身‧意識身。

❺⁹ 名色：「名」是「受、想、行、識」四陰，加上「色」陰，也就是五陰，概括一切精神與物質的總稱。其中「受、想、行、識」沒有形體，只能用名字來詮釋，因此稱作「名」。另外也有解釋「名色」為「分別色」，也就是「分別四大及其變化」的功能。

❻⁰ 名色集，是名識集：有「名色」為因緣，才有「識」。就六根來看，因為應對了六境（在名色的範疇內），六識才會產生。從人身來看，因為有身心（在名色的範疇內），六識才能增長。

❻¹ 正向：正確的趣向。

❻² 苦邊：苦的盡頭。

㉓ 「入」，宋、元、明三本作「人」。

此經所舉的五受陰的「集」，列表如下：

因緣	果
喜愛	色
觸	受
觸	想
觸	行
名色	識

喜愛能緣生五受陰，因此不只能緣生色，也能緣生受、想、行、識。此經中只以「色」為舉例。

六根接收到六境，而會有六識。六識、六根、六境接「觸」，就會有感「受」、心中映「想」、而有造作（「行」）。因此觸集是受、想、行集。

就六根來看，因為應對了六境（在名色的範疇內），六識才會產生。從人身來看，因為有身心（在名色的範疇內），六識才能增長。因此名色集是識集。這也呼應了前面卷二第39經所說：「於色中識住，攀緣色，喜、貪潤澤，生長增廣。於受、想、行中識住，攀緣受、想、行，貪、喜潤澤，生長增廣。」（CBETA, T02, no. 99, p. 9, a8-10）

第 42 經　【0010a04】

如是我聞：

一時，佛住舍衛國祇樹給孤獨園。

爾時，世尊告諸比丘：「有七處善❻❸、三種觀義❻❹。盡於此法得漏盡❻❺，得無漏❻❻，心解脫、慧解脫❻❼，現法❻❽自知身作證具足住：

七處善與
三種觀義

---

❻❸ 七處善：善是「善巧」，熟練的意思，即熟練於契合真理的了知五陰及其集、滅、道、味、患、離等七處。

❻❹ 三種觀義：在「陰、界、入」三方面觀察法義。相當的南傳經文則為在「界、處、緣起」三方面觀察法義。

❻❺ 漏盡：斷盡煩惱。另譯為「漏盡通」。

❻❻ 無漏：斷盡煩惱。

❻❼ 慧解脫：以智慧斷除煩惱而解脫。

❻❽ 現法：這一生。「法」在這邊是廣義的用法，代表任何有形、無形、真實、虛妄的事物或道理，所以「現法」即現在的事物，表示這一生。

『我生已盡，梵行已立，所作已作，自知不受後有。❻』云何比丘七處善？比丘！如實知色、色集、色滅、色滅道跡、色味、色患、色離如實知；如是受、想、行、識，識集、識滅、識滅道跡、識味、識患、識離如實知。

「云何色如實知？諸所有色、一切四大及四大造色，是名為色，如是色如實知。云何色集如實知？愛㉔喜㉕是名色集，如是色集如實知。云何色滅如實知？愛*喜滅是名色滅，如是色滅如實知。云何色滅道跡如實知？謂八聖道❼——正見❼、正志❼、正語❼、正業❼、正命❼、正方便❼、正念❼、正定❼，是名色滅道跡，如是色滅道跡如實知。云何色味如實知？謂色因緣生喜樂，是名色味，如是色味如實知。云何色患如實知？若色無常、苦、變易法，是名色患，如是色患如實知。云何色離如實知？謂於色調伏欲貪、斷欲貪、越欲貪，是名色離，如是色離如實知。

「云何受如實知？謂六受——眼觸生受，耳、鼻、舌、身、意觸生受，是名受，如是受如實知。云何受集如實知？觸集是受集，如是受集如實知。云何受滅如實知？觸滅是受滅，如是受滅如實知。云何受滅道跡如實知？謂八聖道——正見乃至正定，是名受滅道跡，如是受滅道跡如實知。云何受味如實知？受因緣生喜樂，是名受味，如是受味如實知。云何受患如實知？若受㉖無常、苦、變易法，是名受

如實知五陰及其集、滅、道、味、患、離
色如實知
色集如實知
色滅如實知
色滅道跡如實知
色味如實知
色患如實知
色離如實知
受如實知
受集如實知
受滅如實知
受滅道跡如實知
受味如實知
受患如實知

❻ 得漏盡，得無漏，心解脫、慧解脫，現法自知，身作證具足住：我生已盡，梵行已立，所作已作，自知不受後有：這些都是在描述證得阿羅漢。

❼ 八聖道：邁向解脫的八個正確途徑；聖者的道路。又譯為「八正道」。

❼ 正見：正確的見解。

❼ 正志：正確的意向。

❼ 正語：正確的言語；不說妄語、惡口、兩舌、綺語。

❼ 正業：正確的行為；不做殺生、偷盜、邪淫的事。

❼ 正命：正當的謀生。

❼ 正方便：正確的努力；已生的惡令斷，未生的惡令不起，未生的善令生，已生的善令增長。另譯為「正精進、正勤」。

❼ 正念：正確的專注；清澈的覺知。

❼ 正定：正確的禪定。

㉔ 「愛」，宋、元、明三本作「受」。*

㉕ 「喜」，宋、元、明三本作「喜樂」。

㉖ 大正藏無「受」字，今依據宋、元、明三本補上。

受離
如實知

患，如是受患如實知。云何受離如實知？若於受調伏欲貪、斷欲貪、越欲貪，是名受離，如是受離如實知。

想如實知

想集
如實知

想滅
如實知

想滅道跡
如實知

想味
如實知

想患
如實知

想離
如實知

「云何想如實知？謂六想——眼觸生想，耳、鼻、舌、身、意觸生想，是名為想，如是想如實知。云何想集如實知？觸集是想集，如是想集如實知。云何想滅如實知？觸滅是想滅，如是想滅如實知。云何想滅道跡如實知？謂八聖道——正見乃至正定，是名想滅道跡，如是想滅道跡如實知。云何想味如實知？想因緣生喜樂，是名想味，如是想味如實知。云何想患如實知？若想無常、苦、變易法，是名想患，如是想患如實知。云何想離如實知？若於想調伏欲貪、斷欲貪、越欲貪，是名想離，如是想離如實知。

行如實知

行集
如實知

行滅
如實知

行滅道跡
如實知

行味
如實知

行患
如實知

行離
如實知

「云何行如實知？謂六思身——眼觸生思，耳、鼻、舌、身、意觸生思，是名為行，如是行如實知。云何行集如實知？觸集是行集，如是行集如實知。云何行滅如實知？觸滅是行滅，如是行滅如實知。云何行滅道跡如實知？謂八聖道——正見乃至正定，是名行滅道跡，如是行滅道跡如實知。云何行味如實知？行因緣生喜樂，是名行味，如是行味如實知。云何行患如實知？若行無常、苦、變易法，是名行患，如是行患如實知。云何行離如實知？若於行調伏欲貪、斷欲貪、越欲貪，是名行離，如是行離如實知。

識如實知

識集
如實知

識滅
如實知

識滅道跡
如實知

識味
如實知

識患
如實知

識離
如實知

「云何識如實知？謂六識身——眼識，耳、鼻、舌、身、意識身，是名為識，如是識如實知。云何識集如實知？名色集是識集，如是識集如實知。云何識滅如實知？名色滅是識滅，如是識滅如實知。云何識滅道跡如實知？謂八聖道——正見乃至正定，是名識滅道跡，如是識滅道跡如實知。云何識味如實知？識因緣生喜樂，是名識味，如是識味如實知。云何識患如實知？若識無常、苦、變易法，是名識患，如是識患如實知。云何識離如實知？若識調伏欲貪、斷欲貪、越欲貪，是名識離如實知。比丘，是名七處善。

三種觀義

「云何三種觀義？比丘！若於空閑❼❾、樹下、露地❽⓿，觀察陰、

---

❼❾ 空閑：離開聚落，寂靜而適合修行的地方。又譯為「空閑處、阿蘭若、阿練若」。
❽⓿ 露地：戶外沒有遮蓋物的土地。

界、入❽，正方便思惟其義，是名比丘三種觀義。是名比丘七處善、三種觀義。盡於此法得漏盡，得無漏，心解脫、慧解脫，現法自知作證具足住：『我生已盡，梵行已立，所作已作，自知不受後有。』」

佛說此經已，諸比丘聞佛所說，歡喜奉行。

【對應經典】

- 南傳《相應部尼柯耶》〈蘊相應22〉第57經七處經。
- 參考《七處三觀經》。（第1經及第3經）
- 參考《雜阿含經》。（T02n0101 第27經）

【讀經拾得】

- 本經所說五陰的集，在不同的微觀、巨觀上，有什麼例子呢？

就當下的緣起而言，可舉例如下：

愛喜 → 色：	有貪愛，因此心中有了美女。
觸 → 受／想／行：	眼根、影像、視覺三者接「觸」，而對於美女的形象有感「受」、映「想」、造作。
名色 → 識：	有眼根、又有影像，而產生視覺；識別美女的形象。

就三世輪迴而言，可舉例如下：

愛喜 → 色：	投胎前的眾生，貪愛任何事物或男女交合的景象，受業力牽引而入胎，而有卵子受精，開始形成胎兒。
觸 → 受／想／行：	感官接觸了外境，因此胎兒開始有受、想、行的精神作用。
名色 → 識：	身心的運作越多，六識就越能生長增廣。

在卷八會分別就六根來看，舉出更為詳細的例子。

- 七處善

此經中說的七處善，相當於卷一說五陰的「陰、集、滅、道」的定義的經文（第31、32經），加上卷一說五陰的「味、患、離」的經文（第13、14經），並取卷二的「因緣」相關經文（第45經開始）其中跟「五陰」直接相關的部分整理而成。

---

❽ 陰、界、入：五陰、十八界、六入處。其中「界」是「差別、分界、種類」的意思，「十八界」為：眼界、色界、眼識界、耳界、聲界、耳識界、鼻界、香界、鼻識界、舌界、味界、舌識界、身界、觸界、身識界、意界、法界、意識界。也有人將此處的「界」解為地、水、火、風、空、識等「六界」。

「陰、集、滅、道」與「味、患、離」是二組主題。「陰、集、滅、道」或許著重在四聖諦的真理，而「味、患、離」或許著重在生活上的觀察。

另一方面，以「色陰」為例，色的「陰、集、滅、道」是分析色本身的生起和滅去，而色的「味、患、離」是分析色會引生的後續。

例如「色集」是「愛喜集」，而「色味」是「色因緣生喜樂」，有何不同？

「色集」是指色的起因、如何產生色的；「色味」則是指色的滋味、色的吸引力，若執著的話就會引致後續的因緣。前者是說色的「起因」，後者則會牽引到「後續」的因緣。

佛弟子如實知「陰、集、滅、道、味、患、離」這七處，而瞭解身心的本質並解脫於後續的因緣。

本卷第41經及58經都解釋了五陰及五陰的集、味、患、離，卷三第59經也定義了五陰及五陰的集與滅。若對本經有不清楚的地方，可加以比對參考。

■ 三觀

此經中說的三觀，可解為陰、界、入，是佛經中常用的對於一切事物的三種不同的分類法、或三種不同的觀察切入角度。舉例來說，《般若波羅蜜多心經》：「是故，空中無色，無受、想、行、識（空五陰）；無眼、耳、鼻、舌、身、意（空六入處）；無色、聲、香、味、觸、法；無眼界，乃至無意識界（空十八界）」（CBETA, T08, no. 251, p. 848, c11-13）

第 43 經　【0010c19】

如是我聞：

一時，佛住舍衛國祇樹給孤獨園。

爾時，世尊告諸比丘：「取故生著，不取則不著。諦聽，善思，當為汝說。」

比丘白佛：「唯然，受教。」

佛告比丘：「云何取故生著？愚癡無聞凡夫於色見是我、異我、相在，見色是我、我所而取；取已，彼色若變、若異，心亦隨轉[82]；

於五陰有我見，取著，心就會隨五陰轉

---

[82] 隨轉：被牽著走。

心隨轉已，亦生取著攝受心住❸；攝受心住故，則生恐怖、障礙、心亂，以取著故。愚癡無聞凡夫於受、想、行、識，見我、異我、相在，見識是我、我所而取；取已，彼識若變、若異，彼心隨轉；心隨轉故，則生取著攝受心住；住已，則生恐怖、障礙、心亂，以取著故，是名取著。

「云何名不取不㉗著？多聞聖弟子於色不見我、異我、相在，於色不見我、我所而取；不見我、我所而取已㉘，彼色若變、若異，心不隨轉；心不隨轉故，不生取著攝受心住；不攝受住故，則不生恐怖、障礙、心亂，不取著故。如是受、想、行、識，不見我、異我、相在，不見我、我所而取。彼識若變、若異，心不隨轉；心不隨轉故，不取著攝受心住；不攝受心住故，心不恐怖、障礙、心亂，以不取著故，是名不取著㉙。是名取著、不取著。」

見五陰無我，不取著，心就不隨五陰轉

佛說此經已，諸比丘聞佛所說，歡喜奉行。

【對應經典】

■ 南傳《相應部尼柯耶》〈蘊相應22〉第7經取著恐懼（一）經。

【讀經拾得】

見五陰無我，不取著，就能「心不隨境轉」。

第 44 經　【0011a13】

如是我聞：

一時，佛住舍衛國祇樹給孤獨園。

---

❸ 攝受心住：持續地攝住心；心持續地被把持住。「住」是持續、穩固的意思。
㉗ 宋、元、明三本無「不」字。
㉘ 「已」，大正藏原為「色」，今依據宋、元、明三本改作「已」。
㉙ 元、明二本無「是名不取著」五字。

爾時,世尊告諸比丘:「若生則繫著,不生則不繫著。諦聽,善思,當為汝說。

「云何若生則繫著?愚癡無聞凡夫於色集、色滅、色味、色患、色離不如實知故,於色愛*喜、讚歎、取著,於色是我、我所而取;取已,彼色若變、若異,心隨變異;心隨變異故,則攝受心住,攝受心住故,則生恐怖、障礙、顧念,以生繫著故。受、想、行、識亦復如是。是名生繫著。

「云何不生不繫著?多聞聖弟子色集、色滅、色味、色患、色離如實知。如實知故,不*愛喜、讚歎、取著,不繫我、我所而取;以不取故,彼色若變、若異,心不隨變異;心不隨變異故,心不繫著攝受心住;不攝受心住故,心不恐怖、障礙、顧念,以不生不著故。受、想、行、識亦復如是。是名不生不繫著。」

佛說此經已,諸比丘聞佛所說,歡喜奉行。

【對應經典】

■ 南傳《相應部尼柯耶》〈蘊相應22〉第8經取著恐懼(二)經。

【讀經拾得】

■ 本經說「若生則繫著」,是指生了什麼?

可見前一經(第43經)所說「取故生著」,可以指有「取」,也就是「於色集、色滅、色味、色患、色離不如實知故,於色愛喜、讚歎、取著,於色是我、我所而取」,所以生繫著。

導讀：十二因緣

苦的生起（「苦集」）簡言之就是貪愛、執著造成的。若做更細部的解析，可分解為十二因緣：

無明緣行、行緣識、識緣名色、名色緣六入處、六入處緣觸、觸緣受、受緣愛、愛緣取、取緣有、有緣生、生緣老病死憂悲惱苦。

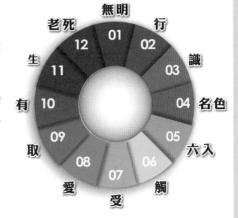

「緣」表示前者是後者的條件。這當中緣生的十二支為：（1）無明 →（2）行 →（3）識 →（4）名色 →（5）六入處 →（6）觸 →（7）受 →（8）愛 →（9）取 →（10）有 →（11）生 →（12）老病死憂悲惱苦

前面的第 39 經最少提到了（3）～（4）支，第 41 經則提到了（3）～（8）。

以下第 45 經提到了（4）～（7）支，第 57 經提到了（5）～（8）支，第 53 經則提到了（8）～（12）支。為了能瞭解接下來的各經文，讓我們先看看（4）～（12）支是什麼：

（4）名色：名是「受、想、行、識」，加上「色」，就是五陰。也有解「名色」為「分別色」，也就是「分別四大及其變化」的功能。
（5）六入處：（觀察五陰的感官是）眼、耳、鼻、舌、身、意，六個可對外境反應的感官。
（6）觸：（感官、識、外境的）接觸；眼觸、耳觸、鼻觸、舌觸、身觸、意觸。
（7）受：（接觸後產生）感受；眼觸生受、耳觸生受、鼻觸生受、舌觸生受、身觸生受、意觸生受。
（8）愛：（對於感受產生）貪愛；色愛、聲愛、香愛、味愛、觸愛、法愛。
（9）取：（由於貪愛，因此）執取。有四種：欲取、見取、戒取、我語取。
（10）有：（因為執取，所以有）生命的存在；積集的善惡業；有三種：欲有、色有、無色有。
（11）生：（生命存在而）出生。例如眾生的出生、身心的產生等。
（12）老病死憂悲惱苦：（出生後，自然會有）衰滅及苦果。

前者不一定直接產生後者，也可能前者是後者成立間接的條件。能確定的是，若沒有前者，後者就不會生起。

同學若目前還無法完整瞭解「十二因緣」沒關係，以後有其餘的經文章節（例如卷十二第 298 經），會對十二因緣有大篇幅的介紹。目前最少要瞭解「五陰是由因緣而生、因緣而滅，因此無我」，以及「由於感官接觸到外境時起貪愛執著，這樣的因緣才會纏縛眾生」。

防盜監視器的記錄，一秒 12 個畫面可以用來抓小偷，一秒 10 個畫面甚至 2 個畫面，都可以用來抓小偷；根器特別好的人，知道十二因緣的用意是要解析並斷除貪愛、執著，立刻能徹底了知並禪觀，就證知無我、悟道了。而我們一般人，則須要一步步停格分析，從頭檢查到尾，做較深入的瞭解，以為修行悟道作理智上的分析及準備。

第 45 經 【0011b01】

如是我聞：

一時，佛住舍衛國祇樹給孤獨園。

爾時，世尊告諸比丘：「有五受陰。云何為五？色受陰，受、想、行、識受陰。若諸沙門、婆羅門見有我者，一切皆於此五受陰見我。諸沙門、婆羅門見色是我，色異我，我在色，色在我❽；見受、想、行、識是我，識㉚異我，我在識，識在我。愚癡無聞凡夫以無明❽故，見色是我、異我、相在，言我真實不捨；以不捨故，諸根❽增

---

❽ 我在色、色在我：「我」處於色之中，或色處於「我」之中。這兩種狀況也稱為（我、色的）「相在」。

❽ 無明：無智；不徹底明白佛法。也是「癡」的異名。

❽ 諸根：眼、耳、鼻、舌、身、意等六根。

㉚ 宋、元、明三本無「識」字。

長；諸根長㉛已，增諸觸；六觸入處❽所觸故，愚癡無聞凡夫起苦樂覺❽，從觸入處起。何等為六？謂眼觸入處。耳、鼻、舌、身、意觸入處。

「如是，比丘！有意界、法界、無明界❽，愚癡無聞凡夫無明觸❾故，起有覺、無覺、有無覺、我勝覺、我等覺、我卑覺、我知我見覺㉜❾。如是知、如是見覺，皆由六觸入故。多聞聖弟子於此六觸入處，捨離無明而生明❾，不生有覺、無覺、有無覺、勝覺、等覺、卑覺、我知我見覺。如是知、如是見已，先所起無明觸滅，後明觸❾覺起。」

佛說此經已，諸比丘聞佛所說，歡喜奉行。

【對應經典】

■ 《雜阿含經》卷三第63經。
■ 南傳《相應部尼柯耶》〈蘊相應22〉第47經觀見經。

【讀經拾得】

■ 有同學問：「本經中的『無覺』解為『我是無』或『我不存在』，那不是佛法說的『無我』嗎？」

---

❽ 六觸入處：由「六觸」進入身心的管道，常特指六觸使人心意動搖、產生貪愛的過程、時空、或情境。六觸是「眼觸、耳觸、鼻觸、舌觸、身觸、意觸」，這裡的「觸」特指感官、外境、識，三者接觸，是十二因緣之一。

❽ 苦樂覺：苦受及樂受。此處的「覺」即「受」的異譯。

❽ 意界、法界、無明界：六根的意根這一類（意界）、六境的法境這一類（法界）、無明這一類。（在卷八會解說，有意根、法界，就有意識，這三者和合生。這時如果是在無明的狀況下，就是無明觸。）

❾ 無明觸：「無明」狀況下的「觸」；在六根對六境的認識了別中，沒有智慧。

❾ 有覺、無覺、有無覺、我勝覺、我等覺、我卑覺、我知我見覺：（我）存在、（我）不存在、（我）有存在也有不存在、我比對方殊勝、我與對方相等、我比對方卑劣、我知道我看見等念頭。相當的南傳經文作「我是、我是這個、我將是、我將不是、我將是有色的、我將是無色的、我將是有想的、我將是無想的、我將是非有想非無想的（的念頭）」。

❾ 明：智慧；徹底明白佛法。「無明」的對稱。

❾ 明觸：「明」狀況下的「觸」；在六根對六境的認識了別中，能夠有智慧。

㉛ 「長」，元、明二本作「增長」。

㉜ 宋、元、明三本無「覺」字。

凡夫主張「我不存在」，是睜眼說瞎話而講「我等於無」，這是斷滅見，不是正觀因緣生滅而得知無我。卷六第133經的「讀經拾得」對此有較詳細的說明。

第 46 經　【0011b21】

如是我聞：

一時，佛住舍衛國祇樹給孤獨園。

爾時，世尊告諸比丘：「有五受陰㉝。云何為五？色受陰㉞，受、想、行、識受陰。若沙門、婆羅門以宿命智❾❹自識種種宿命❾❺，已識、當識、今識，皆於此五受陰❾❻；已識、當識、今識，我過去所經。如是色、如是受、如是想、如是行、如是識。若可閡㉟❾❼可分，是名色受陰。指㊱所閡*，若手、若石、若杖、若刀、若冷、若暖、若渴、若飢㊲、若蚊、虻、諸毒虫、風、雨觸，是名觸閡，是故閡*是色受陰❾❽。復以此色受陰無常、苦、變易。諸覺相是受受陰，何所覺？覺苦、覺樂、覺不苦不樂❾❾，是故名覺相是受受陰。復以此受受陰是無常、苦、變易。諸想是想受陰，何所想？少想、多想、無量

色

受

想

---

❾❹ 宿命智：能知道宿世生命的智慧。

❾❺ 宿命：宿世的生命；過去世。

❾❻ 已識、當識、今識，皆於此五受陰：（以宿命智觀察過去世的種種）無論是已經知道的、未來將要知道的，以及現在正知道的一切，都離不開此五受陰的範圍。

❾❼ 閡：障礙；阻礙。

❾❽ 指所閡，若手、若石、若杖、若刀、若冷、若暖、若渴、若飢、若蚊、虻、諸毒虫、風、雨觸，是名觸閡，是故閡是色受陰：所謂可以阻礙是指：若用手、石頭、木杖、刀，或是冷、熱，或是口渴、饑餓，或是被蚊蠅、各種毒蟲、風雨等的觸擾，這就是觸礙，所以有觸礙的事物就是色受陰。

❾❾ 覺苦、覺樂、覺不苦不樂：感覺苦、感覺樂、感覺不苦也不樂。

㉝「受陰」，巴利本作 Upādānakkhandha。

㉞ 大正藏無「受陰」二字，今依據宋、元、明三本補上。

㉟「閡」，宋、元、明三本作「礙」。*

㊱「指」，明本作「相」。

㊲「飢」，明本作「餓」。

想、都無所有作無所有想⓿，是故名想受陰。復以此想受陰是無常、苦、變易法。為作⓫相是行受陰，何所為作？於色為作，於受、想、行、識為作，是故為作相是行受陰。復以此行受陰是無常、苦、變易法。別知⓬相是識受陰，何所識？識色，識聲、香、味、觸、法，是故名識受陰。復以此識受陰是無常、苦、變易法。

行

識

「諸比丘！彼多聞聖弟子於此色受陰作如是學：『我今為現在色所食㊳⓭，過去世已曾為彼色所食，如今現在。』復作是念：『我今為現在色所食，我若復樂著未來色者，當復為彼色所食，如今現在。』作如是知已，不顧過去色，不樂著未來色，於現在色生厭、離欲、滅患、向滅。多聞聖弟子於此受、想、行、識受陰學：『我今現在為現在識所食，於過去世已曾為識所食，如今現在。我今已為現在識所食，若復樂著未來識者，亦當復為彼識所食，如今現在。』如是知已，不顧過去識，不樂未來識，於現在識生厭、離欲、滅患、向滅，滅㊴而不增，退而不進，滅而不起，捨而不取。

「於何滅而不增？色滅而不增，受、想、行、識滅而不增。於何退而不進？色退而不進，受、想、行、識退而不進。於何滅而不起？色滅而不起，受、想、行、識滅而不起。於何捨而不取？色捨而不取，受、想、行、識捨而不取。

「滅而不增，寂滅而住；退而不進，寂退而住；滅而不起，寂滅而住；捨而不取，不生繫著；不繫著已，自覺涅槃：『我生已盡，梵行已立，所作已作，自知不受後有。』」

佛說此經時，眾多比㊵丘不起諸漏，心得解脫。

佛說此經已，諸比丘聞佛所說，歡喜奉行。

⓿ 少想、多想、無量想、都無所有作無所有想：心中浮現一些相、心中浮現很多相、心中浮現廣大沒有邊際的相、什麼物質都沒有的地方心中仍浮現的相。又譯為「小想、大想、無量想、無所有想」。

⓫ 為作：行為造作。

⓬ 別知：辨別認知。

⓭ 為現在色所食：被現在色所支配。此處「食」為「支配」的意思。

㊳ 「我今為現在色所食」，巴利本作 Ahaṃ kho etarahi rūpena khajjāmi。

㊴ 宋、元、明三本無「滅」字。

㊵ 「比」，大正藏原為「諸」，今依據前後文改作「比」。

我、卑下、種子　　封滯、五轉、七

二繫著及覺　　　　三世陰世食

【對應經典】

■ 南傳《相應部尼柯耶》〈蘊相應22〉第79經師子（二）經。

【讀經拾得】

此經對五受陰的定義，列表如下：

五受陰	定義	例子
色	可閡可分	指所閡，若手、若石、若杖、若刀、若冷、若暖、若渴、若飢、若蚊、若虻、諸毒虫、風、雨觸，是名觸閡。
受	諸覺相	覺苦、覺樂、覺不苦不樂。
想	諸想	少想、多想、無量想、都無所有作無所有想。
行	為作相	於色為作，於受、想、行、識為作。
識	別知相	識色，識聲、香、味、觸、法。

第 47 經　【0012a09】

如是我聞：

一時，佛住舍衛國祇樹給孤獨園。

爾時，世尊告諸比丘：「信心善男子❿應作是念：『我應隨順法，我當於色多修厭離住❺，於受、想、行、識多修厭離住。』信心善男子即於色多修厭離住，於受、想、行、識多修厭離住，故於色得厭，於受、想、行、識得厭。厭已，離欲、解脫㊶，解脫知見：『我生已盡，梵行已立，所作已作，自知不受後有。』」

佛說此經已，諸比丘聞佛所說，歡喜奉行。

---

❿ 信心善男子：對佛法有信心的善男子。

❺ 厭離住：讓心保持安住在厭離的狀況。

㊶「脫」，宋、元、明三本作「脫離欲」。

【對應經典】

■ 南傳《相應部尼柯耶》〈蘊相應22〉第146經善男子、苦（一）經。

第 48 經　【0012a18】

如是我聞：

一時，佛住舍衛國祇樹給孤獨園。

爾時，世尊告諸比丘：「信心善男子正信非家、出家，自念：『我應隨順法，於色當多修厭住，於受、想、行、識多修厭住。』信心善男子正信非家、出家，於色多修厭住，於受、想、行、識多修厭住已，於色得離，於受、想、行、識得離。我說是等，悉離一切生、老、病、死、憂、悲、惱、苦。」

佛說此經已，諸比丘聞佛所說，歡喜奉行。

【對應經典】

■ 南傳《相應部尼柯耶》〈蘊相應22〉第146經善男子、苦（一）經。
■ 參考 南傳《相應部尼柯耶》〈蘊相應22〉第147經善男子、苦（二）經。
■ 參考 南傳《相應部尼柯耶》〈蘊相應22〉第148經善男子、苦（三）經。

第 49 經　【0012a27】

如是我聞：

一時，佛住舍衛國祇樹給孤獨園。

爾時，世尊告尊者阿難[106]曰：「若信心長者、長者子來問汝言：『於何等法知其生滅？』汝當云何答乎？」

阿難白佛：「世尊！若有長者、長者子來問我者，我當答言：

---

[106] 阿難：比丘名，以「多聞第一」聞名。「阿難」是「阿難陀」的簡稱。 他是佛陀未出家求道前的堂弟，也是最常擔任佛陀的侍者的比丘。

『知色是生滅法，知受、想、行、識是生滅法❼。』世尊！若長者、長者子如是問者，我當如是答。」

佛告阿難：「善哉！善哉！應如是答。所以者何？色是生滅法，受、想、行、識是生滅法。知色是生滅法者，名為知色；知受、想、行、識是生滅法者，名為知識。」

佛說此經已，諸比丘聞佛所說，歡喜奉行。

【對應經典】

■ 南傳《相應部尼柯耶》〈蘊相應22〉第37經阿難（一）經。
■ 參考 南傳《相應部尼柯耶》〈蘊相應22〉第38經阿難（二）經。

第 50 經　【0012b10】

如是我聞：

一時，佛住舍衛國祇樹給孤獨園。

爾時，世尊告尊者阿難曰：「若有諸外道出家❽來問汝言：『阿難！世尊何故教人修諸梵行？』如是問者，云何答乎？」

阿難白佛：「世尊！若外道出家來問我言：『阿難！世尊何故教人修諸梵行？』者，我當答言：『為於色修厭、離欲、滅盡、解脫、不生故，世尊教人修諸梵行；為於受、想、行、識，修厭、離欲、滅盡、解脫、不生故，教人修諸梵行。』世尊！若有外道出家作如是問者，我當作如是答。」

佛告阿難：「善哉！善哉！應如是答。所以者何？我實為於色修厭、離欲、滅盡、解脫、不生故，教人修諸梵行；於受、想、行、識，修厭、離欲、滅盡、解脫、不生故，教人修諸梵行。」

佛說此經已，尊者阿難聞佛所說，歡喜奉行。

---

❼ 生滅法：由因緣和合而生起，由因緣離散而消滅的事物；有生就有滅。

❽ 外道出家：泛稱佛弟子以外的修行者，另譯作「異學」。

【對應經典】

- 參考 南傳《相應部尼柯耶》〈六處相應35〉第152經有因由耶經。
- 參考 南傳《相應部尼柯耶》〈道相應45〉第41經遠離經。
- 參考 南傳《相應部尼柯耶》〈道相應45〉第42經結經。
- 參考 南傳《相應部尼柯耶》〈道相應45〉第43經隨眠經。
- 參考 南傳《相應部尼柯耶》〈道相應45〉第44經行路經。
- 參考 南傳《相應部尼柯耶》〈道相應45〉第45經漏盡經。

第 51 經　【0012b25】

如是我聞：

一時，佛住舍衛國祇樹給孤獨園。

爾時，世尊告諸比丘：「我今為汝說壞、不壞法。諦聽，善思，當為汝說。諸比丘！色是壞法，彼色滅涅槃是不壞法；受、想、行、識是壞法，彼識滅涅槃是不壞法。」

佛說此經已，諸比丘聞佛所說，歡喜奉行。

【對應經典】

- 南傳《相應部尼柯耶》〈蘊相應22〉第32經壞法經。

第 52 經　【0012c02】

鬱低迦⑩修多羅⑩，如增一阿含經四法中說⑪。

⑩ 鬱低迦：比丘名，原為外道，曾向佛請益「世間有邊無邊」等問題（參見卷三十四第965經），後隨佛出家，證阿羅漢（參見卷二十四第624經）。此處指以鬱低迦為主角的一經。

⑩ 修多羅：契經；佛經。「修多羅」是音譯，原義為「線」，比喻佛經能貫穿法義、使法義不散失。

⑪ 如增一阿含經四法中說：如同《增壹阿含經》講述「四法」的經中所說內容。依據現存的《增壹阿含經》，難以斷定是指哪一經，一個可能性是《增壹阿含經》卷二十三〈增上品31〉第4經所說的「四法本」：一切行無常、一切行苦、一切法無我、滅盡為涅槃。

第 53 經　【0012c04】

如是我聞：

一時，佛在拘薩羅國⑫人間遊行⑬，於薩羅聚落⑭村北申恕林中住。

爾時，聚落主⑮大姓⑯婆羅門聞沙門⑰釋種⑱子，於釋迦⑲大姓，剃除鬚髮，著袈裟衣，正信非家，出家學道⑳，成無上等正覺，於此拘薩羅國人間遊行，到㊷薩㊸羅聚落村北申恕林中住。又彼沙門瞿曇㉑如是色貌名稱，真實功德，天、人讚歎，聞于八方，為如來㉒、應㉓、等正覺㉔、明行足㉕、善逝㉖、世間解㉗、無上士㉘、調御丈夫㉙、天人

---

⑫ 拘薩羅國：古代印度十六大國之一，位於當時的中印度，當今印度北部，其首都為舍衛城，佛陀晚年常在此國。另譯為「憍薩羅國」。

⑬ 人間遊行：遊歷各個地方。也稱作「遊行人間」、「遊行」、「行腳」。

⑭ 薩羅聚落：名為薩羅的村落。「聚落」即村落、部落。

⑮ 聚落主：村長。

⑯ 大姓：世家大族。

⑰ 沙門：出家的修行人。

⑱ 釋種：姓釋迦的一族。

⑲ 釋迦：釋迦牟尼佛的族姓，古印度剎帝利種的望族，義譯為「能仁」。

⑳ 正信非家，出家學道：基於正信從家出離，出家修行。

㉑ 瞿曇：佛陀俗家古代的族姓，後分族稱釋迦氏。又譯為「喬達摩」。佛弟子稱佛陀為「世尊」，而外道則以佛陀的俗家古姓「瞿曇」或「沙門瞿曇」來稱呼他。

㉒ 如來：乘真如之道而來成正覺。「如來」是古印度對覺者十種常見的稱號（如來十號）之一，如來十號是：如來、應（供）、等正覺、明行足、善逝、世間解、無上士、調御丈夫、天人師、佛、世尊。（古來對於這十一個稱號如何斷句為如來十號，有不同的看法。一個合理的看法為，「世尊」是佛弟子對佛陀的尊稱、對佛德行的總稱，因此算十號之外的總稱。）

㉓ 應：應受人、天的供養。另譯作「應供」，音譯「阿羅漢」。

㉔ 等正覺：完全契於真理、遍於一切的覺悟。另譯作「正遍知」。

㉕ 明行足：智慧（明）與身口意行（行）皆圓滿具足。

㉖ 善逝：徹底地到達彼岸，不再退沒於生死之海。

㉗ 世間解：瞭解世間一切的事理。

㉘ 無上士：至高無上的人。

㉙ 調御丈夫：能調御一切可以度的人，讓他們修行。「丈夫」指勇健修行的人。

㊷ 「到」，宋、元、明三本作「到此」。

㊸ 「薩」，大正藏原為「婆」，宋本則為「娑」，今依據元、明二本改作「薩」。

師❿、佛❶、世尊❷。於諸世間、諸天、魔、梵、沙門、婆羅門中，大智能自證知：「我生已盡，梵行已立，所作已作，自知不受後有。」為世說法，初、中、後善❸，善義、善味❹，純一滿淨❺，梵行清白，演說妙法。善哉應見！善哉應往！善應敬事！作是念已，即便嚴駕❻，多將翼從❼，執持金瓶、杖枝㊹、傘蓋，往詣佛所，恭敬奉事。到於林口，下車步進，至世尊所，問訊安不㊺，却坐一面，白世尊曰：「沙門瞿曇！何論何說？」

佛告婆羅門：「我論因、說因。」

又白佛言：「云何論因？云何說因？」

佛告婆羅門：「有因有緣集世間，有因有緣世間集❽；有因有緣滅世間，有因有緣世間滅。」

世間因緣
集滅

婆羅門白佛言：「世尊！云何為有因有緣集世間，有因有緣世間集？」

佛告婆羅門：「愚癡無聞凡夫色集、色滅、色味、色患、色離，不如實知。不如實知故，愛樂於色，讚歎於色，染著心住；彼於色愛樂故取，取緣有，有緣生，生緣老、死、憂、悲、惱、苦，是則大苦聚集。受、想、行、識亦復如是。婆羅門，是名有因有緣集世間，有因有緣世間集。」

---

❿ 天人師：天與人的導師。

❶ 佛：覺者；自覺覺他的人。又譯為佛陀。

❷ 世尊：世間所尊重的覺者。梵文原文音譯為「婆伽梵」、「婆伽婆」，是佛陀德性的總稱，一字多義，經中常單譯為「世尊」、舊譯「眾祐」。

❸ 初、中、後善：開頭、中間、結尾都是善的。

❹ 善義、善味：意義正確，辭句正確。

❺ 純一滿淨：完全清淨。

❻ 嚴駕：整治車駕。

❼ 多將翼從：帶許多隨從。「將」是「帶領」的意思。

❽ 有因有緣集世間，有因有緣世間集：這兩句話有二種解法。第一種解法為「有因緣條件集起了世間，有因緣條件使得世間已集起成立」，第一個「集」作動詞，第二個「集」作形容詞。第二種解法為這兩句話是同義、換句話說，解為「有因緣條件集起了世間」，兩個「集」都是動詞。

㊹ 「杖枝」，宋、元、明三本作「金杖」。

㊺ 「不」，宋、元、明三本作「否」。

婆羅門白佛言：「云何為有因有緣滅世間，有因有緣世間滅？」

佛告婆羅門：「多聞聖弟子於色集、色滅、色味、色患、色離如實[46]知。如實[46]知已，於彼色不愛樂、不讚歎、不染著、不留住。不愛樂、不留住故，色愛則滅，愛滅則取滅，取滅則有滅，有滅則生滅，生滅則老、死、憂、悲、惱、苦滅。受、想、行、識亦復如是。婆羅門！是名有因有緣滅世間，是名有因有緣世間滅。婆羅門！是名論因，是名說因。」

婆羅門白佛言：「瞿曇！如是論因，如是說因。世間多事，今請辭還。」

佛告婆羅門：「宜知是時[139]。」

佛說此經已，諸婆羅門聞佛所說，歡喜隨喜，禮足而去。

【讀經拾得】

在十二因緣中，本經舉例的為其中的第八支至十二支：

愛 → 取 → 有 → 生 → 老病死憂悲惱苦

也就是說，貪「愛」，而執「取」，執取而「有」了善惡業，而產「生」後續的身心變化。以下舉幾個例子：

■ 花瓶打破了

家中一個精美的花瓶打破了！由於對這個花瓶的喜「愛」，執「取」（我語取）認為這花瓶是「我所有」的卻毀壞了，因此就「有」（色有）了情緒的波動，產「生」憂悲惱苦的感覺。

如果有智慧，就知道花瓶是身外之物，試法解決問題，而不會心痛。

■ 執著於美味

對於喜愛美味的人而言，由於對美味貪「愛」，因此執「取」（欲取）想要保留或持續美味，由於執著在美味上，就「有」了必須要美食的纏縛，產「生」的心已變成美味的奴隸，擔憂沒有美味、吃到難吃的食物則會苦惱。

每天的生活中都充斥了十二因緣，這些因緣也造就了人的一生，以及無盡的輪迴。

---

[139] 宜知是時：現在正是時候。

[46] 宋、元、明三本無「如實」二字。

第 54 經 【0013a17】

如是我聞：

一時，佛住波羅㮈㊼國仙人住處鹿野苑中。

彼時，毘迦多魯迦聚落有婆羅門來詣佛所，恭敬問訊，却坐一面，白佛言：「瞿曇！我有年少弟子，知天文、族姓❿，為諸大眾占相吉凶，言有必有，言無必無，言成必成，言壞必壞。瞿曇，於意云何？」

佛告婆羅門：「且置汝年少弟子知天文、族姓。我今問汝，隨汝意答。婆羅門！於意云何？色本無種❶耶？」

答曰：「如是，世尊！」

「受、想、行、識本無種耶？」

答曰：「如是，世尊！」

佛告婆羅門：「汝言我年少弟子知天文、族姓，為諸大眾作如是說，言有必有，言無必無，知見非不實耶？」

婆羅門白佛：「如是，世尊！」

佛告婆羅門：「於意云何？頗有色常住百歲耶？為異生、異滅❷耶？受、想、行、識常住百歲耶？異生、異滅耶？」

答曰：「如是，世尊！」

佛告婆羅門：「於意云何？汝年少弟子知天文、族姓，為大眾說，成者不壞，知見非不異耶？」

答曰：「如是，世尊！」

佛告婆羅門：「於意云何？此法彼法，此說彼說，何者為勝？」

---

❿ 族姓：大族、家族。

❶ 無種：沒有最初的根源。

❷ 異生、異滅：依一個生起，依另一個被滅。

㊼「㮈」，宋、元、明三本作「柰」。＊

婆羅門白佛言㊽：「世尊！此如法說⓭，如佛所說顯現開發。譬如有人溺水能救，獲囚㊾能救，迷方示路，闇惠㊿明燈⓮。世尊今日善說勝法，亦復如是顯現開發。」

佛說此經已，毘迦多魯迦婆羅門聞佛所說，歡喜隨喜，即從座(51)起，禮足而去。

【讀經拾得】

此經中佛陀以五陰的無常，對比宿命論的「言有必有，言無必無，言成必成，言壞必壞」，而讓鐵口直斷的婆羅門自覺宿命論的不足。

「有種」，例如種瓜得瓜、種豆得豆，就是因為他們「有種」。古時印度的種姓制度，就是「有種」，子女世襲父母的階級。至於「將相本無種」，就是指將相是要靠科舉成績或汗馬功勞，而不是繼承父母的階級。

經文中五陰「無種」是指五陰沒有固定的生起根源或源頭，而是由因緣而生滅。若五陰「有種」，就有不會變的主體。但因為五陰「無種」，不同的因緣有不同的結果，預言就無法「言有必有，言無必無，言成必成，言壞必壞」這麼地完全正確，何況成了的事遲早也是會衰敗的。婆羅門在瞭解這一點之後，就同意佛陀的見解比較高明。

⓭如法說：契合正法而說。

⓮闇惠明燈：在黑暗中贈送明燈。

㊽宋、元、明三本無「言」字。

㊾「囚」，大正藏原為「彼」，明本則為「泅」，今依據宋、元二本改作「囚」。

㊿「惠」，大正藏原為「慧」，今依據宋、元、明三本改作「惠」。

(51)「座」，大正藏原為「坐」，今依據宋、元、明三本改作「座」。*

導讀：三毒

由於有我見，就會有種種的煩惱。這些煩惱當中，最重要的有三種：
- 貪欲：貪得無厭的欲念。
- 瞋恚：生氣。
- 愚癡：無智；無明。

簡稱貪、瞋、癡或是貪、恚、癡，統稱為「三毒」。

對於我所喜愛的，就生貪欲。我所喜愛的拿不到、有違逆我的，就生瞋恚。這些都是因為沒有智慧，也就是無明。

有對自我的貪愛，才有瞋恚。因此在前面的經文中，許多只講貪愛，也就不特別指出瞋恚。以下的經文，則將三毒一起提出。

第 55 經　【0013b13】

如是我聞：

一時，佛在波羅㮈*國仙人住處鹿野苑中。

爾時，世尊告諸比丘：「我今當說陰及受陰。云何為陰？若所有諸色，若過去、若未來、若現在，若內，若外，若麤⑭⑤、若細，若好、若醜，若遠、若近，彼一切總說色陰。隨諸所有受、想、行、識亦復如是。彼一切總說受、想、行、識陰，是名為陰。云何為受陰？

陰

受陰

---

⑭⑤ 麤：「粗」的異體字。

若色是有漏、是取，若彼色過去、未來、現在，生貪欲❿、瞋恚❿、愚
癡❿及餘種種上煩惱❿心法❿；受、想、行、識亦復如是，是名受陰。」

佛說此經已，諸比丘聞佛所說，歡喜奉行。

【對應經典】

■ 南傳《相應部尼柯耶》〈蘊相應22〉第48經蘊經。

【讀經拾得】

如同先前提過的，色、受、想、行、識合稱「五陰」，有執著的五陰，又稱為「五
受陰」，又譯為「五取蘊」。

第 56 經 　【0013b24】

如是我聞：

一時，佛住波羅㮈*國仙人住處鹿野苑中。

爾時，世尊告諸比丘：「我今當說有漏❿、無漏法。若色有漏、
是取❿，彼色能生愛、恚；如是㊱受、想、行、識，有漏、是取，彼識
能生愛、恚㊳，是名有漏法。云何無漏法？諸所有色無漏、非受，彼
色若過去、未來、現在，彼色不生愛、恚；如是受、想、行、識，無

無漏法

---

❿ 貪欲：貪得無厭的欲念。簡稱「貪」。

❿ 瞋恚：生氣；忿怒。簡稱「瞋」。

❿ 愚癡：無智；無明。簡稱「癡」。

❿ 上煩惱：粗強的煩惱，例如貪欲、瞋恚、愚癡、我慢、疑惑等煩惱。

❿ 心法：心理現象。「法」在這邊是廣義的用法，代表任何有形、無形、真實、虛妄的事物或
道理。

❿ 有漏：有煩惱。其中「漏」是譬喻行為仍有所漏失。

❿ 是取：是執取（執著）。

㊱「如是」，宋本無「如是」二字，元、明二本作「是名」。

㊳ 宋本無「受、想、行、識，有漏是取，彼識能生愛、恚」十四字。

漏、非受,彼識若過去、未來、現在,不生愛⑭、恚,是名無漏法。」

佛說此經已,諸比丘聞佛所說,歡喜奉行。

　　　二信㊳、二阿難　　　壞法、欝低迦

　　　婆羅及世間　　　　陰㊶、漏、無漏法

導讀:三十七道品

前面的經典已闡釋了佛教的核心法義。佛陀在世時,許多人有深厚的修行基礎,只聽聞佛陀簡短的精闢說法,就悟道了。但更多人須要進一步的解釋,以瞭解修行的細節,並採用不同的方法,以協助修行,因此而有三藏經典。

舉例而言,要快速證悟並除滅煩惱,可以整理出三十七類通往涅槃的方法(三十七道品),包括:

- ■ 四念處:專注於當前的四種目標之一。
- ■ 四正勤:正確地勤奮於四個層面。
- ■ 四如意足:基於四種因素產生禪定、成就神通。
- ■ 五根:如同根生莖葉般能增上其他善法的五個根本。
- ■ 五力:由五根進修而產生的力量。
- ■ 七覺分:覺悟的七個要素。
- ■ 八聖道:邁向解脫的八個正確途徑。

三十七道品之間會有一些重疊的項目,並不是嚴謹區隔的方法,例如「四念處」也是「八正道」中的「正念」。這是因為三十七道品是為了實用而作的歸納口訣,而不是一成不變的分類,能依之修行才是重點。

三十七道品在接下來的經文裡只是一句帶過,而進一步的內容在《阿含經》卷二十四至卷二十九有詳細的說明。

---

⑭「愛」,大正藏原為「貪」,今依據元、明二本改作「愛」。

㊳「信」,宋本作「住」。

㊶「陰」,大正藏原為「除」,今參考(五五)經內容,疑為「陰」之誤,故改作「陰」。

第 57 經　　【0013c07】

如是我聞：

一時，佛住舍衛國祇樹給孤獨園。

爾時，世尊著衣持鉢，入舍衛城乞食，還持衣鉢，不語眾，不告侍者，獨一無二，於西方國土人間遊行。

時，安陀林❸中有一比丘，遙見世尊不語眾，不告侍者，獨一無二。見已，進詣尊者阿難所，白阿難言：「尊者！當知世尊不語眾，不告侍者，獨一無二而出遊行。」

爾時，阿難語彼比丘：「若使世尊不語眾，不告侍者，獨一無二而出遊行，不應隨從。所以者何？今日世尊欲住寂滅少㊲事❹故。」

爾時，世尊遊行北至半闍國❺波陀聚落，於人所守護林❻中，住一跋陀薩羅㊳樹下。時有眾多比丘詣阿難所，語阿難言：「今問㊴世尊住在何處㊵？」

阿難答曰：「我聞世尊北至半闍國波陀聚落，人所守護林中跋陀薩羅樹下。」

時，諸比丘語阿難曰：「尊者當㊶知我等不見世尊已久，若不憚勞者，可共往詣世尊？」哀愍故❼，阿難知時，默然而許❽。

爾時，尊者阿難與眾多比丘夜過晨朝，著衣持鉢，入舍衛城乞

---

❸ 安陀林：是音譯，義譯為寒林，因為林木多而較涼，也是棄屍的樹林，而讓一般人恐懼而發涼。是佛陀及弟子的修行場所之一，位於王舍城北方。

❹ 欲住寂滅少事：想要保持在寂靜不被外事干擾的狀況。

❺ 半闍國：古代印度十六大國之一，位於當今印度北部。

❻ 人所守護林：有人守護的園林。

❼ 哀愍故：因為悲憫的緣故。

❽ 阿難知時，默然而許：阿難尊者知道是時候了，故靜默以表示答應。

㊲ 大正藏在「少」字之上有一「滅」字，今依據宋、元、明三本刪去。

㊳ 「跋陀薩羅」，巴利本作 Bhaddasāla。

㊴ 「問」，大正藏原為「聞」，今依據宋、元、明三本改作「問」。

㊵ 「處」，大正藏原為「所」，今依據宋、元、明三本改作「處」。

㊶ 大正藏無「當」字，今依據宋、元、明三本補上。

食。乞食已，還精舍，舉臥具❶，持衣鉢，出至西方人間遊行，北至半闍國波陀聚落人⑫守護林中。時，尊者阿難與眾多比丘置衣鉢，洗足已，詣世尊所，頭面禮足，於一面坐。

爾時，世尊為眾多比丘說法，示、教、利、喜❶。

爾時，座中有一比丘作是念：「云何知、云何見，疾得漏盡？」

爾時，世尊知彼比丘心之所念，告諸比丘：「若有比丘於此座中作是念：『云何知、云何見，疾得漏盡？』者，我已說法言：『當善觀察諸陰，所謂四念處❶、四正勤❶、四如意足❶、五根❶、五力❶、七覺分❶、八聖道分❶。』我已說如是法，觀察諸陰。而今猶有善男子不勤欲作、不勤樂、不勤念、不勤信，而自慢惰❶，不能增進得盡諸漏。若復善男子於我所說法，觀察諸陰，勤欲、勤樂、勤念、勤信，彼能疾得盡諸漏。」

「愚癡無聞凡夫於色見是我，若見我者，是名為行。」

「彼行何因？何集？何生？何轉？無明觸生愛，緣愛起彼行。」

---

❶臥具：臥時的資具，床榻被褥等。

❶示、教、利、喜：佛陀教化眾生的四種方式，即開示（示）、教導（教）、鼓勵（利）、使歡喜（喜）。

❶四念處：專注於當前的四種目標之一：（1）身身觀念處、（2）受受觀念處、（3）心心觀念處、（4）法法觀念處。

❶四正勤：正確地勤奮於四個層面：（1）已生惡令斷滅、（2）未生惡令不生、（3）未生善令生起、（4）已生善令增長。

❶四如意足：基於四種因素產生禪定、成就神通：（1）欲定斷行成就如意足、（2）精進定斷行成就如意足、（3）意定斷行成就如意足、（4）思惟定斷行成就如意足。

❶五根：如同根生莖葉般能增上其他善法的五個根本：（1）信根、（2）精進根、（3）念根、（4）定根、（5）慧根。（佛經中另外有定義的「五根」為「眼、耳、鼻、舌、身」，與此處的「五根」意義不同。）

❶五力：由五根實修而發揮出的具體力量，即：（1）信力、（2）精進力、（3）念力、（4）定力、（5）慧力。

❶七覺分：覺悟的七個要素：（1）念覺分、（2）擇法覺分、（3）精進覺分、（4）喜覺分、（5）輕安覺分、（6）定覺分、（7）捨覺分。

❶八聖道分：邁向解脫的正確途徑：（1）正見、（2）正志、（3）正語、（4）正業、（5）正命、（6）正精進、（7）正念、（8）正定。

❶不勤信，而自慢惰：不堅信、起決心，而自己懶散怠惰。相當的南傳經文作「未達熱心」。

⑫「人」，明本作「入」。

「彼愛何因？何集？何生？何轉？彼愛受因、受集、受生、受轉。」

「彼受何因？何集？何生？何轉？彼受觸因、觸集、觸生、觸轉。」

「彼觸何因？何集？何生？何轉？謂彼觸六入處因、六入處集、六入處生、六入處轉。」

「彼六入處無常、有為❽、心緣起❼法；彼觸、受、行、愛❻，亦無常、有為、心緣起法。」

「如是觀者，而見色是我。」

「不見色是我，而見色是我所❼……不見色是我所，而見色在我……不見色在我，而見我在色……不見我在色，而見受是我……不見受是我，而見受是我所……不見受是我所，而見受在我……不見受在我，而見我在受……不見我在受，而見想是我……不見想是我，而見想是我所……不見想是我所，而見想在我……不見想在我，而見我在想……不見我在想，而見行是我……不見行是我，而見行是我所……不見行是我所，而見行在我……不見行在我，而見我在行……不見我在行，而見識是我……不見識是我，而見識是我所……不見識是我所，而見識在我……不見識在我，而見我在識……不見我在識，復作斷見❼、壞有見❼。」

「不作斷見、壞有見，而不離我慢❼。不離我慢者，而復見我，見我者即是行。」

---

❽ 有為：有造作的；因緣而生的。「為」是「造作」的意思。

❼ 緣起：由因緣（種種條件）而生起。在《雜阿含經》中也另譯為「心緣起」。

❼ 不見色是我，而見色是我所：（也有愚癡無聞凡夫）不認為色是我，但是認為色是我所擁有的（，也就是說色之外另外有我）。此段將經文重覆的部分省略了，完整的內容要將此句代入前段，成為「愚癡無聞凡夫不見色是我，而見色是我所，若見我（所）者，是名為行」……直到「如是觀者，不見色是我，而見色是我所。」此段之後的各句也要依此代入前段。

❼ 斷見：斷滅的見解，例如認為「人死後塵歸塵、土歸土，一無所有」的見解。又稱為「斷滅見」、「無見」。

❼ 壞有見：斷見。即不接受（緣起）存在（有）的見解。

❼ 我慢：自我中心、傲慢。參考之前的經文以及相當的南傳經文，此經中的「我慢」疑為「自慢惰」的訛誤。

❻ 「愛」，大正藏原為「受」，今依據前後文改作「愛」。

「彼行何因？何集？何生？何轉？」如前所說，乃至「我慢」。

「作如是知、如是見者，疾得漏盡。」

佛說此⑥經已，諸比丘聞佛所說，歡喜奉行。

【對應經典】

■ 南傳《相應部尼柯耶》〈蘊相應22〉第81經波陀聚落經。

【讀經拾得】

在解說苦是如何生起的十二因緣中，本經舉其中的第五支至八支為例：

六入處 → 觸 → 受 → 愛

此經中將愛的結果，以行（身口意的造作）一語蔽之，並強調這些造作都是因為有「我見」等無明而產生的：

六入處 → 觸 → 受 → 愛 → 無明 → 行

然而「無明」、「行」也是十二因緣的開始，因此繼續生成十二因緣的各支、在十二因緣最後又生出新的無明、行，成為無盡的輪迴。

六識、六根、六境接觸，而有感受，因此而貪愛，就會造作各種行為、造各種業。

在「明」（智慧）的狀況下，感官與外境接觸雖然有感受，但是可以依據智慧來抉擇（明觸），不會貪愛，就不會造成苦果。進一步的分析，可發現六入處以及任何因緣生起的身心都是無我的，而得以解脫。

另外，此經中提到的五受陰、三十七道品、十二因緣、漏盡，皆可納入四聖諦的體系下，互為呼應：

- 苦：五受陰。
- 集：十二因緣。
- 滅：漏盡。
- 道：三十七道品。

---

⑥ 大正藏無「此」字，今依據宋、元、明三本補上。

第 58 經　　【0014b12】

如是我聞：

一時，佛住舍衛國東園鹿母講堂⑥⑰。

爾時，世尊於晡時⑰從禪覺⑰，於諸比丘前敷座⑰而坐，告諸比丘：「有五受陰。云何為五？謂色受陰，受、想、行、識受陰。」

時，有一比丘從座⑥起，整衣服，偏袒右肩，右膝著地，合掌白佛言：「世尊！此五受陰，色受陰，受、想、行、識受陰耶？」

佛告比丘：「還座⑥而問，當為汝說。」

時，彼比丘為佛作禮，還復本座＊，白佛言：「世尊！此五受陰，以何為根？以何集？以何生？以何觸？」

佛告比丘：「此五受陰，欲為根，欲集、欲生、欲觸。」

時，彼比丘聞佛所說，歡喜隨喜，而白佛言：「世尊為說五陰即受，善哉所說，今當更問。世尊！陰即受，為五陰異受耶⑰？」

佛告比丘：「非五陰即受，亦非五陰異受；能於彼有欲貪者，是五受陰⑱。」

---

⑰ 東園鹿母講堂：佛陀的道場之一，是由鹿母出資設立的大講堂，在舍衛城。鹿母本名毘舍佉，兒子名為鹿，因此又稱為鹿母，又譯為鹿子母。

⑰ 晡時：黃昏時分，約下午三點至五點多。

⑰ 從禪覺：禪定完畢，從禪坐中起來。

⑰ 敷座：將敷具鋪在地上而坐。「敷具」是跟衣服的質料一樣，坐時或臥時墊在身下，以保持衣服乾淨的長方形布。又譯為尼師壇、坐具、臥具。

⑰ 世尊為說五陰即受，善哉所說，今當更問。世尊，陰即受，為五陰異受耶：佛陀說的（我理解為）五陰就是執著，說得真好。現在我還要再確認：請問佛，五陰就是執著嗎？還是五陰之外有執著？（這位比丘聽佛陀說五受陰是欲根、欲集、欲生、欲觸，因此以為五陰即受、五陰就是五受陰。但隨之又沒把握，所以才再問，真的是五陰即受？還是五陰異受？）

⑱ 非五陰即受，亦非五陰異受，能於彼有欲貪者，是五受陰：五陰並不就是執著，也不是五陰之外有執著，而是哪裡有欲貪，哪裡就有五受陰（執著的五陰）。

⑥ 「東園鹿母講堂」，巴利本作 Pubbārāma Migāramātupāsāda。

⑥ 「座」，大正藏原為「坐」，今依據宋、元、明三本改作「座」。

⑥ 「座」，大正藏原為「坐」，今依據前文改作「座」。＊

比丘白佛：「善哉！世尊！歡喜隨喜，今復更問。世尊！有二陰相關❽耶？」

佛告比丘：「如是，如是。猶若有一人如是思惟：『我於未來得如是色、如是受、如是想、如是行、如是識。』是名比丘陰陰相關也。」

比丘白佛：「善哉所說，歡喜隨喜。」

更有所問：「世尊！云何名陰？」佛告比丘：「諸所有色，若過去、若未來、若現在，若內、若外，若麤、若細，若好、若醜，若遠、若近，彼一切總說陰，是名為陰。受、想、行、識亦復如是。如是，比丘！是名為陰。」

比丘白佛：「善哉所說，歡喜隨喜。」

更有所問：「世尊！何因何緣名為色陰？何因何緣名受、想、行、識陰？」

佛告比丘：「四大因、四大緣，是名色陰。所以者何？諸所有色陰，彼一切悉皆四大，緣四大造故。觸因、觸緣，生受、想、行，是故名受、想、行陰。所以者何？若所有受、想、行，彼一切觸緣故。名色因、名色緣，是故名為識陰。所以者何？若所有識，彼一切名色緣故。」

比丘白佛：「善哉所說，歡喜隨喜。」

更有所問：「云何色味？云何色患？云何色離？云何受、想、行、識味？云何識患？云何識離？」

佛告比丘：「緣色生喜樂，是名色味；若色無常、苦、變易法，是名色患；若於色調伏欲貪、斷欲貪、越欲貪，是名色離。若緣受、想、行、識生喜樂，是名識味；受、想、行、識，無常、苦、變易法，是名識患；於受、想、行、識，調伏欲貪、斷欲貪、越欲貪，是名識離。」

比丘白佛：「善哉所說，歡喜隨喜。」

---

❽ 二陰相關：二個陰是相關連的，例如前一生的五陰與後一生的五陰相關；某人對五陰有欲貪，而希望未來會有什麼樣的五陰，就會有相續的五陰。

更有所問：「世尊！云何生我慢？」

佛告比丘：「愚癡無聞凡夫於色見我、異我、相在，於受、想、行、識見我、異我、相在，於此生我慢。」

比丘白佛：「善哉所說，歡喜隨喜。」

更有所問：「世尊！云何得無我慢？」

佛告比丘：「多聞聖弟子不於色見我、異我、相在，不於受、想、行、識，見我、異我、相在。」

比丘白佛：「善哉所說，更有所問，何所知、何所見，盡得漏盡？」

佛告比丘：「諸所有色，若過去、若未來、若現在，若內、若外，若麤、若細，若好、若醜，若遠、若近，彼一切非我、不異我、不相在；受、想、行、識亦復如是。比丘！如是知，如是見，疾得漏盡❷。」

爾時，會中復有異比丘，鈍根❸無知，在無明殼起惡邪見❹，而作是念：「若無我者，作無我業，於未來世，誰當受報❺？」爾時，世尊知彼比丘心之所念，告諸比丘：「於此眾中，若有愚癡人，無智無❻明，而作是念：『若色❼無我，受、想、行、識無我，作無我業，誰當受報？』如是所疑，先以解釋彼。云何比丘，色為常耶？為非常耶？」

答言：「無常，世尊！」

「若無常者，是苦耶？」

答言：「是苦，世尊！」

---

❷ 疾得漏盡：快速的滅盡煩惱，得到解脫。

❸ 鈍根：愚鈍的根器；悟性低。

❹ 在無明殼起惡邪見：由於無明而生出不合乎正法的外道見解。「殼」是「卵」，譬喻無明如同卵一般，能生出邪見。

❺ 若無我者，作無我業，於未來世，誰當受報：如果沒有「我」，那麼造作都沒有我的業，如此一來，在未來世又是誰來承受業報呢？

❻ 大正藏無「無」字，今依據宋、元、明三本補上。

❼ 宋本無「色」字。

「若無常、苦,是變易法,多聞聖弟子於中寧見是我、異我、相在不?」

答言:「不也,世尊!」

「受、想、行、識亦復如是。是故,比丘!若所有色,若過去、若未來、若現在,若內、若外,若麤、若細,若好、若醜,若遠、若近,彼一切非我、非我所。如是見者,是為正見;受、想、行、識亦復如是。多聞聖弟子如是觀者便修厭,厭已離欲,離欲已解脫,解脫知見:『我生已盡,梵行已立,所作已作,自知不受後有。』」

佛說此經時,眾多比丘不起諸漏,心得解脫。佛說此經已,諸比丘聞佛所說,歡喜奉行。

　　　陰、根、陰即受　　二陰共相關

　　　名字、因、二味　　我慢、疾漏盡❶⑧⑥

【對應經典】

- 南傳《相應部尼柯耶》〈蘊相應22〉第82經滿月經。
- 南傳《中部尼柯耶》〈天臂品1〉第109經滿月大經。
- 藏傳《俱舍論疏》7.006。

【讀經拾得】

本經的「非五陰即受,亦非五陰異受,能於彼有欲貪者,是五受陰」一段,在《中阿含經》中也有一則內涵相似的問答,本經中的「受陰」在《中阿含經》中譯為「盛陰」:

《中阿含經》卷五十八〈晡利多品3〉第210經:「復問曰:「賢聖!陰說陰,盛陰說盛陰,陰即是盛陰,盛陰即是陰耶?為陰異、盛陰異耶?」

法樂比丘尼答曰:「或陰即是盛陰,或陰非盛陰。云何陰即是盛陰?若色有漏有受,覺、想、行、識有漏有受,是謂陰即是盛陰。云何陰非盛陰?色無漏無受,覺、想、行、識無漏無受,是謂陰非盛陰。」」(CBETA, T01, no. 26, p. 788, b17-23)

雜阿含經卷第二

❶⑧⑥ 陰‧根‧陰即受‧二陰共相關‧名字‧因‧味‧二我慢‧疾漏盡:此攝頌即此經的十個問題:(1)陰 (2)根 (3)陰即受 (4)陰陰相關 (5)名字 (6)因 (7)味患離 (8)我慢 (9)無我慢 (10)疾漏盡。原經文的「二味‧我慢」疑為「味‧二我慢」的訛誤。攝頌一般為十經一頌,此處為整理一經的十個問題,較少見,可稱為內攝頌。

好讀

雜阿含經

卷第三

導讀：陰相應（3/5）

本卷屬於《雜阿含經》的「陰相應」，是解說五陰的相關經文。

第 59 經　【0015b10】

如是我聞：

一時，佛住舍衛國祇樹給孤獨園。

爾時，世尊告諸比丘：「有五受陰。云何為五？色受陰，受、想、行、識受陰。觀此五受陰，是生滅法。所謂此色、此色集、此色滅；此受、想、行、識，此識集、此識滅。云何色集？云何色滅？云何受、想、行、識①集？云何受、想、行、識滅？愛②喜集是色集，愛*喜滅是色滅；觸集是受、想、行③集，觸滅是受、想、行④滅；名色集是識集，名色滅是識滅。比丘！如是色集、色滅，是為色集、色滅；如是受、想、行、識集，受、想、行、識滅，是為受、想、行、識集，受、想、行、識滅。」

佛說此經已，時諸比丘聞佛所說，歡喜奉行。

---

① 宋、元二本無「識」字。
② 「愛」，宋、元、明三本作「受」。*
③ 「行」，明本作「行識」。
④ 「行」，宋、元、明三本作「行識」。

【對應經典】

■ 參考 南傳《相應部尼柯耶》〈蘊相應22〉第5經三昧經。

【讀經拾得】

如同第41經，此經所舉的因果例子可列表如下：

因緣	果
愛喜	色
觸	受
觸	想
觸	行
名色	識

「愛喜」其實不只能緣生色，也能緣生受、想、行、識，此經中只是以色為舉例。參見卷二第58經：「此五受陰，欲為根、欲集、欲生、欲觸。」（CBETA, T02, no. 99, p. 14, b21-22）。

六根接收到六境，而會有六識。六根、六境、六識三者接「觸」，而能生起感「受」、心中映「想」、反應及造作（「行」）。因此觸集是受想行集。這個過程，在卷三第68經、卷八第218～229經、卷十一第273經、及卷三，都有進一步的分析：「緣眼、色，生眼識，三事和合觸，觸俱生受、想、思。」（CBETA, T02, no. 99, p. 72, c9-10）

另一方面，「名色」可緣生「識」、「識」也可緣生「名色」，識與名色是輾轉相依的，可見卷十二第288經：「識緣名色亦復如是，展轉相依，而得生長。」（CBETA, T02, no. 99, p. 81, b8）

重點還是在如法的體會及實修上，瞭解五受陰是因緣所生、因緣所滅，而不執著。照此經所說，則可舉例：沒有貪愛 → 沒有色 → 沒有識 → 沒有觸 → 沒有受、想、行。五受陰不生，而不落輪迴。

以後讀到「十二因緣」時，還可見到佛陀對相關因緣的運作更詳細的解說。

導讀：四果

佛法的修習不只是在信仰及實踐的層次，還可以證得解脫，親身體驗。以解脫的程度而衡量，修道的階位可以分為四向四果：

階段	名稱
趣向於初果	須陀洹向，又分隨信（心修）行、隨法（智修）行
證初果	須陀洹果
趣向於二果	斯陀含向
證二果	斯陀含果
趣向於三果	阿那含向
證三果	阿那含果
趣向於四果	阿羅漢向
證四果	阿羅漢果

又稱為四雙或八輩。

四果聖者的條件以及剩餘輪迴的束縛，如下表所述：

果位	條件	輪迴的束縛
須陀洹果	斷身見、戒取、疑	最多於天界與人間往生七次後就能涅槃。
斯陀含果	斷身見、戒取、疑，貪瞋癡薄	最多於天界與人間往返一次後就能涅槃。
阿那含果	斷五下分結（身見、戒取、疑、欲貪、瞋恚）	不再生於欲界。例如下一生生於色界或無色界的天界，並在天界證得涅槃。
阿羅漢果	斷五上分結（色愛、無色愛、掉舉、慢、無明）；貪瞋癡永盡、煩惱永盡	證得涅槃、解脫輪迴。

其中一些名詞的簡略意義如下：

- 身見：執著於有「我」。
- 戒取：執著於無益解脫的禁戒、禁忌。
- 疑：對於真理的懷疑猶豫；對佛法僧戒的疑惑。
- 欲貪：欲界眾生的貪愛。
- 瞋恚：生氣。
- 愚癡：無智；無明。

以下第 **60** 經、**61** 經、**64** 經，即會提到相關的一些名稱。

第 60 經 【0015b22】

如是我聞：

一時，佛住舍衛國祇樹給孤獨園。

爾時，世尊告諸比丘：「有五受陰。何等為五？所謂色受陰，受、想、行、識受陰。善哉，比丘不樂於色，不讚歎色，不取於色，不著於色。善哉，比丘不樂於受、想、行、識，不讚歎識，不取於識，不著於識。所以者何？若比丘不樂於色，不讚歎色，不取於色，不著於色，則於色不樂，心得解脫。如是受、想、行、識，不樂於識，不讚歎識，不取於識，不著於識，則於識不樂，心得解脫，若比丘不樂於色，心得解脫。如是受、想、行、識不樂，心得解脫，不滅不生，平等捨住❶，正念、正智❷。

「彼比丘如是知、如是見者，前際俱見❸，永盡無餘；前際俱見，永盡無餘已；後際俱見，亦永盡無餘；後際俱見，永盡無餘已；前後際俱見，永盡無餘，無所封著❹。無所封著者，於諸世間都無所取；無所取者，亦無所求；無所求者，自覺涅槃：『我生已盡，梵行已立，所作已作，自知不受後有。』」

佛說此經已，時諸比丘聞佛所說，歡喜奉行。

---

❶ 平等捨住：平等地捨去貪著，並穩固在此狀態。其中「住」是「穩固」的意思。

❷ 正念、正智：清澈覺知（現前的對象）、清晰理解（解脫的智慧）。其中「正念」是「八正道」之一，「正智」又譯為「正知」，在這裡即「解脫知見」。

❸ 前際俱見：對過去世的種種看法。例如「我過去世存在嗎？我過去世不存在嗎？我過去世是什麼呢？我過去世的情形如何呢？」其中「前際」是「過去世」的意思，「前際、中際、後際」即「過去世、現在世、未來世」。

❹ 封著：黏著、執著。

第 61 經 【0015c14】

如是我聞：

一時，佛住舍衛國祇樹給孤獨園。

爾時，世尊告諸比丘：「有五受陰。何等為五？謂色受陰，受、想、行、識受陰。

「云何色受陰？所有色，彼一切四大，及四大所造色，是名為色受陰。復次，彼色是無常、苦、變易之法。若彼色受陰，永斷無餘，究竟捨離、滅盡、離欲、寂、沒，餘色受陰更不相續、不起、不出，是名為妙，是名寂靜，是名捨離一切有餘❺愛盡、無欲、滅盡、涅槃❻。

「云何受受陰？謂六受身❼。何等為六？謂眼觸生受，耳、鼻、舌、身、意觸生受，是名受受陰。復次，彼受受⑤陰無常、苦、變易之法，乃至滅盡、涅槃。

「云何想受陰？謂六想身。何等為六？謂眼觸生想，乃至意觸生想，是名想受陰。復次，彼想受陰無常、苦、變易之法，乃至滅盡、涅槃。

「云何行受陰？謂六思身。何等為六？謂眼觸生思，乃至意觸生思，是名行受陰。復次，彼行受陰無常、苦、變易之法，乃至滅盡、涅槃。

「云何識受陰？謂六識身。何等為六？謂眼識身，乃至意識身，是名識受陰。復次，彼識受陰是無常、苦、變易之法，乃至滅盡、涅槃。

「比丘！若於此法以智慧思惟、觀察、分別、忍❽，是名隨⑥信

---

❺ 有餘：還有餘留的。此處特指還有餘留的執著。

❻ 涅槃：滅除煩惱、生死。

❼ 身：此處指「種類」。

❽ 忍：忍可；接受、安住。

⑤ 宋、元、明三本無「受」字。

⑥ 「是名隨」，宋本作「名隨是」。

行❾；超昇離生，越凡夫地，未⑦得須陀洹果❿，中間不死，必得須陀洹果⓫。

「比丘！若於此法增上智慧⓬思惟、觀察、忍，是名隨法行⓭；超昇離生，越凡夫地，未得須陀洹果，中間不死，必得須陀洹果。

「比丘！於此法如實正慧等見，三結⓮盡斷知⓯，謂身見、戒取、疑。比丘！是名須陀洹果，不墮惡道⓰，必定正趣三菩提⓱，七有天人往生，然後究竟苦邊⓲。

「比丘！若於此法如實正慧等見，不起心漏⓳，名阿羅漢⓴，諸漏已盡，所作已作，捨離重擔，逮得己利㉑，盡諸有結㉒，正智心得解脫。」

佛說此經已，諸比丘聞佛所說，歡喜奉行。

---

❾ 隨信行：隨著對佛法的清淨信心而修行。是「須陀洹向」的階段。

❿ 須陀洹果：見證真理，而斷身見（執著於有「我」）、戒取（執著於無益解脫的禁戒、禁忌）、疑（對於真理的懷疑猶豫；對佛法僧戒的疑惑）的聖人，最多於天界與人間投生七次就能涅槃。是四沙門果（解脫的四階段果位）的初果，又稱為預流果。

⓫ 中間不死，必得須陀洹果：只要在證果前沒有死亡的話，遲早能得到須陀洹果。

⓬ 增上智慧：更高的智慧。

⓭ 隨法行：隨著修證佛法而生的智慧修行。是「須陀洹向」的階段。

⓮ 三結：身見、戒取、疑。

⓯ 斷知：（捨斷而）徹底地了知。

⓰ 惡道：地獄道、餓鬼道、畜生道。

⓱ 必定正趣三菩提：必定正確地趣向正覺，指初果聖者不會退轉，遲早會證得涅槃。趣通「趨」，指行動歸向。三菩提為音譯，另譯作「三佛」，義譯為「正覺」，指解脫的證悟。

⓲ 七有天人往生，然後究竟苦邊：最多於天界與人間投生七次，就能到達苦的盡頭（涅槃）。

⓳ 不起心漏：心中不生起煩惱。

⓴ 阿羅漢：斷盡煩惱、不再輪迴的四果聖人。

㉑ 逮得己利：達到、獲得佛法對自己的利益。「逮」是「達到」的意思。

㉒ 有結：後有（輪迴、不得解脫）的束縛。

⑦「未」，宋本作「來」。

【讀經拾得】

五陰，又稱五蘊，蘊是「積聚」的意思，因為感官的功能是一系列的累積作用而來。初學者常無法將五陰銜接得很好，例如認為色（有個蛋糕）受（眼根看見蛋糕）想（意根浮現蛋糕好吃）行（動手拿來吃）識（舌識的確好吃），但這樣子的五陰解法對於實修比較沒有直接的幫助，也沒有把握住「積聚」的根本意涵。因為在這種解法下，看見蛋糕和其它的動作反應分屬不同的感官、分屬不同的時間點，而不是同個感官的五陰積聚。

佛陀教導我們分析的五陰，則是在一剎那間即積聚完成。「色」是指四大（地、水、火、風）所構成的一切事物，以「識別到熱」為例，當環境的溫度升高時，是四大中的火大增加，這時人的身心反應可對應到五陰：

- 身根（皮膚）接收的色：溫度上升。
- 身識：產生觸覺，識別是熱。
- 身觸生受：感受熱能。（若過熱，會不適而有苦受。）
- 身觸生想：對熱取相。（只量熱能，不量光線、聲音等境界。）
- 身觸生行：產生反應。

這一系列的累積就是五陰，因此而能識別到熱。

身識只是單純的覺知溫度，還沒有攪雜人的主觀意識；主觀意識是在此訊息傳到意根時，由意識加以識別、意觸生想加以取相溫度的高低、意觸生行加以思維造作，因此意根緣生的五陰也在一剎那間即積聚完成。如果此時對於溫度不執著，就不會因溫度上升這個現象而有後續的身心造作。

第 62 經 【0016a19】

如是我聞：

一時，佛住舍衛國祇樹給孤獨園。

爾時，世尊告諸比丘：「有五受陰。謂色受陰，受、想、行、識受陰。愚癡無聞凡夫無慧無明，於五受陰生我見❷繫著，使心繫著而生貪欲。比丘！多聞聖弟子有慧有明，於此五受陰不為見我繫著，使心結縛而起貪欲。

---

❷ 我見：執著於有「我」的見解。

「云何愚癡無聞凡夫無慧無明，於五受陰見我繫著，使心結縛而生貪欲？比丘！愚癡無聞凡夫無慧無明，見色是我、異我❷、相在❷。如是受、想、行、識，是我、異我、相在。如是愚癡無聞凡夫無慧無明，於五受陰說我繫著，使心結縛而生貪欲。

「比丘！云何聖弟子有慧有明，不說我繫著，使結縛心而生貪欲？聖弟子不見色是我、異我、相在。如是受、想、行、識，不見是我、異我、相在。如是，多聞聖弟子有慧有明，於五受陰不見我繫著，使結縛心而生貪欲，若所有色，若過去、若未來、若現在，若內、若外，若麤、若細，若好、若醜，若遠、若近，彼一切正觀❷皆悉無常。如是受、想、行、識，若過去、若未來、若現在，若內、若外，若麤、若細，若好、若醜，若遠、若近，彼一切正觀皆悉無常。」

佛說此經已，諸比丘聞佛所說，歡喜奉行。

---

❷（色）異我：色之外有「我」。（而色是由這個「我」所擁有的。）

❷（色、我）相在：「我」是色的一部分，或色是「我」的一部分。

❷ 正觀：正確的觀察、見解（而依之修行）。

導讀：十二因緣的還滅

十二因緣中只要有一支斷了，下一支就不生，而可從中切斷十二因緣的鎖鏈，這稱為十二因緣的「還滅」。佛陀不止告訴我們由於十二因緣而流轉生死的現象，更教導我們還滅的方法。

然而十二因緣並不是每一支都容易下手斷除的，例如已「生」了，就無法不「老死」。一般認為是在觸、受、愛、取這幾支下手，有「明」以照見五蘊，即可滅掉後續的苦果。

前面第 62 經講述了什麼是「明」，接下來幾經則列舉「還滅」的一些重點：
- 第 63 經：解說如何將「明」應用在「觸」的過程中。
- 第 64 經：提到如何讓輾轉相依的「識、名色」不再增長。
- 第 65 經：如實觀察「受」支，就能滅「愛」支。
- 第 66、67 經：如實觀察五陰，就能滅「愛」支。
- 第 68 經：滅「觸」支。

而斷除十二因緣的鎖鏈。

第 63 經 【0016b13】

如是我聞：

一時，佛住舍衛國祇樹給孤獨園。

爾時，世尊告諸比丘：「有五受陰。謂色受陰，受、想、行、識受陰。比丘！若沙門、婆羅門計❷有我，一切皆於此五受陰計有

---

❷ 計：思量分別。

我。何等為五？諸沙門、婆羅門於色見是我、異我、相在；如是受、想、行、識，見是我、異我、相在。如是愚癡無聞凡夫計我，無明分別，如是觀不離我所；不離我所者，入於諸根❷⁸；入於諸根已，而生於觸；六觸入❷⁹所觸，愚癡無聞凡夫生苦樂，從是生此等及餘。謂六觸❸⁰身，云何為❽六？謂眼觸入處，耳、鼻、舌、身、意觸入處。比丘！有意界、法界、無明界❸¹，無明觸所觸。愚癡無聞凡夫言有、言無、言有無、言非有非無、言我最勝、言我相似，我知、我見。

「復次，比丘！多聞聖弟子住六觸入處，而能厭離❸²無明，能生於明。彼於無明離欲而生於明，不有、不無、非有無、非不有無、非有我勝、非有我劣、非有我相似，我知、我見。作如是知、如是見已，所起前無明觸滅，後明觸集起。」

佛說是經已，諸比丘聞佛所說，歡喜奉行。

於無明離欲而生於明

【對應經典】

- 《雜阿含經》卷二第45經。
- 南傳《相應部尼柯耶》〈蘊相應22〉第47經觀見經。

【讀經拾得】

凡夫所經歷的十二因緣，通常每一支都帶有無明的成分。佛陀則教導我們，若離開了無明，「無明觸」就變成「明觸」，也就不是心意動搖、產生貪愛的「六觸入處」，而不會起煩惱。

---

❷⁸ 諸根：眼、耳、鼻、舌、身、意等六根。

❷⁹ 六觸入：「六觸入處」的略稱。「六觸入處」指由「六觸」進入身心的管道，常特指六觸使人心意動搖、產生貪愛的過程、時空、或情境。六觸是「眼觸、耳觸、鼻觸、舌觸、身觸、意觸」，這裡的「觸」特指感官、外境、識，三者接觸，是十二因緣之一。

❸⁰ 六觸：眼觸、耳觸、鼻觸、舌觸、身觸、意觸。這裡的「觸」特指感官、外境、識，三者接觸，進而能生起其它心理運作，是十二因緣之一。舉例而言，眼根、光線、眼識，三者接觸而生「眼觸」，依著眼觸而生起受、想、行等心理運作。

❸¹ 意界、法界、無明界：六根的意根這一類（意界）、六境的法境這一類（法界）、無明這一類。（在卷八會解說，有意根、法界，就有意識，這三者和合生觸。這時如果是在無明的狀況下，就是無明觸。）

❸² 厭離：捨棄。

❽ 宋、元、明三本無「為」字。

第 64 經　【0016c04】

如是我聞：

一時，佛住舍衛國東園鹿子母講堂❸。

爾時，世尊晡時從禪起，出講堂，於堂陰中大眾前，敷座而坐。爾時，世尊歡優陀那⑨偈❹：

「法無有吾我，　　　亦復無我所；

我既非當有，　　　我所何由生？

比丘解脫此❸，　　　則斷下分結⑩❸。」

時，有一比丘從座起，偏袒右肩，右膝著地，合掌白佛言：「世尊！云何『無吾我，亦無有我所；我既非當有，我所何由生？比丘解脫此，則斷下分結。』？」

佛告比丘：「愚癡無聞凡夫計色是我、異我、相在；受、想、行、識，是我、異我、相在。多聞聖弟子不見色是我、異我、相在，不見受、想、行、識，是我、異我、相在；亦非知者，亦非見者。此色是無常，受、想、行、識是無常；色是苦，受、想、行、識是苦；色是無我，受、想、行、識是無我；此色非當有，受、想、行、識非當有；此色壞有，受、想、行、識壞有；故非我、非我所，我、我所非當有。如是解脫者，則斷五下分結。」

時，彼比丘白佛言：「世尊！斷五下分結已，云何漏盡❸，無漏心解脫、慧解脫，現法自知作證具足住：『我生已盡，梵行已立，所作已作，自知不受後有。』？」

---

❸ 鹿子母講堂：即「鹿母講堂」，佛陀的道場之一，是由鹿母出資設立的大講堂，在舍衛城。

❹ 優陀那偈：佛陀不問自說的感性語。

❸ 比丘解脫此：相當的南傳經文作「比丘勝解此」。

❸ 下分結：即「五下分結」：身見、戒取、疑、貪欲、瞋恚。斷除五下分結，即為第三果聖者。

❸ 漏盡：斷盡煩惱。

⑨「優陀那」，巴利本作 Udāna。

⑩「法……結」，巴利本作 Nocassa noca me siyā na bhavissatīti. Evam adhimuccamāno bhikkhu chindeyya orambhāgiyāni saññojanānīti。

　　佛告比丘：「愚癡凡夫、無聞眾生於無畏處而生恐畏。愚癡凡夫、無聞眾生怖畏無我、無我所，二⑪俱非當生，攀緣四識住。何等為四？謂色識住、色攀緣、色愛樂、增進廣大生長；於受、想、行，識住、攀緣、愛樂、增進廣大生長。比丘！識於此處，若來、若去、若住、若起、若滅，增進廣大生長。

　　「若作是說：『更有異法，識若來、若去、若住、若起、若滅、若增進廣大生長』者，但有言說，問⑫已不知，增益生癡，以非境界故。所以者何？比丘！離色界貪已，於色意生縛❸亦斷，於色意生縛斷已，識攀緣亦斷；識不復住，無復增進廣大生長，受⑬、想、行界離貪已，於受、想、行意生縛亦斷。受、想、行意生縛斷已，攀緣亦斷，識無所住，無復增進廣大生長。識無所住故不增長，不增長故無所為作，無所為作故則住，住故知足，知足故解脫，解脫故於諸世間都無所取，無所取故無所著，無所著故自覺涅槃：『我生已盡，梵行已立，所作已作，自知不受後有。』比丘！我說識不住東方，南、西、北方，四維，上、下，除欲、見法、涅槃、滅盡、寂靜、清涼。」

　　佛說此經已，諸比丘聞佛所說，歡喜奉行。

　　　　生滅以不樂　　　　　及三種分別

　　　　貪著等觀察　　　　　是名優陀那

【對應經典】

■ 南傳《相應部尼柯耶》〈蘊相應22〉第55經優陀那經。

【讀經拾得】

本經前半段講如何「斷五下分結」，也就是證三果。本經後半段講如何進一步證得四果阿羅漢，徹底斷除三毒，尤其是愚癡（無明），而得解脫。

本經中所說的「四識住」，可參見卷二第39經的說明。有同學問說：「五陰既然是積聚起來的，為何說『四識住』，看似『識』和『色受想行』是不同組？」其實五陰在因緣中本來就有不同的次序，例如「緣眼、色，生眼識，三事和合觸，觸俱生

---

❸ 意生縛：意識所生的結縛。

⑪「二」，元本作「一」。

⑫「問」，宋、元、明三本作「聞」。

⑬「受」，宋、元、明三本作「受界」。

受想思」，在因緣中因為有「色」，而有「識」，再有「受、想、行（思是最主要的行）」，剎那間積聚完成。

第 65 經　【0017a23】

如是我聞：

一時，佛住舍衛國祇樹給孤獨園。

爾時，世尊告諸比丘：「常當修習方便禪思❸，內寂其心。所以者何？比丘常當修習方便禪思，內寂其心，如實觀察。云何如實觀察？此是色、此是色集、此是色滅；此是受、想、行、識，此是識集、此是識滅。

「云何色集，受、想、行、識集？愚癡無聞凡夫於苦、樂、不苦不樂受❹，不如實觀察；此受集、受滅、受味、受患、受離不如實觀察故，於受樂著生取，取緣有，有緣生，生緣老、病、死、憂、悲、惱、苦⑭。如是純大苦聚❹從集而生，是名色集，是名受、想、行、識集。

「云何色滅，受、想、行、識滅？多聞聖弟子受諸苦、樂、不苦不樂受，如實觀察，受集、受滅、受味、受患、受離如實觀察故，於受⑮樂著滅，著滅故取滅，取滅故有滅，有滅故生滅，生滅故老、病、死、憂、悲、惱、苦*滅，如是純大苦聚皆悉得滅，是名色滅，受、想、行、識滅。

「是故，比丘！常當修習方便禪思，內寂其心。比丘！禪思住，內寂其心，精勤方便，如實觀察。」

---

❸ 方便禪思：精進於禪定。「方便」有「精進」、「權宜方法」等意義，在本經中，比對巴利本解為「精進」。

❹ 不苦不樂受：不是苦、也不是樂的感受。又譯為「捨受」。

❹ 純大苦聚：全都是大苦的積聚。

⑭「惱、苦」，宋、元、明三本作「苦、惱」。*

⑮ 宋、元、明三本無「受」字。

佛說此經已，諸比丘聞佛所說，歡喜奉行。

如觀察，如是分別、種種分別、知、廣知、種種知、親近、親近修習、入、觸、證二經，亦如是廣說❷。

【對應經典】

■ 南傳《相應部尼柯耶》〈蘊相應22〉第5經三昧經。
■ 南傳《相應部尼柯耶》〈蘊相應22〉第6經宴默經。

【讀經拾得】

本經及以下各經皆講明要能如實觀察，得先「方便禪思，內寂其心」，有禪定的基礎。禪定的修行方法，可進一步參考卷十七。

第 66 經　【0017b16】

如是我聞：

一時，佛住舍衛國祇樹給孤獨園。

爾時，世尊告諸比丘：「常當修習方便禪思，內寂其心。所以者何？修習方便禪思，內寂其心已，如實觀察。云何如實觀察？如實觀察此色、此色集、此色滅，此受、想、行、識，此識集、此識滅。

「云何色集？云何受、想、行、識集？比丘！愚癡無聞凡夫不如實觀察色集、色味、色患、色離故，樂彼色，讚歎愛著，於未來世色復生。」受、想、行、識亦如是廣說。「彼色生，受、想、行、識生已，不解脫於色，不解脫於受、想、行、識。我說彼不解脫生、老、病、死、憂、悲、惱、苦，純大苦聚，是名色集，受、想、行、識集。

「云何色滅，受、想、行、識滅？多聞聖弟子如實觀察色集、色滅、色味、色患、色離，如實知。如實知⑯故，不樂於色，不讚歎色，不樂著色，亦不生未來色。」受、想、行、識亦如是廣說。「色

❷ 廣說：詳細說明。
⑯ 宋、元、明三本無「如實知」三字。

不生,受、想、行、識不生故,於色得解脫,於受、想、行、識得解脫。我說彼解脫生、老、病、死、憂、悲、惱、苦⑰聚,是名色滅,受、想、行、識滅。

「是故,比丘!常當修習方便禪思,內寂其心,精勤方便,如實觀察。」

佛說此經已,諸比丘聞佛所說,歡喜奉行。

如觀察,如是乃至作證十二經,亦應廣說。

第 67 經 【0017c10】

如是我聞:

一時,佛住⑱舍衛國祇樹給孤獨園。

爾時,世尊告諸比丘:「常當修習方便禪思,內寂其心。所以者何?比丘!修習方便禪思,內寂其心已,如實觀察。云何如實觀察?如實知此色、此色集、此色滅;此受、想、行、識,此識集、此識滅。

「云何色集,受、想、行、識集?愚癡無聞凡夫不如實知色集、色滅、色味、色患、色離。不如實知故,樂著彼色,讚歎於色;樂著於色,讚歎色故取;取緣有,有緣生,生緣老、死、憂、悲、惱、苦。如是純大苦聚生,是名色集,受、想、行、識集。

「云何色滅,受、想、行、識滅?多聞聖弟子如實知色集、色滅、色味、色患、色離。如實知故,不樂著色,不讚歎色;不樂著、讚歎色故,愛樂滅;愛樂滅故取滅,取滅故有滅,有滅故生滅,生滅故老、病、死、憂、悲、惱、苦滅,如是純大苦聚滅。云何多聞聖弟子如實知受、想、行、識?識集、識滅、識味、識患、識離如實知?知彼故不樂著彼識,不讚歎於識;不樂著、讚歎識故,樂愛滅;樂愛

---

⑰「苦」,宋、元、明三本作「苦、純大苦」。
⑱「住」,明本作「在」。

滅故取滅，取滅故有滅，有滅故生滅，生滅故老、病、死、憂、悲、惱、苦滅，如是純大苦聚滅⑲，皆悉得滅。比丘！是名色滅，受、想、行、識滅。

「比丘！常當修習方便禪思，內寂其心。」

佛說此經已，諸比丘聞佛所說，歡喜奉行。

如觀察，乃至作證十二經，亦如是廣說。

【讀經拾得】

此經舉例斷「愛」，即可滅掉十二因緣後續的苦果：

藉由止觀如實知五陰、不執著五陰 → 愛滅 → 取滅 → 有滅 → 生老病死憂悲惱苦滅

第 68 經　　【0018a06】

如是我聞：

一時，佛住舍衛國祇樹給孤獨園。

爾時，世尊告諸比丘：「常當修習方便禪思，內寂其心，如實觀察。云何如實觀察？如實知此色、此色集、此色滅；此受、想、行、識，此識集、此識滅。

「云何色集，受、想、行、識集？緣眼及色眼識生，三事和合生觸❹，緣觸生受，緣受生愛，乃至純大苦聚生，是名色集。如是，緣耳、鼻、舌、身、意，緣意及法生意識，三事和合生觸，緣觸生受，緣受生愛。如是乃至純大苦聚生，是名色集，受、想、行、識集。

---

❹ 三事和合生觸：感官（根）、外境、識，三者和合而生「觸」。例如眼根、光線、眼識，三者接觸而生「眼觸」。

⑲ 宋、元、明三本在「滅」字之後尚有「云何多聞聖弟子如實知受、想、行、識？識集、識滅、識味、識患、識離如實知？知彼故不樂著彼識，不讚歎於識；不樂著、讚歎識故，樂愛滅；樂愛滅故取滅，取滅故有滅，有滅故生滅，生滅故老、病、死、憂、悲、惱、苦滅，如是純大苦聚」八十三字。

「云何色滅，受、想、行、識滅？緣眼及⑳色眼識生，三事和合生觸，觸滅則受滅，乃至純大苦聚滅，如是耳、鼻、舌、身、意，緣意㉑及法意識生，三事和合生觸，觸滅則受滅，愛㉒滅，乃至純大苦聚滅，是名色滅，受、想、行、識滅。

「是故，比丘！常當修習方便禪思，內寂其心。」

佛說此經已，諸比丘聞佛所說，歡喜奉行。

如觀察，乃至作證十二經，亦如是廣說。

受與生及樂　　　　　亦說六入處❹

一一十二種　　　　　禪定三昧❺經❻

【讀經拾得】

本經指出，若「觸」滅，即可滅掉十二因緣後續的苦果：

觸滅 → 受滅 → 愛滅 → 取滅 → 有滅 → 生老病死憂悲惱苦滅

既然觸是要三事和合才會生起，抽掉其中一事也就可不生觸。例如若在禪定中「關掉」六入處，就能暫時不生觸。

另外，有同學曾問：「有『眼』、『色』，就有『眼識』了，為什麼佛經中在分析這個流程時，又要多一個『觸』？」

這是因為佛經中以此「觸」的提出，強調「眼」、「色」、「眼識」三者都要有，後續的因緣才會產生。

---

❹ 六入處：眼、耳、鼻、舌、身、意，六個可對外境反應的感官。

❺ 三昧：心定於一處（或一境）而不散亂。又譯為「三摩提」、「三摩地」，義譯為「等持」。

❻ 受與生及樂，亦說六入處，一一十二種，禪定三昧經：這是將《雜阿含經》第 65 經至第 68 經的關鍵字整理出來，以方便記憶的攝頌。

⑳「及」，大正藏原為「乃至」，今依據宋、元、明三本改作「及」。

㉑ 宋、元、明三本無「緣意」二字。

㉒「愛」，宋、元、明三本作「受」。

導讀：五陰的四聖諦及十二因緣

四聖諦是苦諦、集諦、滅諦、道諦。

其中苦諦、集諦與十二因緣的流轉相關。滅諦、道諦與十二因緣的還滅相關。

以下幾經即在講說五陰的四聖諦及十二因緣。

第 69 經 　【0018a26】

如是我聞：

一時，佛住舍衛國祇樹給孤獨園。

爾時，世尊告諸比丘：「我今當說有身❹集趣道㉓❹及有身集滅道❹。云何有身集趣道？愚癡無聞凡夫，見不如實知色集、色滅、色味、色患、色離。不如實知故，樂色、歎色、著色、住色；樂色、歎色、著色、住色故，愛樂取；緣取有，緣有生，緣生、老、病、死、憂、悲、苦、惱。如是純大苦聚生。如是受、想、行、識廣說，是名有身集趣道。比丘！有身集趣道，當知即是苦集趣道。

「云何有身集㉔滅道？多聞聖弟子如實知色、色集、色滅、色

---

❹ 有身：由五陰構成的我。音譯為薩迦耶。執著於「五陰是我」的見解，則稱為身見、有身見、薩迦耶見。

❹ 有身集趣道：趨向「由五陰構成的我的集起」的途徑。

❹ 有身集滅道：滅除「由五陰構成的我的集起」的途徑。

㉓ 「有身集趣道」，巴利本作 Sakkāyasamudayagāmini。

㉔ 宋、元、明三本無「集」字。

味、色患、色離。如實知故,於色不樂、不歎、不著、不住;不樂、不歎、不著、不住故,彼色愛樂滅;愛樂滅則取滅,取滅則有滅,有滅則生滅,生滅則㉕老、病、死、憂、悲、苦、惱㉖,純大苦聚滅。如色,受、想、行、識亦如是,是名有身滅道跡❺⓪。有身滅道跡,則是苦滅道跡,是故說有身滅道跡。」

佛說此經已,諸比丘聞佛所說,歡喜奉行。

如「當說」,「有」及「當知」,亦如是說❺①。

【對應經典】

■ 南傳《相應部尼柯耶》〈蘊相應22〉第44經道經。

第 70 經　　【0018b16】

如是我聞:

一時,佛住舍衛國祇樹給孤獨園。

爾時,世尊告諸比丘:「我㉗今當說有身苦㉘邊㉙❺②、有身集邊❺③、有身滅邊❺④。諦聽,善思念之,當為汝說。云何有身苦*邊?謂五受陰。云何㉚為五?色受陰,受、想、行、識受陰,是名有身苦*邊。

---

❺⓪ 道跡:途徑。

❺① 如「當說」,「有」及「當知」,亦如是說:把這段經文的「當說」,用「有」及「當知」分別置換,就是另外兩篇經文。

❺② 邊:原意是「盡頭、邊界」,此處引申為「部分」的意思。

❺③ 有身集邊:「由五陰構成的我」集起的部分。

❺④ 有身滅邊:「由五陰構成的我」滅除的部分。

㉕ 宋、元、明三本無「則」字。

㉖ 「苦、惱」,宋、元、明三本作「惱、苦」。

㉗ 宋、元、明三本無「我」字。

㉘ 大正藏無「苦」字,今依據宋、元、明三本補上。　*

㉙ 「有身邊」,巴利本作 Sakkāyanta。

㉚ 「云何」,宋、元、明三本作「何等」。

云何有身集邊？謂受㉛當來有愛㉜❺，貪、喜俱❺，彼彼樂著❺，是名有身集邊。云何有身滅邊？即此受㉝當來有愛*，貪、喜俱，彼彼樂著無餘斷❺、吐㉞、盡、離欲、滅、寂、沒，是名有身滅邊。是故當說有身苦*邊、有身集邊、有身滅邊。」

佛說是經已，諸比丘聞佛所說，歡喜奉行。

如當說，有及當知，亦如是說。

【對應經典】

■ 南傳《相應部尼柯耶》〈蘊相應22〉第103經邊經。

第 71 經　【0018b28】

如是我聞：

一時，佛住舍衛國祇樹給孤獨園。

爾時，世尊告諸比丘：「我今當說有身、有身集、有身滅、有身滅道跡。諦聽，善思，當為汝說。云何有身？謂五受陰。云何為五？色受陰，受、想、行、識受陰，是名有身。云何有身集？當來有愛，貪、喜俱，彼彼染著，是名有身集。云何有身滅？當來有愛，貪、喜俱，彼彼樂著無餘斷、吐、盡、離欲、滅，是名有身滅。

「云何有身滅道跡？謂八聖道，正見、正志、正語、正業、正

---

❺ 受當來有愛：對未來存在的渴愛。其中的「有」即是十二因緣的「有」支，指「生命的存在」。此詞是以「受當來有」形容這種「愛」。

❺ 貪、喜俱：伴隨著貪欲、喜愛。

❺ 彼彼樂著：到處喜愛、執著。「彼」指「那個、那裡」，「彼彼」引申為「到處」的意思。

❺ 無餘斷：徹底的斷除。又譯為「永斷無餘」。

㉛「受」，元、明二本作「愛」。

㉜ 宋、元、明三本無「愛」字。*

㉝「受」，宋、元、明三本作「愛」。

㉞「吐」，宋本作「苦」。

命、正方便、正念、正定，是名有身滅道跡。是名當說有身、有身集、有身滅、有身滅道跡。」

佛說是經已，諸比丘聞佛所說，歡喜奉行。

餘如是說。差別者：「當知有身，當知斷有身集，當知證有身滅，當知修斷有身道跡。」

佛說此經已，諸比丘聞佛所說，歡喜奉行。

如當說，有及當知，亦如是說。又復差別者：「比丘知有身，斷有身集，證有身滅，修斷有身道，是名比丘斷愛欲縛諸結等法，修無間等❺❾，究竟苦邊。」

又復差別者：「是名比丘究竟邊際❻⓪，究竟離垢，究竟梵行❻❶，純淨上士❻❷。」

又復差別者：「是名比丘阿羅漢盡諸有漏❻❸，所作已作，已捨重擔，逮得己利，盡諸有結，正智心解脫。」

又復差別者：「是名比丘斷關、度塹，超越境界，脫諸防邏，建聖法幢❻❹。」

又復差別者：「云何斷關？謂斷五下分結。云何度塹？謂度無明深塹。云何超越境界？謂究竟無始生死。云何脫諸防邏？謂有愛❻❺盡。云何建聖法幢？謂我慢盡。」

又復差別者：「是名比丘斷五枝㉟❻❻，成六枝*❻❼，守護一❻❽，依

---

❺❾ 無間等：洞察。沒有任何間隔、差距地以智慧觀察。又譯作「現觀」。

❻⓪ 邊際：盡頭。

❻❶ 梵行：清淨的修行。

❻❷ 純淨上士：完全清淨的上等人。

❻❸ 盡諸有漏：斷盡所有的煩惱。

❻❹ 斷關、度塹，超越境界，脫諸防邏，建聖法幢：在關口處阻斷，渡過壕溝，超越疆界，脫離各巡邏者（的巡察範圍），建立聖法的旗幟。

❻❺ 有愛：對存在的渴愛。此處的「有」即是十二因緣中的「有」支，指「生命的存在」。

❻❻ 斷五枝：斷除五蓋（貪欲、瞋恚、睡眠、掉悔、疑）。

❻❼ 成六枝：成就對六根的守護；當六根對六境時，不喜不憂而安住於捨，有正念、正知。

❻❽ 守護一：以正念守護心。

㉟「枝」，元、明二本作「支」。*

四種❻，棄捨諸諦❼，離諸求❼，淨諸覺❼，身行息❼，心善解脫，慧善解脫，純一❼立梵行，無上士。」

> 其道有三種　　　　實覺亦三種
>
> 有身四種說　　　　羅漢有六種

【對應經典】

■ 南傳《相應部尼柯耶》〈蘊相應22〉第105經有身經。

【讀經拾得】

本文中約略提到的比喻：「斷關、度塹，超越境界，脫諸防邏，建聖法幢」，以及「斷五枝，成六枝，守護一，依四種，棄捨諸諦，離諸求，淨諸覺，身行息，心善解脫，慧善解脫，純一立梵行，無上士。」在卷十五第387經、第388經，《舍利弗阿毘曇論》卷八，以及《瑜伽師地論》卷八十七有較詳細的說明。

第 72 經　【0019a04】

如是我聞：

一時，佛住舍衛國祇樹給孤獨園。

爾時，世尊告諸比丘：「當說所知法、智及智者。諦聽，善思，當為汝說。云何所知法？謂五受陰。何等為五？色受陰，受、想、行、識受陰，是名所知法。

「云何為智？調伏貪欲、斷貪欲、越貪欲，是名為智。

> 什麼是智與智者

---

❻ 依四種：依於四種事；《瑜伽師地論》解釋這四種事是熟思而遠離（惡象、惡馬等）、熟思而習近（衣服、飲食等）、熟思而除遣（散亂、疲勞等）、熟思而忍受（寒熱等）。

❼ 棄捨諸諦：捨棄外道以為真實的各種邪見。

❼ 離諸求：遠離世間的欲求。

❼ 淨諸覺：沒有不善的意向；捨斷欲的意向（欲覺）、惡意的意向（恚覺）、加害的意向（害覺）。

❼ 身行息：身體的各種造作都止息，例如第四禪呼吸止息。

❼ 純一：沒有雜質；沒有任何缺失。

「云何智者？阿羅漢是。阿羅漢者，非有他世死❼、非無他世死❼、非有無他世死❼、非非有無他世死❼，廣說無量，諸數永滅❼。

「是名說所知法、智及智者。」

佛說此經已，諸比丘聞佛所說，歡喜奉行。

【對應經典】

- 南傳《相應部尼柯耶》〈蘊相應22〉第23經遍智經。
- 南傳《相應部尼柯耶》〈蘊相應22〉第106經所遍知經。

【讀經拾得】

為什麼阿羅漢「非有他世死、非無他世死、非有無他世死、非非有無他世死」？

不能說阿羅漢死後有來世（非有他世死），這很容易理解。

但是為什麼不能說阿羅漢死後沒有來世（非無他世死）？你認為呢？

這議題在經中多次出現，例如卷五第104經、106經，卷三十二第905經，有較詳細的討論。

第 73 經　　【0019a15】

如是我聞：

一時，佛住舍衛國祇樹給孤獨園。

---

❼ 非有他世死：非「死後有來世」。

❼ 非無他世死：非「死後無來世」。

❼ 非有無他世死：非「死後有來世、也無來世」。

❼ 非非有無他世死：非「死後並非有來世、也並非無來世」。

❼ 諸數永滅：已不在輪迴之數，不再受後有。

爾時，世尊告諸比丘：「我今當說重擔、取擔㊱❽、捨擔㊲❽、擔者㊳。諦聽，善思，當為汝說。云何重擔？謂五受陰。何等為五？色受陰，受、想、行、識受陰。

「云何取擔？當來有愛，貪、喜俱，彼彼樂著。

「云何捨擔？若當來有愛，貪、喜俱，彼彼樂著永斷無餘已、滅已，吐、盡、離欲、滅、沒。

「云何擔者？謂士夫❽是，士夫者，如是名，如是生，如是姓族，如是食，如是受苦樂，如是長壽，如是久住，如是壽命齊限❽。

「是名為重擔、取擔、捨擔、擔者。」

爾時，世尊而說偈言：

「已捨於重擔，　　　　不復應更取，

　重任為大苦，　　　　捨任為大樂，

　當斷一切愛，　　　　則盡一切行，

　曉了有餘境，　　　　不復轉還有❽。」

佛說此經已，諸比丘聞佛所說，歡喜奉行。

【對應經典】
- 《增壹阿含經》卷十七〈四諦品25〉第4經。
- 南傳《相應部尼柯耶》〈蘊相應22〉第22經重擔經。

---

❽ 取擔：拿起重擔，此處用以譬喻四聖諦的「集諦」。
❽ 捨擔：放下重擔，此處用以譬喻四聖諦的「滅諦」。
❽ 士夫：人。音譯為「補特伽羅」。
❽ 壽命齊限：能活多久的限制。
❽ 不復轉還有：不會再受輪迴。即阿羅漢的「不受後有」。
㊱「取擔」，巴利本作 Bhārādāna。
㊲「捨擔」，巴利本作 Bhāranikkhepana。
㊳「擔者」，巴利本作 Bhārahāra。

第 74 經　【0019b02】

如是我聞：

一時，佛住舍衛國祇樹給孤獨園。

爾時，世尊告諸比丘：「有五受陰。何等為五？色受陰，受、想、行、識受陰。愚癡無聞凡夫不如實知色、色集、色滅、色味、色患③⑨、色離。不④⓪如實知故，於色所樂、讚歎、繫著住，色縛所縛，內縛所縛⑧⑤，不知根本⑧⑥，不知津濟④①⑧⑦，不知出離，是名愚癡無聞凡夫。以縛生，以縛死，以縛從此世至他世；於彼亦復以縛生，以縛死，是名愚癡無聞凡夫。隨魔④②自在，入魔網中，隨魔所化，魔縛所縛，為魔所牽。受、想、行、識亦復如是。

「多聞聖弟子如實知色、色集、色滅、色味、色患、色離。如實知故，不貪喜色，不讚歎，不繫著住，非色縛所縛，非內縛所縛，知根本，知津濟，知出離，是名多聞聖弟子。不隨縛生，不隨縛死，不隨縛從此世至他世，不隨魔自在，不入魔手，不隨魔所作，非魔所縛，解脫魔縛，離魔所牽；受、想、行、識亦復如是。」

佛說此經已，諸比丘聞佛所說，歡喜奉行。

【對應經典】

■ 參考 南傳《相應部尼柯耶》〈蘊相應22〉第65經歡喜經。
■ 參考 南傳《相應部尼柯耶》〈蘊相應22〉第117經縛經。

---

⑧⑤ 色縛所縛，內縛所縛：被色繫縛所束縛，被內心的繫縛所束縛。
⑧⑥ 根本：此處指生死流轉的根源。
⑧⑦ 津濟：渡口，意謂由生死此岸渡脫到涅槃彼岸。
③⑨ 「患」，宋、元、明三本作「盡」。
④⓪ 「不」，宋、元、明三本作「有」。
④① 「津濟」，大正藏原為「邊際」，今依據本經下文改為「津濟」。
④② 「魔」，巴利本作 Māra。

第 75 經 【0019b21】

如是我聞：

一時，佛住舍衛國祇樹給孤獨園。

爾時，世尊告諸比丘：「有五受陰。何等為五？謂色受陰，比丘於色厭、離欲、滅、不起、解脫，是名如來、應、等正覺❽；如是受、想、行、識，厭、離欲、滅、不起、解脫，是名如來、應、等正覺。比丘亦於色厭、離欲、滅，名阿羅漢慧解脫；如是受、想、行、識，厭、離欲、滅，名阿羅漢慧解脫。比丘！如來、應、等正覺，阿羅漢慧解脫，有何差別？」

比丘白佛：「如來為法根、為法眼、為法依，唯願世尊為諸比丘廣說此義，諸比丘聞已，當受奉行。」

佛告比丘：「諦聽，善思，當為汝說。如來、應、等正覺未曾聞法，能自覺法，通達無上菩提❽，於未來世開覺聲聞❿而為說法，謂四念處、四正勤、四如意足、五根、五力、七覺、八道。比丘！是名如來、應、等正覺未得而得，未利而利，知道、分別道、說道、通道，復能㊸成就諸聲聞教授教誡；如是說正順❺欣樂善法，是名如來、羅漢差別。」

佛與阿羅漢的差別

佛說此經已，諸比丘聞佛所說，歡喜奉行。

【對應經典】

■ 南傳《相應部尼柯耶》〈蘊相應22〉第58經等覺者經。

---

❽ 如來、應、等正覺：佛陀。如來、應（供）、等正覺（又譯為「正遍知」）是如來十號的其中三個，此處以這三個來代表如來十號。

❽ 無上菩提：即「阿耨多羅三藐三菩提」，無上正等正覺，也就是佛智。

❿ 聲聞：從佛聽法而修行的佛弟子。另譯為「弟子」。

❺ 正順：正確的、適合的。

㊸「復能」，宋、元、明三本作「能復」。

【讀經拾得】

此經前半表明了佛與阿羅漢的解脫沒有差別，與《中阿含經》卷三十六〈梵志品2〉第145經瞿默目揵連經呼應：「梵志瞿默目揵連即問曰：『阿難，若如來、無所著、等正覺解脫，及慧解脫，阿羅訶解脫，此三解脫有何差別？有何勝如？』尊者阿難答曰：『目揵連，若如來、無所著、等正覺解脫，及慧解脫，阿羅訶解脫，此三解脫無有差別，亦無勝如。』」（CBETA, T01, no. 26, p. 655, c27-p. 656, a3）

此經後半則表明了佛陀與阿羅漢的差別，在於佛陀是這個世界、這個時期，第一位無師自悟佛法並教導給眾生的覺者，而所有的聲聞眾乃至阿羅漢，則是聽聞佛陀講說佛法後，照著修行而得以解脫。在卷二十六第684經，則進一步闡述有「如來十力」，是佛陀超越聲聞眾的能力。

第 76 經　【0019c12】

如是我聞：

一時，佛住舍衛國祇樹給孤獨園。

爾時，世尊告諸比丘：「有五受陰。何等為五？色受陰，受、想、行、識受陰。汝等比丘當觀察於色，觀察色已，見有我、異我、相在不？」

諸比丘白佛言：「不也，世尊！」

佛告比丘：「善哉！善哉！色無我，無我者則無常，無常者則是苦。若苦者，彼一切非我、不異我、不相在，當作是觀。受、想、行、識亦復如是。多聞聖弟子於此五受陰觀察非我、非我所。如是觀察已，於世間都無所取；無所取者，則無所著；無所著者，自覺涅槃：『我生已盡，梵行已立，所作已作，自知不受後有。』」

佛說此經已，諸比丘聞佛所說，歡喜奉行。

【對應經典】

■ 參考 南傳《相應部尼柯耶》〈蘊相應22〉第118經解脫（一）經。
■ 參考 南傳《相應部尼柯耶》〈蘊相應22〉第119經解脫（二）經。

第 77 經　【0019c25】

如是我聞：

一時，佛住舍衛國祇樹給孤獨園。

爾時，世尊告諸比丘：「當斷色欲貪，欲貪斷已，則色斷；色斷已，得斷知；得斷知已，則根本斷。如截多羅樹❷頭㊹，未來不復更生。如是受、想、行、識欲貪斷，乃至未來世不復更生。」

佛說此經已，諸比丘聞佛所說，歡喜奉行。

【對應經典】

■ 南傳《相應部尼柯耶》〈蘊相應22〉第25經欲貪經。

斷欲、斷蘊、得斷知、根本斷

第 78 經　【0020a03】

如是我聞：

一時，佛住舍衛國祇樹給孤獨園。

爾時，世尊告諸比丘：「若色起、住、出，則苦於此起，病於此住，老、死於此出；受、想、行、識亦如是說。比丘！若色滅、息、沒❽，苦於此滅，病於此息，老、死於此沒；受、想、行、識亦復如是。」

佛說此經已，諸比丘聞佛所說，歡喜奉行。

【對應經典】

■ 南傳《相應部尼柯耶》〈蘊相應22〉第30經生經。

---

❷ 多羅樹：棕櫚科喬木，此樹的樹幹截斷後即無法再發芽生長。

❽ 滅、息、沒：盡滅、寂止、滅沒。是以同義字重複以使語意更加充實的用法。

㊹ 「截多羅樹頭」，巴利本作 Tālāvatthukatā。

第 79 經　【0020a10】

如是我聞：

一時，佛住舍衛國祇樹給孤獨園。

爾時，世尊告諸比丘：「過去、未來色尚無常，況復現在色。多聞聖弟子如是觀察已，不顧過去色，不欣未來色，於現在色厭、離欲、滅寂靜；受、想、行、識亦復如是。

「比丘！若無過去色者，多聞聖弟子無不顧過去色；以㊺有過去色故，多聞聖弟子不顧過去色。若無未來色者，多聞聖弟子無不欣未來色；以有未來色故，多聞聖弟子不欣未來色。若無現在色者，多聞聖弟子不於現在色生厭、離欲、滅盡向❾；以有㊻現在色故，多聞聖弟子於現在色生厭、離欲、滅盡向。受、想、行、識亦如是說。」

佛說此經已，諸比丘聞佛所說，歡喜奉行。

如無常，苦、空、非我三經，亦如是說。

【對應經典】

- 《雜阿含經》卷一第8經。
- 南傳《相應部尼柯耶》〈蘊相應22〉第9經過去‧未來‧現在（一）經。
- 南傳《相應部尼柯耶》〈蘊相應22〉第10經過去‧未來‧現在（二）經。
- 南傳《相應部尼柯耶》〈蘊相應22〉第11經過去‧未來‧現在（三）經。

【讀經拾得】

本經的南傳譯本，以及和本經意義雷同的《雜阿含經》卷一第8經、《中阿含經》「跋地羅帝偈」，都沒有提到三世「色」的「有」或「無」。

---

❾ 滅盡向：即「向滅盡」，朝向滅除煩惱、生死。
㊺ 「以」，宋本作「已」。*
㊻ 「有」，大正藏原為「欲」，今依據元、明二本改作「有」。

導讀：聖法印

佛陀教導的解脫法都是可以在禪定中實證的，即稱為各種三昧。其中最有名的三種三昧為「空三昧」、「無相三昧」、「無願三昧」，是通向解脫的三昧，因此又稱作「三解脫門」。這三解脫門有實作的方法、明確的目標、和驗證的條件，讓每個人都能一步步實證佛法解脫的境地。由於是可以透過確實的流程讓每個人都親自驗證的，佛陀就將修習這三三昧證得的知見稱為「聖法印」。

禪定的練習，在古印度已相當普遍，而佛教即將禪定修習加上四聖諦的智慧觀察，證無我、無我所，而能解脫。

第 80 經　【0020a25】

如是我聞：

一時，佛住舍衛國祇樹給孤獨園。

爾時，世尊告諸比丘：「當說聖法印❾❺及見清淨。諦聽，善思。若有比丘作是說：『我於空三昧未有所得，而起無相❾❻、無所有❾❼、

❾❺ 聖法印：正法的印記；證入解脫的印記。如同印章可證實一個人的身分，佛法的印章就是「法印」，可用以證實正法。
❾❻ 無相：不念一切相（色相、聲相、香相、味相、觸相、法相等）。
❾❼ 無所有：斷除貪瞋癡、沒有任何造作。又譯為「無作」。

離慢❾❽知見❾❾』者，莫作是說。所以者何？若於空未得者而言我得無相、無所有、離慢知見者，無有是處⓿。若有比丘作是說：『我得空，能起無相、無所有、離慢知見』者，此則善說。所以者何？若得空已，能起無相、無所有、離慢知見者㊼，斯有是處。云何為聖弟子及見清淨⓫？」

比丘白佛：「佛為法根、法眼、法依，唯願為說。諸比丘聞說法已，如說奉行。」

空三昧的修法

佛告比丘：「若比丘於空閑處樹下坐，善觀色無常、磨滅、離欲之法。如是觀察受、想、行、識，無常、磨滅、離欲之法。觀察彼陰無常、磨滅、不堅固、變易法，心樂、清淨、解脫，是名為空。如是觀者，亦不能離慢、知見清淨。

無相三昧的修法

「復有正思惟三昧⓬，觀色相斷，聲、香、味、觸、法相斷，是名無相㊽。如是觀者，猶未離慢、知見清淨。

無作（無願）三昧的修法

「復有正思惟三昧，觀察貪相斷，瞋恚、癡相斷，是名無所有。如是觀者，猶未離慢、知見清淨。

「復有正思惟三昧，觀察我、我㊾所從何而生？

「復有正思惟三昧㊿，觀察我、我所，從若見、若聞、若嗅、若嘗、若觸、若識而生。

「復作是觀察：『若因、若緣而生識者，彼識因、緣，為常、為無常？』

---

❾❽ 離慢：離於我慢；沒有自我中心。

❾❾ 知見：了知、見解。

⓿ 無有是處：沒有這樣的情形。

⓫ 云何為聖弟子及見清淨：參考前後文及本經異譯，此處的「弟子」疑為「法印」的訛誤。

⓬ 正思惟三昧：意向正確的三昧。

㊼ 「者」，宋、元、明三本作「斷」。

㊽ 「相」，宋本作「想」。

㊾ 大正藏無「我」字，今依據宋、元、明三本補上。

㊿ 「正思惟三昧」，宋、元、明三本作「思惟」。

「復作是思惟：『若因、若緣而生識者，彼因、彼緣皆悉無常。』復次，彼因、彼緣皆悉無常，彼所生識云何有常？

「無常者，是有為行，從緣起，是患法、滅法、離欲法、斷知法，是名聖法印、知見清淨；是名比丘當說聖法印、知見清淨……」如是廣說。

佛說此經已，諸比丘聞佛所說，歡喜奉行。

【對應經典】

■ 《佛說法印經》（CBETA, T02, no. 104, p. 500, b17-c28）
■ 《佛說聖法印經》（CBETA, T02, no. 103, p. 500, a4-b13）

【讀經拾得】

本經的對應經典有《佛說法印經》及《佛說聖法印經》，這兩部經有較為詳細的說明，值得對三三昧有興趣的同學深入研究。

綜合這幾部對應經典的內容，聖法印的幾個重點整理如下：

解脫門	觀法重心	解脫五陰的次第	三法印
空三昧	觀五陰無常、本空	〔色、受〕	諸行無常
無相三昧	觀六境（色聲香味觸法）滅盡，離諸有想〔，無我相、無我所相〕	想	諸法無我
無願（無作）三昧	觀無所有、貪瞋癡斷〔，觀因緣生滅、無我、無我所〕	行、識〔，五蘊皆空，證法寂滅〕	涅槃寂滅

（本表為綜合第80經及其對應經典而整理，細部的次第，例如上表內中括弧〔〕的部分，不同的經論略有出入，請以實修印證為依歸。）

這裡所講的「聖法印」，也可以對應到用以判別是否為佛陀正法的「三法印」：「諸行無常、諸法無我、涅槃寂滅」，如其餘經律中所說：

● 《雜阿含經》卷十第262經：「諸比丘語闡陀言：色無常，受、想、行、識無常，一切行無常，一切法無我，涅槃寂滅。」（CBETA, T02, no. 99, p. 66, b12-14）

● 《根本說一切有部毘奈耶》卷九：「諸行皆無常，諸法悉無我，寂靜即涅槃，是名三法印。」（CBETA, T23, no. 1442, p. 670, c2-3）

第 81 經 【0020b28】

如是我聞：

一時，佛住毘耶離(51)(103)獼猴池側重閣講堂。

爾時，有離車(52)(104)名摩訶男(53)，日日遊行，往詣佛所。時，彼離車作是念：「若我早詣世尊所者，世尊及我知識(105)比丘皆悉禪思，我今當詣七菴羅樹阿耆毘(106)外道(107)所。」即往詣彼富蘭那迦葉(54)(108)住處。

時，富蘭那迦葉——外道眾主，與五百外道前後圍遶，高聲嬉戲，論說俗事。時，富蘭那迦葉遙見離車摩訶男來，告其眷屬，令寂靜住：「汝等默然！是離車摩訶男是沙門瞿曇弟子，此是沙門瞿曇白衣(109)弟子，毘耶離中最為上首，常樂靜寂(55)，讚歎寂靜，彼所之詣寂靜之眾，是故汝等應當寂靜。」

時，摩訶男詣彼眾富蘭那所，與富蘭那共相問訊，相慰勞已，却坐一面。時，摩訶男語富蘭那言：「我聞富蘭那為諸弟子說法：『無因、無緣眾生有垢，無因、無緣眾生清淨。』世有此論，汝為審

(103) 毘耶離：古代印度十六大國之一，首都毘耶離城為五大城之一，位於當時的中印度，恆河北岸。另譯為「毘舍離」。

(104) 離車：古代居住在毘舍離城的剎帝利種族名。佛世時此種族實施共和制，頗為富強，佛陀涅槃後，此族的民眾也分得佛舍利，起塔供養。

(105) 知識：認識的人；朋友。

(106) 阿耆毘：「邪命」的音譯，即以邪法生活。此處形容以邪法生活的外道。

(107) 外道：佛教以外的宗教。另譯作「異學」。

(108) 富蘭那迦葉：外道六師之一，否認善、惡的業報，認為殺生、偷盜、邪淫、妄語等種種惡事不會有罪報；作種種善事，也不會有好報。可說是無因果、無道德論者。又譯為「不蘭迦葉」。

(109) 白衣：在家人。古印度的在家人多穿白色衣服，因此以「白衣」稱之。

(51)「毘耶離」，巴利本作 Vesālī。

(52)「離車」，巴利本作 Licchavi。

(53)「摩訶男」，巴利本作（Mahānāma?）Mahāli。

(54)「富蘭那迦葉」，巴利本作 Pūraṇa Kassapa。

(55)「靜寂」，宋、元、明三本作「寂靜」。

有此❿，為是外人相毀之言？世人所撰，為是法、為非法，頗有世人共論、難問、嫌責以不？」

富蘭那迦葉言：「實有此論，非世妄傳。我立此論，是如法論，我說此法，皆是順法⓫，無有世人來共難問而呵責者。所以者何？摩訶男！我如是見、如是說：『無因、無緣眾生有垢，無因、無緣眾生清淨。』」

時，摩訶男聞富蘭那所說，心不喜樂，呵罵已，從座㊹起去，向世尊所，頭面禮足，却坐一面，以向與富蘭那所論事，向佛廣說。

佛告離車摩訶男：「彼富蘭那為出意語⓬，不足⓭記也。如是富蘭那愚癡，不辨㊺、不善、非因而作是說：『無因、無緣眾生有垢，無因、無緣眾生清淨。』所以者何？有因、有緣眾生有垢，有因、有緣眾生清淨。

「摩訶男！何因、何緣眾生有垢，何因、何緣眾生清淨？摩訶男！若色一㊻向是苦，非樂、非隨樂、非樂長養⓮、離樂者，眾生不應因此而生樂著。摩訶男！以色非一向是苦，樂㊼、隨樂、樂所長養、不離樂，是故眾生於色染著；染著故繫，繫故有惱。摩訶男！若受、想、行、識一*向是苦，非樂、非隨樂、非樂長養、離樂者，眾生不應因此而生樂著。摩訶男！以識非一向是苦，樂*、隨樂、樂所長養、不離樂，是故眾生於識染著；染著故繫，繫故生惱。摩訶男！是名有因、有緣眾生有垢。

「摩訶男！何因、何緣眾生清淨？摩訶男！若色一向是樂，非苦、非隨苦、非憂苦長養、離苦者，眾生不應因色而生厭離。摩訶

❿ 汝為審有此：你是真有這樣的論點嗎？審是知道、推究的意思，引申為推究事情是否為真。

⓫ 順法：順著正法。

⓬ 出意語：虛浮不實的話。

⓭ 不足：不值得。

⓮ 長養：生長、滋養。

㊹ 「座」，大正藏原為「坐」，今依據宋、元、明三本改作「座」。

㊺ 「辨」，宋、元、明三本作「辯」。

㊻ 大正藏在「一」字之上有一「非」字，今依據本經下文及巴利本刪去。*

㊼ 大正藏在「樂」字之上有一「非」字，今依據本經下文及巴利本刪去。*

男！以色非一向樂❶，是苦、隨苦、憂苦長養、不離苦，是故眾生厭
離於色；厭故不樂，不樂故解脫。摩訶男！若受、想、行、識一向是
樂，非苦、非隨苦、非憂苦長養、離苦者，眾生不應因識而生厭離。
摩訶男！以受、想、行、識非一向樂，是苦、隨苦、憂苦長養、不離
苦，是故眾生厭離於識；厭故不樂，不樂故解脫。摩訶男！是名有
因、有緣眾生清淨。」

時，摩訶男聞佛所說，歡喜隨喜，禮佛而退。

> 知法及重擔　　　往詣、觀、欲貪
>
> 生及與略說　　　法印、富蘭那

【對應經典】

■ 南傳《相應部尼柯耶》〈蘊相應22〉第60經摩訶利經。

【讀經拾得】

佛法中所說的眾生「清淨」，在於心的解脫。

第 82 經　　【0021a25】

如是我聞：

一時，佛住支提竹園精舍。

爾時，世尊告諸比丘：「多聞聖弟子於何所而見無常、苦？」

諸比丘白佛言：「世尊為法根、法眼、法依，唯願為說。諸比丘
聞已，當如說奉行。」

佛告比丘：「諦聽，善思，當為汝說。多聞聖弟子於色見無常、
苦，於受、想、行、識，見無常、苦。比丘！色為是常、無常耶？」

---

❶ 一向樂：一直都是安樂的。

比丘白佛：「無常，世尊！」

「比丘！無常者是苦耶？」

比丘白佛：「是苦，世尊！」

「比丘！若無常、苦，是變易法，多聞聖弟子寧於中見我、異我、相在不？」

比丘白佛：「不也，世尊！」

「受、想、行、識亦復如是。是故，比丘！所有諸色，若過去、若未來、若現在，若內、若外，若麤、若細，若好、若醜，若遠、若近，彼一切皆非我、非異我、不相在。受、想、行、識亦復如是。多聞聖弟子如是觀察，厭於色，厭受、想、行、識，厭故不樂，不樂故解脫，解脫故：『我生已盡，梵行已立，所作已作，自知不受後有。』」

時，諸比丘聞佛所說，歡喜奉行。

第 83 經　【0021b14】

如是我聞：

一時，佛住毘耶離獼猴池側重閣講堂。

爾時，世尊告諸比丘：「多聞聖弟子於何所見非我、不異我、不相在。如是平等正觀，如實知見？」

比丘白佛：「世尊為法根、法眼、法依，唯願為說。諸比丘聞已，如說奉行。」

佛告比丘：「諦聽，善思，當為汝說。多聞聖弟子於色見非我、不異我⑥⓪、不相在，是名如實正觀。受、想、行、識亦復如是。」

佛告諸比丘：「色為是常、為無常耶？」

比丘白佛：「無常，世尊！」

---

⑥⓪ 宋、元、明三本無「我」字。

又㉛告比丘：「若無常者，是苦不？」

比丘白佛：「是苦，世尊！」

「比丘！若無常、苦，是變易法，多聞聖弟子於中寧見有我、異我、相在不？」

比丘白佛：「不也，世尊！」

「受、想、行、識亦復如是。是故，比丘！所有諸色，若過去、若未來、若現在，若內、若外，若麤、若細，若好、若醜，若遠、若近，彼一切皆非我、不異我、不相在，是名如實正觀。受、想、行、識亦復如是。多聞聖弟子如是觀察，於色得解脫，於受、想、行、識得解脫。我說彼解脫生、老、病、死、憂、悲、惱、苦，純大苦聚。」

佛說此經時，諸比丘聞佛所說，歡喜奉行。

第 84 經　【0021c05】

如是我聞：

一時，佛住舍衛國祇樹給孤獨園。

爾時，世尊告諸比丘：「色是無常，無常則苦，苦則非我；非我者，彼一切非我、不異我、不相在，如實知，是名正觀。受、想、行、識亦復如是。多聞聖弟子於此五受陰非我、非我所觀察；如是觀察，於諸世間都無所取，無所取故無所著，無所著故自覺涅槃：『我生已盡，梵行已立，所作已作，自知不受後有。』」

佛說此經已，諸比丘聞佛所說，歡喜奉行。

【對應經典】

■ 南傳《相應部尼柯耶》〈蘊相應22〉第45經無常（一）經。

㉛「又」，宋、元、明三本作「復」。

第 85 經　【0021c15】

如是我聞：

一時，佛住舍衛國祇樹給孤獨園。

爾時，世尊告諸比丘：「比丘！於何所不見我、異我、相在？」

比丘白佛：「世尊為法根、法眼、法依，唯願為說。諸比丘聞已，如說奉行。」

佛告比丘：「諦聽，善思，當為汝說。於色不見有我、異我、相在不？於受、想、行、識亦復如是。比丘！色為是常、無常耶？」

比丘白佛：「無常，世尊！」

佛言：「比丘！若無常者，是苦不？」

比丘白佛：「是苦，世尊！」

「比丘！若無常、苦，是變易法，多聞聖弟子寧於中見我、異我、相在不？」

比丘白佛：「不也，世尊！」

「受、想、行、識亦復如是。是故，比丘！諸所有色，若過去、若未來、若現在，若內、若外，若麤、若細，若好、若醜，若遠、若近，彼一切非我、不異我、不相在。受、想、行、識亦復如是。比丘！多聞聖弟子觀察五受陰非我、非我所。如是觀察者，於諸世間都無所取，無所取者無所著，無所著故自覺涅槃：『我生已盡，梵行已立，所作已作，自知不受後有。』」

佛說此經已，諸比丘聞佛所說，歡喜奉行。

【對應經典】

■ 南傳《相應部尼柯耶》〈蘊相應22〉第46經無常（二）經。

第86經 【0022a06】

如是我聞：

一時，佛住舍衛國祇樹給孤獨園。

爾時，世尊告諸比丘：「若無常色有常者，彼色不應有病、有苦，亦不應於色有所求，欲令如是、不令如是。以色無常故，於色有病、有苦生，亦得不欲令如是、不令如是。受、想、行、識亦復如是。比丘！於意云何？色為常、為無常耶？」

比丘白佛：「無常，世尊！」

「比丘！無常為是苦不？」

比丘白佛：「是苦，世尊！」

「比丘！若無常、苦，是變易法，多聞聖弟子於中寧見是我、異我、相在不？」

比丘白佛：「不也，世尊！」

「受、想、行、識亦復如是。是故，比丘！諸所有色，若過去、若未來、若現在，若內、若外，若麤、若細，若好、若醜，若遠、若近，彼一切非我、非我所如實知。受、想、行、識亦復如是。多聞聖弟子正觀於色，正觀已，於色生厭、離欲、不樂、解脫；受、想、行、識，生厭、離欲、不樂、解脫：『我生已盡，梵行已立，所作已作，自知不受後有。』」

佛說此經已，諸比丘聞佛所說，歡喜奉行。

第 87 經　【0022a25】

如是我聞：

一時，佛住舍衛國祇樹給孤獨園。

爾時，世尊告諸比丘：「色是苦。若色非⑥是苦者，不應於色有病、有苦生，亦不欲令如是，亦不令不如是。以色是苦，以色是苦故，於色病生，亦得⑥於色欲令如是、不令如是。受、想、行、識亦復如是。比丘！色為常、無常耶？」

比丘白佛：「無常，世尊！」

「比丘！無常者是苦不？」

比丘白佛：「是苦，世尊！」

「比丘！若無常、苦，是變易法，多聞聖弟子寧於中見我、異我、相在不？」

比丘白佛：「不也，世尊！」

「受、想、行、識亦復如是。是故，比丘！諸所有色，若過去、若未來、若現在，若內、若外，若麤、若細，若好、若醜，若遠、若近，彼一切非我、不異我、不相在，如實觀察。受、想、行、識亦復如是。多聞聖弟子於色得解脫，於受、想、行、識得解脫；我說彼解脫生、老、病、死、憂、悲、惱、苦⑥，純大苦聚。」

佛說此經已，諸比丘聞佛所說⑥，歡喜奉行。

雜阿含經卷第三

---

⑥ 宋、元、明三本無「非」字。
⑥「得」，明本作「行」。
⑥「惱、苦」，宋、元、明三本作「苦、惱」。
⑥「說」，宋、元、明三本作「說已」。

好讀

雜阿含經

卷第四

導讀：世間正見

佛法中的「正見」有「世間正見」，及「出世間正見」。

出世間正見就如前三卷所解說的像是「四聖諦」等聖人所見，能讓人徹底解脫、沒有煩惱執著、離苦得樂，解脫輪迴。

世間正見則是處世要用的，雖然不能讓人沒有煩惱執著，但也能讓人離苦得樂，往生善處。

《中阿含經》有整理世間正見的內容，如下表所列：

正見	解說
有施	布施是善的
有齋	供養是善的
有咒說	咒願（祝福他人）是善的
有善惡業報	有善業報、有惡業報
有此世彼世	有輪迴
有父有母	有父母（要孝順）
有眾生受生世間	有眾生輪迴受生（非斷滅見）
世間有阿羅漢，不受後有	有辦法證得涅槃

有世間正見，才能夠少犯惡業，業障減輕，而作為出世間正見修習的基礎。

在解脫之前，我們仍無法出離善業惡業，因此必須去惡向善，縱使還不能解脫，也要往生善處，而不要招致惡報。

《雜阿含經》「婆羅門相應」的內容依次為現今版本的第四十二卷第 1151～1163 經、第四卷全卷、和第四十四卷第 1178～1187 經，當中記錄佛陀和婆羅門（貴族或知識分子）的互動和說法，本卷即記載了佛陀和婆羅門們關於世間正見的討論。

第 88 經　【0022b20】

如是我聞：

一時，佛住舍衛國祇樹給孤獨園。

時，有年少婆羅門名欝多羅，來詣佛所，與世尊面相問訊慰勞已，退坐一面，白佛言：「世尊！我常如法❶行乞，持用供養父母，令得樂①離苦。世尊！我作如是，為多福不？」

佛告欝多羅：「實有多福。所以者何？若有如法乞求，供養父母，令其安樂，除苦惱者，實有大福。」爾時，世尊即說偈言：

「如法②於父母，　　　恭敬修供養，

　現世名稱流❷，　　　命終生天上。」

佛說此經已，年少欝多羅歡喜隨喜，作禮而去。

【對應經典】

■ 《別譯雜阿含經》卷五第88經。
■ 南傳《相應部尼柯耶》〈婆羅門相應7〉第19經孝養經。

第 89 經　【0022c03】

如是我聞：

一時，佛住舍衛國祇樹給孤獨園。

時，有年少婆羅門名優波迦，來詣佛所，與世尊面相問訊慰勞

❶ 如法：依照正法。
❷ 現世名稱流：在今生有好的名聲流傳。
① 「樂」，宋、元、明三本作「安樂」。
② 「法」，大正藏原為「汝」，今依據宋、元、明三本改作「法」。

已，退坐一面，白佛言：「瞿曇！諸婆羅門常稱歎邪盛❸大會，沙門瞿曇亦復稱歎邪盛大會不？」

佛告優波迦：「我不一向稱歎，或有邪盛大會可稱歎，或有邪盛大會不可稱歎。」

優波迦白佛：「何等邪盛大會可稱歎？何等邪盛大會不可稱歎？」

佛告優波迦：「若邪盛大會繫群少特牛❹、水特❺、水牸❻，及諸羊犢❼、小小眾生，悉皆傷殺，逼迫苦切❽；僕使作人❾，鞭笞恐怛❿，悲泣號呼；不喜不樂，眾苦作役⓫。如是等邪盛大會，我不稱歎，以造大難故。若復大會不繫縛群牛，乃至不令眾生辛苦作役者，如是邪盛大會，我所稱歎，以不造大難故。爾時，世尊即說偈言：

「馬③祀等大會，　　　造諸大難事，

　如是等邪盛，　　　大仙⓬不稱歎。

　繫縛諸眾生，　　　殺害微細蟲，

　是非為正會，　　　大仙不隨順。

　若不害眾生，　　　造作眾難者，

　是等名④正會，　　　大仙隨稱歎。

---

❸ 邪盛：祭祀。

❹ 繫群少特牛：繫縛成群年幼的公牛。

❺ 特：公牛。

❻ 牸：母牛。

❼ 犢：小牛。

❽ 苦切：殘害。

❾ 僕使作人：僕人、工人。「作人」指作勞動工作的人。

❿ 恐怛：驚恐畏懼。「怛」指畏懼。

⓫ 眾苦作役：做種種辛苦的差事。

⓬ 大仙：此處指佛陀，譬喻佛陀是超凡的仙人中最尊貴的。

③「馬」，元、明二本作「祠」。

④「等名」，宋、元、明三本作「名等」。

惠施修供養，　　　　為應法❸邪盛，

施者清淨心，　　　　梵行❹良福田❺。

如是大會者，　　　　是則羅漢會，

是會得大果，　　　　諸天皆歡喜。

自行恭敬請，　　　　自手而施與，

彼我悉清淨，　　　　是施得大果。

慧者如是施，　　　　信心應解脫，

無罪樂世間，　　　　智者往生彼。」

佛說此經已，優波迦婆羅門聞佛所說，歡喜隨喜，作禮而去。

【對應經典】

- 《別譯雜阿含經》卷五第89經。
- 南傳《增支部尼柯耶》集4〈輪品4〉第39經。

第 90 經　　【0023a06】

如是我聞：

一時，佛住舍衛國祇樹給孤獨園……廣說如上。差別者，謂隨說異偈言：

「無為無諸難❻，　　　　邪盛時清淨，

---

❸ 應法：與法相應。也就是「如法」。

❹ 梵行：清淨的修行。此處指清淨的修行人。

❺ 福田：能生福德的田地，譬喻供養應當供養的修行人能獲得福報，如同農夫在田中播種，往後則能收成。

❻ 無為無諸難：無各種使眾生受苦難的行為。

如法隨順行， 攝護諸梵行。

馨香歸世界， 超過諸凡鄙❶，

佛於邪盛善， 稱歎此邪盛。

惠施修供養， 邪盛隨所應，

淨信平等施， 梵行良福田。

彼作如是施， 是施羅漢田❶，

如是廣大施， 諸天所稱歎。

自行恭敬請， 自手而供養，

等攝自他故， 邪盛得大果。

慧者如是施， 淨信心解脫，

於無罪世界， 智者往生彼。」

佛說此經已，優波迦婆羅門聞佛所說，歡喜作禮而去。

【對應經典】

■ 《別譯雜阿含經》卷五第90經。
■ 南傳《增支部尼柯耶》集4〈輪品4〉第40經。
■ 《雜阿含經》梵文殘卷 SF 23。

第 91 經　【0023a22】

如是我聞：

一時，佛住舍衛國祇樹給孤獨園。

時，有年少婆羅門名欝闍迦，來詣佛所，稽首佛足，退坐一面，

---

❶ 凡鄙：平庸、鄙陋（的人或事）。

❶ 羅漢田：即福田。因為阿羅漢是眾生應當供養的修行人，也就是福田。

白佛言：「世尊！俗人❿在家當行幾法，得現法❿安及現法樂？」

佛告婆羅門：「有四法，俗人在家得現法安、現法樂。何等為四？謂方便㉑具足、守⑤護具足、善知識㉒具足、正命具足。

「何等為方便具足？謂善男子種種工巧業處㉓以自營生，謂種田、商賈，或以王事，或以書疏算畫㉔。於彼彼㉕工巧業處精勤修行，是名方便具足。

「何等為守護具足？謂善男子所有錢穀，方便所得㉖，自手執作㉗，如法而得，能極守護，不令王、賊、水、火劫㉘奪漂沒令⑥失，不善守護者亡⑦失，不愛念者輒取㉙，及諸災患所壞，是名善男子善⑧守護。

「何等為善知識具足？若有善男子不落度㉚、不放逸、不虛妄、不凶險㉛；如是知識能善安慰，未生憂苦能令不生，已生憂苦能令開覺，未生喜樂能令速生，已生喜樂護令不失，是名善男子善知識具足。

在家四法得現法安樂

方便具足

守護具足

善知識具足

❿ 俗人：在家人。
❿ 現法：這一生。
㉑ 方便：努力；可達成目標的方法。
㉒ 善知識：能教導眾生捨惡修善的人。
㉓ 工巧業處：技能、行業。
㉔ 書疏算畫：書寫、注疏、算術、繪畫。
㉕ 彼彼：那些。
㉖ 方便所得：努力而得到的（錢財穀物等）。
㉗ 自手執作：親自動手執掌作事。
㉘ 劫：災難。
㉙ 不愛念者輒取：不喜歡的人總是拿走。相當的《別譯雜阿含經》經文作「不生惡子」，南傳經文作「惹人厭的繼承人」。
㉚ 落度：墮落不節制；行為狂放，不受拘束。
㉛ 凶險：凶狠奸險。
⑤「守」，宋本作「謂守」。
⑥「令」，宋、元、明三本作「不令」。
⑦「亡」，明本作「忘」。
⑧「善」，宋、元、明三本作「不善」。

<table>
<tr><td>正命具足</td><td></td></tr>
</table>

正命具足

「云何為正命具足？謂善男子所有錢財出內稱量，周圓掌護❸，不令多入少出也、多出少入也。如執秤⑨者，少則增之，多則減之，知平而捨。如是，善男子稱量財物，等入等出，莫令入多出少、出多入少，若善男子無有錢財而廣散用，以此生活，人皆名為優曇鉢❸果⑩，無有種子，愚癡貪⑪欲，不顧其後。或有善男子財物豐多，不能食用，傍人皆言是愚癡人如餓死狗。是故，善男子所有錢財能⑫自稱量，等入等出，是名正命具足。如是，婆羅門！四法成就，現法安、現法樂。」

婆羅門白佛言：「世尊！在家之人有幾法，能令後世安、後世樂？」

在家四法
得後世安
樂

佛告婆羅門：「在家之人有四法，能令後世安、後世樂。何等為四？謂信具足、戒具足、施具足、慧具足。

信具足

「何等為信具足？謂善男子於如來所，得信敬心，建立信本，非諸天、魔、梵及餘世人同法所壞，是名善男子信具足。

戒具足

「何等戒具足？謂善男子不殺生、不偷盜、不邪婬、不妄語、不飲酒，是名戒具足。

施具足

「云何施具足？謂善男子離慳垢⑬心，在於居家，行解脫施❸，常自手與❸，樂修行捨，等心行施❸，是名善男子施具足。

慧具足

「云何為慧具足？謂善男子苦聖諦如實知，集⑭、滅、道聖諦如

---

❸ 周圓掌護：掌握得很周到。

❸ 優曇鉢：樹名，相傳三千年才開一次花。

❸ 解脫施：沒有執著的施捨；自在地施捨。

❸ 自手與：親手施與。

❸ 等心行施：以平等的心而施捨。例如不計較誰施捨較多而嫉妒、誰施捨較少而鄙視、施捨誰較有功德而大小眼。

⑨ 「秤」，宋、元、明三本作「稱」。

⑩ 「果」，宋、元、明三本作「華」。

⑪ 「貪」，宋、元、明三本作「食」。

⑫ 「能」，明本作「皆」。

⑬ 「垢」，宋、元、明三本作「妬」。＊

⑭ 「集」，大正藏原為「習」，今依據元、明二本改作「集」。＊

實知，是名善男子慧具足。若善男子在家行此四法者，能得後世安、後世樂。」

爾時，世尊復說偈言：

「方便建諸業，　　　　積集能守護，

　知識善男子，　　　　正命以自活。

　淨信戒具足，　　　　惠施離慳垢*，

　淨除於迷⑮道，　　　得後世安樂。

　若處於居家，　　　　成就於八法，

　審諦尊所說，　　　　等正覺所知。

　現法得安隱，　　　　現法喜樂住，

　後世喜樂住。」

佛說此經已，欝闍迦聞佛所說，歡喜隨喜，作禮而去。

【對應經典】

■《別譯雜阿含經》卷五第91經。
■ 南傳《增支部尼柯耶》集8〈瞿曇彌品6〉第54經。
■ 南傳《增支部尼柯耶》集8〈瞿曇彌品6〉第55經。

【讀經拾得】

本經中佛陀教導在家眾，如何在現世、未來世，都能安樂：

■ 在家四法得現法安樂：

　1.方便具足：努力工作。

　2.守護具足：保護財產。

　3.善知識具足：親近善友。

　4.正命具足：量入為出。

---

⑮「迷」，大正藏原為「速」，今依據元、明二本改作「迷」。

■ 在家四法得後世安樂：

    1.信具足：淨信三寶。

    2.戒具足：持守五戒。

    3.施具足：清淨布施。

    4.慧具足：解脫智慧。

關於「正命具足」一段所說的「等入等出」，有的同學會質疑那是不是就不儲蓄了？其實不是的，這段是指量入為出、量力而為，避免花的錢比賺的多（出多入少），或是吝嗇、捨不得花錢（入多出少）。佛陀在其餘經中有更詳細的說明，例如在《雜阿含經》卷四十八第1283經、《中阿含經》〈善生經〉、《長阿含經》〈善生經〉中，都有列舉在家人可將收入做飲食維生、置產營生、投資求利、儲蓄備用的配置。

第 92 經　【0023c18】

如是我聞：

一時，佛在拘薩羅❸❼人間遊行❸❽，至舍衛國祇樹給孤獨園。

爾時，舍衛國有憍慢❸❾婆羅門止住❹⓿，父母種姓❹❶俱淨，無瑕點⑯能說者，七世相承悉皆清淨；為婆羅門師，言論通達，諸論記典悉了萬名，解法優劣，分別⑰諸字，悉知萬事久遠本末因緣⑱，句句記說❹❷，容貌端正。或生志高、族姓志高❹❸、容色志高、聰明志高、財富志高，不敬父母、諸尊、師長。聞沙門瞿曇在拘薩羅國人間遊行，至舍衛國

---

❸❼ 拘薩羅：古代印度十六大國之一，位於當時的中印度，當今印度北部，其首都為舍衛城，佛陀晚年常在此國。另譯為「憍薩羅國」。

❸❽ 人間遊行：遊歷各個地方。也稱作「遊行人間」、「遊行」、「行腳」。

❸❾ 憍慢：婆羅門名。憍慢即驕傲、傲慢。

❹⓿ 止住：居住。

❹❶ 種姓：家世；血統；階級。

❹❷ 記說：記憶不忘而解說。

❹❸ 族姓志高：自恃血統高貴。「志高」即趾高氣揚。

⑯ 「瑕點」，宋、元、明三本作「偷盜」。

⑰ 「別」，大正藏原為「明」，今依據宋、元、明三本改作「別」。

⑱ 大正藏無「字悉知萬事久遠本末因緣」十一字，今依據元、明二本補上。

祇樹給孤獨園。聞已，作是念：「我當往彼沙門瞿曇所，若有所說，我當共論；無所說者，默然而還。」

時，憍慢婆羅門乘白馬車，諸年少婆羅門前後導從，持金柄傘蓋，手執金瓶，往見世尊。至於園門，下車步進。

爾時，世尊與諸大眾圍遶❹說法，不時顧念憍慢婆羅門。

時，憍慢婆羅門作是念：「沙門瞿曇不顧念我，且當還去。」

爾時，世尊知憍慢婆羅門心念，而說偈言：

> 「憍慢既來此，　　　　不善更增慢❺，
>
> 　向以義故來，　　　　應轉增其義❻。」

時，憍慢婆羅門作是念：「沙門瞿曇已知我心。」欲修敬禮。

爾時，世尊告憍慢婆羅門：「止！止！不須作禮，心淨已足。」

時，諸大眾咸各高聲唱言：「奇哉！世尊！大德大力。今此憍慢婆羅門恃生憍慢、族姓憍慢、容色憍慢、聰明憍慢、財富憍慢，不敬父母、諸尊、師長，今於沙門瞿曇所謙卑下下，欲接足禮。」

時，憍慢婆羅門於大眾前唱令靜默，而說偈言：

> 「云何不起慢？　　　　云何起恭敬？
>
> 　云何善慰喻⑲❼？　　　云何善供養？」

爾時，世尊說偈答言：

> 「父母及長兄，　　　　和尚⑳❽諸師長，
>
> 　及諸尊重者，　　　　所不應生慢。

---

❹ 圍遶：圍繞。

❺ 慢：傲慢。

❻ 向以義故來，應轉增其義：你是因為義理（或利益）而來的，應該要進而增大它。

❼ 慰喻：慰勞開導。

❽ 和尚：弟子對師父的稱呼，為音譯，又譯為「和上」，義譯為「親教師」。

⑲「喻」，大正藏原為「諭」，宋版則為「豫」，今依據元、明二本改作「喻」。

⑳「尚」，宋、元二本作「上」。

> 　應當善恭敬，　　　　謙下而問訊，
>
> 　盡心而奉事，　　　　兼設諸供養。
>
> 　離貪恚癡心，　　　　漏盡阿羅漢，
>
> 　正智善解脫，　　　　伏諸憍慢心。
>
> 　於此賢聖等，　　　　合掌稽首禮。」

爾時，世尊為憍慢婆羅門種種說法，示、教、照、喜❹。如佛世尊次第❺說法，說布施、持戒、生天功德，愛欲味患、煩惱❺，清淨、出要、遠離，諸清淨分❺……如是廣說，如白淨衣無諸黑惡，速受染色。憍慢婆羅門即㉑於座上解四聖諦❺——苦、集*、滅、道，得無間等❺。

時，憍慢婆羅門見法、得法、知法、入法❺，度諸疑惑，不由他度，於正法中得無所畏。即從座起，整衣服，為佛作禮，合掌白佛：「我今可得於正法中出家、受具足❺不？」

佛告憍慢婆羅門：「汝今可得於正法中出家、受具足。」

彼即出家，獨靜㉒思惟；所以善男子剃除鬚髮，著袈裟衣，正信非家，出家學道，得阿羅漢，心善解脫。

---

❹ 示、教、照、喜：佛陀教化眾生的四種方式，又稱為「示、教、利、喜」，即開示（示）、教導（教）、鼓勵（利）、使歡喜（喜）。

❺ 次第：照次序的。

❺ 愛欲味患、煩惱：愛欲讓人起貪著的禍患和煩惱。

❺ 清淨、出要、遠離，諸清淨分：清淨、出離、遠離等等清淨的說法。其中「清淨」、「出要」、「遠離」並列是以同義字重複以使語意更加充實的用法，「諸清淨分」指「各種清淨的部分（說法）」。

❺ 四聖諦：四項神聖的真理，即「苦、集、滅、道」：「苦」是說明生命是苦迫的，「集」是說明苦的起因，「滅」是說明苦的止息，「道」是說明正確的解脫之道。

❺ 無間等：洞察。沒有任何間隔、差距地以智慧觀察。又譯作「現觀」。

❺ 見法、得法、知法、入法：看見（理解）了正法、證得了正法、了知了正法、悟入了正法。形容證初果者對正法體悟的情境。

❺ 受具足：受具足戒（完整出家戒律）。

㉑ 「即」，大正藏原為「則」，今依據高麗藏改作「即」。

㉒ 「靜」，大正藏原為「正」，今依據宋、元、明三本改作「靜」。

【對應經典】

■《別譯雜阿含經》卷十三第258經。
■ 南傳《相應部尼柯耶》〈婆羅門相應7〉第15經憍傲經。
■《雜阿含經》梵文殘卷 SF 24。

第 93 經　【0024b13】

如是我聞：

一時，佛在拘薩羅人間遊行，至舍衛國祇樹給孤獨園。

時，有長身㉓婆羅門，作如是邪盛大會——以七百特牛行列繫柱，特、牸、水牛及諸羊犢、種種小蟲悉皆繫縛，辦諸飲食、廣行布施，種種外道從諸國國皆悉來集邪盛會所。

時，長身婆羅門聞沙門瞿曇從拘薩羅人間遊行，至舍衛國祇樹給孤獨園。作是念：「我今辦邪盛大會，所以七百特牛行列繫柱，乃至小小諸虫皆悉繫縛。為邪盛大會故，種種異道從諸國國來至會所。我今當往沙門瞿曇所問邪盛法，莫令我作邪盛大會，分數❺中有所短少。」作是念已，乘白馬車，諸年少婆羅門前後導從，持金柄傘蓋，執金澡瓶，出舍衛城，詣世尊所，恭敬承事。至精舍門，下車步進，至於佛前，面相問訊慰勞已，退坐一面，白佛言：「瞿曇！我今欲作邪盛大會，以七百特牛行列繫柱，乃至小小諸蟲皆悉繫縛。為邪盛大會故，種種異道從諸國國皆悉來至邪盛會所。又聞瞿曇從拘薩羅人間遊行，至舍衛國祇樹給孤獨園。我今故來請問瞿曇邪盛大會法諸物分數，莫令我所作邪盛大會諸分數之中有所短少。」

佛告婆羅門：「或有一邪盛大會主行施作福而生於罪，為三刀劍之所刻削，得不善果報。何等三？謂身刀劍、口刀劍、意刀劍。

「何等為意刀劍生諸苦報？如一會主造作大會，作是思惟：『我作邪盛大會，當殺爾所少壯特牛，爾所水特、水牸，爾所羊犢

---

❺ 分數：部分、數量。
㉓「長身」，巴利本作 Uggatasarīra。

及種種諸蟲。』是名意刀劍生諸苦報。如是施主雖念作種種布施、種種供養，實生於罪。

「云何為口刀劍生諸苦報？有一會主造作大會，作如是教：『我今作邪盛大會，汝等當殺爾所少壯特牛，乃至殺害爾所微細蟲。』是名口刀劍生諸苦報，大會主雖作是布施、供養，實生於罪。

「云何為身刀劍生諸苦報？謂有一大會主造作大會，自手傷殺爾所特牛，乃至殺害種種細蟲，是名身刀劍生諸苦報。彼大會主雖作是念種種布施、種種供養，實生於罪。

「然婆羅門當勤供養三火，隨時恭敬，禮拜奉事，施其安樂。何等為三？一者根本，二者居家，三者福田。

「何者為根本火㉔？隨時恭敬，奉事供養，施其安樂？謂善男子方便得財，手足勤苦，如法所得，供養父母，令得安樂，是名根本火。何故名為根本？若善男子從彼而生，所謂父母，故名根本。善男子以崇本故，隨時恭敬，奉事供養，施以安樂。

「何等為居家火？善男子隨時育養㉕，施以安樂？謂善男子方便得財，手足勤苦，如法所得，供給妻子、宗親、眷屬、僕使、傭客，隨時給與，恭敬施安，是名家火。何故名家㉖？其善男子處於居家，樂則同樂，苦則同苦，在所為作皆相順從，故名為家㉗。是故善男子隨時供給，施與安樂。

「何等名田火？善男子隨時恭敬，尊重供養，施其安樂？謂善男子方便得財，手足勤勞，如法所得，奉事供養諸沙門、婆羅門，善能調伏貪、恚、癡者，如是等沙門、婆羅門，建立福田，崇向增進，樂分樂報，未來生天，是名田火。何故名田？為世福田，謂為應供❺，是故名田。是善男子隨時恭敬，奉事供養，施其安樂。」爾時，世尊復說偈言：

---

❺ 應供：應該供養。

㉔「火」，宋本作「內」。

㉕「養」，宋、元、明三本作「善」。

㉖「家」，宋、元、明三本作「家火」。

㉗「家」，宋、元、明三本作「我」。

「根本及居家，　　　應供福田火，

是火增供養，　　　充足安隱樂。

無罪樂世間，　　　慧者往生彼，

如法財復會，　　　供養所應養。

供養應養故，　　　生天得名稱。

「然，婆羅門！今善男子先㉘所供養三火應斷令滅。何等為三？謂貪欲火、瞋恚火、愚癡火。所以者何？若貪火不斷不滅者，自害害他，自他俱害，現法得罪，後世得罪，現法後世得罪，緣彼而生心法憂苦，恚火、癡火亦復如是。婆羅門！若善男子事積薪❺❾火，隨時辛苦，隨時然，隨時滅火因緣受苦。」

爾時，長身婆羅門默然而住❻⓿。

時，有婆羅門子名欝多羅，於會中坐。

長身婆羅門須臾默然，思惟已，告欝多羅：「汝能往至邪盛會所，放彼繫柱特牛及諸眾生受繫縛者，悉皆㉙放不？而告之言：『長身婆羅門語汝：「隨意自在，山澤曠野，食不斷草，飲淨流水，四方風中受諸快樂。」』」

欝多羅白言：「隨大師教。」即往彼邪盛會所放諸眾生，而告之言：「長身婆羅門語汝：『隨其所樂，山澤曠野，飲水食草，四風自適。』」

爾時，世尊知欝多羅。知已，為長身婆羅門種種說法，示、教、照、喜。如律，世尊說法先後，說戒、說施及生天功德，愛欲味患，出要、清淨、煩惱清淨，開示顯現㉚。譬如鮮淨白㲲❻❶易受染色，長身婆羅門亦復如是。即於座上見四真諦，得無間等。

---

❺❾ 薪：柴草。

❻⓿ 默然而住：不發一語，保持沈默。

❻❶ 㲲：細緻的棉布。

㉘「先」，宋、元、明三本作「善」。

㉙「皆」，宋、元、明三本作「開」。

㉚「顯現」，大正藏原為「現顯」，今依據宋、元、明三本改作「顯現」。

時，長身婆羅門見法、得法、知法、入法，度諸疑惑，不由他度，於正法中得無所畏。即從座起，整㉛衣服，偏袒右肩，合掌白佛：「已度，世尊！我從今日盡其壽命，歸佛、歸法、歸比丘僧，為優婆塞，證知我。唯㉜願世尊與諸大眾受我飯食。」爾時，世尊默然而許。

時，長身婆羅門知佛受請已，為佛作禮，右繞三匝❻❷而去。長身婆羅門還邪盛處，作㉝諸供辦淨美好者，布置床座，遣使請佛，白言：「時到，惟聖知時。」

爾時，世尊著衣持鉢，大眾圍繞，往到長身婆羅門會所，大眾前坐。

時，長身婆羅門知世尊坐定已，手自供養種種飲食。食已，澡漱洗鉢畢，別敷卑床❻❸，於大眾前端坐聽法。

爾時，世尊為長身婆羅門說種種法，示、教、照、喜已，從座起而去。

【對應經典】

■ 《別譯雜阿含經》卷十三第259經。
■ 南傳《增支部尼柯耶》集7〈大供犧品5〉第47經。

【讀經拾得】

長生婆羅門準備殺生進行祭祀大會，佛陀告訴他殺生這些身、口、意的惡業反而會有惡報。婆羅門教有事火（投供物入火中祭天）的修法，佛陀也因勢利導以「火」為喻，告訴長生婆羅門應該要供養父母、家庭、修行人這三把火。同時還要滅了貪、瞋、癡三把火。

長身婆羅門領悟到殺生是錯的，而放生時，希望他們：「隨意自在，山澤曠野，食不斷草，飲淨流水，四方風中，受諸快樂。」不是為了自己而放生，而是為了讓他們解脫繫縛、生活快樂而放生。

---

❻❷ 匝：環繞一圈稱為一匝。
❻❸ 卑床：矮的座位。
㉛ 「整」，宋本作「正」。
㉜ 「唯」，宋、元、明三本作「惟」。
㉝ 「作」，大正藏原為「所」，今依據宋、元、明三本改作「作」。

第 94 經 【0025c02】

如是我聞：

一時，佛住舍衛國祇樹給孤獨園。

時，有年少婆羅門名僧迦羅，來詣佛所，與世尊面相問訊慰勞已，退坐一面，白佛言：「瞿曇！不善男子云何可知？」

佛告婆羅門：「譬猶如月。」

婆羅門復問：「善男子云何可知？」

佛告婆羅門：「譬猶如月。」

婆羅門白佛：「云何不善男子如月？」

佛告婆羅門：「如月黑分，光明亦失，色亦失，所係亦失，日夜消減㉞，乃至不現。如是，有人於如來所，得信寂㉟心，受持淨戒，善學多聞，損己布施，正見真實。於如來所淨信、持戒、惠施、多聞、正見真實㊱已，然後退失，於戒、聞、施、正見悉皆忘失，日夜消減*，乃至須臾，一切忘失。

「復次，婆羅門！若善男子不習近❻❹善知識，不數聞法❻❺，不正思惟，身行惡行，口行惡行，意行惡行。行惡因緣故，身壞命終，墮惡趣泥梨㊲❻❻中。如是，婆羅門！不善男子其譬如月。」

婆羅門白佛：「云何善男子其譬如月？」

佛告婆羅門：「譬如明月淨分光明，色澤日夜增明，乃至月滿，一切圓淨。如是，善男子於如來法、律得淨信心，乃至正見真淨增

---

❻❹ 習近：親近。

❻❺ 不數聞法：不常聽聞佛法。

❻❻ 泥梨：「地獄」的音譯。

㉞ 「減」，大正藏原為「滅」，今依據宋、元、明三本改作「減」。*

㉟ 「寂」，大正藏原為「家」，今依據宋、元、明三本改作「寂」。

㊱ 「實」，大正藏原為「直」，今依據元、明二本改作「實」。

㊲ 「梨」，宋、元、明三本作「犁」。

明，戒增、施增、聞增、慧增，日夜增長；復於餘時親近善知識，聞說正法，內正思惟，行身善行，行口善行，行意善行故，以是因緣，身壞命終，化生天上。婆羅門！是故善男子譬如月。」

爾時，世尊而說偈言：

> 「譬如月無垢，　　　周行於虛空，
> 一切諸㊳星中，　　　其光最盛明。
> 淨信亦如是，　　　　戒聞離慳施，
> 於諸慳世間，　　　　其施特明顯。」

佛說此經已，僧迦羅婆羅門聞佛所說，歡喜隨喜，從座起而去。

【對應經典】

- 參考《中阿含經》卷三十六〈梵志品12〉第148經何苦經。
- 《別譯雜阿含經》卷十三第260經。
- 《增壹阿含經》卷八〈安般品17〉第8經。

第 95 經　　【0026a05】

如是我聞：

一時，佛住舍衛國祇樹給孤獨園。

時，有生聞❻婆羅門來詣佛所，與世尊面相問訊慰勞已，退坐一面，白佛言：「瞿曇！我聞瞿曇說言：『唯應施我，不應施餘人；施我得大果，非施餘人而得大果。應施我弟子，不應施餘弟子；施我弟子得大果報，非施餘弟子得大果報。』云何，瞿曇！作是語者，為實

---

❻ 生聞：不曾聽過的，即「某人」。「生」指「不熟悉」，「聞」指聽過。

㊳「諸」，大正藏原為「小」，宋版則為「示」，今依據元、明二本改作「諸」。

說耶？非為謗毀瞿曇乎？為如說說❻❽、如法說❻❾耶㊴？法次法說❼⓿，不為餘人以同法來訶責耶？」

佛告婆羅門：「彼如是說者，謗毀我耳。非如說說、如法說、法次法說，不致他人來以同法呵責。所以者何？我不如是說：『應施於我，不應施餘；施我得大果報，非施餘人得大果報。應施我弟子，施我弟子得大果報，非施餘弟子得大果報。』然，婆羅門！我作如是㊵說者，作二種障：障施者施、障受者利❼❶。婆羅門乃至士夫，以洗器餘食著於淨地，令彼處眾生即得利樂。我說斯等亦入福門，況復施人？婆羅門！然我復說：『施持戒者得果報，不同犯戒。』」

生聞婆羅門白佛言：「如是，瞿曇！我亦如是說，施持戒者得大果報，非施犯戒。」

爾時，世尊復說偈言：

「若黑若有白，　　　　若赤若有色，

　梨㊶雜❼❷及金色，　　純黃及鴿色，

　如是等牸牛，　　　　生㊷犢姝好者，

　丁壯力具足，　　　　調善行捷疾，

　但使堪運重，　　　　不問本生色，

　人亦復如是，　　　　各隨彼彼生，

---

❻❽ 如說說：如實際上所說的而說。

❻❾ 如法說：契合正法而說。

❼⓿ 法次法說：依著一個法、下一個法（次法）合於順序的說；指所說是正確的。

❼❶ 障施者施、障受者利：障礙施主的布施，障礙受施者的利益。

❼❷ 梨雜：斑駁雜色。

㊴「耶」，宋、元、明三本作「非」。

㊵「說」，宋、元、明三本作「語」。

㊶「梨」，大正藏原為「犁」，今依據宋、元、明三本改作「梨」。

㊷「生」，大正藏原為「牛」，今依據高麗藏改作「生」。

刹利❼婆羅門，　　毘舍❼首陀羅❼，

旃陀羅❼下賤，　　所生悉不同，

但使持淨戒，　　離重擔煩惱，

純一修梵行，　　漏盡阿羅漢，

於㊸世間善逝，　　施彼得大果，

愚者無智慧，　　未嘗聞正法，

施彼無大果，　　不近善友故，

若習善知識，　　如來及聲聞，

清淨信善逝，　　根生堅固力，

所往㊹之善趣，　　及生大姓家，

究竟般涅槃㊺，　　大仙如是說。」

佛說此經已，生聞婆羅門聞佛所說，歡喜隨喜，作禮而去。

【對應經典】

- 《別譯雜阿含經》卷十三第261經。
- 南傳《增支部尼柯耶》集3〈婆羅門品6〉第58經。
- 南傳《增支部尼柯耶》集5〈優婆塞品18〉第179經。
- 大正藏第一〇一經《雜阿含經》第1經。
- 《吐魯番出土梵文寫本》95-96。

【讀經拾得】

佛陀並沒有說施佛教才能得福，但有說施持戒的人得福較多。

---

❼ 刹利：依古代印度種姓制度，四種姓中第二位，掌管政治及軍事的國王及武士階級。又譯為「刹帝利」。

❼ 毘舍：依古代印度種姓制度，四種姓中第三位，從事農牧工商的平民階級。

❼ 首陀羅：依古代印度種姓制度，四種姓中第四位，為奴隸階級。

❼ 旃陀羅：依古代印度種姓制度，四姓之外的賤民階級，最被輕視，以屠殺為業。

㊸「於」，宋本作「施」。

㊹「往」，大正藏原為「住」，今依據宋、元、明三本改作「往」。

㊺「槃」，大正藏原為「盤」，今依據宋、元、明三本改作「槃」。

在《中阿含經》卷四十七〈心品3〉第180經瞿曇彌經（CBETA, T01, no. 26, p. 722, a19-c21），佛陀則有進一步說明「七施眾」（供養聖眾得大福）、「十四私施」（供養聖人得大福，尤其是解脫者）、及「三淨施」（施者或受者是清淨的，因此布施清淨），有興趣深究的同學可參照該經。

第 96 經　【0026b18】

如是我聞：

一時，佛住舍衛國祇樹給孤獨園。

爾時，世尊晨朝著衣持鉢，入舍衛城乞食。時，有異婆羅門❼❼，年耆根熟❼❽，執杖持鉢，家家乞食。

爾時，世尊告婆羅門：「汝今云何年耆根熟，拄㊻杖持鉢，家家乞食？」婆羅門白佛：「瞿曇！我家中所有財物悉付其子，為子娶妻，然後捨家，是故拄*杖持鉢，家家乞食。」

佛告婆羅門：「汝能於我所受誦一偈，還歸於眾中，為兒說耶？」

婆羅門白佛：「能受，瞿曇！」

爾時，世尊即說偈言：

「生子心歡喜，　　　　為子聚財物，

　亦為娉其妻，　　　　而自捨出家。

　邊鄙田舍兒，　　　　違負於其父㊼，

　人形羅剎❼❾心，　　　棄捨於尊老，

　老馬無復用，　　　　則奪其䴝㊽❽⓪麥，

---

❼❼ 異婆羅門：某位大家較不熟悉的婆羅門。

❼❽ 年耆根熟：年老衰弱。

❼❾ 羅剎：惡鬼的總名。

❽⓪ 䴝：大麥。

㊻「拄」，大正藏原為「柱」，今依據宋、元、明三本改作「拄」。*

㊼「其父」，宋、元、明三本作「父母」。

㊽「䴝」，宋、元、明三本作「麷」。

兒少而父老，　　家家行乞食，
曲杖㊾為最勝，　　非子為㊿恩愛，
為我防惡牛，　　危(51)險地得安，
能却兇暴狗，　　扶(52)我闇處行，
避深坑空井，　　草木棘刺(53)林，
憑杖威力故，　　峙立不墮落。」

時，婆羅門從世尊受斯偈已，還歸婆羅門大眾中為子而說。先白大眾：「聽我所說。」然後誦偈……如上廣說。其子愧怖，即抱其父(54)，還將入家，摩身洗浴，覆以青衣被，立為家主。

時，婆羅門作是念：「我今得勝族姓，是沙門瞿曇恩。我經所說：『為師者如師供養，為和尚(55)者如和尚*供養。』我今所得，皆沙門瞿曇力，即是我師，我今當以上妙好衣以奉瞿曇。」

時，婆羅門持上妙衣，至世尊所，面前問訊慰勞已，退坐一面，白佛言：「瞿曇！我今居家成就，是瞿曇力。我經記說：『為師者以師供養，為和尚*者以和尚*供養。』今日瞿曇即為我師，願受此衣，哀愍故。」

世尊即受，為哀愍故。

爾時，世尊為婆羅門說種種法，示、教、照、喜。

時，婆羅門聞佛所說，歡喜隨喜，作禮而去。

㊾「杖」，宋本作「秘」。
㊿「為」，宋、元、明三本作「離」。
(51)「危」，大正藏原為「免」，今依據宋、元、明三本改作「危」。
(52)「扶」，宋本作「抉」。
(53)「刺」，大正藏原為「刺」，今依據前後文改作「刺」。
(54)「父」，大正藏原為「文」，今依據宋、元、明、麗四本改作「父」。
(55)「尚」，宋、元二本作「上」。*

【對應經典】

- 《別譯雜阿含經》卷十三第262經。
- 南傳《相應部尼柯耶》〈婆羅門相應7〉第14經大富者經。
- 《雜阿含經》梵文殘卷 SF 24。

【讀經拾得】

本經中的婆羅門溺愛兒子，給他所有的財物、娶妻成家後，自己離家靠乞食維生，兒子卻沒想到要照顧年事已高的父親。經中「曲杖為最勝……峙立不墮落」一段，是描述這位老婆羅門可以依賴拐杖，暗指他的兒子連拐杖都不如。兒子聽了，趕快把父親接回家了。

本經的「對應經典」中，則都描述是兒子娶妻時把財物拿走、趕走父親，較本經所述更為不孝。偈誦的意義則與本經相同，結局也一樣。

在印度婆羅門教的種姓制度下，婆羅門五十歲後要將家業交給兒子，自己離家修行苦行，乞食維生。這個家庭也算是照著習俗做，但這位老婆羅門卻不見得適合修行，只是受苦，他兒子也不關心父親。佛陀則不受限於婆羅門教習俗，將他們導向「應孝順父母」的世間正見上，點醒了老婆羅門的兒子。

第 97 經　【0026c26】

如是我聞：

一時，佛住舍衛國祇樹給孤獨園。

爾時，世尊晨朝著衣持鉢，入舍衛城乞食。

時，有異婆羅門年耆根熟，攝[81]杖持鉢，家家乞食。彼婆羅門遙見世尊而作是念：「沙門瞿曇攝杖持鉢，家家乞食，我亦攝杖持鉢，家家乞食，我與瞿曇俱是比丘。」

爾時，世尊說偈答曰[56]：

「所謂比丘者，　　　非但以乞食，

　受持在家法，　　　是何名比丘。

---

[81] 攝：收藏。

[56]「曰」，宋、元、明三本作「言」。

於功德過惡，　　　俱離修正行，

其心無所畏，　　　是則名比丘。」

佛說是經已，彼婆羅門聞佛所說，歡喜隨喜，作禮而去。

【對應經典】

■ 《別譯雜阿含經》卷十三第263經。
■ 南傳《相應部尼柯耶》〈婆羅門相應7〉第20經乞食經。

第 98 經　【0027a10】

如是我聞：

一時，佛在拘薩羅人間遊行，至一那羅㊄聚落，住一那羅林中。

爾時，世尊著衣持鉢，入一那㊅羅聚落乞食，而作是念：「今日太㊆早，今且可過耕田婆羅豆婆遮㊇婆羅門❷作飲食處。」

爾時，耕田婆羅豆婆遮婆羅門五百具犁❸耕田，為作飲食。時，耕田婆羅豆婆遮婆羅門遙見世尊，白言：「瞿曇！我今㊈耕田下種，以供飲食，沙門瞿曇亦應耕田下種，以供飲食。」

佛告婆羅門：「我亦耕田下種，以供飲食。」

---

❷ 耕田婆羅豆婆遮婆羅門：以耕田維生、種姓是豆婆遮的婆羅門。《別譯雜阿含經》譯為「耕作婆羅門名豆羅闍」。

❸ 犁：耕田時用牛拉的翻土器具。

㊄「一那羅」，巴利本作 Ekanālā。

㊅「那」，大正藏原為「陀」，今依據宋、元、明三本改作「那」。

㊆「太」，大正藏原為「大」，今依據宋、元、明三本改作「太」。

㊇「耕田婆羅豆婆遮」，巴利本作 Kasibhāradvāja。

㊈「今」，明本作「見」。

婆羅門白佛：「我都不見沙門瞿曇若犁、若軛(84)、若鞅(85)、若縻(62)(86)、若鑱(87)、若鞭(88)，而今瞿曇說言：『我亦耕田下種，以供飲食。』」

爾時，耕田婆羅豆婆遮婆羅門即說偈言：

「自說耕田者，　　而不見其耕，
為我說耕田，　　令我知耕法。」

爾時，世尊說偈答言：

「信心為種子，　　苦行為時雨，
智慧為犁(63)軛，　　慚愧心為轅(89)，
正念自守護，　　是則善御者。
包(64)藏身口業，　　如(65)食處內藏，
真實為真(66)乘，　　樂住無懈怠(67)，
精進無(68)廢(69)荒，　　安隱而速進。
直往不轉還(90)，　　得到無憂處。

(84) 軛：在車衡兩端扼住牛、馬等頸背上的曲木。
(85) 鞅：套在牛、馬頸上的皮帶。
(86) 縻：牽牛的繩子。
(87) 鑱：犁地掘土的一種鐵器。
(88) 鞭：驅策牛、馬用的鞭子。
(89) 轅：車前用來套駕牲畜的兩根直木，左右各一。
(90) 轉還：輪迴。
(62)「縻」，宋、元、明三本作「繫」。
(63)「犁」，大正藏原為「時」，今依據宋、元、明三本改作「犁」。
(64)「包」，宋、元、明三本作「保」。
(65)「如」，大正藏原為「知」，今依據宋、元、明三本改作「如」。
(66)「真」，宋本作「直」，元、明二本作「其」。
(67)「無懈怠」，大正藏原為「為懈息」，今依據宋本改作「無懈怠」。
(68)「無」，大正藏原為「為」，今依據宋、明二本改作「無」。
(69)「廢」，宋本作「癡」。

如是耕田者，　　　　逮得甘露果；

如是耕田者，　　　　不還受諸有。」

世尊不因
說法而受
食
時，耕田婆羅豆婆遮婆羅門白佛言：「善耕田！瞿曇！極善耕田！瞿曇！」於是耕田婆羅豆婆遮婆羅門聞世尊說偈，心轉增信，以滿鉢香美飲食以奉世尊。世尊不受，以因說偈得故。即說偈言：

「不因說法故，　　　　受彼食而食⑦。」

如是廣說，如前為火⑦與婆羅門廣說❾。

時，耕田婆羅豆婆遮婆羅門白佛言：「瞿曇！今以此食安著何處？」

佛告婆羅門：「我不見諸天、魔、梵、沙門、婆羅門、天神、世人堪食此食而得安身。婆羅門！汝持此食著無虫水中，及少生草地。」

時，婆羅門即持此食著無虫水中，水即煙起涌沸，啾啾作聲。如熱鐵⑦丸投於冷水，啾啾作聲。如是彼食投著無虫水中，煙起涌沸，啾啾作聲。

時⑦，婆羅門作是念：「沙門瞿曇實為奇特！大德大力，乃令飲食神變❾如是。」

時，彼婆羅門見食瑞應❾，信心轉增，白佛言：「瞿曇！我今可得於正法中出家、受具足不？」

---

❾ 如前為火與婆羅門廣說：如同《雜阿含經》卷四十二第 1157 經中佛陀為火與婆羅門所做的開示。

❾ 神變：神奇的變化。

❾ 瑞應：吉祥的應驗。

⑦ 宋、元、明三本在「食」字後有「但為利益他，說法不受食。」十字。

⑦ 「火」，宋本作「大」。

⑦ 大正藏無「鐵」字，今依據宋、元、明三本補上。

⑦ 宋、元、明三本無「時」字。

佛告婆羅門：「汝今可得於正法中出家、受具足，得比丘分。」彼即出家已，獨靜思惟：「所以族姓子❹剃除鬚髮，著袈裟衣，正信非家，出家學道……。」乃至得阿羅漢，心善解脫。

【對應經典】

■ 《別譯雜阿含經》卷十三第264經。
■ 南傳《相應部尼柯耶》〈婆羅門相應7〉第11經耕田經。
■ 《南傳大藏經・小部尼科耶・經集》〈蛇品1〉Sn. 1. No.4（耕田婆羅墮闍經）

【讀經拾得】

《雜阿含經》中有幾則記載，佛陀若因說偈而得到別人的供養，則不接受這個供養，以表示佛陀不是為了求取供養而說偈的。

而見到食瑞應相（食著無蟲水後煙起涌沸）的婆羅門們，各人反應不同：有些直接生起信心，要求出家；也有些嚇到，趕緊回去拜拜收驚。

從這一經中我們也可以瞭解佛陀接受供養的原則：不以說法來換取供養。

不過，這個原則並不是說法之後就不能接受供養；佛陀也曾在說法之後，默然接受食物供養。例如《雜阿含經》第1030經記載：有一次給孤獨長者生病，佛陀前去探病，並且為長者說三受及四不壞淨等法。說法後，長者請佛陀留下來接受食物供養，佛陀默然接受長者的邀請。

若細心去體會，會發現這兩者情況大不相同：在1030經中，給孤獨長者平時就信仰佛法並供養三寶；而在本經中情況是，邀請者原本不信佛法，也不想供養三寶。但在佛陀說法之後，才相信佛法而發心供養。由這兩個情況的差異，可以體會在什麼情況下接受供養是「因偈得食」。

另外，在《別譯雜阿含經》卷五第99經中，則記載了佛陀「因偈得食，則不受」的原則：

「先無惠施情，說法而後與，

　如斯之飲食，不應為受取。

　常法封如是，故我不應食，

　所以不受者，為說法偈故。」（CBETA, T02, no. 100, p. 409, a25-28）

相關記載可參考《雜阿含經》卷四第98經、卷四第102經、卷四十二第1157經、卷四十四第1184經，以及《別譯雜阿含經》卷五第99經。

---

❹ 族姓子：原義為婆羅門大族的子弟，引申為信佛行善的男子。另譯為「善男子」。

第 99 經 【0027b29】

如是我聞：

一時，佛住王舍城。

時，有尊者名曰淨天(74)，在鞞提訶國(95)人間遊行，至彌絺羅城(96)菴羅園中。時，尊者淨天晨朝著衣持鉢，入彌絺羅城乞食。次第乞食，到自本家。時，淨天母年老，在中堂持食祀火(97)，求生梵天(98)，不覺尊者淨天在門外立。

時，毘沙門天王(99)於尊者淨天所極生敬信。時，毘沙門天王，諸夜叉(100)導從，乘虛而行，見尊者淨天在門外立。又見其母手擎飲食，在中堂上供養祀火，不見其子在外門立。見已，從空中下，至淨天母前，而說偈言：

「此婆羅門尼(101)，　梵天極遼遠，
為求彼生故，　於此祠祀火。
此非梵天道，　何為徒祀此？
汝婆羅門尼，　淨天住門外，
垢穢永無餘，　是則天中天(102)，
蕭然無所有，　獨一不兼資，

---

(95) 鞞提訶國：古代印度國名，位於當時的中印度北部，當今印度北部，與北方離車族等共八個國家同盟為十六大國之一的「跋祇」共和國。另譯為「鞞陀提國」。

(96) 彌絺羅城：鞞提訶國的首都。又譯為「彌梯羅城」、「彌薩羅城」。

(97) 祀火：投穀物、酥油等供物入火中祭祀供養，以圖升天，是印度古代外道修法之一。

(98) 梵天：婆羅門教認為的造物主。佛教中則認為梵天為初禪天之一，此天離欲界的淫欲，寂靜清淨。

(99) 毘沙門天王：佛教的護法天神，是四天王天中，北方毘沙門天的天王。此天率領夜叉、羅剎等二神眾守護道場、聽聞佛法，因此又稱為「多聞天」。

(100) 夜叉：義譯疾行鬼，是住在地上或空中，以威勢惱害人類或守護正法的鬼類，行動極為迅速。

(101) 婆羅門尼：婆羅門階級的女性。此處指在家的女性修行人。

(102) 天中天：人崇敬天，而天又崇敬聖人，因此尊稱佛或聖人為天中天。

(74)「淨天」，巴利本作 Brahmadeva。

為乞食入舍，	所應供養者，
淨天善修身，	人天良福田。
遠離一切惡，	不為染所染，
德同於梵天，	形在人間住，
不著一切法，	如彼淳熟龍❶⁰³，
比丘正念住，	其心善解脫，
應奉以初揣㊄❶⁰⁴，	是則上福田。
應以正㊅信心，	及時速施與，
當預建立洲❶⁰⁵，	令未來安樂。
汝觀此牟尼，	已渡㊆苦海流，
是故當信心，	及時速施與，
當預建立洲，	令未來安樂，
毘沙門天王，	開發彼令捨。」

　時，尊者淨天即為其母種種說法，示、教、照、喜已，復道❶⁰⁶而去。

【對應經典】

■ 《別譯雜阿含經》卷十三第265經。
■ 南傳《相應部尼柯耶》〈梵天相應6〉第3經梵天經。
■ 《雜阿含經》梵文殘卷 SF 26。

---

❶⁰³ 淳熟龍：指受過調教，溫馴成熟的龍。
❶⁰⁴ 初揣：最先享用的食物。「揣」是握、抓的意思，而古印度用手抓食物吃，因此也稱為揣。
❶⁰⁵ 洲：水上的陸塊，引申為「依靠」的意思。
❶⁰⁶ 復道：照原先來的道路回去。
㊄ 「揣」，大正藏原為「佛」，今依據宋、元、明三本改作「揣」。
㊅ 「正」，宋、元、明三本作「淨」。
㊆ 「渡」，宋、元、明三本作「度」。*

第 100 經 【0028a03】

如是我聞：

一時，佛住舍衛國祇樹給孤獨園。

時，有異婆羅門來詣佛所，面前問訊，相慰勞已，退坐一面，白佛言：「瞿曇！所謂佛者，云何為佛？為是父母制名？為是婆羅門制名？❼」時，婆羅門即說偈言：

「佛者是世間，　　　超渡*之勝名，

　為是父母制，　　　名之為佛耶？」

爾時，世尊說偈答言：

「佛見過去世，　　　如是見未來，

　亦見現在世，　　　一切行起滅。

　明智所了知，　　　所應修已修，

　應斷悉已斷，　　　是故名為佛。

　歷劫❽求選擇，　　　純苦無暫樂，

　生者悉磨滅，　　　遠離息塵垢，

　拔諸使刺本❾，　　　等覺故名佛。」

佛說偈已，彼婆羅門聞佛所說，歡喜隨喜，從座起去。

【對應經典】

■ 《別譯雜阿含經》卷十三第266經。

---

❼ 為是父母制名？為是婆羅門制名？：是父母為你取名為佛？還是婆羅門為你取名為佛？

❽ 劫：時間單位，代表極長的時間。

❾ 拔諸使刺本：拔除一切煩惱利刺的根本。「使」指結使、煩惱。

導讀：天龍八部

「天龍八部」是指人類以外的八種守護佛法的眾生：天、龍、夜叉、乾闥婆、阿修羅、迦樓羅、緊那羅、摩睺羅伽。略為介紹如下：

1. 天：受善報而生於天界的眾生。天界可分為欲界天、色界天、無色界天三大類。其中和人間一樣在欲界的欲界天有四天王天、忉利天（又稱三十三天）、焰摩天、兜率陀天、化樂天、他化自在天。

2. 龍：形狀似蛇、能呼風喚雨的眾生，有福報但由於瞋或癡而墮龍身。其中最高級的為龍王，分為法行龍王（善龍）及非法行龍王（惡龍）兩類。法行龍王能讓天下風調雨順，非法行龍王則會造成疾疫及水災。

3. 夜叉：義譯疾行鬼，是住在地上或空中，以威勢惱害人類或守護正法的鬼類，行動極為迅速，有地行（在地面奔馳）、虛空（在天空飛行）及宮觀飛行（有宮殿娛樂）等三種。《雜阿含經》卷四十九第 1319 經即有記載佛陀及弟子們經過夜叉住處，受其招待而夜宿。

4. 乾闥婆：義譯香神，很會彈琴，是音樂神。不食酒肉，以香氣為食，其身也有香氣。嗅覺敏感的修行者有時聞到一陣不知來處的檀香味，即可能是有乾闥婆經過。

5. 阿修羅：喜愛戰鬥的眾生，有福報但因為瞋、慢、疑而生為修羅。阿修羅有許多種，散布於天道、鬼道、畜道等各處，因此佛經中有時說眾生分為「五道」即是指將「六道」中的「阿修羅道」併入其餘各道中。阿修羅道愛喝酒卻沒有酒，男性三頭六臂，女性則極為豔麗，因此阿修羅常與天界戰鬥以搶酒，天界若戰勝則贏得美女。帝釋天的第一天后是舍脂阿修羅女，極為美豔，《雜阿含經》卷四十第 1106 經即記載帝釋天的名號之一叫舍脂鉢低（舍脂的老公）。

6. 迦樓羅：義譯金翅鳥，以吃龍維生。體型很大，展翅有三百多萬里，但是人類肉眼見不到，相傳因此有些外道將金翅鳥認為是有翅膀的天使。

7. 緊那羅：義譯歌神，是頭上長角的人形天眾，其男性馬頭人身，很會唱歌，女性則是很漂亮的人形，很會跳舞。緊那羅的音樂極為動聽，聽的人會情不禁的起舞、修行人也暫時沒有了神通。緊那羅與乾闥婆都常在諸天的法會奏樂，而也有許多緊那羅女嫁給乾闥婆。

8.摩睺羅伽：義譯大蟒神，蛇頭人身。瞋心重、善諂媚。相傳一心想求神通的學者若得其加持，容易神通精進但瞋心變重，若無法容許異己，則離正道日遠。其禮佛方式如同蛇類的腹行。

八部眾定期在人間巡查，和人類接近的機會較多，其中守護佛法的則為護法神，否則可為惡鬼神。在佛寺常可見到四大天王塑像的腳下各踏著兩個鬼眾，也是被降伏而順從的部眾。

第 101 經　【0028a20】

　　如是我聞：

　　一時，佛在拘薩羅人間遊行，有從㊆迦帝㊉聚落、墮鳩羅㊇㊈聚落二村中間，一樹下坐，入晝㊊正受⓾。

　　時，有豆磨㊋種姓婆羅門⓫隨彼道行，尋佛後來，見佛腳跡千輻

⓾ 入晝正受：在白天入定。「正受」字面的意思是「正確地獲得」，指正確地到達定境。
⓫ 豆磨種姓婆羅門：族姓是「豆磨」的一位婆羅門。
㊆ 「從」，永樂北藏作「徙」。
㊉ 「有從迦帝」，巴利本作 Ukkaṭṭha。
㊇ 「墮鳩羅」，永樂北藏作「隨鳩羅」，大正藏校勘有「墮鳩羅＝隨鳩羅」，但未註明版本。
㊈ 「墮鳩羅」，巴利本作 Setavya。
㊊ 「晝」，大正藏原為「盡」，今依據宋、元二本改作「晝」。*
㊋ 「豆磨」，巴利本作 Doṇa。

輪相⑫，印文⑬顯現，齊輻圓輞⑭，眾好滿足。見已，作是念：「我未曾見人間有如是足跡，今當隨跡以求其人。」即尋腳跡至於佛所，見㊻世尊坐一樹下，入畫*正受，嚴容絕世，諸根澄靜，其心寂定，第一調伏⑮，止㊺觀成就，光相巍巍，猶若金山。見已，白言：「為是天耶？」

佛告婆羅門：「我非天也。」

「為龍⑯、夜叉、乾闥婆⑰、阿修羅⑱、迦樓羅⑲、緊那羅⑳、摩睺羅伽㉑、人、非人㉒等？」

佛告婆羅門：「我非龍乃至人、非人也。」

婆羅門白佛：「若言非天、非龍，乃至非人、非非人，為是何等？」

爾時，世尊說偈答言：

「天龍乾闥婆，　　　緊那羅夜叉，

無善阿修羅㉓，　　　諸摩睺羅伽，

人與非人等，　　　悉由煩惱生，

---

⑫ 千輻輪相：腳掌有許多分明的紋路。佛的三十二相之一。「輻」是車輪中連接軸心和圓外框的直木。

⑬ 印文：印紋，指千輻輪相的腳紋。

⑭ 齊輻圓輞：腳掌紋路整齊而圓整。「輞」是車輪的圓外框。

⑮ 第一調伏：具備最好的身口意的訓練。

⑯ 龍：形狀似蛇、能呼風喚雨的眾生，有福報但由於瞋或癡而墮龍身。

⑰ 乾闥婆：義譯香神，很會彈琴，是音樂神。不食酒肉，以香氣為食，其身也有香氣。

⑱ 阿修羅：六道眾生之一，喜愛戰鬥，有福報但因為瞋、慢、疑而生為阿修羅。

⑲ 迦樓羅：義譯金翅鳥，以吃地龍（鱷魚之類）維生。體型很大，展翅有三百多萬里。

⑳ 緊那羅：義譯歌神，是頭上長角的人形天眾。

㉑ 摩睺羅伽：義譯大蟒神，蛇頭人身。瞋心重、善諂媚。

㉒ 人、非人：天龍八部的總稱。八部眾都不是人類，但會變身為人形而聽佛說法，因此通稱作「人、非人」。

㉓ 無善阿修羅：即阿修羅，「無善」是因偈子的字數須要而擺入的形容詞。阿修羅偶爾也譯為「無善神」。

㊻ 大正藏在「見」字之上有一「來」字，今依據宋、元、明三本刪去。

㊺ 「止」，大正藏原為「正」，今依據宋、元、明三本改作「止」。

如是煩惱漏，　　　一切我已捨，

已破已磨滅，　　　如芬⑧陀利⑫生，

雖生於水中，　　　而未曾著水，

我雖生世間，　　　不為世間著，

歷劫常選擇，　　　純苦無暫樂，

一切有為行，　　　悉皆生滅故，

離垢不傾動，　　　已拔諸劍刺，

究竟生死際⑧，　　　故名為佛陀。」

佛說此經已，豆摩種婆羅門聞佛所說，歡喜隨喜，從路而去。

【對應經典】

- 《別譯雜阿含經》卷十三第267經。
- 《增壹阿含經》卷三十一〈力品38〉第3經。
- 南傳《增支部尼柯耶》集4〈輪品4〉第36經。
- 大英博物館佉盧文殘卷犍陀羅語似《增壹阿含經》的經典12、40。

第 102 經　　【0028b19】

如是我聞：

一時，佛住王舍城迦蘭陀竹園。

爾時，世尊晨朝著衣持鉢，入王舍城乞食。次第乞食，至婆羅豆婆遮婆羅門舍。

時，婆羅門手執木杓，盛諸飲食，供養火具⑫，住於門邊，遙見

---

⑫ 芬陀利：白蓮花。

⑫ 火具：引火生火的器具。

⑧ 「芬」，宋、元、明三本作「分」。

⑧ 「際」，大正藏原為「除」，今依據宋、元、明三本改作「際」。

佛來。見已，白佛作是言：「住！住！領群特⑧⑫，慎勿近我門！」

佛告婆羅門：「汝知領群特、領群特法耶？」

婆羅門言：「我不知領群特，亦不知領群特法，沙門瞿曇知領群特及領群特法不？」

佛言：「我善知是領群特及領群特法。」

是時，婆羅門即放事火具，疾敷床座，請佛令坐，白言：「瞿曇！為我說領群特及領群特法。」

佛即就座為說偈言：

「瞋恚心懷恨，　　　隱覆諸過惡，

　犯戒起惡見，　　　虛偽不真實，

　如是等士夫，　　　當知領群特。

　憋⑧暴貪悋惜，　　　惡欲慳諂偽，

　無慚無愧心，　　　當知領群特。

　一生二生者⑫，　　　一切皆殺害，

　無有慈愍心，　　　是為領群特。

　若殺縛椎⑨打，　　　聚落及城邑，

　無道以切責，　　　當知領群特。

---

⑫ 領群特：領群的特牛（公牛），是婆羅門嘲諷他人種族卑賤的雙關語。佛陀與毘舍離一帶的民族，有血統與文化上的共同性，而「毘舍離」與「特牛（牝牛）」的發音相近，此婆羅門（白種人）歧視「毘舍離」一帶居住的民族（黃種人），加上佛陀帶領了一群的弟子，因此婆羅門嘲諷為領群的公牛。相當的《別譯雜阿含經》經文作「旃陀羅」（賤民），相當的南傳經文作「賤民」。（參考《以佛法研究佛法》，印順法師著）

⑫ 一生二生者：卵生和胎生的眾生。

⑧ 「領群特」，巴利本作 Vasalaka。

⑧ 「憋」，宋、元、明三本作「弊」。

⑨ 「椎」，宋、元二本作「搥」，明本作「槌」。

住止及行路，	為眾之導首，
苦切諸群下，	恐怛⑨相迫愶⓬，
取利以供己，	當知領群特。
聚落及空地，	有主無主物，
掠護⑨為己有，	當知領群特。
自棄薄其妻，	又不入婬舍，
侵陵他所愛，	當知領群特。
內外諸親屬，	同心善知識，
侵掠彼所受⑨，	當知領群特。
妄語欺誑人，	詐取無證財，
他索而不還，	當知領群特。
為己亦為他，	舉責及財與⑨，
或復順他語，	妄語為他證，
如是妄語者，	當知領群特。
作惡不善業，	無有人知者，
隱諱覆藏惡，	當知領群特。
若人問其義，	而答以非義，
顛倒欺誑人，	當知領群特。
實空無所有，	而輕毀智者，
愚癡為利故，	當知領群特。

⓬ 迫愶：脅迫；以威勢相逼迫。「愶」通「脅」。

⑨「怛」，宋、元、明三本作「恒」。

⑨「護」，宋、元、明三本作「袛」。

⑨「受」，元、明二本作「愛」。

⑨「財與」，宋、元、明三本作「與責」。

高慢自稱舉，　　毀壞於他人，
是極卑鄙慢，　　當知領群特。
自造諸過惡，　　移過誣他人，
妄語謗清白，　　當知領群特。
前受他利養，　　他若(95)來詣己，
無有敬報心，　　當知領群特。
沙門婆羅門，　　如法來乞求，
呵責而不與，　　當知領群特。
若父母年老，　　少壯氣已謝，
不勤加奉養，　　當知領群特。
父母諸尊長，　　兄弟親眷屬(129)，
實非阿羅漢，　　自顯羅漢德，
世間之大賊(130)，　　當知領群特。
初上(96)種姓生，　　習婆羅門典，
而於其中間，　　習行諸惡業，
不以勝生故，　　障呵責惡道，
現法受呵責，　　後世墮惡道，
生旃陀羅家，　　世稱須陀夷(131)，

(129) 父母諸尊長，兄弟親眷屬：這邊疑有闕漏，相當的《別譯雜阿含經》經文為「父母兄弟及姊妹，罵詈惡口無遜弟」，指對親屬的惡口。

(130) 實非阿羅漢，自顯羅漢德，世間之大賊：其實不是解脫的聖人，卻大妄語自稱是解脫的聖人，這是欺世盜名的大賊。

(131) 須陀夷：比丘名，七歲時和佛問答流利，因此佛陀破例允許他未滿二十歲即受具足戒。出身旃陀羅（賤民）種姓。又譯為「須陀延」、「蘇陀夷」。

(95)「若」，大正藏原為「人」，今依據宋、元、明三本改作「若」。

(96)「初上」，宋、元二本作「和上」，明本作「和尚」。

名聞遍天下，	旃陀羅所無，
婆羅門剎利，	大姓所供養，
乘於淨天道，	平等正直⑨住，
不以生處障，	令不生梵天，
現法善名譽⑱，	後世生善趣，
二生汝當知，	如我所顯示，
不以所生故，	名為領群特。
不以所生故，	名為婆羅門，
業為領群特，	業為婆羅門。」

婆羅門白佛言：

「如是大精進，	如是大牟尼㉜，
不以所生故，	名為領群特。
不以所生故，	名為婆羅門，
業故領群特，	業故婆羅門。」

　　時，事火婆羅豆婆遮⑨婆羅門轉得信心，以滿鉢好食奉上世尊。世尊不受，以說偈得故，偈如上說。

　　時，事火婆羅豆婆遮婆羅門見食瑞應已，增其信心，白佛言：「世尊！我今可得於⑩正法、律出家、受具足不？」

　　佛告婆羅門：「汝今可得於正法、律出家、受具足戒⑪。」即得出家，獨靜思惟，如前說，乃至得阿羅漢，心善解脫。

㉜ 大牟尼：寂靜的聖者，指佛陀。「牟尼」是「寂靜」的意思。

⑨ 「直」，宋、元、明三本作「真」。

⑱ 「譽」，宋本作「舉」。

⑨ 「事火婆羅豆婆遮」，巴利本作 Aggikabhāradvāja。

⑩ 「於」，大正藏原為「為」，今依據宋、元、明三本改作「於」。

⑪ 宋、元、明三本無「戒」字。

時，婆羅豆婆遮婆羅門得阿羅漢，心善解脫，自覺喜樂，即⑩²說偈言：

「非道求清淨，　　　　供養祠祀火，

不識清淨道，　　　　猶如生盲者。

今已得安樂，　　　　出家受具足，

逮得於三明❸，　　　佛所教已作。

先婆羅門難，　　　　今為婆羅門，

沐浴離塵垢，　　　　度諸天彼岸。」

【對應經典】

■《別譯雜阿含經》卷十三第268經。

■《南傳大藏經·小部尼科耶·經集》〈蛇品1〉Sn. 1. No.7（賤民經）

雜阿含經卷第四

此經此卷，國、宋二本文義全同，皆有十九經，總二十五紙。丹本有十五經，若依宋藏式⑩³寫之，可成二十七紙。又其文義與國、宋二本全別，未知去取。今撿國、宋本經，則下流函中，此經第四十二卷耳。宋藏錯將彼卷重刊于此，為初四卷，國亦仍之者，錯也。故令去彼，取此丹本經焉⑩⁴。

---

❸ 三明：宿命明（宿命神通）、天眼明（天眼神通）、漏盡明（漏盡神通）。

⑩² 「即」，宋、元、明三本作「而」。

⑩³ 「式」，大正藏原為「或」，今依據高麗藏改作「式」。

⑩⁴ 宋、元、明三本無「此經……經焉」一百零六字。

好讀

雜阿含經

卷第五

導讀：老病死；陰相應（5/5）

每個人的一生，都會有老、病、死。本卷的各經，也教導我們如何從根本上面對老、病、死。

身苦時，如何心不苦？在第107經中，佛陀和舍利弗尊者教導一位一百二十歲的老人，如何依著他衰老的身軀來修行。

生病時，是否能無我？在第103經中，長老們開導生了重病的差摩比丘，既然身心是「無我」的，能不能超越對我的身心的執著，而在身病時心不病，甚至藉機修行？

第105、108、104、106經，則是有人問到眾生命終、修行人命終、阿羅漢命終、如來命終之後的狀況。都只有因緣的生滅，而沒有「我」的實體。

對於老、病、死，根本的解決方法，還是在於見到真理、斷除苦集、去除身見。若能斷盡一切煩惱、徹底止息痛苦，那就是達到了「涅槃」，也就是徹底的無病無惱。

本卷屬於《雜阿含經》的「陰相應」，是解說五陰的相關經文。

第 103 經　【0029c06】

如是我聞：

一時①，有眾多上座❶比丘住②拘舍彌國❷瞿師羅園③❸。

---

❶ 上座：對出家年數較多者的尊稱，又譯為「長老」。按剛出家至出家九年稱「下座」，出家十年至十九年稱「中座」，二十年至四十九年稱「上座」，五十年以上稱「耆舊長老」。

❷ 拘舍彌國：古代中印度國名，位於朱木舒河沿岸，相當於現今的科薩姆。另譯為「憍賞彌」。

❸ 瞿師羅園：佛陀的道場之一，由瞿師羅所布施。

① 「時」，宋、元、明三本作「時佛」。

② 「住」，元、明二本作「往」。

③ 「拘舍彌國瞿師羅園」，巴利本作 Kosambī ghositārāma。

時，有差摩④比丘住拘舍彌國跋陀梨園⑤，身得重病。

時，有陀娑比丘為瞻病者❹。時，陀娑⑥比丘詣諸上座比丘，禮諸上座比丘足，於一面住。

諸上座比丘告陀娑比丘言：「汝往詣差摩比丘所，語言：『諸上座問汝，身小差❺安隱，苦患不增劇耶？』」

時，陀娑比丘受諸上座比丘教，至差摩比丘所，語差摩比丘言：「諸上座比丘問訊汝，苦患漸差不？眾苦不至增耶？」

差摩比丘語陀娑比丘言：「我病不差，不安隱身，諸苦轉增無救。譬如多力士夫，取羸劣人，以繩縛⑦頭，兩手急絞，極大苦痛，我今苦痛有過於彼。譬如屠牛，以利刀生割其腹，取其內藏，其牛腹痛當何可堪！我今腹痛甚於彼牛。如二力士捉一劣夫，懸著火上，燒其兩足，我今兩足熱過於彼。」

時，陀娑比丘還至諸上座所，以差摩比丘所說病狀，具白諸上座。

時，諸上座還遣陀娑比丘至差摩比丘所，語差摩比丘言：「世尊所說，有五受陰。何等為五？色受陰，受、想、行、識受陰，汝差摩能少❻觀察此五受陰非我、非我所耶？」

時，陀娑比丘受諸上座比丘教已，往語差摩比丘言：「諸上座語汝，世尊說五受陰，汝少能觀察非我、非我所耶？」

差摩比丘語陀娑言：「我於彼五受陰能觀察非我、非我所。」

陀娑比丘還白諸上座：「差摩比丘言：『我於五受陰能觀察非我、非我所。』」

諸上座比丘復遣陀娑比丘語差摩比丘言：「汝能於五受陰觀察非

❹ 瞻病者：看護病人的人。

❺ 小差：病情稍有好轉。「差」通「瘥」，病癒的意思。

❻ 少：稍微。

④ 「差摩」，巴利本作 Khema。

⑤ 「跋陀梨園」，巴利本作 Badarikārāma。

⑥ 「陀娑」，巴利本作 Dāsaka。

⑦ 「縛」，大正藏原為「繼」，今依據宋、元、明三本改作「縛」。

我、非我所，如漏盡阿羅漢耶？」

　　時，陀娑比丘受諸上座比丘教，往詣差摩比丘所，語差摩言：「比丘能如是觀五受陰者，如漏盡阿羅漢耶？」

　　差摩比丘語陀娑比丘言：「我觀五受陰非我、非我所，非漏盡阿羅漢也。」

　　時，陀娑比丘還至諸上座所，白諸上座：「差摩比丘言：『我觀五受陰非我、非我所，而非漏盡阿羅漢也。』」

　　時，諸上座語陀娑比丘：「汝復還語差摩比丘：『汝言：「我觀五受陰非我、非我所，而非漏盡阿羅漢。」前後相違。』」

　　陀娑比丘受諸上座比丘教，往語差摩比丘：「汝言：『我觀五受陰非我、非我所，而非漏盡阿羅漢。』前後相違。」

　　差摩比丘語陀娑比丘言：「我於五受陰觀察非我、非我所，而非阿羅漢者，我於我慢❼、我欲❽、我使❾，未斷、未知、未離、未吐❿。」

　　陀娑比丘還至諸上座所，白諸上座：「差摩比丘言：『我於五受陰觀察非我、非我所，而非漏盡阿羅漢者，於五受陰我慢、我欲、我使，未斷、未知、未離、未吐。』」

　　諸上座復遣陀娑比丘語差摩比丘言：「汝言有我，於何所有我？為色是我？為我異色？受、想、行、識是我？為我異識耶？」

　　差摩比丘語陀娑比丘言：「我不言色是我，我異色；受、想、行、識是我，我異識。然⑧於五受陰我慢、我欲、我使，未斷、未知、未離、未吐。」

　　差摩比丘語陀娑比丘言：「何煩令汝駈⓫馳⑨往反？汝取杖來，

---

❼ 我慢：自我中心、傲慢；因為我執而有的傲慢。

❽ 我欲：因為我執而有的貪欲。

❾ 我使：因為我執而產生的煩惱。「使」即結使、煩惱。

❿ 未斷、未知、未離、未吐：未能斷除、未能了知、未能離開、未能吐出（排除）。

⓫ 駈：古字，同「驅」。

⑧ 「然」，宋、元、明三本作「能」。

⑨ 「馳」，大正藏原為「駈」，今依據宋、元、明三本改作「馳」。

我自扶杖，詣彼上座，願授以杖。」差摩比丘即⑩自扶杖，詣諸上座。

時，諸上座遙見差摩比丘扶杖而來，自為敷座，安停⑫腳机⑪⑬，自往迎接，為持衣鉢，命令就座⑫，共相慰勞。慰勞已，語差摩比丘言：「汝言我慢，何所見我？色是我耶？我異色耶？受、想、行、識是我耶？我異識耶？」

差摩比丘白言：「非色是我，非我異色；非受、想、行、識是我，非我異識。能於五受陰我慢、我欲、我使，未斷、未知、未離、未吐。譬如優鉢羅⑬⑭、鉢曇摩⑭⑮、拘牟頭⑯、分陀利⑮⑰華香，為即根香耶？為香異根耶？為莖葉鬚精麤⑱香耶？為香異⑯精麤耶？為等說不？」

諸上座答言：「不也，差摩比丘！非優鉢羅、鉢曇摩、拘牟頭、分陀利根即是香、非香異根，亦非莖葉鬚精麤是香，亦非香異精麤也。」

差摩比丘復問：「彼何等香？」

上座答言：「是華香。」

差摩比丘復言：「我亦如是。非色即我，我不離色；非受、想、行識即我，我不離識。然我於五受陰見非我、非我所，而於我慢、我

---

⑫ 安停：安放、擺好。

⑬ 腳机：放腳、踏腳的小桌子。「机」通「几」，指「小桌子」。

⑭ 優鉢羅：青蓮花。

⑮ 鉢曇摩：紅蓮花（粉紅色）。

⑯ 拘牟頭：赤蓮花（深紅色）。也有黃、青、白等花色的品種。

⑰ 分陀利：白蓮花。

⑱ 精麤：此處指花的精細的部分（如花蜜）及粗壯的部分（如枝幹）。

⑩ 「即」，宋、元、明三本作「願」。

⑪ 「腳机」，宋、元、明三本作「橙腳」。

⑫ 「座」，宋、元、明三本作「坐」。*

⑬ 「優鉢羅」，巴利本作 Uppala。

⑭ 「鉢曇摩」，巴利本作 Paduma。

⑮ 「分陀利」，巴利本作 Puṇḍarīka。

⑯ 「異」，宋、元、明三本作「異根」。

欲、我使，未斷、未知、未離、未吐。諸上座聽我說譬，凡智者，因譬類得解。譬如乳母衣❶，付浣衣者，以種種灰湯❷，浣濯塵⑰垢，猶有餘氣，要以種種雜香，薰令消滅。如是，多聞聖弟子離於五受陰，正觀非我、非我所，能於五受陰我慢、我欲、我使，未斷、未知、未離、未吐❷，然後於五受陰增進思惟，觀察生滅，此色、此色集、此色滅，此受、想、行、識，此識集、此識滅。於五受陰如是觀生滅已，我慢、我欲、我使，一切悉除，是名真實正觀。」

差摩比丘說此法時，彼諸上座遠塵離垢，得法眼淨。差摩比丘不起諸漏，心得解脫，法喜利故，身病悉除。

時，諸上座比丘語差摩比丘言：「我聞仁者初所說，已解已樂，況復重聞。所以問者，欲發仁者微妙辯才，非為嬈亂❷汝，便堪能廣說如來、應、等正覺法。」

時，諸上座聞差摩比丘所說，歡喜奉行。

【對應經典】

■ 南傳《相應部尼柯耶》〈蘊相應22〉第89經差摩經。

【讀經拾得】

■ 病中修行

在《阿含經》中，有許多佛弟子在生病痛得死去活來時，進修於佛法的例子，甚至可以因為對於佛法的體悟，而減輕甚至滅除病苦。以本經為例，差摩比丘在痛苦中，觀察五受陰是無我的，因此雖然身痛，終於心得解脫，病也康復了。

《雜阿含經》卷二十還有幾個類似的例子，佛弟子們在生病時修習四念處，或是依四不壞信修習六念，而能減緩痛苦。

---

❶ 乳母衣：奶媽餵奶時穿的衣服。

❷ 灰湯：以水淋草木灰所得的汁，含碳酸鉀等鹼性物質，與肥皂有類似的洗濯效果。

❷ 多聞聖弟子離於五受陰，正觀非我、非我所，能於五受陰我慢、我欲、我使，未斷、未知、未離、未吐：多聞的佛弟子離於五受陰，正確的觀察不是我，不是我所擁有的，能（自覺）對於五受陰是自我的傲慢、貪欲、煩惱還沒有斷除、了知、離開、吐出。相當的南傳經文作「即使聖弟子已斷了五下分結，但的確在五受陰上仍有殘留的『我是』之慢、『我是』之欲、『我是』之煩惱潛在趨勢還沒有根除。」

❷ 嬈亂：擾亂。

⑰「塵」，宋、元、明三本作「麤」。

也有尊者在生病時，思惟苦集，觀察苦的集與滅，觀空，而能除斷苦。例如《增壹阿含經》卷六〈利養品13〉第7經（CBETA, T02, no. 125, p. 575, c11-23）記載須菩提尊者觀空滅病苦的經過。

也有尊者誦習七覺支，病竟然就好了，例如《增壹阿含經》卷三十三〈等法品39〉第6經（CBETA, T02, no. 125, p. 731, a26-b4）記錄均頭尊者如何從重病好轉。

若已是絕症或身體已完全毀壞的，也能好走，永遠脫離輪迴的鎖鏈。在《雜阿含經》卷三十七第1025經（CBETA, T02, no. 99, p. 267, c7-p. 268, a18）就有記載一位剛出家的落魄比丘，生了重病，因為佛陀的一番教誡，他雖然仍過世了，但證得了阿羅漢，解脫輪迴。

《雜阿含經》卷四十七第1265～1266經和卷三十七第1023～1038經是「病相應」的內容，也有記錄佛陀和弟子在探病時的說法。

■ 斷身見，但還沒解脫

初果聖者斷身見、戒取、疑，其中「斷身見」即斷除「五陰是我」等見解。本經中差摩比丘已破除了「五陰是我」的見解，但還有我慢、我欲、我使的習氣。就佛學的角度來看，差摩比丘當時應該最少已證初果，甚至可能斷了五下分結而證三果，但尚未斷盡煩惱，還不是阿羅漢。在經過和上座比丘們的佛法論辨後，於五受陰「增進思惟」四聖諦，差摩比丘才斷盡煩惱，證得解脫。

■ 本經中花香譬喻什麼？

本經中「花香」或許譬喻「我慢、我欲、我使」，「根莖葉鬚精麤」則譬喻「五受陰」。

差陀比丘不認為五陰是我，但還有「我慢、我欲、我使」的殘餘習氣，猶如人們不認為花香等於花的某一部分構造，但就是聞得到花香。

科學上來看，花香源於花瓣中一種油細胞不斷分泌帶有香味的芳香油，芳香油隨水分一起揮發，這就是人們聞到的花香。因此花香的確不是花的某一部分構造，而是分泌物揮發的味道。修行人縱使沒有「我見」了，還可能有「我慢、我欲、我使」的殘餘習氣繼續散發。

另一方面，花香是因緣生滅的，我慢、我欲、我使也是因緣生滅的，可增進思惟四聖諦而滅之。

■ 為何上座在聽差摩比丘說法後才證果？

「上座比丘」是出家年數較多的比丘，但不一定出家年數較多就已證果。本經中有很多位上座比丘，其中也有原先尚未證果的，在聽聞差摩比丘說法後證果。

■ 瞻視病人

佛陀教導弟子要探望、關懷生病的弟子，佛陀本人也常探視病人，甚至說探望病人的功德和探視佛陀的功德一樣，如《增壹阿含經》卷五〈壹入道品12〉第4經：「其有瞻視病者，則為瞻視我已；有看病者，則為看我已。」（CBETA, T02, no. 125, p. 569, c1-2）

本經正是佛弟子們彼此互相關心、探病，進而對法義有更進一步的體會的例子。

第 104 經　【0030c12】

如是我聞：

一時，佛住舍衛國祇樹給孤獨園。

爾時，有比丘名焰摩迦，起惡邪見❷，作如是言：「如我解佛所說法，漏盡阿羅漢身壞命終更無所有❷。」

時，有眾多比丘聞彼所說，往詣其所，語焰摩迦比丘言：「汝實作是說：『如我解佛所說法，漏盡阿羅漢身壞命終更無所有』耶？」

答言：「實爾，諸尊！」

時，諸比丘語焰摩迦：「勿謗世尊！謗世尊者不善，世尊不作是說，汝當盡捨此惡邪見。」

諸比丘說此語⑱時，焰摩迦比丘猶執惡邪見，作如是言：「諸尊！唯此真實，異則虛妄。」如是三說。

時，諸比丘不能調伏焰摩迦比丘，即便捨去，往詣尊者舍利弗所，語尊者舍利弗言：「尊者！當知彼焰摩迦比丘起如是惡邪見言：『我解知佛所說法，漏盡阿羅漢身壞命終更無所有。』我等聞彼所說已⑲，故往問焰摩迦比丘：『汝實作如是知見耶？』彼答我言：『諸尊！實爾，異則愚說。』我即語言：『汝勿謗世尊！世尊不作此語，汝當捨此惡邪見。』再三諫彼，猶不捨惡邪見，是故我今詣尊者所，唯願尊者，當令焰摩迦比丘息惡邪見，憐愍彼故。」

舍利弗言：「如是，我當令彼息惡邪見。」

時，眾多比丘聞舍利弗語，歡喜隨喜，而還本處。

爾時，尊者舍利弗晨朝著衣持鉢，入舍衛城乞食。食已，出城，還精舍舉❷衣鉢已，往詣焰摩迦比丘所。時，焰摩迦比丘遙見尊者舍

---

❷ 邪見：不合乎正法的外道見解。

❷ 無所有：什麼都沒有了；斷滅了。

❷ 舉：這裡指「收藏」。

⑱ 「語」，宋、元、明三本作「論」。

⑲ 「已」，宋、元、明三本作「以」。

利弗來，即為敷座洗足，安停腳机奉迎，為執衣鉢，請令就座*。

尊者舍利弗就座*、洗足已，語焰摩迦比丘：「汝實作如是語：『我解知世尊所說法，漏盡阿羅漢身壞命終無所有』耶？」

「阿羅漢命終無所有」是邪見

焰摩迦比丘白舍利弗言：「實爾，尊者舍利弗！」

舍利弗言：「我今問汝，隨意答我。云何，焰摩迦！色為常耶？為非常耶？」

答言：「尊者舍利弗！無常。」

復問：「若無常者，是苦不？」

答言：「是苦。」

復問：「若無常、苦，是變易法，多聞聖弟子寧於中見我、異我、相在不？」

答言：「不也，尊者舍利弗！」

受、想、行、識亦復如是。

復問：「云何，焰摩迦！色是如來耶❷？」

答言：「不也，尊者舍利弗！」

「受、想、行、識是如來耶？」

答言：「不也，尊者舍利弗！」

復問：「云何，焰摩迦！異色有如來耶？異受、想、行、識有如來耶？」

答言：「不也，尊者舍利弗！」

復問：「色中有如來耶？受、想、行、識中有如來耶？」

答言：「不也，尊者舍利弗！」

復問：「如來中有色耶？如來中有受、想、行、識耶？」

答言：「不也，尊者舍利弗！」

---

❷ 色是如來耶：色是佛陀（這個人）嗎？此處以佛陀舉例，類似說：「色是我嗎？」

復問：「非色、受、想、行、識有如來耶？」

答言：「不也，尊者舍利弗！」

「如是，焰摩迦！如來見法真實，如住無所得，無所施設❷，汝云何言：『我解知世尊所說，漏盡阿羅漢身壞命終無所有』，為時說❷耶？」

答言：「不也，尊者舍利弗！」

復問：「焰摩迦！先言：『我解知世尊所說，漏盡阿羅漢身壞命終無所有』，云何今復言非耶？」

焰摩迦比丘言：「尊者舍利弗！我先不解、無明故，作如是惡邪見⑳說，聞尊者舍利弗說已，不解、無明，一切悉斷。」

復問：「焰摩迦！若復問：『比丘！如先惡邪見所說，今何所知㉑見一切悉得遠離？』汝當云何答？」

焰摩迦答言：「尊者舍利弗！若有來問者，我當如是答：『漏盡阿羅漢色無常，無常者是苦，苦者寂靜、清涼、永沒。受、想、行、識亦復如是。』有來問者，作如是答。」

舍利弗言：「善哉！善哉！焰摩迦比丘！汝應如是答。所以者何？漏盡阿羅漢色無常，無常者是苦，若㉒無常、苦者，是生滅法。受、想、行、識亦復如是。」

尊者舍利弗說是法時，焰摩迦比丘遠塵離垢，得法眼淨。

五陰像怨家

尊者舍利弗語焰摩迦比丘：「今當說譬，夫智者以譬得解。如長者子，長者子大富多財，廣求僕從，善守護財物。時，有怨家惡人，詐來親附，為作僕從，常伺其便，晚眠早起，侍息左右，謹敬其事，

---

❷ 如來見法真實，如住無所得，無所施設：如來所現見的法是真實的（脫離了色受想行識），如（來）是保持在無所得中，不作任何操控。相當的南傳經文為「在此生的現實存在中，於此處（五陰），真實、常住（不變）的如來是了不可得的」。

❷ 時說：恰當的說法。

⑳ 宋、元、明三本無「見」字。

㉑ 「知」，宋、元、明三本作「知所」。

㉒ 「若」，大正藏原為「苦」，今依據宋、元、明、麗四本改作「若」。

遜其言辭,令主意悅,作親友想、子想,極信不疑,不自防護,然後手執利刀,以斷其命。焰摩迦比丘!於意云何?彼惡怨家,為長者親友,非為初始方便,害心常伺其便,至其終耶?而彼長者,不能覺知,至今受害。」

答言:「實爾,尊者!」

舍利弗語焰摩迦比丘:「於意云何?彼長者本知彼人詐親欲害,善自防護,不受害耶?」

答言:「如是,尊者舍利弗!」

「如是,焰摩迦比丘!愚癡無聞凡夫於五受陰作常想、安隱想、不病想、我想、我所想,於此五受陰保持護惜,終為此五受陰怨家所害。如彼長者,為詐親怨家所害而不覺知。焰摩迦!多聞聖弟子於此五受陰,觀察如病、如癰、如刺、如殺❷,無常、苦、空、非我、非我所,於此五受陰不著、不受、不受故不著,不著故自覺涅槃:『我生已盡,梵行已立,所作已作,自知不受後有。』」

尊者舍利弗說是法時,焰摩迦比丘不起諸漏,心得解脫,尊者舍利弗為焰摩迦比丘說法,示、教、照、喜已,從座起去。

【對應經典】

■ 南傳《相應部尼柯耶》〈蘊相應22〉第85經焰摩迦經。

【讀經拾得】

此經指出「阿羅漢身壞命終無所有」是邪見。為什麼這是邪見?

如果阿羅漢仍自認是一個輪迴的主體,是「我見」,若說命終後什麼都沒有了,則是「斷見」。本卷第106經也講說「如來死後是有、是無」是「無記」(不予回答)。這些問題是根基於「有一個生死輪迴的主體」來問的,而在究竟的角度來看,阿羅漢已經徹底解脫於五陰了,只有因緣的生滅,而沒有「我」的主體。

有這樣的認知,般若經典的許多內容才能正確的理解,例如《金剛般若波羅蜜經》:

「阿羅漢能作是念:『我得阿羅漢道』不?」

---

❷ 如病、如癰、如刺、如殺:譬喻五受陰的禍害如同疾病、膿瘡、毒刺、殺人的東西。

須菩提言：「不也，世尊！何以故？實無有法名阿羅漢。世尊，若阿羅漢作是念：『我得阿羅漢道』即為著我、人、眾生、壽者。」

（CBETA, T08, no. 235, p. 749, c7-10）

「須菩提，於意云何，可以身相見如來不？」

「不也，世尊！不可以身相得見如來。何以故？如來所說身相，即非身相。」

佛告須菩提：「凡所有相，皆是虛妄。若見諸相非相，則見如來。」

（CBETA, T08, no. 235, p. 749, a21-25）

第 105 經　【0031c15】

如是我聞：

一時，佛住王舍城迦蘭陀竹園。

爾時，有外道出家名仙尼，來詣佛所，恭敬問訊，於一面坐。白佛言：「世尊！先一日時，若沙門、若婆羅門、若遮羅迦❸⓪、若出家，集於希有講堂。如是義稱，富蘭那迦葉❸①為大眾主，五百弟子前後圍遶。其中有極聰慧者、有鈍根者，及其命終，悉不記說❸②其所往生處。復有末迦梨瞿舍利㉓子❸③為大眾主，五百弟子前後圍遶。其諸弟子有聰慧者、有鈍根者，及其命終，悉不記說所往生處。如是先闍

---

❸⓪ 遮羅迦：居無定所的遊行僧。

❸① 富蘭那迦葉：外道六師之一，否認善、惡的業報，認為殺生、偷盜、邪淫、妄語等種種惡事不會有罪報；作種種善事，也不會有好報。可說是無因果、無道德論者。又譯為「不蘭迦葉」。

❸② 記說：決定說；確定說。例如佛陀記說某弟子證得的果位或往生去處，即表示佛陀確知地說出此弟子證得的果位或往生去處。

❸③ 末迦梨瞿舍利子：外道六師之一，認為人的際遇，不是由自己的意志、行為造成的，一切隨命運擺布，努力是徒然的。無論愚智，都要輪迴受諸苦樂，直到八萬四千大劫後，就自然得到解脫。因此也否定因果論，認為人所作的善事惡事都是徒然。可說是宿命論者。又譯為「末伽梨憍舍利」、「瞿耶樓」。

㉓「利」，元、明二本作「梨」。

那毘羅胝子❸❹、阿耆多翅舍欽婆羅❸❺、迦羅拘陀迦栴㉔延❸❻、尼揵陀若提子❸❼等，各與五百弟子前後圍遶，亦如前者。沙門瞿曇爾時亦在彼論中言。沙門瞿曇為大眾主，其諸弟子，有命終者。即記說言：『某生彼處、某生此處。』我先生疑：『云何沙門瞿曇得如此法？』」

佛告仙尼：「汝莫生疑。以有惑故，彼則生疑。仙尼！當知有三種師。何等為三？有一師，見現在世真實是我，如所知說，而無能知命終後事，是名第一師出於世間。復次，仙尼！有一師，見現在世真實是我，命終之後亦見是我，如所知說。復次，仙㉕尼！有一師，不見現在世真實是我，亦復不見命終之後真實是我。

「仙尼！其第一師見現在世真實是我，如所知說者，名曰斷見❸❽。彼第二師見今世後世真實是我，如所知說者，則是常見❸❾。彼第三師不見現在世真實是我，命終之後，亦不見我，是則如來、應、等正

---

❸❹ 先闍那毘羅胝子：外道六師之一，認為所謂真理只不過是主觀上以為是真的，要不陷於主觀的執著，最穩當的做法是不肯定自己的立場。這一派沒有自己固定的主張，而是仗著語言的技巧去駁倒對手，如同中國的「白馬非馬論」一般。可說是懷疑論、不可知論者。又譯為「散闍耶毘羅胝子」、「薩若毘耶梨弗」、「先比盧持」。

❸❺ 阿耆多翅舍欽婆羅：外道六師之一，認為人是由地、水、火、風四大元素造成，死後還歸地水火風，全部敗壞，一了百了，沒有來生。作善作惡都沒有報應，所以不須布施乃至祭祀，只管追求快樂，而否定道德。可說是順世派、唯物快樂主義者。又譯為「阿浮陀翅舍金披羅」、「阿夷耑」。

❸❻ 迦羅拘陀迦栴延：外道六師之一，認為眾生的存在有七種成分是真實的：地、水、火、風、苦、樂、命。這七種成分不必靠任何條件產生，而能安住不變。因此，縱使用刀砍頭，也不會死，因為刀只是在七法之中穿過罷了。因此也沒有揮刀的人，也沒有被砍的人，否定善惡觀念、道德觀念。可說是無因論的實有論者。又譯為「伽拘羅迦氈延」、「婆浮陀伽旃那」、「波休迦栴」。

❸❼ 尼揵陀若提子：外道六師之一，耆那教的創始人。主張苦樂、罪福等皆由前世所造，必須以苦行償還，要脫離輪迴，必須修苦行，等苦行成就、舊業消滅，新業不生時，生命就回復清淨，捨離肉體、獲得解脫。此派與其餘五派相比，較類似佛教，但主張命與非命二元論，而不是因緣論，所主張的極端苦行也是佛教所反對的。又譯為「尼揵子」、「尼揵連陀闍提弗多羅」。

❸❽ 斷見：斷滅的見解，例如認為「人死後塵歸塵，土歸土，一無所有」的見解。又稱為「斷滅見」、「無見」。

❸❾ 常見：認為身心乃至世界常住不變的見解。例如認為有「真我」或「造物主」永恆不變的見解。又稱為「有見」。

㉔「栴」，宋、元、明三本作「旃」。

㉕「仙」，大正藏原為「先」，今依據宋、元、明三本改作「仙」。

覺說，現法愛斷❹、離欲、滅盡、涅㉖槃。」

仙尼㉗白佛言：「世尊！我聞世尊所說，遂更增疑。」

佛告仙尼：「正應增疑。所以者何？此甚深處，難見、難知，應須甚深照微妙至到，聰慧所了，凡眾生類，未能辯㉘知。所以者何？眾生長夜異見、異忍、異求、異欲❹故。」

仙尼白佛言：「世尊！我於世尊所，心得淨信，唯願世尊為我說法，令我即於此座，慧眼❷清淨。」

佛告仙尼：「今當為汝隨所樂說。」

佛告仙尼：「色是常耶？為無常耶？」

答言：「無常。」

世尊復問：「仙尼！若無常者，是苦耶？」

答言：「是苦。」

世尊復問仙尼：「若無常、苦，是變易法，多聞聖弟子寧於中見我、異我、相在不？」

答言：「不也，世尊！」

「受、想、行、識亦復如是。」復問：「云何，仙尼！色是如來耶？」

答言：「不也，世尊！」

「受、想、行、識是如來耶？」

答言：「不也，世尊！」

復問：「仙尼！異色有如來耶？異受、想、行、識有如來耶？」

答言：「不也，世尊！」

復問：「仙尼！色中有如來耶？受、想、行、識中有如來耶？」

---

❹ 愛斷：斷除愛欲。

❹ 異見、異忍、異求、異欲：異於正法的見解、信仰、希求、喜好。

❷ 慧眼：智慧。智慧能洞察事物，因此稱慧眼。

㉖ 「涅」，宋、元、明三本作「得涅」。

㉗ 「尼」，宋、元、明三本作「尼出家」。

㉘ 「能辯」，宋本作「辯能」。

答言：「不也，世尊！」

復問：「仙尼！如來中有色耶？如來中有受、想、行、識耶？」

答言：「不也，世尊！」

復問：「仙尼！非色，非受、想、行、識有如來耶？」

答言：「不也，世尊！」

佛告仙尼：「我諸弟子聞我所說，不悉解義而起慢無間等❹；非無間等故，慢則不斷；慢不斷故，捨此陰已，與陰相續❹生。是故，仙尼！我則記說，是諸㉙弟子身壞命終，生彼彼處。所以者何？以彼有餘慢故。

有餘慢的
弟子，佛
才記說生
處

「仙尼！我諸弟子於我所說，能解義者，彼於諸慢得無間等；得無間等故，諸慢則斷；諸慢斷故，身壞命終，更不相續。仙尼！如是弟子我不說彼捨此陰已，生彼彼處。所以者何？無因緣可記說故。欲令我記說者，當記說：『彼斷諸愛欲，永離有結❹，正意解脫，究竟苦邊。』我從昔來及今現在常說慢過、慢集、慢生、慢起，若於慢無間等觀，眾苦不生。」

無餘慢的
弟子得解
脫，佛不
記說生處

佛說此法時，仙尼出家遠塵離垢，得法眼淨。

爾時，仙尼出家見法、得法，斷諸㉚疑惑，不由他知，不由他度，於正法中，心得無畏。從座起，合掌白佛言：「世尊！我得於正法中出家修梵行不？」

佛告仙尼：「汝於正法得出家、受具足戒❹、得比丘分。」

爾時，仙尼得出家已，獨㉛一靜處修不放逸，作㉜如是思惟；所以族姓子剃除鬚髮，正信非家，出家學道，修行梵行，見法自知，得

---

❹ 慢無間等：（洞察而）完全地破除我慢。這邊的「無間等」是止滅的意思。

❹ 與陰相續：疑為「異陰相續」或「餘陰相續」的抄寫訛誤。

❹ 有結：後有（輪迴、不得解脫）的束縛。

❹ 具足戒：完整出家戒律。

㉙「諸」，宋、元、明三本作「學」。

㉚「諸」，宋、元、明三本作「諸邪」。

㉛「獨」，宋、元、明三本作「獨往」。

㉜「作」，大正藏原為「住」，今依據宋、元、明三本改作「作」。

證：「我生已盡，梵行已立，所作已作，自知不受後有。」得阿羅漢。

聞佛所說，歡喜奉行。

【讀經拾得】

從此經可見佛陀有記說輪迴。不過輪迴是未解脫者的現象，解脫者則不輪迴。

第106經經文導讀

佛弟子們之間常常互相問法、論法，而外道也會有與佛弟子討論的機會。此經就是外道找阿那律（此經譯為「阿㝹羅度」）尊者討論的記錄。

時，有眾多外道出家往詣阿㝹羅度所，共相問訊。共相問訊已，於一面住，白阿㝹羅度言：「欲有所問，寧有閑暇為解釋不？」

阿㝹羅度語諸外道言：「隨所欲問，知者當答。」

有很多的外道出家人拜訪阿那律尊者，互相問候請安後，各自就座，問阿那律尊者：「我們想要有所提問，您可有時間幫我們解釋嗎？」

阿那律尊者回答：「就照您們所想要提問的，我知道的話當然會回答。」

諸外道復問：「云何，尊者！如來死後為有耶？」

阿㝹羅度言：「如世尊說，此是無記。」

又問：「如來死後為無耶？」

阿㝹羅度言：「如世尊說，此亦無記。」

外道們問說：「如來（佛陀）死後常存嗎？」

阿那律尊者答說：「照佛陀的說法，這是不加以討論或回答的。」

外道們問說：「如來死後就沒了嗎？」

阿那律尊者答說：「照佛陀的說法，這也是不加以討論或回答的。」

外道們是根據他們的「常見」或「斷見」而提出這些問題。

又問：「如來死後有無耶？非有非無耶？」

阿㝹羅度言：「如世尊說，此亦無記。」

復問阿㝹羅度言：「云何，尊者！如來死後有耶？說言無記。死後無耶？說言無記。死後有無耶？非有非無耶？說言無記。云何，尊者！沙門瞿曇為不知、不見耶？」

阿㝹羅度言：「世尊非不知、非不見。」

時，諸外道於阿㝹羅度所說，心不喜悅，呵罵已，從座起去。

外道們又問：「如來死後既存在又不存在嗎？既不存在又不是不存在嗎？」愈問愈玄虛了。

阿那律尊者還是說：「照佛陀的說法，這是不加以討論或回答的。」

於是外道們就說了：「不管我們怎麼問，你都說照佛陀的說法，這是不加以討論或回答的。難道姓瞿曇的的那位出家人不知道、沒有見解嗎？」

阿那律尊者答道：「佛陀並不是不知道、沒有見解的。」

外道們聽了他的回答，心裡不高興，罵了他一頓，就離開了。

其實是外道的問題就有錯，所以佛陀才不加以討論或回答這些問題。如果如來仍自認是一個輪迴的主體，那就是「我見」；如果認為如來死後就沒了，那就是「斷見」，而佛陀則發現且證知世間是「緣起緣滅」的：

不管身心，都是無常的，都是因緣而生、因緣而滅的，沒有一個固定不變的輪迴主體叫做如來。而在究竟的角度來看，如來已經徹底解脫於五陰了，只有因緣的生滅，而沒有「我」的主體，那又怎麼能說如來死後有、如來死後沒有呢？問題就錯了，因此不予回答。

證悟了「無我」，就沒有了煩惱，但不是人就突然不見了。在世間的角度來看，證悟的聖者還是隨緣處世，但他的所作所為已都不再基於「我見」而有執著了，因此聖者死後也不再被輪迴給綁住，已超越凡夫所能想像的，超越有或無地徹底解脫了。

卷三十二第 905 經中也有摩訶迦葉尊者對此議題較詳細的解釋。

第 106 經　【00320c02】

如是我聞：

一時，佛住王舍城迦蘭陀竹園。爾時，有比丘名阿㝹羅度❹，住耆闍崛山。

時，有眾多外道出家往詣阿㝹羅度所，共相問訊。共相問訊已，於一面住，白阿㝹羅度言：「欲有所問，寧有閑暇為解釋不？」

阿㉝㝹羅度語諸外道言：「隨所欲問，知者當答。」

諸外道復問：「云何，尊者！如來死後為有❹耶㉞？」

阿㝹羅度言：「如世尊說，此是無記❹。」

又問：「如來死後為㉟無❺耶㊱？」

阿㝹羅度言：「如世尊說，此亦無記。」

又問：「如來死後有無耶？非有非無耶？❺」

阿㝹羅度言：「如世尊說，此亦無記㊲。」

復問阿㝹羅度言：「云何，尊者㊳！如來死後有耶？說言無記。死後無耶？說言無記。死後有無耶？非有非無耶？說言無記。云何，尊者！沙門瞿曇為不知、不見耶？」

---

❹ 阿㝹羅度：又譯為「阿那律」，比丘名，以「天眼第一」聞名。

❹ 如來死後為有：如來死後常存。

❹ 無記：不加以討論或回答。

❺ 如來死後為無：如來死後就沒了。

❺ 如來死後有無耶？非有非無耶：如來死後既存在又不存在嗎？既不存在又不是不存在嗎？

㉝ 「阿」，元本作「可」。

㉞ 「耶」，宋本作「也」。

㉟ 宋本無「為」字。

㊱ 宋、元、明三本在「耶」字之後尚有「有無耶？非有非無耶？」八字。

㊲ 宋、元、明三本無『又問：「如來死後有無耶？非有非無耶？」阿㝹羅度言：「如世尊說，此亦無記。」』二十七字。

㊳ 「尊者」，宋、元、明三本作「世尊」。

阿㝹羅度言：「世尊非不知、非不見。」

時，諸外道於阿㝹羅度所說，心不喜悅，呵罵已，從座起去。

時，阿㝹羅度知諸外道去已，往詣佛所，稽首佛足，於一面住，以諸外道所問，向佛廣說，白佛言：「世尊！彼如是問，我如是答，為順諸法說耶？得無謗世尊耶？為順法耶？為違法耶？無令他來難詰，墮呵責處❷耶？」

佛告阿㝹羅度言：「我今問汝，隨所問答。阿㝹羅度，色為常耶？為無常耶？」

答言：「無常。」

「受、想、行、識，為常、無常耶？」

答言：「無常，世尊！」

如焰摩迦契經❸廣說，乃至「識是如來耶？」

答曰：「不也。」

佛告阿㝹羅度：「作如是說者，隨順諸說㊴，不謗如來，非為越次❹；如如來說，諸次法說，無有能來難詰訶責者。所以者何？我於色如實知，色集、色滅、色滅道跡如實知。阿㝹羅度，若捨如來所作，無知無見說者，此非等說❺。」

佛說此經已，阿㝹羅度聞佛所說，歡喜奉行。

【對應經典】

■ 南傳《相應部尼柯耶》〈蘊相應22〉第86經阿羅度經。
■ 南傳《相應部尼柯耶》〈無記說相應44〉第2經阿㝹羅陀經。

---

❷ 墮呵責處：被他人呵罵責難。

❸ 焰摩迦契經：關於焰摩迦比丘的經典，即本卷第104經。

❹ 越次：不按正規次序。

❺ 等說：正確的說法。

㊴「說」，大正藏原為「記」，今依據宋、元、明三本改作「說」。

【讀經拾得】

本經的南傳相當經文，最後還有一句：「從以前到現在，我只安立苦以及苦之滅。」也有人翻譯為「從以前到現在，我只教導苦以及苦的止息」。

這句為北傳經文所無，相當的《瑜伽師地論》段落也沒有提到這概念。這句話另外在南傳的《中部尼柯耶》第22經出現，該經記載外道毀謗說佛教的解脫是斷見，佛陀在澄清這毀謗時也提到：「從以前到現在，我只安立苦以及苦之滅。」相當的《中阿含經》經文也沒有這句話。

也就是說，此句話只零星見於南傳巴利藏，有可能是古代南傳部派論師的註釋在傳抄過程混入經文中。

雖然這句話可能非原經文，但其意義是說得通的。南傳經文中說佛陀「只安立苦以及苦之滅」時，都是當外道基於常見、斷見提出問題，若陷在其錯誤的框架中則難以正確的回應。因此佛陀跳出其錯誤框架，以佛法的「四聖諦」框架來回答，也可說是以「苦以及苦之滅」來回應。

另一方面，根據佛教的看法，佛陀並不只知道字面上的「苦以及苦之滅」，而是「正遍知」的，如《中阿含經》卷五十九第212經中所探討。

第 107 經 　【0033a06】

如是我聞：

一時，佛住婆祇國⑩㊶設首婆羅山㊶鹿野深林中。

爾時，有那拘羅㊷長者，百二十歲，年耆根熟，羸劣苦病，而欲觀見世尊及先所宗重知識比丘，來詣佛所，稽首佛足，退坐一面，白佛言：「世尊！我年衰老，羸劣苦病，自力勉勵，觀見世尊及先所宗重知識比丘，唯願世尊為我說法，令我長夜安樂。」

爾時，世尊告那拘羅長者：「善哉！長者！汝實年老㊸根熟，羸劣苦患，而能自力觀見如來并餘宗重知識比丘。長者當知，於苦患

㊶ 婆祇國：古代印度十六大國之一，位在恆河北岸，摩揭陀國的北方，首都是毘舍離。又譯為「跋祇國」。

⑩ 「國」，宋、元、明三本作「園」。

㊶ 「婆祇國設首婆羅山」，巴利本作 Bhagga Suṃsumāragira。

㊷ 「那拘羅」，巴利本作 Nakulapitā。

㊸ 「老」，宋、元、明三本作「耆」。

身，常當修學不苦患身。」

爾時，世尊為那拘羅長者示㊹、教、照、喜㊺，默然而住。

那拘羅長者聞佛所說，歡喜隨喜，禮佛而去。

時，尊者舍利弗去世尊不遠，坐一樹下。那拘羅長者往詣尊者舍利弗所，稽首禮足，退坐一面。時，尊者舍利弗問長者言：「汝今諸根和悅，貌色鮮明，於世尊所得聞深法耶？」

那拘羅長者白舍利弗：「今日世尊為我說法，示、教、照、喜，以甘露法❺，灌我身心，是故我今諸根和悅，顏貌鮮明。」

尊者舍利弗問長者言：「世尊為汝說何等法，示、教、照、喜，甘露潤澤？」

那拘羅長者白舍利弗：「我向詣世尊所，白世尊言：『我年衰老，羸劣苦患，自力而來，觀見世尊及所宗重知識比丘。』佛告我言：『善哉！長者！汝實衰老，羸劣苦患，而能自力詣我及見先所宗重比丘。汝今於此苦患之身，常當修學不苦患身。』

「世尊為我說如是法，示、教、照、喜，甘露潤澤。」

尊者舍利弗問長者言：「汝向何不重問世尊：『云何苦患身、苦患心？云何苦患身、不苦患心？』」

長者答言：「我以是義故，來詣尊者，唯願為我略說法要。」

尊者舍利弗語長者言：「善哉！長者！汝今諦聽，當為汝說。愚癡無聞凡夫於色集、色滅、色患、色味、色離不如實知；不如實知故，愛樂於色，言色是我、是我所，而取攝受。彼色若壞、若異，心識隨轉，惱苦生；惱苦生已，恐怖、障閡、顧念、憂苦、結戀。於受、想、行、識亦復如是。是名身心苦患。

> 什麼是身心苦患

「云何身苦患、心不苦患？多聞聖弟子於色集、色滅、色味、色患、色離如實知；如實知已，不生愛樂，見色是我、是我所，彼色若

> 什麼是身苦患、心不苦患

---

❺ 甘露法：用甘露（不死藥）譬喻佛所教授的解脫法門；又作甘露法門、甘露門。

㊹「示」，大正藏原為「宗」，今依據前後文改作「示」。

㊺「喜」，宋、元、明三本作「喜已」。

變、若異，心不隨轉惱苦生；心不隨轉惱苦生已，得不恐怖、障礙、顧念、結戀。受、想、行、識亦復如是。是名身苦患、心不苦患。」

尊者舍利弗說是法時，那拘羅長者得法眼淨。爾時，那拘羅長者見法、得法、知法、入法，度諸狐疑，不由於他，於正法中，心得無畏。從座起，整衣服，恭敬合掌，白尊者舍利弗：「我已超、已度❺❽，我今歸依佛、法、僧寶，為優婆塞，證知我，我今盡壽歸依三寶。」

爾時，那拘羅長者聞尊者舍利弗所說，歡喜隨喜，作禮而去。

【對應經典】
■《增壹阿含經》卷六〈利養品13〉第4經。
■ 南傳《相應部尼柯耶》〈蘊相應22〉第1經那拘羅父經。

第 108 經 【0033b28】

如是我聞：

一時，佛住釋氏天現㊻❺❾聚落。

爾時，有西方眾多比丘欲還西方安居，詣世尊所，稽首佛足，退坐一面。

爾時，世尊為其說法，示、教、照、喜。種種示、教、照、喜已，時西方眾多比丘從座起，合掌白佛言：「世尊！我西方眾多比丘欲還西方安居，今請奉辭。」

佛告西方諸比丘：「汝辭舍利弗未？」

答言：「未辭。」

---

❺❽ 已超、已度：已經超越。
❺❾ 釋氏天現：又名「天臂城」，位於迦毘羅衛國附近。
㊻「釋氏天現」，巴利本作 Sakyā, Devādaha。

佛告西方諸比丘：「舍利弗淳修梵行，汝當奉辭，能令汝等以義饒益，長夜安樂。」

時，西方諸比丘辭退欲去。時，尊者舍利弗去佛不遠，坐一堅固樹下，西方諸比丘往詣尊者舍利弗所，稽首禮足，退坐一面，白尊者舍利弗言：「我等欲還西方安居，故來奉辭。」

舍利弗言：「汝等辭世尊未？」

答言：「已辭。」

舍利弗言：「汝等還西方，處處異國，種種異眾，必當問汝。汝等今於世尊所，聞善說法，當善受、善持、善觀、善入❻，足能為彼具足宣說，不毀佛耶？不令彼眾難問、詰責、墮負處❻耶？」

彼諸比丘白舍利弗：「我等為聞法故，來詣尊者，唯㊼願尊者具為我說，哀愍故。」

尊者舍利弗告諸比丘：「閻浮提❻人聰明利根❻，若剎利、若婆羅門、若長者、若沙門，必當問汝：『汝彼大師云何說法？以何教授㊽汝？』當答言：『大師唯說調伏欲貪，以此教授*。』

佛唯說調伏五陰欲貪

「當復問汝：『於何法中調伏欲貪？』當復答言：『大師唯說於彼色陰調伏欲貪，於受、想、行、識陰調伏欲貪，我大師如是說法。』

「彼當復問：『欲貪有何過患故，大師說於色調伏欲貪？受、想、行、識調伏欲貪？』汝復應答言：『若於色欲不斷、貪不斷、愛不斷、念不斷、渴不斷者，彼色若變、若異，則生憂、悲、惱、苦。受、想、行、識亦復如是。見欲貪有如是過故，於色調伏欲貪，於受、想、行、識調伏欲貪。』

欲貪的過患

---

❻ 善受、善持、善觀、善入：善能納受、保持、觀照、體悟。

❻ 墮負處：被人問倒，落入敗方。

❻ 閻浮提：佛經所載此世界的四大洲之一，人類居住於此。另譯為「閻浮洲」、「南瞻部洲」。

❻ 利根：銳利的根器；悟性高。

㊼「唯」，宋、元、明三本作「惟」。

㊽「授」，大正藏原為「教」，今依據宋、元、明三本改作「授」。*

斷欲貪的福利

「彼復當問：『見斷欲貪，有何福利❻故，大師說於色調伏欲貪，於受、想、行、識調伏欲貪？』當復答言：『若於色斷欲、斷貪、斷念、斷愛、斷渴，彼色若變、若異，不起憂、悲、惱、苦。受、想、行、識亦復如是。』

為什麼佛說這些法

「諸尊！若受諸不善法因緣故，今❽得現法樂住❻，不苦、不礙、不惱、不熱，身壞命終生於善處者，世尊終不說言：『當斷諸不善法。』亦不教人於佛法中修諸梵行，得盡苦邊。以受諸不善法因緣故，今*現法苦住❻，障礙熱惱❻，身壞命終，墮惡道中。是故世尊說言：『當斷不善法，於佛法中修諸梵行，平等盡苦❻，究竟苦邊❻。』

「若受諸善法因緣，現法苦住，障礙熱惱，身壞命終墮惡道中者，世尊終不說受持善法，於佛法中，修諸梵行，平等盡苦，究竟苦邊。受持善法，現法樂住，不苦、不礙、不惱、不熱，身壞命終，生於善處，是故世尊讚歎、教人受諸善法，於佛法中，修諸梵行，平等盡苦，究竟苦邊。」

尊者舍利弗說是法時，西方諸比丘不起諸漏，心得解脫。尊者舍利弗說是法時，諸比丘歡喜隨喜，作禮而去。

【對應經典】
- 《增壹阿含經》卷三十五〈莫畏品41〉第4經。
- 南傳《相應部尼柯耶》〈蘊相應22〉第2經天現經。

❻ 福利：好處。
❻ 現法樂住：當生保持著安樂、幸福；另譯作「見法樂住」。
❻ 現法苦住：當生保持在痛苦中。
❻ 熱惱：逼於劇苦，而身熱心惱。
❻ 平等盡苦：徹底地斷盡所有的苦。
❻ 究竟苦邊：到達苦的盡頭。
❽ 「今」，宋、元、明三本作「令」。*

第 109 經　【0034a24】

如是我聞：

一時，佛住舍衛國祇樹給孤獨園。

爾時，世尊告諸比丘：「譬如池水方五十由旬❼，深亦如是，其水盈滿。復有士夫，以毛、以草，或以指爪，以渧❼彼水。諸比丘！於意云何？彼士夫水渧為多，池水為多？」

比丘白佛：「彼士夫以毛、以草，或以指爪，所渧之水少，少不足言；池水甚多，百千萬倍，不可為比。」

「如⑤是。諸比丘！見諦者❼所斷眾苦，如彼池水，於未來世，永不復生。」

爾時，世尊說是法已，入室坐禪。時，尊者舍利弗於眾中坐，世尊入室去後，告諸比丘：「未曾所聞，世尊今日善說池譬。所以者何？聖弟子具足見諦，得無間等果，若凡俗邪見、身見❼根本、身見集、身見生、身見起；謂憂慼隱覆，慶吉保惜，說我、說眾生、說奇特矜舉❼。如是眾邪，悉皆除滅，斷除根本，如折多羅樹，於未來世更不復生。

「諸比丘！何等為見諦聖弟子斷上眾邪，於未來世永不復起？愚癡無聞凡夫見色是我、異我、我在色、色在我；見受、想、行、識，是我、異我、我在識、識在我。

「云何見色是我？得地一切入處正受❼，觀已，作是念：『地即

對於色是我、異我、相在的錯誤知見的詳細解說

---

❼ 由旬：長度單位，帝王一天行軍的里程，約七、八公里。另譯作「由延」。

❼ 渧：「滴」的古代俗寫。

❼ 見諦者：初果以上的聖者。「諦」指真實不虛的道理，「見諦」即證悟真理。

❼ 身見：執著於五陰有「我」的見解。

❼ 說奇特矜舉：說一些邪見奇特之事，自己吹捧自己。

❼ 一切入處正受：觀地、水、火、風、青、黃、赤、白、空、識等十法，使其一一周遍於一切處的入定修法，也作「十遍處」，「十一切處」。「正受」字面的意思是「正確地獲得」，指正確地到達定境。

⑤「如」，大正藏原為「加」，今依據前後文改作「如」。

是我，我即是地，我及地唯一無二，不異不別。』如是水、火、風、青、黃、赤、白一切入處正受，觀已，作是念：『行即是我，我即是行(76)，唯一無二，不異不別。』如是於一切入處，一一計我，是名色即是我。

「云何見色異我？若彼見受是我，見受是我已，見色是我所，或見想、行、識即是我，見色是我所。

「云何見我中色？謂見受是我，色在我中；又見想、行、識即是我，色在我中。

「云何見色中我？謂見受即是我，於色中住，入於色，周遍其四體(77)；見想，行，識是我，於色中住，周遍其四體，是名色中我。

「云何見受即是我？謂六受身——眼觸生受，耳、鼻、舌、身(51)、意觸生受。此六受身一一見是我(52)，是名受即是我。

「云何見受異我？謂見色是我，受是我所；謂想、行、識是我，受是我所，是名受異我。

「云何見我中受？謂色是我，受在其中，想、行、識是我，受在其中，是謂我中受(53)。

「云何見受中我？謂色是我，於受中住，周遍其四體；想、行、識是我(54)，於受中住，周遍其四體，是名受中我。

「云何見想即是我？謂六想身——眼觸生想，耳、鼻、舌、身、意觸生想。此六想身一一見是我，是名想即是我。

「云何見想異我？謂見色是我，想是我所；受、行(55)、識是我，想是我所，是名想異我。

---

(76) 行即是我，我即是行：此處疑為「白即是我，我即是白」的訛誤。

(77) 見受即是我，於色中住，入於色，周遍其四體：思量認為感受是「我」，在物質（身體）中停留，滲透於物質（身體）中，遍布於四肢。

(51) 宋、元、明三本無「身」字。

(52) 大正藏在「我」字之下有「我是受」三字，今依據宋、元、明三本刪去。

(53) 大正藏無「是謂我中受」五字，今依據宋、元、明三本補上。

(54) 「我」，宋、元、明三本作「我謂」。

(55) 大正藏無「受、行」二字，今依據宋、元、明三本補上。

「云何見我中想？謂色是我，想在中住，受、行、識是我，想在中住，是謂我中想㊿。

「云何見想中我？謂色是我，於想中住，周遍其四體；受、行、識是我，於想中住，周遍其四體㊼，是名想中我。

「云何見行是我？謂六思身——眼觸生思，耳、鼻、舌、身意觸生思。於此六思身一一見是我，是名行即是我。

「云何見行異我？謂㊽色是我，行是我所；受、想、識是我，行是我所，是名行異我。

「云何見我中行？謂色是我，行在中住。受、想、識㊾是我，行在中住，是謂我中行。

「云何見行中我？謂色是我，於行中住，周遍其四體，謂受、想、識是我，於行中住，周遍其四體，是名行中我。

「云何見識即是我？謂六識身——眼識，耳、鼻、舌、身、意識身。於此六識身一一見是我，是名識即是我。

「云何見識異我？見㊿色是我，識是我所，見受、想、行是我，識是我所，是名識異我。

「云何見我中識？謂色是我，識在中住。受、想、行是我，識在中住，是名我中識。

「云何識中我？謂色是我，於識中住，周遍其四體。受、想、行是我，於識中住，周遍其四體，是名識中我。

「如是聖弟子見四真諦❼，得無間等果，斷諸邪見，於未來世永不復起。所有諸色，若過去、若未來、若現在、若內、若外、若麤、

---

❼ 四真諦：即「四聖諦」，苦、集、滅、道。

㊿ 大正藏無「是謂我中想」五字，今依據宋、元、明三本補上。

㊼ 大正藏無「受、行、識是我，於想中住，周遍其四體」十四字，今依據宋、元、明三本補上。

㊽ 「謂」，宋、元、明三本作「謂見」。

㊾ 大正藏在「識」字之上有一「行」字，今依據宋、元、明三本刪去。

㊿ 「見」，宋、元、明三本作「謂見」。

若細、若好、若醜、若遠、若近㉖，一向積聚，作如是觀：『一切無常、一切苦、一切空、一切非我，不應愛樂、攝受、保持。受、想、行、識亦復如是，不應愛樂、攝受、保持。』如是觀，善繫心住❼❾，不愚於法。復觀精進，離諸懈息，心得喜樂，身心猗息❽⓿，寂靜捨住，具諸道品❽①，修行滿足，永離諸惡，非不消燼㉗❽②，非不寂滅。滅而不起，減而不增，斷而不生㉘，不取不著，自覺涅槃：『我生已盡，梵行已立，所作已作，自知不受後有。』」

舍利弗說是法時，六十比丘不受諸漏，心得解脫。佛說此經已，諸比丘聞佛所說，歡喜奉行。

【對應經典】

■ 南傳《相應部尼柯耶》〈現觀相應13〉第2經蓮池經。

【讀經拾得】

■ 身見

本經列舉了在禪定中——觀四大乃至五陰時，由於所見的境界，可能會臆測出五陰是我、異我、相在等邪見。例如得「地一切入處正受」時，感覺到身體內外的「地大」（堅固性）都統一了，沒有邊界，超越「小我」而有「大我」的體驗，但佛陀告訴我們這「大我」也是無常、無我的。

同理，以水、火、風、青、黃、赤、白為所緣而入定，會感覺到身體內外的水、火、風、青、黃、赤、白遍及一切，例如身心乃至宇宙都融入無邊無際、寧靜安祥的白光之中，就是「白一切入處正受」。這是不錯的定境，但一些人因此以為寧靜安祥的白光就是「真我」，則是錯誤的臆測。《中阿含經》卷五十九第215經有對這些定境更多的說明。

---

❼❾ 善繫心住：好好的讓心念安住。

❽⓿ 猗息：又譯為「輕安」，輕鬆安穩。「猗」通「倚」，依的意思；「息」為休息、停止的意思。

❽① 道品：即「三十七道品」，三十七類通往涅槃的方法。

❽② 消燼：消失熔化。

㉖ 「若遠、若近」，宋、元、明三本作「若近、若遠」。

㉗ 「燼」，宋本作「洋」，元、明二本作「烊」。

㉘ 大正藏在「生」字之下有「不生」二字，今依據宋、元、明三本刪去。

有了佛法的正見，才能超越這些片面的見解，得證無我的智慧，獲得解脫。從此經也可得知觀五陰的無常、苦、空、非我，不只是要在概念上的瞭解，更重要的是在禪定中的諦觀體驗。

「我思故我在」，是將五陰的哪一陰當作了「我」？

■ 是我、異我、相在

本經中對於外道所認知的「五陰是我、五陰異我、我中五陰、五陰中我」有詳細的定義。

凡夫執著認為在五陰中有「我」，例如就色（身體）與「我」的關係而言，凡夫可能誤認：

1. 色是我：身體就是「我」，至於受、想、行、識都是由這個「我」所擁有的東西。

2. 色異我：身體之外有「我」。例如以為識（覺知）甚至所謂的「靈魂」是「我」，而身體是由這個「我」所擁有的東西。

3. 我中色：身體處於「我」之中。例如以為識（覺知）是「我」，而身體是存在於識（「我」）之中。

4. 色中我：「我」處於身體之中。例如以為識（覺知）是「我」，遍布於身體中。

其中「我中色」、「色中我」合稱為色與我「相在」。

就邏輯來看，「色異我」、「我中色」、「色中我」都是認為色是我所（擁有的），其中「色異我」特指身體和「我」各自獨立，「我中色」特指身體包含於「我」之中，而「色中我」特指「我」被包含、遍布於身體之中。

若以糖和水來比喻，「色異我」就像分離的糖和水，「相在」就像糖溶在水中。糖雖然在水中，也與水無法區別，但糖畢竟不是水，就如「我」與「色」相在。

這些可以引申而含括外道的各種我見，例如一些外道認為大地之母（Earth Mother、Gaia、大我）是一種永恆的覺知（識），遍於一切物質（也包括身體）之中，一切物質都有大地之母在其中，這也屬於「色中我」。

本經中所述各種身見的邏輯關係，可參見如下示意圖：

◯ 表示身見（我見）

五陰是我

色 受	色 受	色 受	色 受	色 受
想 行 識	想 行 識	想 行 識	想 行 識	想 行 識
色＝我	受＝我	想＝我	行＝我	識＝我

五陰異我

色 受	色 受	色 受	色 受	色 受
想 行 識	想 行 識	想 行 識	想 行 識	想 行 識
色≠我	受≠我	想≠我	行≠我	識≠我
其他四陰＝我	其他四陰＝我	其他四陰＝我	其他四陰＝我	其他四陰＝我
色＝我所	受＝我所	想＝我所	行＝我所	識＝我所

五陰與我相在

我中(有)五陰

色	色	色	色	色
識 受	識 受	識 受	識 受	識 受
行 想	行 想	行 想	行 想	行 想
我中色	我中受	我中想	我中行	我中識
其他四陰＝我	其他四陰＝我	其他四陰＝我	其他四陰＝我	其他四陰＝我

五陰中(有)我

色	色	色	色	色
識 受	識 受	識 受	識 受	識 受
行 想	行 想	行 想	行 想	行 想
色中我	受中我	想中我	行中我	識中我
其他四陰＝我	其他四陰＝我	其他四陰＝我	其他四陰＝我	其他四陰＝我

上述二十種身見只是列舉，邏輯上可有各種不同的排列組合，例如外道以為「全部五陰為我」、「我在五陰之外」，甚至只有色受想是我，或是色受想異我等等。

佛陀則發現五陰都是因緣生滅的，一切的身心運作中沒有不變的自我。

第 110 經　【0035a17】

　　如是我聞：

　　一時，佛住毘舍離獼猴池側。毘舍離國有尼揵子⑥④⑧③，聰慧明哲，善解諸論，有聰明慢⑧④。所廣集諸論，妙智入微，為眾說法，超諸論師，每作是念：「諸沙門、婆羅門無敵我者，乃至如來亦能共論。諸論⑥⑤師輩，聞我名者，頭額津腋下⑥⑥汗，毛孔流水；我論議⑥⑦風，能偃草折樹，摧破金石，伏諸龍象，何況人間諸論師輩，能當我者！」

　　時，有比丘名阿濕波誓⑥⑧⑧⑤，晨朝著衣持鉢，威儀庠⑥⑨序，端視平涉，入城乞食。爾時，薩遮⑦⑩尼揵子，有少緣事，詣諸聚落，從城門出，遙見比丘阿濕波誓，即詣其所，問言：「沙門瞿曇為諸弟子云何說法？以何等法教諸弟子，令其修習？」

　　阿濕波誓言：「火種居士⑦①⑧⑥！世尊如是說法教諸弟子，令隨修學。言：『諸比丘！於色當觀無我，受、想、行、識當觀無我。此五受陰勤方便⑧⑦觀，如病、如癰、如刺、如殺，無常、苦、空、非我。』」

　　薩遮尼揵子聞此語，心不喜，作是言：「阿濕波誓！汝必誤⑦②聽，沙門瞿曇終不作是說。若沙門瞿曇作是說者，則是邪見，我⑦③當

---

⑧③ 尼揵子：「尼揵」外道的門徒。「揵」也作「犍」。「尼揵」特點為修裸形塗灰等苦行，教主是本卷先前提到的「尼揵陀若提子」。

⑧④ 聰明慢：因為聰明而傲慢自大。

⑧⑤ 阿濕波誓：比丘名，以威儀端正而聞名，義譯為馬勝、馬師，為佛陀最早度化的五比丘之一。

⑧⑥ 火種居士：事火婆羅門的通稱。

⑧⑦ 勤方便：勤奮努力。

⑥④ 「尼揵子」，永樂北藏作「尼犍子」，大正藏校勘有「尼揵子＝尼犍子」，但未註明版本。巴利本作 Niganṭhaputta。

⑥⑤ 宋、元、明三本無「論」字。

⑥⑥ 宋、元、明三本無「下」字。

⑥⑦ 「議」，宋、元、明三本作「義」。＊

⑥⑧ 「阿濕波誓」，巴利本作 Assaji。

⑥⑨ 「庠」，大正藏原為「詳」，今依據宋、元、明三本改作「庠」。

⑦⑩ 「薩遮」，巴利本作 Saccaka。

⑦① 「火種居士」，巴利本作 Aggivessana。

⑦② 「誤」，宋、元、明三本作「悞」。

⑦③ 宋、元、明三本無「我」字。

詣彼難詰令止。」

　　爾時，薩遮尼犍㉔子往詣聚落，諸離車㉕等集會之處，語諸離車言：「我今日見沙門瞿曇第一弟子，名阿濕波誓，薄共論議，若如其所說者，我當詣彼沙門瞿曇，與共論議*，進却迴轉❽，必隨我意。

　　「譬如士夫刈拔芟㉖草❾，手執其莖，空中抖擻，除諸亂穢；我亦如是，與沙門瞿曇論議*難詰，執其要領，進却迴轉，隨其所欲，去其邪說。

　　「如沽㉗酒❿家執其酒囊，壓取清醇㉘，去其糟滓；我亦如是，詣沙門瞿曇論議㉙難詰，進却迴轉，取其清真，去諸邪說。

　　「如織席師，以席盛諸穢物，欲市賣時，以水洗澤，去諸臭穢；我亦如是，詣沙門瞿曇所，與共論議*，進却迴轉，執其綱領，去諸穢說。

　　「譬如王家調象之師，牽大醉象，入深水中，洗其身體、四支、耳、鼻，周遍沐浴，去諸塵㉘穢；我亦如是，詣沙門瞿曇所，論議*難詰，進却迴轉，隨意自在，執其要領，去諸穢說。汝諸離車，亦應共往觀其得失。」

　　中有離車作如是言：「若薩遮尼犍*子能與沙門瞿曇共論議*者，無有是處。」

　　復有說言：「薩遮尼犍*子聰慧利根，能共論議*。」

　　時有五百離車與薩遮尼犍*子㉛共詣佛所，為論議㉜故。

---

❽ 進却迴轉：形容議論時，雙方唇槍舌箭，你來我往的情況。

❾ 刈拔芟草：拔除割去草和草根。「刈」指「割草」，「芟」指「草根」。

❿ 沽酒：賣酒。

㉔ 「犍」，宋、元、明三本作「揵」。*

㉕ 「離車」，巴利本作 Licchavi。

㉖ 「拔芟」，宋、元、明三本作「芟芟」。

㉗ 「沽」，宋、元、明三本作「酤」。

㉘ 「醇」，宋、元、明三本作「淳」。

㉙ 「議」，大正藏原為「義」，今依據高麗藏改作「議」。

㉘ 「塵」，大正藏原為「麁」，今依據宋、元、明三本改作「塵」。

㉛ 宋、元、明三本無「子」字。*

㉜ 「議」，明本作「義」。

爾時，世尊於大林中，坐一樹下，住於天住❾❶。時，有眾多比丘出房外林中經行❾❷，遙見薩遮尼犍*子來，漸漸詣諸比丘所，問諸比丘言：「沙門瞿曇住在何所？」

比丘答言：「在大林中，依一樹下，住於天住。」

薩遮尼犍*子即詣佛所，恭敬問訊，於一面坐。諸離車長者亦詣佛所，有恭敬者，有合掌問訊者，問訊已，於一面住。

時，薩遮尼犍*子白佛言：「我聞瞿曇作如是說法，作如是教授諸弟子——教諸弟子於色觀察無我，受、想、行、識觀察無我，此五受陰勤方便觀察，如病、如癰、如刺、如殺，無常、苦、空、非我㊃。——為是瞿曇有如是教，為是傳者毀瞿曇耶㊄？如說說耶？不如說說耶？如法㊅說耶？法次法說耶？無有異忍㊆❾❸來相難詰，令墮負處耶？」

佛告薩遮尼犍*子*：「如汝所聞，彼如說說、如法說、法次法說，非為謗毀，亦無難問令墮負處。所以者何？我實為諸弟子如是說法，我實常教諸弟子，令隨順法教，令觀色無我。受、想、行、識無我，觀此五受陰如病，如癰、如刺、如殺，無常、苦、空、非我。」

薩遮尼犍*子白佛言：「瞿曇！我今當說譬。」

佛告薩遮尼犍*子：「宜知是時。」

「譬如世間一切所作皆依於地。如是色是我人，善惡從生；受、想、行、識是我人，善惡從生。又復譬如人界㊇、神界、藥草、樹木，皆依於地而得生長；如是色是我人，受、想、行、識是我人。」

佛告火種居士：「汝言色是我人，受、想、行、識是我人耶？」

答言：「如是，瞿曇！色是我人，受、想、行、識是我人。此

---

❾❶ 天住：在白天安住；入禪定。

❾❷ 經行：在一定的路徑上專心地往返步行。

❾❸ 異忍：不同信仰的人。

㊃「我」，宋、元、明三本作「我耶」。

㊄「耶」，宋、元、明三本作「也」。

㊅「法」，宋本作「諸」。

㊆「忍」，元、明二本作「人」。

㊇「界」，宋、元、明三本作「眾」。

等諸眾悉作是說。」

佛告火種居士：「且立汝論本，用引眾人為❹？」

薩遮尼犍*子*白佛言：「色實是我人。」

佛告火種居士：「我今問汝，隨意答我。譬如國王，於自國土有罪過者，若殺、若縛、若擯❺、若鞭、斷絕手足；若有功者，賜其象馬、車乘、城邑、財寶，悉能爾不？」

答言：「能爾，瞿曇！」

佛告火種居士：「凡❽是主者，悉得自在不？」

答言：「如是，瞿曇！」

佛告火種居士：「汝言色是我，受、想、行、識即是我，得隨意自在，令彼如是，不令如是耶？」

時，薩遮尼犍*子*默然而住。

佛告火種居士：「速說，速說，何故默然？」

如是再三，薩遮尼犍*子*猶故默然。

時，有金剛力士❽❻鬼神持金剛杵，猛火熾然，在虛空中臨薩遮尼犍*子*頭上，作是言：「世尊再三問，汝何故不答？我當以金剛杵❼碎破汝頭，令作七分。」

佛神力故，唯令薩遮尼犍*子*見金剛神，餘眾不見。薩遮尼犍*子*得大恐怖，白佛言：「不爾，瞿曇！」

佛告薩遮尼犍子：「徐徐思惟，然後解說。汝先於眾中說色是我，受、想、行、識是我，而今言不？前後相違。汝先常說言：『色

---

❹ 且立汝論本，用引眾人為：且先立定你論說的根本，何必引用眾人的說法呢？

❺ 擯：排除、拋棄。

❻ 金剛力士：護持佛法的大力天神。相當的南傳經文作「金剛手夜叉」，相當的《增壹阿含經》作「密跡金剛力士」。

❼ 金剛杵：一種兵器。在佛教作法器使用，象徵智慧如金剛般堅硬，能斷一切煩惱。

❽ 「凡」，宋、元二本作「兄」。

❽ 大正藏無「士」字，今依據宋、元、明三本補上。

是我，受、想、行、識是我。』火種居士！我今問汝，色為常耶？為無常耶？」

答言：「無常，瞿曇！」

復問：「無常者，是苦耶？」

答言：「是苦，瞿曇！」

復問：「無常、苦者，是變易法，多聞聖弟子寧於中見我、異我、相在不？」

答曰：「不也，瞿曇！」

受、想、行、識亦如是說。

佛告火種居士：「汝好思而後說。」

復問火種居士：「若於色未離貪、未離欲、未離念、未離愛、未離渴，彼色若變、若異，當生憂、悲、惱、苦⑨⓪不？」

答曰：「如是，瞿曇！」

受、想、行、識亦如是說。

復問：「火種居士！於色離貪、離欲、離念、離愛、離渴，彼色若變、若異，則不生憂、悲、惱、苦耶？」

答曰：「如是⑨①，瞿曇！如實無異。」

受、想、行、識亦如是說。

「火種居士！譬如士夫身嬰眾苦❾❽，常與苦俱，彼苦不斷不捨，當得樂不？」

答言：「不也，瞿曇！」

「如是，火種居士！身嬰眾苦，常與苦俱，彼苦不斷、不捨，

---

❾❽ 身嬰眾苦：身體被許多苦所纏絆。「嬰」是纏、絆的意思。
⑨⓪ 「惱、苦」，宋、元、明三本作「苦、惱」。
⑨① 「是」，宋、元、明三本作「是如是」。

不得樂也。火種居士！譬如士夫持斧入山，求堅實材。見芭蕉樹❾❾洪大傭直⓿，即斷其根葉，剽剝⓵其皮，乃至窮盡，都無堅實。火種居士！汝亦如是，自立論端。我今善求真實之義，都無堅實，如芭蕉樹也，而於此眾中敢有所說。我不見沙門、婆羅門中，所知、所見能與如來、應、等正覺所知、所見共論議㊲，不摧伏者。而便自說：『我論議*風，偃草折樹，能破金石，調伏龍象，要能令彼額津腋汗，毛孔水流。』汝今自論己義而不自立，先所誇說能伏彼相，今盡自取⓶，而不能動如來一毛。」

爾時，世尊於大眾中，被㊳欝多羅僧⓷，現胸而示：「汝等試看，能動如來一毛以不？」

爾時，薩遮尼犍*子默然低頭，慚愧失色。爾時，眾中有一離車，名突目佉㊴，從座起，整衣服，合掌白佛言：「世尊！聽我說譬。」

佛告突目佉：「宜知是時。」

突目佉白佛言：「世尊！譬如有人執持斗斛⓸，於大聚穀中，取二三斛，今此薩遮尼犍*子亦復如是。世尊！譬如長者巨富多財，忽有罪過，一切財物悉入王家，薩遮尼犍*子亦復如是。所有才辯悉為如來之所攝受。

「譬如城邑聚落邊有大水，男女大小悉入水戲，取水中蟹，截斷其足，置於陸地，以無足故，不能還復入於大水。薩遮尼犍*子亦復如是。諸有才辯悉為如來之所斷截，終不復敢重詣如來命敵論議*。」

---

❾❾ 芭蕉樹：芭蕉是多年生的大型草本植物，樹幹是由樹葉的葉柄延展變形、互相緊密包圍，形成外表像莖的形狀。如果將莖從外向內，層層剝開，最後只是空的，不像一般樹幹有實心可當木材。經中以此樹比喻無堅無實。

⓿ 傭直：平而直。「傭」是平、直的意思。

⓵ 剽剝：刺開割裂。「剽」是以石頭或其他利器刺入。

⓶ 先所誇說能伏彼相，今盡自取：（薩遮尼犍子）先前所自誇說能降伏他（佛陀）而造成的樣子（額津腋汗、毛孔水流），現在通通都發生在自己身上了、咎由自取。

⓷ 被欝多羅僧：披著上衣。「欝多羅僧」是袈裟名，三衣之一，意思是「上衣」，作法事入眾時所披的。「欝」是「鬱」在古代的俗字。

⓸ 斗斛：十斗為一升，十升為一斛。「斗斛」是計算容積的量器。

㊲ 「議」，宋、元、明三本作「義」。*

㊳ 「被」，宋、元、明三本作「披」。

㊴ 「突目佉」，巴利本作 Dummukha。

爾時，薩遮尼犍*子忿怒熾盛，罵唾⑨突目佉離車言：「汝麁疏物，不審諦何為其鳴？吾自與沙門瞿曇論，何豫汝事？」

薩遮尼犍*子呵罵突目佉已，復白佛⑨言：「置彼凡輩鄙賤之說，我今別有所問。」

佛告薩遮尼犍*子：「恣汝所問，當隨問答。」

「云何，瞿曇！為弟子說法，令離疑惑？」

佛告火種居士：「我為諸弟子說諸所有色，若過去、若未來、若現在，若內、若外，若麁、若細，若好、若醜，若遠、若近，彼一切如實觀察非我、非異我、不相在；受、想、行、識亦復如是。彼學必見跡⑩不斷壞，堪任成就厭離知見，守甘露門，雖非一切悉得究竟，具⑨向涅槃。如是弟子從我教法，得離疑惑。」

復問：「瞿曇！復云何教諸弟子，於佛法得盡諸漏、無漏，心解脫、慧解脫，現法自知作證：『我生已盡，梵行已立，所作已作，自知不受後有』？」

佛告火種居士：「正以此法，諸所有色，若過去、若未來、若現在，若內、若外，若麁、若細，若好、若醜，若遠、若近，彼一切如實知非我、非異我、不相在；受、想、行、識亦復如是。彼於爾時成就三種無上——智無上、解脫⑱無上、解脫知見⑲無上。成就三種無上已，於大師所恭敬、尊重、供養。如佛世尊覺一切法，即以此法調伏弟子，令得安隱、令得無畏、調伏寂靜、究竟涅槃。世尊為涅槃故，為弟子說法。火種居士！我諸弟子於此法中，得盡諸漏，得心解脫，得慧解脫，於現法中自知作證：『我生已盡，梵行已立，所作已作，自知不受後有。』」

薩遮尼犍*子*白佛言：「瞿曇！猶如壯夫，鋒刃亂下，猶可得免；瞿曇論手，難可得脫。如盛毒蛇，猶可得避；曠澤猛火，猶可得避；兇

---

⑩ 見跡：見道跡；見道。

⑨「唾」，宋、元、明三本作「呵」。

⑨「佛」，明本作「復」。

⑨「具」，大正藏原為「且」，今依據宋、元、明三本改作「具」。

⑱「解脫」，宋、元、明三本作「道」。

⑲ 宋、元、明三本無「知見」二字。

惡醉象，亦可得免；狂餓師子，悉可得免；沙門瞿曇論議*手中，難可得脫。非我凡品，輕躁鄙夫，論具不備，以論議*故，來詣瞿曇。

「沙門瞿曇！此毘舍離豐樂國土，有遮波梨支提❿、漆菴羅樹支提、多子支提、瞿曇在拘樓陀支提、婆⓿羅受持支提、捨重擔支提、力士寶冠支提。世尊！當安樂於此毘舍離國，諸天、魔、梵、沙門、婆羅門，及諸世間，於世尊所，常得恭敬、奉事、供養，令此諸天、魔、梵、沙門、婆羅門，長夜安樂。唯願止此，明朝與諸大眾，受我薄食。」

爾時，世尊默然而許。時，薩遮尼犍*子知佛世尊默然受請已，歡喜隨喜，從座起去。

爾時，薩遮尼犍*子於彼道中，語諸離車：「我已請沙門瞿曇及諸大眾，供設飯食，汝等人各辦一釜❿食，送至我所。」

諸離車各還其家，星夜供辦，晨朝送至薩遮尼犍*子所。薩遮尼犍*子晨朝灑掃敷座，供辦淨水，遣使詣佛，白言：「時到。」

爾時，世尊與諸大眾，著衣持鉢，往薩遮尼犍*子所，大眾前坐。薩遮尼犍*子自手奉施清淨飲食，充足大眾。食已，洗鉢竟。薩遮尼犍*子知佛食竟，洗鉢已，取一卑床於*佛前坐。爾時，世尊為薩遮尼犍*子⓵說隨喜偈言：

「於諸大會中，　　　　奉火為其最；
　闍⓶陀經典❽中，　　婆*毘諦❾為最；
　人中王為最，　　　　諸河海為最，
　諸星月為最，　　　　諸明日為最，
　十方❿天人中，　　　等正覺為最。」

---

❿ 支提：一種塔狀的建築。義譯為「靈廟」。

❿ 釜：鍋。

❽ 闍陀經典：婆羅門教所傳的經典，又譯為「吠陀」。

❾ 婆毘諦：婆羅門教闍陀經典中所講的真理。

❿ 十方：東、西、南、北、東南、西南、東北、西北、上、下。

⓿ 「婆」，宋、元、明三本作「娑」。*

⓵ 「子」，元本作「一」。

⓶ 「闍」，宋、元、明三本作「闡」。

爾時，世尊為薩遮尼犍*子*種種說法，示、教、照、喜已，還歸本處。

時，諸比丘於彼道中眾共論議*：「五百離車各為薩遮尼犍*子供辦飲食，彼諸離車於何得福？薩遮尼犍*子於何得福？」

爾時，諸比丘還自住處，舉衣鉢，洗足已，至世尊所，頭面禮足，退坐一面，白佛言：「世尊！我等向於路中自共論議*，五百離車為薩遮尼犍*子供辦飲食，供養世尊、諸大眾。彼諸離車於何得福？薩遮尼犍*子於何得福？」

佛告諸比丘：「彼諸離車供辦飲食，為薩遮尼犍*子，於薩遮尼犍*子所因緣得福，薩遮尼犍*子得福佛功德。彼諸離車得施有貪、恚、癡因緣果報，薩遮尼犍*子得施無貪、恚、癡因緣果報。」

彼多羅十問⑩　　差摩、焰、仙尼
阿㝹羅、長者⑩　　西、毛端、薩遮

【對應經典】

- 《增壹阿含經》卷三十〈六重品37〉第10經。
- 南傳《中部尼柯耶》〈雙大品4〉第35經薩遮小經。
- 《吐魯番出土梵文寫本》997A。

【讀經拾得】

本經記載佛世時的知識分子、聰明而高傲的薩遮尼犍子聽說佛陀講無我，就去拆台說五陰是我，結果反被拆台，可見有聰明不見得有智慧。

而此經中佛陀以國王對於國土應該要能自在，來破斥五陰是我的說法，可與卷二第33、34經的前半部對讀：「色非是我。若色是我者，不應於色病、苦生，亦不應於色欲令如是、不令如是。」（CBETA, T02, no. 99, p. 7, b23-25）

本經最後一段，比丘問佛：「離車族的人幫薩遮尼犍子辦桌供佛，從哪邊獲得福報呢？薩遮尼犍子辦桌供佛，從哪邊獲得福報呢？」佛陀回答：「這些離車族的人是為了薩遮尼犍子而準備飲食，所以將由薩遮尼犍子的因緣而得福，薩遮尼犍子則獲得了供佛的福報。離車族的人布施所獲得的是還有貪、瞋、癡的因緣果報，而薩遮尼犍子布施所獲得的是無貪、瞋、癡的因緣果報。」可見布施所獲得的福報，會因發心的不同而有差別。

---

⑩ 本經缺《彼多羅十問經》，可參考《中阿含經》卷四第20經「波羅牢經」〔No. 26（20）〕及《南傳大藏經·相應部尼科耶》〈聚落主相應42〉S. 42. No.13 Pātaliī.（波羅牢），此二經經名相似該經。

⑩ 「者」，宋、元二本作「老」。

好讀

雜阿含經

卷第六

導讀：羅陀尊者；羅陀相應

羅陀尊者是佛陀的侍者之一，照顧佛陀的起居，因此有許多機會聽聞佛陀的教導。

羅陀尊者是婆羅門種貴族出身，但晚年子女不奉養他，窮困潦倒，到佛陀的僧團打雜糊口。他想要出家，但其他的比丘看他年紀那麼大，不知道是否還有學習佛法及戒律的能力，因此不敢答應。最後是佛陀的安排下，由舍利弗尊者剃度他。而他沒多久就證阿羅漢了。

佛陀曾經以羅陀尊者為例，要大家學習他服從教導、接受批評、不生瞋恨的態度。或許因為他是年老潦倒後出家，歷經世態炎涼，因此也特別順從，不與人爭。或許也因此，本卷記載了外道聽了他說佛法後不信服，而惡言相向，他也沒有回應，反而自己先反省是否有說錯佛法。

羅陀尊者一向忍辱、不與人爭，隨時反省自身對佛法的理解，也是功不唐捐的。本卷第 123 經即記載羅陀尊者證得了阿羅漢。

《雜阿含經》「羅陀相應」的內容為本卷第 111 ～ 129 經，包含佛陀對羅陀尊者關於五陰的開示，跟《雜阿含經》前幾卷的內容互相呼應。第 113 ～ 119 經即記載了外道向羅陀尊者詢問為何要跟隨佛陀出家，他所作的回答。

第 111 經 【0037c06】

如是我聞：

一時，佛住摩拘羅山。

時，有侍者比丘名曰羅陀①，晡時從禪覺，往詣佛所，禮佛足，

---

① 「羅陀」，巴利本作 Rādha。

退坐一面，白佛言：「如世尊說有流❶。云何名有流？云何名有流滅？」

佛告羅陀：「善哉所問，當為汝說。所謂有流者，愚癡無聞凡夫於色集、色滅、色味、色患、色離不如實知；不如實知故，於色愛樂、讚歎、攝受、染著。緣愛樂色故取，緣取故有❷，緣有故生❸，緣生故老、病、死、憂、悲、惱、苦增。如是純大苦聚斯集起。受、想、行、識亦復如是。是名有流。

「多聞聖弟子於色集、色滅、色味、色患、色離如實知；如實知故，於彼色不起愛樂、讚歎、攝受、染著；不愛樂、讚歎、攝受、染著故，色愛則滅，愛滅則取滅，取滅則有滅，有滅則生滅，生滅則老、病、死、憂、悲、苦、惱②滅③，如是純大苦聚滅。受、想、行、識亦復如是。是名如來所說有④流、有流滅。」

佛說此經已，羅陀比丘聞佛所說，歡喜奉行。

【對應經典】

■ 南傳《相應部尼柯耶》〈羅陀相應23〉第3經有綱經。

第 112 經 【0037c24】

如是我聞：

一時，佛住摩拘羅山。

時，有侍者比丘名羅陀，晡時從禪覺，往詣佛所，禮佛足，退坐一面，白佛言：「世尊！如世尊說色斷知，受、想、行、識斷知。世

---

❶ 有流：有（生命的存在）之流。「流」是以漂流於水比喻沉淪生死。

❷ 有：（因為執取，所以有）生命的存在；積集的善惡業；有三種：欲有、色有、無色有。

❸ 生：（生命存在而）出生。例如眾生的出生、身心的產生等。

② 「苦、惱」，宋、元、明三本作「惱、苦」。＊

③ 大正藏無「滅」字，今依據宋、元、明三本補上。

④ 「有」，宋本作「有有」。

尊！云何色斷知，受、想、行、識斷知⑤？」

佛告羅陀：「善哉所問，當為汝說。於色憂、悲、苦、惱＊盡，離欲、滅、息、沒，是名色斷知；於受、想、行、識，憂、悲、惱、苦盡，離欲、滅、息、沒，是名受、想、行、識斷知。」

佛說此經已，羅陀比丘聞佛所說，歡喜奉行。

【對應經典】

■ 南傳《相應部尼柯耶》〈羅陀相應23〉第4經所遍知經。

第 113 經　【0038a04】

如是我聞：

一時，佛住在⑥摩拘羅山。時，有⑦侍者比丘名曰羅陀。

時，有眾多外道出家❹詣尊者羅陀所，共相問訊已，退坐一面，問尊者羅陀言：「汝何故於沙門瞿曇所出家修梵行？」

尊者羅陀答言：「我為斷苦故，於世尊所出家修梵行。」

復問：「汝為斷何等苦故，於沙門瞿曇所出家修梵行？」

羅陀答言：「為斷色苦故，於世尊所出家修梵行，斷受、想、行、識苦故，於世尊所出家修梵行。」

時，諸外道出家聞尊者羅陀所說，心不喜，從座⑧起，呵罵而去。

爾時，尊者羅陀知⑨諸外道出家去已，作是念：「我向如是說，

---

❹ 外道出家：泛稱佛弟子以外的修行者，另譯作「異學」。

⑤「斷知」，巴利本作 Pariññeyya。

⑥ 宋、元、明三本無「在」字。

⑦ 大正藏無「時，有」二字，今依據宋、元、明三本補上。＊

⑧「座」，大正藏原為「坐」，今依據宋、元、明三本改作「座」。＊

⑨ 宋、元、明三本無「知」字。

將不毀謗世尊耶？如說說耶？如法說、法次法說耶？將不為他難問詰責墮負處耶❺？」

爾時，尊者羅陀晡時從禪覺，往詣佛所，稽首佛足，却住⑩一面，以其上事具白佛言：「世尊！我向所說，得無過耶？將不毀謗世尊耶？不為他人難問詰責墮負處耶？如說說耶？如法說、法次法說耶？」

佛告羅陀：「汝誠⑪實說，不毀如來，如說說、如法說、法次法說。所以者何？羅陀！色苦，為斷彼苦故，出家修梵行；受、想、行、識苦，為斷彼苦故，出家修梵行。」

佛說此經已，羅陀比丘聞佛所說，歡喜奉行。

第 114 經　【0038a28】

如是我聞：

一時，佛住摩拘羅山。時，有*侍者比丘名曰羅陀。

時，有眾多外道出家至尊者羅陀所，共相問訊已，退坐一面，問羅陀言：「汝為何等故，於沙門瞿曇所出家修梵行？」

羅陀答言：「我為知苦故，於世尊所出家修梵行。」

時，諸外道聞羅陀所說，心不喜，從座*起，呵罵而去。

爾時，羅陀晡時從禪覺，往詣佛所，稽首佛足，退坐一面。以其上事具白佛言：「世尊！我向所說，得無毀謗世尊耶？將不令他難問詰責墮負處耶？不如說說、非如法說、非法次法說耶？」

佛告羅陀：「汝真實說，不毀如來，不令他人難問詰責墮負處

---

❺ 將不為他難問詰責墮負處耶：是否使得他人出難題責問時，我們被人問倒、落入敗方？
⑩「住」，宋、元、明三本作「坐」。
⑪「誠」，大正藏原為「成」，今依據宋、元、明三本改作「誠」。

也，是如說說、如法說、法次法說。所以者何？色是苦，為知彼苦故，於如來所出家修梵行；受、想、行、識是苦，為知彼苦故，於如來所出家修梵行。」

佛說此經已，羅陀比丘聞佛所說，歡喜奉行。

【對應經典】

■ 南傳《相應部尼柯耶》〈六處相應35〉第81經比丘經。

第 115 經　【0038b16】

如是我聞：

一時，佛住摩拘羅山。時，有侍者比丘名曰羅陀。

時，有眾多外道出家至尊者羅陀所，共相問訊已，退坐一面，問羅陀言：「汝為何等故，於沙門瞿曇所出家修梵行？」

羅陀答言：「為於色憂、悲、惱、苦盡，離欲、滅、寂、沒故，於如來所出家修梵行；為於受、想、行、識，憂、悲、惱、苦盡，離欲、滅、寂、沒故，於如來所出家修梵行。」

爾時，眾多外道出家聞是已，心不喜，座*坐起，呵罵而去。

爾時，羅陀晡時從禪覺，往詣佛所，稽首禮足，退坐一面。以其上事具白佛言：「世尊！我得無謗世尊耶？不令他人來難問詰責墮負處耶？不如說說、非如法說、非法次法說耶？」

佛告羅陀：「汝真實說，不謗如來，不令他人難問詰責墮負處也⑫，如說說、如法說、法次法說。所以者何？羅陀，色憂、悲、惱、苦，為斷彼故，於如來所出家修梵行。受、想、行、識，憂、悲、惱、苦，為斷彼故，於如來所出家修梵行。」

佛說此經已，羅陀比丘聞佛所說，歡喜奉行。

---

⑫「也」，明本作「耶」。

第 116 經 　【0038c07】

如是我聞：

一時，佛住摩拘羅山。時，有侍者比丘名曰羅陀。

時，有眾多外道出家至羅陀所，共相問訊已，退坐一面，問羅陀⑬言：「汝何故於沙門瞿曇所出家修梵行？」

羅陀答言：「於色見我、我所、我慢⑭使繫著❻，彼若盡、離欲、滅、寂、沒，於受、想、行、識，見我、我所、我慢使繫著，彼若盡、離欲、滅、寂、沒故，於世尊所出家修梵行。」

諸外道出家聞是語，心不喜，從座*起，呵罵而去。

羅陀比丘晡時從禪覺，往詣佛所，稽首禮足，退坐一面。以其上事具白佛言：「世尊！我之所說，得無毀謗世尊耶？不令他人難問詰責墮負處耶？不如說說、不如法說、非法次法說耶？」

佛告羅陀：「汝真實說，不謗如來，不令他人難問詰責墮負處也，是如說說、如法說、法次法說。所以者何？於色見我、我所、我慢使繫著，彼若盡、離欲、滅、寂、沒故。受、想、行、識，見我、我所、我慢使繫著，彼若盡、離欲、滅、寂、沒故，於如來所出家修梵行。」

佛說此經已，羅陀比丘聞佛所說，歡喜奉行。

第 117 經 　【0038c27】

如是我聞：

一時，佛住摩拘羅山。時，有侍者比丘名曰羅陀。

---

❻ 我慢使繫著：被「自我中心、傲慢」的結使（煩惱）繫縛。

⑬「陀」，宋、元、明三本作「陀比丘」。

⑭「慢」，大正藏原為「漫」，今依據前後文改作「慢」。

時，有眾多外道出家至羅陀所，共相問訊已，退坐一面，問羅陀言：「汝何故於沙門瞿曇所出家修梵行？」

羅陀答言：「於色有漏，障閡、熱惱、憂悲，彼若盡、離欲、滅、寂、沒。受、想、行、識有漏，障閡⑮、熱惱、憂悲，彼若盡、離欲、滅、寂、沒故，於如來所出家修梵行。」

時，眾多外道出家聞是已，心不喜，從座*起，呵罵而去。

爾時，羅陀晡時從禪覺，往詣佛所，稽首佛足，退坐一面。以其上事具白佛言：「世尊！我之所說，將無謗世尊耶？不令他人難問詰責墮負處耶？不如說說、不如法說、非法次法說耶？」

佛告羅陀：「汝真實說，不謗如來⑯。所以者何？色有漏，有障閡*、熱惱、憂悲，彼若盡、離欲、滅、寂、沒。受、想、行、識有漏，障閡*、熱惱、憂悲，彼若盡、離欲、滅、寂、沒故，於如來所出家修梵行。」

佛說此經已，羅陀比丘聞佛所說，歡喜奉行。

第 118 經　【0039a16】

如是我聞：

一時，佛住摩拘羅山。時，有侍者比丘名曰羅陀。

時，有外道出家至羅陀所，共相問訊已，退坐一面，問羅陀言：「汝何故於沙門瞿曇所出家修梵行？」

羅陀答言：「於色貪、恚、癡，彼若盡、離欲、滅、寂、沒；於受、想、行、識，貪、恚、癡，彼若盡、離欲、滅、寂、沒，於如來所出家修梵行。」

---

⑮「閡」，宋、元、明三本作「礙」。＊

⑯ 宋、元、明三本在「來」字之後尚有「不令他人難問詰責墮負處也，如說說、如法說、法次法說」二十二字。

諸外道聞是語已，心不喜，從座*起，呵罵⑰而去。

羅陀比丘晡時從禪覺，往詣佛所，稽首佛足，退坐一面。以其上事具白佛言：「世尊！我之所說，將無謗世尊耶？不令他人難問詰責墮負處耶？不如說說、不如法說、非法次法說耶？」

佛告羅陀：「汝真實說，不謗如來，不令他人難問詰責墮負處也，如說說、如法說、法⑱次法說。所以者何？於色貪、恚、癡，彼若盡、離欲、滅、寂、沒；於受、想、行、識，貪、恚、癡，彼若盡、離欲、滅、寂、沒故，於如來所出家修梵行。」

佛說此經已，羅陀比丘聞佛所說，歡喜奉行。

第 119 經　【0039b06】

如是我聞：

一時，佛住摩拘羅山。時，有侍者比丘名曰羅陀。

時，有眾多外道出家至羅陀所，共相問訊已，退坐一面，問羅陀言：「汝何故於沙門瞿曇所出家修梵行？」

羅陀答言：「於色欲、愛、喜，彼若盡、離欲、滅、寂、沒；於受、想、行、識，欲、愛、喜，彼若盡、離欲、滅、寂、沒故，於如來所出家修梵行。」

時，諸外道聞是語已，心不喜，從座*起，呵罵而去。

羅陀比丘晡時從禪覺，詣佛所，稽首佛足，退坐一面。以其上說具白佛言：「世尊！我之所說，不謗如來耶？不令他人難問詰責墮負處耶？不如說說、不如法說、非法次法說耶？」

---

⑰「罵」，大正藏原為「責」，今依據宋、元、明三本改作「罵」。
⑱「法」，宋、元、明三本作「如法」。

佛告⑲羅陀：「汝真實說，不謗如來，不令他人難問呵責⑳墮負處也，如說說、如法說、如㉑法次法說。所以者何？於色欲、愛、喜，彼若盡、離欲、滅、寂、沒；於受、想、行、識，欲、愛、喜，彼若盡、離欲、滅、寂、沒故，於如來所出家修梵行。」

佛說此經已，羅陀比丘聞佛所說，歡喜奉行。

第 120 經　【0039b25】

如是我聞：

一時，佛住摩拘羅山。時，有侍者比丘名曰羅陀㉒。

爾時，世尊告羅陀言：「諸所有色，若過去、若未來、若現在，若內、若外，若麁、若細，若好、若醜，若遠、若近，彼一切當觀皆是魔所作❼；諸所有受、想、行、識，若過去、若未來、若現在，若內、若外，若麁、若細，若好、若醜，若遠、若近，彼一切當觀皆是魔所作。」

佛告羅陀：「色為常耶？為無常耶？」

答曰：「無常，世尊！」

復問：「若無常者，是苦耶？」

答曰：「是苦，世尊！」

「受、想、行、識亦復如是。」復問：「羅陀，若無常、苦者，是變易法，多聞聖弟子寧於中見色是我、異我、相在不？」

答曰：「不也，世尊！」

---

❼ 皆是魔所作：都是魔所主宰的。

⑲「告」，元本作「答」。

⑳「責」，大正藏原為「嘖」，今依據宋、元、明三本改作「責」。

㉑ 宋、元、明三本無「如」字。

㉒「羅陀」，巴利本作 Rādha。

「受、想、行、識亦復如是。㉓」佛告羅陀：「若多聞聖弟子於此五受陰不見是我、是我所故，於諸世間都無所取，無所取故無所著，無所著故自覺涅槃：『我生已盡，梵行已立，所作已作，自知不受後有。』」

佛說此經已，羅陀比丘聞佛所說，歡喜奉行。

【對應經典】

■ 南傳《相應部尼柯耶》〈羅陀相應23〉第1經魔經。

第 121 經　　【0039c14】

如是我聞：

一時，佛住摩拘羅山。時，有侍者比丘名曰羅陀。

爾時，世尊告羅㉔陀比丘言：「諸所有色，若過去、若未來、若現在，若內、若外，若麁、若細，若好、若醜，若遠、若近，彼一切皆是死法❽；所有受、想、行、識，若過去、若未來、若現在，若內、若外，若麁、若細，若好、若醜，若遠、若近，彼一切皆是死法。」

佛告羅陀：「色為常耶？為無常耶？」

答曰：「無常，世尊！」

復問：「若㉕無常者，是苦耶？」

答曰：「是苦，世尊！」

---

❽ 死法：會敗壞滅去的事物。

㉓ 大正藏無「受、想、行、識亦復如是。」八字，今依據宋、元、明三本補上。

㉔ 「羅」，宋本作「維」。

㉕ 宋、元、明三本無「若」字。

「受、想、行、識，為常㉖、為無常耶？」

答曰：「無常，世尊！」

復問：「若無常者，是苦耶？」

答曰：「是苦，世尊！」

復問：「若無常、苦者，是變易法，多聞聖弟子寧於中見是我、異我、相在不？」

答曰：「不也，世尊！」

佛告羅陀：「若多聞聖弟子於此五受陰如實觀察非我、非我所者，於諸世間都無所取，無所取者無所著，無所著故自覺涅槃：『我生已盡，梵行已立，所作已作，自知不受後有。』」

佛說此經已，羅陀比丘聞佛所說，歡喜奉行。

【對應經典】

■ 南傳《相應部尼柯耶》〈羅陀相應23〉第12經魔法經。

第 122 經　【0040a04】

如是我聞：

一時，佛住摩拘羅山。

時，有侍者比丘名曰羅陀㉗，白佛言：「世尊！所謂眾生者，云何名為眾生？」

佛告羅陀：「於色染著纏綿，名曰眾生；於受、想、行、識染著纏綿，名曰眾生。」

㉖「常」，宋、元、明三本作「常耶」。
㉗「羅陀」，巴利本作 Rādha。

佛告羅陀：「我說於色境界當散壞消滅，於受、想、行、識境界當散壞消滅，斷除愛欲，愛盡則苦盡，苦盡者我說作苦邊。譬如聚落中諸小男小女嬉戲，聚土作城郭宅舍❾，心愛樂著，愛未盡、欲未盡、念未盡、渴未盡，心常愛樂、守護，言：『我城郭，我舍宅。』若於彼土聚愛盡、欲盡、念盡、渴盡，則以手撥足蹴㉘，令其消散❿。如是，羅陀，於色散壞消滅愛盡，愛盡故苦盡，苦盡故我說作苦邊。」

佛說此經已，羅陀比丘聞佛所說，歡喜奉行。

【對應經典】

■ 南傳《相應部尼柯耶》〈羅陀相應23〉第2經眾生經。

【讀經拾得】

「眾生」的梵語sattva或巴利語satta，中文音譯「薩埵」，又義譯為「有情」。此經中的「眾生」一詞，一語雙關，同時指其「眾生」、「有情」兩個意義。

第 123 經　【0040a19】

如是我聞：

一時，佛住摩拘羅山。

時，有侍者比丘名曰羅陀，往詣佛所，稽首禮足，退坐一面，白佛言：「善哉！世尊！為我略說法要，我聞法已，我當獨一靜處，專心思惟，不放逸住；所以族姓子剃除鬚髮，身著染衣，正信非家，出家學道，增加精進，修諸梵行，見法自知作證：『我生已盡，梵行已立，所作已作，自知不受後有。』」

爾時，世尊告羅陀曰：「善哉！羅陀！能於佛前問如是義。諦

---

❾ 城郭宅舍：城牆、房舍。

❿ 以手撥足蹴，令其消散：用手撥開、腳踏踩，讓它消散。相當的南傳經文作「以手腳打散、破壞、粉碎泥土屋，不玩遊戲了」。

㉘ 「蹴」，宋、元、明三本作「蹈」。

聽，善思，當為汝說。羅陀！當知有身❶、有身集、有身滅、有身滅道跡。何等為有身？謂五受陰——色受陰，受、想、行、識受陰。云何有身集？謂當來有愛❷，貪、喜俱❸，於彼彼愛樂❹，是名有身集。云何有身滅？謂當有愛，喜、貪俱，彼彼愛樂無餘斷、捨、吐、盡、離欲、寂、沒，是名有身盡。云何有身滅道跡？謂八正道——正見、正志、正語、正業、正命、正方便、正念、正定，是名有身滅道跡。有身當知，有身集當斷，有身滅當證，有身滅道跡㉙當修。羅陀！若多聞聖弟子於有身若知、若斷，有身集若知、若斷，有身滅若知、若證，有身滅道跡若知、若修已，羅陀！名斷愛、離愛、轉結，止慢無間等❺，究竟苦邊。」

羅陀比丘聞佛所說，歡喜㉚奉行。從座*起，作禮而去。世尊如是教授已，羅陀比丘獨一靜處，專精思惟；所以㉛善男子剃除鬚髮，著染色衣，正信非家，出家學道，增益精進，修諸梵行，見法自知作證：「我生已盡，梵行已立，所作已作，自知不受後有。」成阿羅漢，心善解脫。

佛說此經已，羅陀比丘聞佛所說，歡喜奉行。

第 124 經　　【0040b19】

如是我聞：

---

❶ 有身：由五陰構成的我。音譯為薩迦耶。執著於「五陰是我」的見解，則稱為身見、有身見、薩迦耶見。

❷ 當來有愛：對未來存在的渴愛；導致來生的渴愛。其中的「有」即是十二因緣的「有」支，指「生命的存在」。「當來有愛」這詞的結構像佛經中常見的「欲愛、色愛、無色愛」，是指「當來有」的這種「愛」。

❸ 貪、喜俱：伴隨著貪欲、喜愛。

❹ 彼彼愛樂：到處喜愛。

❺ 止慢無間等：完全地破除我慢。

㉙「跡」，宋、元、明三本作「跡當知」。

㉚「喜」，宋、元、明三本作「喜隨喜」。

㉛「以」，宋、元、明三本作「以者何」。

一時，佛住摩拘羅山。時，有侍者比丘名曰羅陀。

爾時，世尊告羅陀比丘言：「諸比丘❶！有色，若過去、若未來、若現在，若內、若外，若麁、若細，若好、若醜，若遠、若近，彼一切當觀皆是魔。受、想、行、識，若過去、若未來、若現在，若內、若外，若麁、若細，若好、若醜，若遠、若近，彼一切當觀皆是魔。羅陀！於意云何？色為常耶？為無常耶？」

答曰：「無常，世尊！」

「若無常者，是苦耶？」

答曰：「是苦，世尊！」

「若無常、苦者，是變易法，多聞聖弟子寧於中見我不？」

答曰：「不也，世尊㉜！」

「受、想、行、識亦復如是。是故，羅陀！多聞聖弟子於色生厭，於受、想、行、識生厭，厭故不樂，不樂故解脫，解脫知見：『我生已盡，梵行已立，所作已作，自知不受後有。』」

佛說此經已，羅陀比丘聞佛所說，歡喜奉行。

【對應經典】

■ 南傳《相應部尼柯耶》〈羅陀相應23〉第11經魔經。

第 125 經 【0040c06】

如是我聞：

一時，佛住摩拘羅山。時，有侍者比丘名曰羅陀。

爾時，世尊告羅陀比丘言：「諸所有色，若過去、若未來、若現

---

❶ 諸比丘：參考前後文及相當的南傳經文，此處疑為「羅陀！」的訛誤。
㉜ 宋、元、明三本無『答曰：「不也，世尊！」』六字。

在，若內、若外，若麤、若細，若好、若醜，若遠、若近，彼一切皆是魔所作。受、想、行、識亦復如是。」

佛告羅陀：「於意云何？色是常耶？為非常耶？」

答曰：「無常，世尊！」

復問：「若無常者，是苦耶？」

答曰：「是苦，世尊！」

復問：「受、想、行、識為是常耶？為無常耶？」

答曰：「無常，世尊！」

復問：「若無常者，是苦耶？」

答曰：「是苦，世尊！」

佛告羅陀：「若無常、苦者，是變易法，多聞聖弟子寧於中見我、異我、相在不？」

答曰：「不也，世尊！」

「是故，羅陀！多聞聖弟子於色生厭，厭故不樂；於受、想、行、識生厭，厭故不樂㉝，不樂故解脫，解脫知見：『我生已盡，梵行已立，所作已作，自知不受後有。』」

佛說此經已，羅陀比丘聞佛所說，歡喜奉行。

第三經亦如是。所異者，佛告羅陀：「多聞聖弟子於此五受陰，陰陰㉞觀察非我、非我所。觀察已，於諸世間都無所取，不取故不著，不著故自覺涅槃：『我生已盡，梵行已立，所作已作，自知不受後有。』」

佛說此經已，羅陀比丘聞佛所說，歡喜奉行。

㉝大正藏無「於受、想、行、識生厭，厭故不樂」十一字，今依據宋、元、明三本補上。
㉞宋、元、明三本無「陰陰」二字。

第 126 經　【0040c28】

如是我聞：

一時，佛住摩拘羅山。時，有侍者比丘名曰羅陀。

爾時，世尊告羅陀言：「諸所有色，若過去、若未來、若現在，若內、若外，若麁、若細，若好、若醜，若遠、若近，當觀彼一切皆是死法。受、想、行、識亦復如是。」

餘如前說。

第 127 經　【0041a05】

如是我聞：

一時，佛住摩拘羅山。時，有侍者比丘名曰羅陀。

爾時，世尊告羅陀言：「諸所有色，若過去、若未來、若現在，若內、若外，若麁、若細，若好、若醜，若遠、若近，彼㉟一切當觀皆是斷法㊱❶。受、想、行、識亦復如是。多聞聖弟子如是觀者㊲，於色生厭，於受、想、行、識生厭，厭故不樂，不樂故解脫，解脫知見，自知：『我生已盡，梵行已立，所作已作，自知不受後有。』」

佛說此經已，羅陀比丘聞佛所說，歡喜奉行。

如是我觀察斷法，如是——觀察滅法，觀察棄捨法，觀察無常法，觀察苦法，觀察空法，觀察非我法，觀察無常、苦、空、非我法，觀察病法，觀察癰法，觀察刺法，觀察殺法，觀察殺根本法，觀察病、癰、刺、殺、殺根本法。——如是諸經，皆如上說。

色、受、想、行、識當觀是斷法

---

❶斷法：應當捨斷者。
㉟「彼」，宋、元、明三本作「彼若」。
㊱「法」，明本作「於」。
㊲「者」，明本作「若」。

第 128 經　【0041a21】

如是我聞：

一時，佛住摩拘羅山。時，有侍者比丘名曰羅陀。

爾時，世尊告羅陀言：「諸所有色，若過去、若未來、若現在，若內、若外，若麁、若細，若好、若醜，若遠、若近，彼一切當觀皆是斷法。觀察已，於色欲貪斷，色㊳貪斷已，我說心善解脫。受、想、行、識亦復如是。」

佛說此經已，羅陀比丘聞佛所說，歡喜奉行。

如是比十四經，亦如上說。

【對應經典】

■ 參考 南傳《相應部尼柯耶》〈羅陀相應23〉第11經～第46經。

第 129 經　【0041a29】

如是我聞：

一時，佛住摩拘羅山。時，有侍者比丘名曰羅陀。

爾時，世尊告羅陀言：「諸所有色，若過去、若未來、若現在，若內、若外，若麁、若細，若好、若醜，若遠、若近，彼一切當觀皆是斷法。觀察斷法已，於色欲貪斷，欲貪斷已㊴，我說心善解脫。受、想、行、識亦復如是。」

佛說此經已，羅陀比丘聞佛所說，歡喜奉行。

㊳「色」，宋、元、明三本作「欲」。
㊴ 大正藏無「欲貪斷已」四字，今依據宋、元、明三本補上。

導讀：斷知相應（1/2）

《雜阿含經》「斷知相應」的內容為本卷第 130 ～ 132 經及卷七第 172 ～ 187 經，「斷」知的「斷」有二種意涵，一是「斷除」，二是「徹底地」，因此「斷知」指因捨斷而徹底地了知五陰。

第 130 經　　【0041b07】

如是我聞：

一時，佛住舍衛國祇樹給孤獨園。

爾時，世尊告諸比丘：「欲斷⑩五受陰者，當求大師。何等為五？謂色受陰，受、想、行、識受陰，欲斷此五受陰，當求大師。」

佛說此經已，諸比丘聞佛所說，歡喜奉行。

如當斷，如是當知、當吐、當息、當捨，亦復如是。如求大師，如是勝師者、順次師者、教誡者、勝教誡者、順次教誡者、通者、廣通者、圓通者、導者、廣導者、究竟導者、說者、廣說者、順次說者、正⑪者、伴者、真知識者、親者、愍者、悲者、崇義者、安慰者、崇樂者、崇觸者、崇安慰者、欲者、精進者、方便者、勤者、勇

---

⑩「斷」，明本作「聞」。

⑪「正」，宋本作「政」。*

猛者、固者、強者、堪能者、專者、心不退者、堅執持者、常習者、不放逸者、和合者、思量者、憶念者、覺者、知者、明者、慧者、受者、思惟者、梵行者、念處者、正*勤者、如意足者、根者、力者、覺分者、道分者、止⓲者、觀⓳者、念身者、正*憶念者，亦復如是。

第 131 經　【0041b25】

如是我聞：

一時，佛住舍衛國祇樹給孤獨園。

爾時，世尊告諸比丘：「若沙門、婆羅門習於⓴色者，隨魔自在，入於魔手，隨魔所欲，為魔所縛，不脫魔繫。受、想、行、識亦復如是。若沙門、婆羅門不習色。如是沙門、婆羅門不隨魔自在，不入魔手，不隨魔所欲，解脫魔縛，解脫魔繫。受、想、行、識亦復如是㊷。」

佛說是經已，諸比丘聞佛所說，歡喜奉行。

如是，習近者、習著者、味者、決定著㉑者、止者、使者、往者、選㊸擇者、不捨者、不吐者，如是等沙門、婆羅門隨魔自在，如上說。

⓲ 止：心定於一處（或一境）而不動。音譯為「奢摩他」、「三昧」、「三摩地」。
⓳ 觀：洞察。音譯為「毘婆舍那」。
⓴ 習於：習慣於。
㉑ 決定著：必定執著。
㊷ 大正藏無「受、想、行、識亦復如是」八字，今依據宋、元、明三本補上。
㊸ 「選」，大正藏原為「撰」，今依據宋、元、明三本改作「選」。

第 132 經 【0041c07】

如是我聞：

一時，佛住舍衛國祇樹給孤獨園。

爾時，世尊告諸比丘：「若沙門、婆羅門於色不習近者，不隨魔自在，不入魔手，不隨魔所欲，非魔縛所縛，解脫魔繫；不習受、想、行、識亦復如是。」

佛說此經已，諸比丘聞佛所說，歡喜奉行。

乃至吐色亦復如是。

導讀：證初果的條件；見相應（1/2）

修行人觀察非我、非我所，能斷除「身見」；自己親身體證佛法，自然斷除對三寶的狐「疑」，成就「四不壞淨」：
- 佛不壞淨：對於佛的不壞的信心。
- 法不壞淨：對於法的不壞的信心。
- 僧不壞淨：對於僧的不壞的信心。
- 聖戒成就：持戒清淨。

初果聖人（須陀洹）聖戒成就，自然對持戒有正確的見解，而斷「戒取」，並且不造惡業，永不墮於三惡道（地獄道、餓鬼道、畜生道），在天界與人間最多投生七次，就能證得涅槃。

因此證初果的條件是斷三結：
- 身見：執著於五陰有「我」的見解。
- 戒取：執著於無益解脫的禁戒、禁忌。
- 疑：對於真理的懷疑猶豫；對佛法僧戒的疑惑。

《雜阿含經》「見相應」的內容為本卷第 133 ～ 138 經及卷七第 139 ～ 171 經，也就是接下來的幾經及卷七的前半部，破斥不如實知五陰而起的各種邪見。斷了這些身見、戒取、疑，而能證得須陀洹果，入聖者之流。

第 133 經　【0041c14】

觀無我，能斷於三寶及四諦的狐疑

如是我聞：

一時，佛住舍衛國祇樹給孤獨園。

爾時，世尊告諸比丘：「何所有故，何所起，何所繫著，何所見我，令眾生無明所蓋，愛繫其㊹首❷，長道驅馳，生死輪迴，生死流轉，不知㊺本際❸？」

諸比丘白佛言：「世尊是法根、法眼、法依。善哉！世尊！唯願哀愍，廣說其義，諸比丘聞已，當受奉行。」

佛告比丘：「諦聽，善思，當為汝說。諸比丘！色有故，色事起，色繫著，色見我，令眾生無明所蓋，愛繫其首，長道驅馳，生死輪迴，生死流轉。受、想、行、識亦復如是。諸比丘！色為常耶？為非常耶？」

答曰：「無常，世尊！」

復問：「若無常者，是苦耶？」

答曰：「是苦，世尊！」

「如是，比丘！若無常者是苦，是苦有故，是事起、繫著、見我，令眾生無明所蓋，愛繫其頭，長道驅馳，生死輪迴，生死流轉。受、想、行、識亦復如是。是故，諸比丘！諸所有色，若過去、若未來、若現在，若內、若外、若麤、若細，若好、若醜，若遠、若近，彼一切非我、非異我、不相在，是名正慧。受、想、行、識亦復如是。

---

❷ 愛繫其首：被貪愛綁著而牽著走（如同牛被軶給拉著走）。

❸ 本際：源頭。

㊹「其」，大正藏原為「我」，今依據高麗藏改作「其」。

㊺「知」，大正藏原為「去」，今依據宋、元、明三本改作「知」。

「如是見、聞、覺、識❷、得、求❹、憶、隨覺、隨觀❷，彼一切非我、非異我、不相在，是名正慧。

「若有見言有我、有世間、有此世，常、恒、不變易法❷，彼一切非我、非異我、不相在，是名正慧。

「若復有見非此我、非此我所、非當來我、非當來我所❷，彼一切非我、非異我、不相在，是名正慧。

「若多聞聖弟子於此六見處❷觀察非我、非我所，如是觀者，於佛所狐疑斷，於法、於僧狐疑斷。是名，比丘！多聞聖弟子不復堪任❷作身、口、意業❸趣三惡道❸；正*使放逸❷，聖弟子決定向三菩提❸，七有天人往來❸，作苦邊。」

佛說此經已，諸比丘聞佛所說，歡喜奉行。

---

❷ 見、聞、覺、識：看、聽、感覺、知道。又譯為「見、聞、覺、知」，其中「見」是眼識的作用，「聞」是耳識的作用，「覺」是鼻舌身三識的作用，「識（知）」是意識的作用。

❷ 得、求、憶、隨覺、隨觀：所獲得的、所尋求的、所憶念的、投向的注意力、持續的注意力。這些是由粗到細列舉「意識」相關的造作，以指明前一「識」字特指「意識」而不是指整體的識陰。其中「覺、觀」新譯為「尋、伺」，尋是粗的心相，伺是細的心相，尋伺都是分別心。

❷ 有我、有世間、有此世，常、恒、不變易法：即「常見」，認為身心乃至世界常住不變的見解。例如認為有「真我」或「造物主」永恆不變的見解。

❷ 非此我、非此我所、非當來我、非當來我所：沒有此世的我、沒有此世我所擁有的、沒有未來世的我、沒有未來世我所擁有的；在此經特指「斷見」的一種。與佛法的不同在於佛法的「無我」是基於因緣生滅的結論，而不是否定因果的斷滅論。

❷ 六見處：六個觀察處。這六個觀察處為「五陰」加上外道虛妄的邊見（常見、斷見）所見，都是無我的。

❷ 不復堪任：不再能夠。

❸ 身、口、意業：統稱三業，有善有惡。身善業指不殺生、不偷盜、不邪淫，口善業指不妄言、不綺語、不惡口、不兩舌，意善業指不貪欲、不瞋恚、不邪見，反之為惡業。

❸ 三惡道：地獄道、餓鬼道、畜生道。

❷ 正使放逸：縱使懈怠於修行。

❸ 決定向三菩提：必定正確地趨向正覺，指初果聖者不會退轉，遲早會證得涅槃。三菩提為音譯，義譯為「正覺」，另譯作「三佛」，指解脫的證悟。

❸ 七有天人往來：最多於天界與人間投生七次；為證得「須陀洹果」者。

❹ 「得、求」，大正藏原為「求、得、隨」，今依據宋、元、明三本改作「得、求」。

【對應經典】

- 《雜阿含經》卷七第142經。
- 南傳《相應部尼柯耶》〈蘊相應22〉第151經我經。
- 南傳《相應部尼柯耶》〈見相應24〉第2經這是我的經。

【讀經拾得】

本經中「六見處」可能是指：

1. 色：諸所有色，若過去、若未來、若現在，若內、若外、若麤、若細，若好、若醜，若遠、若近

2. 受

3. 想

4. 行

5. 識：見、聞、覺、識（得、求、憶、隨覺、隨觀）

6. 邊見：常見（見言有我、有世間、有此世，常、恒、不變易法）、斷見（見非此我、非此我所、非當來我、非當來我所）

這六見處所見，通通都是「無我」的（非我、不異我、不相在）。

前五見處是經中常提的五陰，在第一個「色」及最後一個「識」額外有舉例說明，這是佛經中常見的說法形式。

第六見處是說不管根據什麼理論或見解，例如有人聲稱有「常恒不變易法」或「我是斷滅不存在的」，不管怎麼講，聖者知道這些所描述的東西通通都是無我的。

說「我是斷滅不存在的」，其實仍然是基於「我見」，因為這仍是由有「我見」的凡夫根據「我見」而作的臆測，硬說「我」是「斷滅不存在」，不是如實觀因緣生滅而無我。例如唯物論者主張死後一了百了的斷滅見，但唯物論者不會沒有「我見」或「我執」，也無法脫離輪迴，只是由於唯物論者無法如實知輪迴相續的現象而作錯誤的推論。

第六見處可以引申包含各種邊見，像是若有新興宗教聲稱其供奉的佛是超出三界的「造物主」，或發明某高於五陰的識是不滅的「真我」，聲稱：「這些不在五陰之內，因此佛陀說的『五陰無我』不適用」，雖然號稱不屬於五陰（第一見處至第五見處），其實仍不出五陰，都屬於第六見處的邊見，佛陀兩千六百年前就講明這一切都是無我的。

卷三第63經就說了：「若沙門、婆羅門計有我，一切皆於此五受陰計有我。」（CBETA, T02, no. 99, p. 16, b15-16）從佛教的角度，外道聲稱的我其實不出五陰。

相關的諸多經文佐證，可參照線上「進階辨正」的內容。

第 134 經 【0042a16】

如是我聞：

一時，佛住舍衛國祇樹給孤獨園。

爾時，世尊告諸比丘……如上說。差別者：「多聞聖弟子於此六見處觀察非我、非我所，如是觀者，於苦狐疑斷，於集⁴⁷、滅、道狐疑斷。是名，比丘！多聞聖弟子不復堪任作身、口、意業，趣三惡道……」如是廣說，乃至「作苦邊。」

佛說此經已，諸比丘聞佛所說，歡喜奉行。

第 135 經 【0042a24】

如是我聞：

一時，佛住舍衛國⁴⁸祇樹給孤獨園。

爾時，世尊告諸比丘……。廣說如上。差別者：「若多聞聖弟子於此六見處觀察非我、非我所，如是觀者，於佛狐疑斷，於法、僧、苦、集、滅、道狐疑斷……」如是廣說，乃至「作苦邊。」

佛說此經已，諸比丘聞佛所說，歡喜奉行。

---

⁴⁷「集」，大正藏原為「習」，今依據元、明二本改作「集」。

⁴⁸「國」，宋、元、明三本作「城」。

第 136 經　【0042b02】

如是我聞：

一時，佛住舍衛國祇樹給孤獨園。

爾時，世尊告諸比丘：「於何所是事有故，何所起，何所繫著，何所見我？諸比丘！令彼眾生無明所蓋，愛繫其首，長道驅馳，生死輪迴，生死流轉，不知本際？」

諸比丘白佛：「世尊是法根、法眼、法依。善哉，世尊！唯⑭願哀愍，廣說其義，諸比丘聞已，當受奉行。」

佛告諸比丘：「諦聽，善思，當為汝說。諸比丘！色有故，是色事起，於色繫著，於色見我，令眾生無明所蓋，愛繫其首，長道驅馳，生死輪迴，生死流轉。受、想、行、識亦復如是。諸比丘！色是常耶？為非常耶？」

答曰：「無常，世尊！」

復問：「若無常者，是苦耶？」

答曰：「是苦，世尊！」

「如是，比丘！若無常者是苦，是苦有故，是事起、繫著、見我，令彼⑮眾生無明所蓋，愛繫其首，長道驅馳，生死輪迴，生死流轉。受、想、行、識亦復如是。

「是故，諸比丘！諸所有色，若過去、若未來、若現在，若內、若外，若麤、若細，若好、若醜，若遠、若近，彼一切非我、非異我、不相在。如是觀者，是名正慧。受、想、行、識亦復如是。

「如是見、聞、覺、識、求、得、隨憶、隨覺、隨觀，彼一切非我、非異我、不相在，是名正慧。

「若有見言有我、有此世、有他世、有常、有恒、不變易，彼一切非我、非異我、不相在，是名正慧。

---

⑭「唯」，宋、元、明三本作「惟」。

⑮ 宋、元、明三本無「彼」字。

「若復有見非此我、非此我所、非當來我、非當來我所，彼一切非我、非異我、不相在，是名正慧。

「若多聞聖弟子於此六見(51)處觀察非我、非我所，如是觀者，於佛狐疑斷，於法、僧狐疑斷。是名，比丘！不復堪任作身、口、意業趣三惡道；正使放逸，諸聖弟子皆悉決定(52)向於三菩提，七有天人往生，作苦後邊。」

佛說此經已，諸比丘聞佛所說，歡喜奉行。

第 137 經 【0042c05】

第二經亦如是。差別者，於苦、集、滅、道狐疑斷。

第 138 經 【0042c07】

第三經亦如是。差別者，於(53)佛、法、僧狐疑斷，於苦、集、滅、道狐疑斷。

雜阿含經卷第六

(51)「見」，明本作「根」。
(52)「決定」，大正藏原為「不從」，今依據宋、元、明三本改作「決定」。
(53)宋、元、明三本無「者，於」二字。

好讀

雜阿含經

卷第七

導讀：見相應（2/2）

《雜阿含經》「見相應」的內容為卷六第 133 ～ 138 經及本卷第 139 ～ 171 經，闡述：

- 為什麼會產生邪見？
- 邪見有哪些例子？
- 如何破除邪見？

第 139 經　【0042c15】

如是我聞：

一時，佛住舍衛國祇樹給孤獨園。

爾時，世尊告諸比丘：「何所有故，何所起，何所繫，何所著，何所見我，若未起憂、悲、惱、苦①令起，已起憂、悲、惱、苦重令增廣？」

諸比丘白佛言：「世尊是法根、法眼、法依，唯②願廣說，諸比丘聞已，當受奉行。」

---

① 「惱、苦」，宋、元、明三本作「苦、惱」。＊
② 「唯」，宋、元、明三本作「惟」。

佛告諸比丘：「色有故，色起，色繫、著故，於色見我，未起憂、悲、惱、苦*令起，已起憂、悲、惱、苦*重令增廣。受、想、行、識亦復如是。諸比丘，於意云何？色為常耶？為非常耶？」

答曰：「無常，世尊！」

復問：「若無常者，是苦耶？」

答曰：「是苦，世尊！」

「如是，比丘！若無常者是苦，是苦有故，是事起、繫、著、見我，若未起憂、悲、惱、苦*令起，已起憂、悲、惱、苦*重令增廣。受、想、行、識亦復如是。

「是故，諸比丘！諸所有色，若過去、若未來、若現在，若內、若外，若麤、若細，若好、若醜，若遠、若近，彼一切非我、非異我、不相在，是名正慧。受、想、行、識亦復如是。

「若復見、聞、覺、識、起、求、憶❶、隨覺、隨觀，彼一切非我、非異我、不相在，是名正慧。

「若見有我、有世間、有此世、有他世，常、恒、不變易，彼一切非我、非異我、不相在，是名正慧。

「若復見有③非此世我、非此世我所、非當來我、非當來我所，彼一切非我、不異我、不相在，是名正慧。

「若多聞聖弟子於此六見處觀察非我、非我所，如是觀者，於佛狐疑斷，於法、僧狐疑斷。

「是名，比丘！多聞聖弟子不復堪任作身、口、意業趣三惡道；正使放逸，聖弟子決定向三菩提，七有天人往來，作苦邊。」

佛說此經已，諸比丘聞佛所說，歡喜奉行。

【讀經拾得】

本經意義同卷六第133經，註解也可參見該經。

---

❶ 起、求、憶：所生起的、所尋求的、所憶念的。相當的南傳經文作「所（獲）得、所（尋）求、心之所思惟」。

③「見有」，大正藏原為「有見」，今依據宋、元、明三本改作「見有」。

第 140、141 經　　【0043a16】

次經亦如是。差別者，苦、集、滅、道狐疑斷。

次經亦如是。差別者，佛、法、僧、苦、集、滅、道狐疑斷。

第 142 經　　【0043a20】

如是我聞：

一時，佛住舍衛國祇樹給孤獨園。

爾時，世尊告諸比丘：「何所有故，何所起，何所繫著，何所見我，未起我、我所、我慢繫著使起，已起我、我所、我慢繫著使重令增廣？」

諸比丘白佛：「世尊是法根、法眼、法依……」如是廣說，乃至……。

佛說此經已，諸比丘聞佛所④說，歡喜奉行。」

【對應經典】

■《雜阿含經》卷六第133經。
■ 南傳《相應部尼柯耶》〈蘊相應22〉第151經我經。
■ 南傳《相應部尼柯耶》〈見相應24〉第2經這是我的經。

第 143、144 經　　【0043a27】

第二、第三經亦復如上。

---

④宋、元、明三本無「所」字。

第 145 經 　【0043a28】

如是我聞：

一時，佛住舍衛國祇樹給孤獨園。

爾時，世尊告諸比丘：「何所有故，何所起，何所繫著，何所見我，若未起有漏、障礙、燒然、憂、悲、惱、苦生，已起有漏、障礙、燒然、憂、悲、惱、苦重令增廣？」

諸比丘白佛：「世尊是法根、法眼、法依……」如是廣說，次第如上三經。

第 146 經 　【0043b05】

如是我聞：

一時，佛住舍衛國祇樹給孤獨園。

爾時，世尊告諸比丘：「何所有故，何所起，何所繫著，何所見我，若三受❷於⑤世間轉？」

諸比丘白佛言：「世尊是法根、法眼、法依……」如是廣說，次第如上三經。

【對應經典】

■ 南傳《相應部尼柯耶》〈六處相應35〉第105經執取經。
■ 南傳《相應部尼柯耶》〈蘊相應22〉第150經我所經。

---

❷ 三受：苦受、樂受、不苦不樂受。
⑤「於」，大正藏原為「形」，今依據宋、元、明三本改作「於」。

第 147 經　【0043b10】

如是我聞：

一時，佛住舍衛國祇樹給孤獨園。

爾時，世尊告諸比丘：「何所有故，何所起，何所繫著，何所見我，令三苦❸世間轉？」

諸比丘白佛：「世尊是法根、法眼、法依……」如是廣說，次第如上三經。

【讀經拾得】

搭配上一經的「三受」來看，三受會有三苦，因此說「觀受是苦」、「諸受皆苦」。

第 148 經　【0043b15】

如是我聞：

一時，佛住舍衛國祇樹給孤獨園。

爾時，世尊告諸比丘：「何所有故，何所起，何所繫著，何所見我，令世八法❹世間轉？」

諸比丘白佛言：「世尊是法根、法眼、法依……」如是廣說，次第如上三經。

【讀經拾得】

民間小說相傳，宋朝大文學家蘇東坡有次提了一首詩：「稽首天中天，毫光照大千，八風吹不動，端坐紫金蓮。」頗為得意，遣書僮送給他的好友佛印禪師。

---

❸ 三苦：苦苦、壞苦、行苦。「苦苦」指身心的苦，「壞苦」指事物毀壞或樂受消失的苦，「行苦」指無常即是苦。

❹ 世八法：利、衰、毀、譽、稱、譏、苦、樂等八種世間法。另譯為「世間八法」、「八風」。

禪師看了詩，揮毫批了兩個字，就叫書僮帶回去。

蘇東坡打開回文一看，竟然是「放屁」兩個字，立刻乘船過江，找禪師理論。

渡江到了金山寺，誰知佛印禪師已外出雲遊去了。而禪師的門板上貼了一個聯子，上面寫著：「八風吹不動，一屁打過江。」

這則故事不見於史傳，然而也反應了佛經中所說的八風，早已為民間所熟悉。

唯有於五陰離我見、捨欲貪，才能不為八風所動。

第 149 經　　【0043b20】

如是我聞：

一時，佛住舍衛國祇樹給孤獨園。

爾時，世尊告諸比丘：「何所有故，何所起，何所繫著，何所見我，令諸眾生作如是見、如是說：『我勝、我等、我卑❺』？」

諸比丘白佛言：「世尊是法根、法眼、法依……」如是廣說，次第如上三經。

【對應經典】

■ 南傳《相應部尼柯耶》〈六處相應35〉第108經勝經。

第 150 經　　【0043b26】

如是我聞：

一時，佛住舍衛國祇樹給孤獨園。

爾時，世尊告諸比丘：「何所有故，何所起，何所繫著，何所

---

❺ 我勝、我等、我卑：我認為我比別人強、我認為別人跟我差不多、我認為我比別人差。

見我，令諸眾生作如是見、如是說：『有勝我者、有等我者、有卑我者』？」

諸比丘白佛言：「世尊是法根、法眼、法依……」如是廣說，次第如上三經。

【對應經典】

■ 參考 南傳《相應部尼柯耶》〈六處相應35〉第108經勝經。

第 151 經　【0043c03】

如是我聞：

一時，佛住舍衛國祇樹給孤獨園。

爾時，世尊告諸比丘：「何所有故，何所起，何所繫著，何所見我，令諸眾生作如是見、如是說：『無勝我者、無等我者、無卑我者』？」

諸比丘白佛言⑥：「世尊是法根、法眼、法依……」如是廣說，次第如上三經。

【對應經典】

■ 參考 南傳《相應部尼柯耶》〈六處相應35〉第108經勝經。

---

⑥宋、元、明三本無「言」字。

導讀：外道的見解

古印度傳統的婆羅門教認為有「恆常、不變、獨存、自在、能主宰」的「我」，而要追尋真我。另外還有六種主要的外道，是反對婆羅門思想的自由思想家，佛教稱為「外道六師」。

不管是婆羅門教的追尋真我，或是外道六師，都是錯誤的見解，佛弟子由於知道正法，而能不受這些邪見所縛，有了正確的見解，才會有正確的行為，並達成解脫。

外道六師是：

1.富蘭那迦葉：

否認善、惡的業報，認為殺生、偷盜、邪淫、妄語等種種惡事不會有罪報；作種種善事，也不會有好報。可說是無因果、無道德論者。（例如第 162 經所述的邪見。）

2.末迦梨瞿舍利子：

認為人的際遇，不是由自己的意志、行為造成的，一切隨命運擺布，努力是徒然的。無論愚智，都要輪迴受諸苦樂，直到八萬四千大劫後，就自然得到解脫。因此也否定因果論，認為人所作的善事惡事都是徒然。可說是宿命論者。（例如第 155、163 經所述的邪見。）

3.阿耆多翅舍欽婆羅：

認為人是由地、水、火、風四大元素造成，死後還歸地、水、火、風，全部敗壞，一了百了，沒有來生。作善作惡都沒有報應，所以不須布施乃至祭祀，只管追求快樂，而否定道德。可說是順世派、唯物快樂主義者。（例如第 154、156 經所述的邪見。）

4.迦羅拘陀迦栴延：

認為眾生的存在有七種成分是真實的：地、水、火、風、苦、樂、命。這七種成分不必靠任何條件產生，而能安住不變。因此，縱使用刀砍頭，也不會死，因為刀只是在七法之中穿過罷了。因此也沒有揮刀的人，也沒有被砍的人，否定善惡觀念、道德觀念。可說是無因論的實有論者。（例如第 161 經所述的邪見。）

5.先闍那毘羅胝子：

認為所謂真理只不過是主觀上以為是真的，要不陷於主觀的執著，最穩當的做法是不肯定自己的立場。這一派沒有自己固定的主張，而是仗著語言的技巧去駁倒對手，如同中國的「白馬非馬論」一般。可說是懷疑論、不可知論者。（例如第 164 經所述的邪見。）

6.尼犍子：

耆那教的創始人。主張苦樂、罪福等皆由前世所造，必須以苦行償還，要脫離輪迴，必須修苦行，等苦行成就、舊業消滅，新業不生時，生命就回復清淨，捨離肉體、獲得解脫。此派與其餘五派相比，較類似佛教提倡修行，但主張命與非命二元論，而不是因緣論，所主張的極端苦行也是佛教所反對的。（在卷五、卷二十一等卷中都有相關記載。）

除了外道六師外，當時百家爭鳴，對於宇宙和人生有六十二種不正確的見解，稱為「外道六十二見」，可歸納為以下八類：

1.常見論：

主張身心乃至世界常住不變，人死後自我再生於來世而以現狀相續，永遠不會改變。這就是「常見」，「靈魂永生」的概念即是常見的一種。另一種常見，則是婆羅門教的「梵我如一」，認為我與大梵（造物主、大我）是一體的，因此而不滅。（參見第 152、153、166、167 經，以及第 168 經部分所述的邪見。）

2.半常半無常論：

主張大梵（造物主、大我）是常，眾生則是無常的。（參見第 165 經以及第 169 經部分所述的邪見。）

3.有邊無邊論：

執著認為世界有邊，或是世界無邊，或是非有邊非無邊等。靠著種種的方法以及有限的禪定，而作出對宇宙及人生的臆測。（參見第 168 經部分，以及第 169 經所述的邪見。）

4.種種論：

對事全無定見，專為不可捉摸之說。（外道六師中的先闍那毘羅胝子也是其中一種。）

5.無因論：

主張萬物都是無因無緣，不管好的、壞的事物的產生，都沒有原因。其中有一派認為萬物沒有任何原因即產生，另一派認為萬物都是自然產生，沒有其他的原因。（參見第 157、158、159 經，以及第 169 經部分所述的邪見。）

6.死後有想論、無想論、非想非非想論：

討論眾生於未來死後是否仍保有感覺、認識、意志、思考等意識作用，屬於執著未來所起之常見或斷見。（參見第 171 經部分所述的邪見。）

7.斷滅論：

主張死後斷滅，歸於無有。（參見第 171 經所述的邪見，而外道六師中阿耆多翅舍欽婆羅也屬於其中一種。）

8.現世涅槃論：

討論以何種狀態為現世最高境界。有五種見：一、於現在五欲自恣。二、初禪為最高境界。三、二禪為最高境界。四、三禪為最高境界。五、四禪為最高境界。（參見第 170 經所述的邪見。）

佛陀證悟後發現這些見解都是基於身見、基於愛欲、基於有限的觀察或臆測而誤認的，因此無法趨向解脫。初果聖者即已斷身見、戒取、疑，而超越這些邪見。

佛法離於「常見」與「斷見」這二邊，說著十二因緣的中道。

第 152 經 【0043c09】

如是我聞：

一時，佛住舍衛國祇樹給孤獨園。

爾時，世尊告諸比丘：「何所有故，何所起，何所繫著，何所見我，令諸眾生作如是見、如是說：『有我、有此世、有他世，常、恒、不變易法，如爾安住❻』？」

諸比丘白佛：「世尊是法根、法眼、法依……」如是廣說，次第如上三經。

---

❻ 有我、有此世、有他世，常、恒、不變易法，如爾安住：人的自我不滅，世界也常住不變，人死後自我再生於來世而以現狀相續，永遠不會改變。這就是「常見」，「靈魂永生」的概念即是常見的一種。

【對應經典】

■ 南傳《相應部尼柯耶》〈蘊相應22〉第152經無我所經。
■ 南傳《相應部尼柯耶》〈見相應24〉第3經我經。

第 153 經 【0043c15】

如是我聞：

一時，佛住舍衛國祇樹給孤獨園。

爾時，世尊告諸比丘：「何所有故，何所起，何所繫著，何所見我，令諸眾生作如是見、如是說：『我、彼，一切不二、不異、不滅⑦❼』？」

諸比丘白佛：「世尊是法根、法眼、法依……」如是廣說，次第如上三經。

第 154 經 【0043c21】

如是我聞：

一時，佛住舍衛國祇樹給孤獨園。

爾時，世尊告諸比丘：「何所有故，何所起，何所繫著，何所見我，令諸眾生作如是見、如是說：『無施❽、無會❾、無說❿，無善趣、惡趣業報，無此世、他世，無母、無父、無眾生、無世間阿羅漢

---

❼ 我、彼，一切不二、不異、不滅：這是婆羅門教所謂的「梵我如一」，認為我與大梵（造物主、大我）是一體的，因此而不滅。其中的「彼」即是指「大梵」（造物主、大我）。

❽ 無施：布施沒有善報。

❾ 無會：供養沒有善報。

❿ 無說：咒願（祝福他人）沒有善報。

⑦「滅」，宋、元、明三本作「減」。

正到正趣，若此世、他世見法自知身作證具足住：「我生已盡，梵行已立，所作已作，自知不受後有」』？」

諸比丘白佛：「世尊是法根、法眼、法依……」如是廣說，次第如上三經。

【對應經典】

- 南傳《相應部尼柯耶》〈見相應24〉第5經無經。
- 參考 《長阿含經》卷十七第27經沙門果經。
- 參考 南傳《相應部尼柯耶》〈聚落主相應42〉第13經波羅牢（可意）經。
- 參考 南傳《中部尼柯耶》〈普行者品3〉第76經刪陀迦經。
- 參考 南傳《長部尼柯耶》〈戒（集）蘊品1〉第2經沙門果經。

【讀經拾得】

此經所記載的邪見，否定因果論，是佛教「世間正見」的相反。關於「世間正見」，可參考卷四的導讀。

第 155 經　　【0044a01】

如是我聞：

一時，佛住舍衛國祇樹給孤獨園。

爾時，世尊告諸比丘：「何所有故，何所起，何所繫著，何所見我，令諸眾生作如是見、如是說：『無力、無精進、無力精進❶、無士夫方便、無士夫精勤、無士夫方便精勤❷、無自作、無他作、無自他作❸；一切人、一切眾生、一切神，無方便、無力、無勢、無精

---

❶ 無力、無精進、無力精進：任何能力都是徒勞的、任何精進努力都是徒勞的、任何能力與精進努力都是徒勞的。

❷ 無士夫方便、無士夫精勤、無士夫方便精勤：人們用什麼方法都是徒勞的、人們如何的精進努力都是徒勞的、人們用什麼方法精進努力都是徒勞的。

❸ 無自作、無他作、無自他作：自己所作都是徒勞的、他人（例如梵天）所作都是徒勞的、自己及他人所作都是徒勞的。

進、無堪能，定分、相續、轉變，受苦樂六趣⓮』？」

諸比丘白佛言：「世尊是法根、法眼、法依……」如是廣說，次第如上三經。

【對應經典】

- 南傳《相應部尼柯耶》〈見相應24〉第5經無經。
- 參考《長阿含經》卷十七第27經沙門果經。
- 參考 南傳《相應部尼柯耶》〈聚落主相應42〉第13經波羅牢（可意）經。
- 參考 南傳《中部尼柯耶》〈普行者品3〉第76經刪陀迦經。
- 參考 南傳《長部尼柯耶》〈戒（集）蘊品1〉第2經沙門果經。

【讀經拾得】

此經所記載的邪見，就是外道六師的「末迦梨瞿舍利子」主張的宿命論，認為人的際遇不是由自己的意志、行為造成的，一切隨命運擺布，努力是徒然的。

第 156 經　【0044a11】

如是我聞：

一時，佛住舍衛國祇樹給孤獨園。

爾時，世尊告諸比丘：「何所有故，何所起，何所繫著，何所見我，令諸眾生作如是見、如是說：『諸眾生此世活，死後斷壞無所有，四大和合士夫，身命終時，地歸地、水歸水、火歸火、風歸風，根隨空轉，輿床⓯第五⑧，四人持死人往塚間⓰，乃至未燒可知，燒然

⓮ 六趣：由於業因的不同，眾生往生所趣向的六種地方，分別為天趣、人趣、阿修羅趣、地獄趣、餓鬼趣、畜生趣。又譯為「六道」。

⓯ 輿床：火化死人前，用以擺放死人的床。

⓰ 四人持死人往塚間：四個人各抬一角，將在輿床上的死人抬往墓地。（四個人搬運屍體，而輿床是第五個搬運者，所以前句稱「輿床第五」。）

⑧「第五」，宋、元、明三本作「弟子」。

已，骨白鴿色立❶。高⑨慢者知施，點慧者知受❸。若說有者，彼一切虛誑妄說，若愚若智，死後他世，俱斷壞無所有』？」

諸比丘白佛：「世尊是法根、法眼、法依……」如是廣說，次第如上三經。

【對應經典】

- 南傳《相應部尼柯耶》〈見相應24〉第5經無經。
- 參考《長阿含經》卷十七第27經沙門果經。
- 參考 南傳《相應部尼柯耶》〈聚落主相應42〉第13經波羅牢（可意）經。
- 參考 南傳《中部尼柯耶》〈普行者品3〉第76經刪陀迦經。
- 參考 南傳《長部尼柯耶》〈戒（集）蘊品1〉第2經沙門果經。

【讀經拾得】

此經所記載的邪見，就是外道六師之一「阿耆多翅舍欽婆羅」主張的唯物論、斷滅論。認為人是由地、水、火、風四大元素造成，死後還歸地、水、火、風，全部敗壞，一了百了，沒有來生。

這樣的唯物論也是現代普遍的一種看法，認為一切就只是物質的運作而已。

第 157 經 【0044a22】

如是我聞：

一時，佛住舍衛國祇樹給孤獨園。

爾時，世尊告諸比丘：「何所有故，何所起，何所繫著，何所見我，令諸眾生作如是見、如是說：『眾生煩惱，無因無緣』？」

諸比丘白佛：「世尊是法根、法眼、法依……」如是廣說，次第如上三經。

---

❶ 未燒可知，燒然已，骨白鴿色立：還沒有火化前，就知道火化後會變成一堆如白鴿顏色的白骨。

❸ 高慢者知施，點慧者知受：驕傲自大的人才會去布施，聰明的人則會向別人拿東西。也就只看物質的層面，認為拿到東西才賺到。

⑨「高」，元、明二本作「憍」。

【對應經典】

■ 南傳《相應部尼柯耶》〈見相應24〉第7經因經。

■ 參考 南傳《長部尼柯耶》〈戒（集）蘊品1〉第2經沙門果經。

【讀經拾得】

此經所記載的邪見，是外道六十二見中的「無因論」之一，主張萬物都是無因無緣，不管好的、壞的事物的產生，都沒有原因。

第 158 經　【0044a28】

如是我聞：

一時，佛住舍衛國祇樹給孤獨園。

爾時，世尊告諸比丘：「何所有故，何所起，何所繫著，何所見我，令諸眾生作如是見、如是說：『眾生清淨，無因無緣』？」

諸比丘白佛：「世尊是法根、法眼、法依……」如是廣說，次第如上三經。

【對應經典】

■ 南傳《相應部尼柯耶》〈見相應24〉第7經因經。

■ 參考 南傳《長部尼柯耶》〈戒（集）蘊品1〉第2經沙門果經。

【讀經拾得】

此經所記載的邪見，是外道六十二見中的「無因論」之一，主張萬物都是無因無緣，不管好的、壞的事物的產生，都沒有原因。

第 159 經　【0044b05】

如是我聞：

一時，佛住舍衛國祇樹給孤獨園。

　　爾時，世尊告諸比丘：「何所有故，何所起，何所繫著，何所見我，令諸眾生作如是見、如是說：『眾生無知無見，無因無緣』？」

　　時，諸比丘白佛：「世尊是法根、法眼、法依……」如是廣說，次第如上三經。

【對應經典】

- 南傳《相應部尼柯耶》〈見相應24〉第7經因經。
- 參考 南傳《長部尼柯耶》〈戒（集）蘊品1〉第2經沙門果經。

【讀經拾得】

此經所記載的邪見，是外道六十二見中的「無因論」之一，主張萬物都是無因無緣，不管好的、壞的事物的產生，都沒有原因。

第 160 經　【0044b11】

　　如是我聞：

　　一時，佛住舍衛國祇樹給孤獨園。

　　爾時，世尊告諸比丘：「何所有故，何所起，何所繫著，何所見我，令諸眾生作如是見、如是說❶❾？」

　　時，諸比丘白佛❿：「世尊是法根、法眼、法依……」如是廣說，次第如上三經。

【對應經典】

- 參考 南傳《相應部尼柯耶》〈見相應24〉第7經因經。
- 參考 南傳《長部尼柯耶》〈戒（集）蘊品1〉第2經沙門果經。

---

❶❾ 如是說：此處可能有經文脫落，原文可能為「如是說：『眾生智見，無因無緣』」。（參考《雜阿含經論會編》，印順法師著）

❿「佛」，宋、元、明三本作「佛言」。

第 161 經 【0044b16】

如是我聞：

一時，佛住舍衛國祇樹給孤獨園。

爾時，世尊告諸比丘：「何所有故，何所起，何所繫著，何所見我，令諸眾生作如是見、如是說：『謂七身❷非作❹、非作所作❷，非化❷、非化所化，不殺、不動、堅實。何等為七？所謂地身、水身、火身、風身、樂、苦、命。此七種身非作、非作所作，非化、非化所化，不殺、不動、堅實、不轉、不變、不相逼迫。若福、若惡、若福惡，若苦、若樂、若苦樂，若士梟士首❷，亦不逼迫世間。若命、若身、七身間間容刀往返⑪，亦不害命，於彼無殺、無殺者，無繫、無繫者，無念、無念者，無教、無教者』？」

諸比丘白佛：「世尊是法根、法眼、法依……」如是廣說，次第如上三經。

【對應經典】

- 南傳《相應部尼柯耶》〈見相應24〉第8經（大）見經。
- 參考 南傳《長部尼柯耶》〈戒（集）蘊品1〉第2經沙門果經。

【讀經拾得】

此經所記載的邪見，就是外道六師的「迦羅拘陀迦栴延」的主張，認為眾生的存在有七種成分是真實的：地、水、火、風、苦、樂、命。這七種成分不必靠任何條件產生，而能安住不變。因此，縱使用刀砍頭，也不會死，因為刀只是在七法之中穿過罷了。因此也沒有揮刀的人，也沒有被砍的人，否定善惡觀念、道德觀念，也是一種唯物論。

---

❷ 七身：外道六師「迦羅拘陀迦栴延」所主張的地、水、火、風、苦、樂、命這七種元素。
❹ 非作：不是被製造出來的。
❷ 非作所作：不是被製造出來的東西所製造出來的。
❷ 非化：不是化生創造出來的。
❷ 士梟士首：一人（士）砍掉（梟）另一人（士）的頭（首）。
⑪「返」，宋、元、明三本作「反」。

此邪見所認為的「七身非作、非作所作、非化、非化所化」，意指外道認為這七種成分是最根本的元素，既不是由別的東西直接產生、也不會由別的東西輾轉產生，因此這七種元素是不會消滅的。

第 162 經 【0044b29】

如是我聞：

一時，佛住舍衛國祇樹給孤獨園。

爾時，世尊告諸比丘：「何所有故，何所起，何所繫著，何所見我，令諸眾生作如是見、如是說：『作、教作，斷、教斷，煮、教煮❷，殺、教殺，害眾生、盜他財、行邪婬、知言妄語、飲酒、穿牆、斷鏁❷、偷奪，復道❷害村、害城、害人民，以極利劍輪剾⑫割❷，斫截作大肉聚，作如是學：「彼非惡因緣，亦非招惡。於恒水❷南殺害而去，恒水北作大會❸而來，彼非因緣福惡，亦非招福惡。惠施、調伏、護持、行利❸、同利❷，於此所作，亦非作福」』？」

諸比丘白佛：「世尊是法根、法眼、法依……」如是廣說，次第如上三經。

【對應經典】

- 南傳《相應部尼柯耶》〈見相應24〉第6經作經。
- 參考 南傳《長部尼柯耶》〈戒（集）蘊品1〉第2經沙門果經。

---

❷ 煮、教煮：用湯煮（眾生），或教唆他人用湯煮（眾生）。也就是凌虐眾生。

❷ 鏁：古字，同「鎖」。

❷ 復道：僭伏於道路旁，伺機攔路搶劫。此處「復」是「伏」的意思。

❷ 剾割：割斷。「剾」是截斷的意思。

❷ 恒水：恆河。

❸ 作大會：舉辦祭典大會。

❸ 行利：行善利益他人，而攝引歸於正道。四攝法之一。

❷ 同利：與他人同甘共苦，藉機給予啟發，攝引歸於正道。四攝法之一。

⑫ 「剾」，大正藏原為「鉽」，今依據宋、元、明三本改作「剾」。

【讀經拾得】

此經所記載的邪見，就是外道六師的「富蘭那迦葉」等所說，無道德論，否認善、惡的業報。認為殺生、偷盜、邪淫、妄語等種種惡事不會有罪報；作種種善事，也不會有好報。

第 163 經 【0044c12】

如是我聞：

一時，佛住舍衛國祇樹給孤獨園。

爾時，世尊告諸比丘：「何所有故，何所起，何所繫著，何所見我，令諸眾生作如是見、如是說：『於此十四百千生門❸、六十千六百五業、三業、二業、一業、半業、六十二道跡、六十二內劫、百二十泥黎⑬❹、百三十根、三十六貪界、四十九千龍家、四十九千金翅鳥家、四十九千邪命外道、四十九千外道出家、七想劫、七無想劫、七阿修羅、七毘舍遮❺、七天、七人、七百海⑭、七夢、七百夢、七嶮、七百嶮、七覺、七百覺、六生、十增進、八大士地❻，於此八萬四千大劫，若愚若⑮智，往來經歷，究竟苦邊。彼無有沙門、婆羅門作如是說❼：「我常持戒，受諸苦行，修諸梵行，不熟業❽者令熟，已熟業者棄捨，進退不可知。」此苦樂常住，生死定量，譬如縷丸❾擲⑯著空中，漸漸來下，至地自住。如是八萬四千大劫生死定量，亦復如是』？」

❸ 生門：誕生的生命型態。此經所述的外道認為輪迴過所有這些生命型態後，自然會解脫。
❹ 泥黎：地獄。
❺ 毘舍遮：食人精氣或血肉之惡鬼。
❻ 大士地：高貴的地位。
❼ 彼無有沙門、婆羅門作如是說：沒有出家在家的修行者這麼說；這麼說的就不是修行者。
❽ 熟業：成熟的業報。
❾ 縷丸：將線纏起來而成的小球。
⑬ 「黎」，宋、元、明三本作「犁」。
⑭ 「海」，宋、元、明三本作「人」。
⑮ 「若」，宋、元二本作「苦」。
⑯ 「擲」，宋、元、明三本作「掉」。

　　諸比丘白佛：「世尊是法根、法眼、法依……」如是廣說，次第如上三經。

【對應經典】

■ 南傳《相應部尼柯耶》〈見相應24〉第8經（大）見經。
■ 參考 南傳《長部尼柯耶》〈戒（集）蘊品1〉第2經沙門果經。

【讀經拾得】

此經所記載的邪見，就是外道六師的「末迦梨瞿舍利子」主張的宿命論，認為人的際遇不是由自己的意志、行為造成的，一切隨命運擺布，努力是徒然的，經歷過所有這些輪迴，自然就會解脫。

本經中「我常持戒，受諸苦行，修諸梵行，不熟業者令熟，已熟業者棄捨，進退不可知」所述的，不管是苦行外道也好、佛教也好，都與宿命論主張的一切自有定數相衝突，於是被此類外道拿來當攻擊的對象：就說一切都有定數了，還要持戒、修苦行、梵行做什麼？所以這類外道認為「無有沙門婆羅門作如是說」。

現代也有一些前世今生的思想，承認有輪迴的存在，表示輪迴本身就是學習、就是修行，經歷輪迴自然就會到更高的境界。這種思想雖然通常是鼓勵積極、正向的思考，但也接近於「經歷過所有這些輪迴，自然就會解脫」的見解。佛陀則表示輪迴不一定向上提升或向下沉淪，輪迴再久也不會自然解脫，端看所造的業而決定輪迴的去向。

第 164 經　【0045a02】

　　如是我聞：

　　一時，佛住舍衛國祇樹給孤獨園。

　　爾時，世尊告諸比丘：「何所有故，何所起，何所繫著，何所見我，令諸⑰眾生作如是見、如是說：『風不吹、火不燃、水不流、箭不射、懷妊不產、乳不㲉⑱❹、日月若出若沒、若明若闇不可知』？」

---

❹ 㲉：擠牛、羊乳。

⑰ 宋、元、明三本無「諸」字。

⑱「㲉」，大正藏原為「搆」，今依據宋、元、明三本改作「㲉」。

諸比丘白佛：「世尊是法根、法眼、法依……」如是廣說，次第如上三經。

【對應經典】

- 南傳《相應部尼柯耶》〈見相應24〉第1經風經。
- 南傳《相應部尼柯耶》〈見相應24〉第19經風經。
- 南傳《相應部尼柯耶》〈見相應24〉第45經（風）經。

【讀經拾得】

此經所記載的邪見，就是外道六師的「先闍那毘羅胝子」主張的不可知論，沒有自己固定的主張，而是仗著語言的技巧去駁倒對手，如同「白馬非馬論」一般。

第 165 經　【0045a09】

如是我聞：

一時，佛住舍衛國祇樹給孤獨園。

爾時，世尊告諸比丘：「何所有故，何所起，何所繫著，何所見我，令諸眾生作如是見、如是說：『此大梵自在，造作自然，為眾生父⑲㊶』？」

諸比丘白佛言：「世尊是法根、法眼、法依……」如是廣說，次第如上三經。

㊶ 此大梵自在，造作自然，為眾生父：大梵（造物主、大我）是無所不能、恆常永存的，創造了萬事萬物，是眾生的天父。這也是外道六十二見的「常見」或「半常半無常論」的主張。

⑲「父」，明本作「及」。

第 166 經　【0045a15】

如是我聞：

一時，佛住舍衛國祇樹給孤獨園。

爾時，世尊告諸比丘：「何所有故，何所起，何所繫著，何所見我，令諸眾生作如是見、如是說：『色是我，餘則虛名；無色是我，餘則虛名；色非色是我，餘則虛名❷；非色非無色是我，餘則虛名；我有邊，餘則虛名；我無邊，餘則虛名；我⑳有邊無邊，餘則虛名；我非有邊非無邊，餘則虛名。一想、種種想、多想、無量想，我一向樂❸、一向苦、若㉑苦、樂、不苦㉒不樂，餘則虛名』？」

諸比丘白佛言：「世尊是法根、法眼、法依……」廣說次第如上三經。

【對應經典】

- 南傳《相應部尼柯耶》〈見相應24〉第37經有色我經。
- 南傳《相應部尼柯耶》〈見相應24〉第38經無色我經。
- 南傳《相應部尼柯耶》〈見相應24〉第39經有色無色經。
- 南傳《相應部尼柯耶》〈見相應24〉第40經非有色非無色經。
- 南傳《相應部尼柯耶》〈見相應24〉第41經一向樂經。
- 南傳《相應部尼柯耶》〈見相應24〉第42經一向苦經。
- 南傳《相應部尼柯耶》〈見相應24〉第43經樂苦經。
- 南傳《相應部尼柯耶》〈見相應24〉第44經非苦非樂經。

【讀經拾得】

此經所記載的邪見，是基於「我見」而升起各種錯誤知見的一些列舉。

---

❷ 色非色是我，餘則虛名：色（物質）與非色（精神）組成了「我」，其他的都是假的。

❸ 一向樂：永遠都是安樂的。

⑳「我」，宋、元、明三本作「我色」。

㉑「若」，宋、元、明三本作「不」。

㉒ 宋、元、明三本無「樂、不苦」三字。

第 167 經　【0045a26】

如是我聞：

一時，佛住舍衛國祇樹給孤獨園。

爾時，世尊告諸比丘：「何所有故，何所起，何所繫著，何所見我，令諸眾生作如是見、如是說：『色是我，餘則妄想；非色、非非色是我，餘則妄想；我有邊，餘則妄想；我無邊，餘則妄想；我非有邊非無邊，餘則妄想。我一想、種種想、少想、無量想，我一向樂、一向苦，若㉓苦、樂、不苦不樂』？」

諸比丘白佛言：「世尊是法根、法眼、法依……」如是廣說，次第如上三經。

【對應經典】

■ 參考 南傳《相應部尼柯耶》〈見相應24〉第70經非苦非樂經。

【讀經拾得】

此經所記載的邪見，是基於「我見」而升起各種錯誤知見的一些列舉。

第 168 經　【0045b06】

如是我聞：

一時，佛住舍衛國祇樹給孤獨園。

爾時，世尊告諸比丘：「何所有故，何所起，何所繫著，何所見

㉓宋、元、明三本無「若」字。

我，令諸㉔眾生作如是見、如是說：『我世間常❹、世間無常❺、世間常無常❻、世間非常非無常❼；世有邊❽、世無邊❾、世有邊無邊❺⓪、世非有邊非無邊❺①；命即是身❺②、命異身異❺③；如來死後有、如來死後無、如來死後有無、如來死後非有非無』？」

諸比丘白佛：「世尊是法根、法眼、法依……」如是廣說，次第如上三經。

【對應經典】

■ 南傳《相應部尼柯耶》〈見相應24〉第9經世間常經。
■ 南傳《相應部尼柯耶》〈見相應24〉第10經世間無常經。
■ 南傳《相應部尼柯耶》〈見相應24〉第11經有邊經。
■ 南傳《相應部尼柯耶》〈見相應24〉第12經無邊經。
■ 南傳《相應部尼柯耶》〈見相應24〉第13經命即身經。
■ 南傳《相應部尼柯耶》〈見相應24〉第14經命身異經。
■ 南傳《相應部尼柯耶》〈見相應24〉第15經如來有經。
■ 南傳《相應部尼柯耶》〈見相應24〉第16經如來無經。
■ 南傳《相應部尼柯耶》〈見相應24〉第17經如來有無經。
■ 南傳《相應部尼柯耶》〈見相應24〉第18經如來非有非無經。

【讀經拾得】

此經所記載即「十四無記」，佛陀不予回答的問題。

要如何正確的看待「十四無記」的問題？可參見卷十第262經：「如實正觀世間集者，則不生世間無見，如實正觀世間滅，則不生世間有見。[……]如來離於二邊，

---

❹ 我世間常：我和宇宙的主體是永恆不變的。

❺ 世間無常：宇宙的主體是無常的，會消失而一了百了（斷滅論）。

❻ 世間常無常：宇宙的主體是常也是無常。

❼ 世間非常非無常：宇宙的主體不是常也不是無常。

❽ 世有邊：宇宙有邊界。

❾ 世無邊：宇宙沒有邊界。

❺⓪ 世有邊無邊：宇宙既是有邊界、又是沒有邊界。

❺① 世非有邊非無邊：宇宙既不是有邊界、也不是沒有邊界。

❺② 命即是身：生命（靈魂）即是肉體，兩者不可以分離。另譯為「彼命彼身」、「是命是身」。

❺③ 命異身異：生命（靈魂）是一回事，肉體是另一回事，兩者可以分離。

㉔ 宋、元、明三本無「諸」字。

說於中道」（CBETA, T02, no. 99, p. 67, a2-4）佛陀離於有、無的二邊，離於斷、常的二邊，以因緣法講說世間完整的面貌。

有同學會問說：「十四無記有『世間無常』，佛教也認為『世間無常』呀？」其實兩者雖然中文字面相同，實際的意義卻不一樣。十四無記所說的「世間無常」是將宇宙（世間）視為一個主體、大我，認為這個主體是無常，會消失而一了百了，屬於斷滅論。佛教所說的「世間無常」則是基於因緣的分析，描述人世間的遷流變化，而非有一個主體、大我。

至於「如來死後有」等問題，則可參見卷五第106經「導讀」的說明。

關於佛陀應對「十四無記」的說法，也可參考《雜阿含經》卷五第106經、卷三十二第905經、卷三十四第962經，《中阿含經》卷六十第220經，《長阿含經》卷十二第18經歡喜經。

第 169 經 【0045b15】

如是我聞：

一時，佛住舍衛國祇樹給孤獨園。

爾時，世尊告諸比丘：「何所有故，何所起，何所繫著，何所見我，令諸眾生作如是見、如是說：『世間我常、世間我無常、世間我常無常、世間我非常非無常；我苦常、我苦無常、我苦常無常、我苦非常非無常；世間我自作❺❹、世間我他作❺❺、世間我自作他作❺❻、世間我非自作非他作、非自非他無因作❺❼；世間我苦自作、世間我苦他作、世間我苦自他作、世間我苦非自非他無因作』？」

諸比丘白佛：「世尊是法根、法眼、法依……」如是廣說，次第如上三經。

---

❺❹ 自作：自己所作。指世間苦樂等一切，都是我自己所作的。例如「常見論」執著認為常住不變的「我」造作了一切。

❺❺ 他作：他人所作。指世間苦樂等一切，都是他人（例如造物主大梵天）所作的。例如執著認為大梵（造物主、大我）創造一切。

❺❻ 自作他作：部分是自己所作，部分是他人所作。

❺❼ 無因作：沒有原因而自然發生。

【讀經拾得】

此經所記載的邪見，是外道六十二見的「常見」及「半常半無常論」的一些列舉，都是以「我」為中心，而對世間的本質進行臆測。佛教則是從緣起來看世間，了知世間因緣生、因緣滅，而不是以「我」為中心。

第 170 經　【0045b26】

如是我聞：

一時，佛住舍衛國祇樹給孤獨園。

爾時，世尊告諸比丘：「何所有故，何所起，何所繫著，何所見我，令諸眾生作㉕如是見、如是說：『若無五欲❺❽娛樂，是則見法般涅槃❺❾；若離欲㉖、惡不善法❻⓪，有覺有觀❻❶，離生喜樂❻❷，入初禪❻❸，乃至第四禪❻❹，是第一義般涅槃』？」

諸比丘白佛：「世尊是法根、法眼、法依……」如是廣說，次第如上三經。

---

❺❽ 五欲：眼見色、耳聞聲、鼻嗅香、舌嘗味、身覺觸，而起的欲望。也就是色欲、聲欲、香欲、味欲、觸欲。

❺❾ 見法般涅槃：當生證得解脫涅槃，另譯為「現法涅槃」、「現法般涅槃」。

❻⓪ 離欲、惡不善法：離於感官欲樂、離於不好的法。

❻❶ 有覺有觀：「覺」與「觀」兩者皆有。「覺」又譯為「尋」，是投向的注意力；「觀」又譯為「伺」，是持續的注意力。例如打坐時將心念投向呼吸，就是「尋」；接著將心念持續地省察呼吸，就是「伺」。

❻❷ 離生喜樂：由捨離而生起喜與樂。

❻❸ 初禪：離欲、惡、不善法，有覺有觀，而達到的禪定境界。

❻❹ 四禪：苦、樂、喜、憂都沒了，捨、念清淨，而達到的禪定境界。

㉕ 宋、元、明三本無「作」字。

㉖ 大正藏無「欲」字，今依據宋、元、明三本補上。

【讀經拾得】

此經所記載的邪見，即是外道六十二見的「現世涅槃論」，有的認為能離開世間的五欲娛樂就是永遠的煩惱的止息，有的認為四禪是永遠的煩惱的止息。而佛陀發現，縱使是四禪也是因緣生滅的。

第 171 經　【0045c05】

如是我聞：

一時，佛住舍衛國祇樹給孤獨園。

爾時，世尊告諸比丘：「何所有故，何所起，何所繫著，何所見我，令諸眾生作如是見、如是說：『若麁四大色斷壞、無所有，是名我正斷❻❺；若復我欲界❻❻斷壞、死後㉗無所有，是名我正斷；若復我色界❻❼死後斷壞、無所有，是名我正斷；若得空入處❻❽、識入處❻❾、無所有入處❼⓪、非想非非想入處❼❶，我死後斷壞、無所有，是名我正斷』？」

諸比丘白佛：「世尊是法根、法眼、法依⋯⋯」如是廣說，次第如上三經。

---

❻❺ 我正斷：我就完全斷滅了。

❻❻ 欲界：有淫欲和食欲的有情眾生居住的地方。依照三界六道的分類，天道的欲界諸天以下統稱為欲界，欲天的最高天是他化自在天，以下包含人道、阿修羅道、地獄道、餓鬼道、畜生道。

❻❼ 色界：離於淫欲和食欲，身體及宮殿等物質（色）相當殊勝精緻的有情眾生居住的地方。依照三界六道的分類，包含天道的色界諸天。

❻❽ 空入處：修「空無邊處定」（以無邊的空間為意念專注的對象所成就的定境）的人所往生的天界。「無色界」的四天之一。又譯為「空無邊處」。

❻❾ 識入處：修「識無邊處定」（超越空入處，以無邊的識為意念專注的對象所成就的定境）的人所往生的天界。「無色界」的四天之一。又譯為「識無邊處」。

❼⓪ 無所有入處：修「無所有處定」（超越識入處，以無所有為意念專注的對象所成就的定）的人所往生的天界。「無色界」的四天之一。又譯為「無所有處」。

❼❶ 非想非非想入處：修「非想非非想處定」的人所往生的天界；入此定時已沒有「粗想」，所以稱「非想」，但還有「微細想」，但此「微細想」已沒有想的功能，所以稱「非非想」，如同水面上的油花，雖還是油，但沒有油的一般功能。「無色界」的四天之一。又譯為「非想非非想處」。

㉗ 宋、元、明三本無「後」字。

【讀經拾得】

此經所記載的邪見，是外道六十二見的「死後有想論、無想論、非想非非想論」及「斷滅論」的一些列舉。

導讀：斷除對五陰執著的方法；斷知相應（2/2）

《雜阿含經》「斷知相應」的內容為卷六第 130 ～ 132 經及本卷第 172 ～ 187 經，當中佛陀教導我們如何因捨斷而徹底地了知五陰。

佛陀 說的捨斷五陰，不是要人舉刀自殺，而是斷除對五陰的執著、斷除十二因緣的鎖鏈。那要如何才能斷除對五陰的執著呢？在第 174 ～ 186 經中，佛陀為我們諄諄教誨，舉了很多方法，在前幾卷許多已經提過了：

1. 親近善知識：第 174、175 經
2. 修習三十七道品：第 176 ～ 183 經
3. 修習（四聖諦的）道諦：第 184 經
4. 修習無貪、無瞋、無癡的教說：第 185、187 經
5. 修習止、觀：第 186 經

第 172 經 【0045c15】

如是我聞：

一時，佛住舍衛國祇樹給孤獨園。

爾時，世尊告諸比丘：「若法無常者當斷，斷彼法已，以義饒益，長夜安樂❼。何法無常？色無常，受、想、行、識無常。」

佛說此經已，諸比丘聞佛所說，歡喜奉行。

第 173 經　【0045c20】

如是我聞：

一時，佛住舍衛國祇樹給孤獨園。

爾時，世尊告諸比丘：「若過去無常法當斷，斷彼法已，以義饒益，長夜安樂。云何過去無常法？過去色是無常法，過去欲是無常法，彼法當斷。斷彼法已，以義饒益，長夜安樂。受、想、行、識亦復如是。」

佛說此經已，諸比丘聞佛所說，歡喜奉行。

如是未來、現在、過去現在、未來現在、過去未來、過去未來現在。

【讀經拾得】

本經的各小經將過去、未來、現在（的各種排列組合）的五陰都一一表示為無常法而應斷。例如不管是記憶中的、或是宿命通回憶的過去五陰，都是無常、不應該執著的；希求於未來的、或是天眼通預見的未來五陰，也是無常、不應該執著的。

這些經文和《雜阿含經》中常見的以下經文也相通：「當觀知諸所有色，若過去、若未來、若現在，若內、若外，若麁、若細，若好、若醜，若遠、若近，彼一切悉皆無常。正觀無常已，色愛即除。色愛除已，心善解脫。」（CBETA, T02, no. 99, p. 4, c26-29）

---

❼ 以義饒益，長夜安樂：以真義帶來幫助，而能長時間的幸福。

第 174 經　【0045c29】

如是我聞：

一時，佛住舍衛國祇樹給孤獨園。

爾時，世尊告諸比丘：「為斷無常法故，當求大師。云何是無常法？謂色是無常法；為斷彼法，當求大師。受、想、行、識亦復如是。」

佛說是㉘經已，諸比丘聞佛所說，歡喜奉行。

如是，過去、未來、現在、過去未來、過去現在、未來現在、過去未來㉙現在，當求大師，八種經如是❼。種種教隨順、安、廣安、周普安、導、廣導、究竟導、說、廣說、隨順說、正㉚、第二伴、真知識、同意、愍、悲、崇義、崇安慰、樂、崇觸、崇安隱、欲、精進、方便、廣方便、堪能方便、堅固、強、健、勇猛、身心㉛勇猛、難伏、攝受常學、不放逸、修、思惟、念、覺、知㉜、明、慧、辯、思量、梵行、如意、念處、正勤、根、力、覺、道、止、觀、念身、正憶念──八經，亦如上說❼。如斷義，如是知義、盡義、吐義、止義、捨義亦如是。

---

❼ 如是，過去……八種經如是：如同本經所講的「斷無常法」，還有「斷過去無常法」……等八種經文（七種有時間的標示，加上原經共八種）。

❼ 種種教隨順……──八經，亦如上說：如同本經所講的「為斷無常法故，當求大師」，還有「為種種教隨順故，當求大師」……等法，每一法各有八篇經文（前述的過去……等八種）。

㉘「是」，明本作「此」。

㉙ 大正藏無「過去現在、未來現在、過去未來」十二字，今依據宋、元、明三本補上。

㉚ 大正藏無「正」字，今依據蘇錦坤居士建議加上。

㉛「心」，大正藏原為「八」，今依據前後文改作「心」。

㉜「知」，宋、元、明三本作「智」。

導讀：如救頭燃

曾參與寺院晚課的人，大多聽過〈普賢警眾偈〉：

是日已過，命亦隨減，如少水魚，斯有何樂？
當勤精進，如救頭燃，但念無常，慎勿放逸！

此偈後半段的意義可參見以下的經文。

第 175 經　【0046a16】

如是我聞：

一時，佛住舍衛國祇樹給孤獨園。

爾時，世尊告諸比丘：「猶如有人火燒頭衣❼，當云何救？」

比丘白佛言：「世尊！當起增上欲❼，慇懃方便❼時救令滅。」

佛告比丘：「頭衣燒然❼尚可暫忘，無常盛火應盡除斷滅；為斷無常火故，勤求大師。斷何等無常故勤求大師？謂斷色無常故勤求大師，斷受、想、行、識無常故勤求大師。」

---

❼ 火燒頭衣：火燒到頭髮和衣服。
❼ 增上欲：加強的意願。
❼ 慇懃方便：勤奮努力。
❼ 然：通「燃」。

佛說此經已，諸比丘聞佛所說，歡喜奉行。

如斷無常，如是過去無常、未來無常、現在無常、過去未來無常、過去現在無常、未來現在無常、過去未來現在無常，如是八種救頭然譬經，如上廣說。如求大師，如是求種種教、隨順教，如上廣說。如斷義，如是知義、盡義、吐義、止義、捨義、滅義、沒義，亦復如是。

第 176 經　【0046b02】

如是我聞：

一時，佛住舍衛國祇樹給孤獨園。

爾時，世尊告諸比丘：「為斷無常故，當隨修㉝內身身觀住❼❾。何等法無常？謂色無常，為斷彼故，當隨修*內身身觀住。如是受、想、行、識無常，為斷彼故，當隨修*內身身觀住。」

佛說此經已，諸比丘聞佛所說，歡喜奉行。

如無常，如是過去色無常，未來色、現在色、過去未來色、過去現在色、未來現在色、過去未來現在色無常，斷彼故，當隨修*內㉞身身觀住。受、想、行、識亦復如是。

如隨修*內身身觀住八種，如是外身❽❾身觀、內外身❽❶身觀、內受❽❷

---

❼❾ 內身身觀住：集中心念觀察自身的修行方法。「身觀住」是「四念處」的「身念處」的另譯。「內身」指的是自身以內。

❽❾ 外身：自身以外，有解為他人、也有解為身外的物理世界（也如自身是由四大地、水、火、風所構成）。

❽❶ 內外身：自身以內及以外的四大（同時觀察）。

❽❷ 內受：自身的感受。

㉝ 「修」，宋、元、明三本作「順」。*

㉞ 大正藏無「內」字，宋、元、明三本「內」字在第一個「身」字後，今依據前後文在「身」字前補上。

受觀、外受❽受觀、內外受❽受觀、內心❽心觀、外心❽心觀、內外心❽心觀、內法❽法觀、外法❽法觀、內外法❽法觀住——八經，亦如上說。

如斷無常義，修四念處；如是知義、盡義、吐義、止義㉟、捨義、滅義、沒義故，隨修*四念處，亦如上說。

【讀經拾得】

四念處是依據身、受、心、法而實修，參見卷二十四的說明。

第 177 經　【0046b19】

如是我聞：

一時，佛住舍衛國祇樹給孤獨園。

爾時，世尊告諸比丘：「猶如有人火燒頭衣，當云何救？」

比丘白佛言：「世尊！當起增上欲，慇懃方便時救令滅。」

佛告比丘：「頭衣燒然尚可暫忘，無常盛火應盡斷，為斷無常火故，隨修內身身觀住。云何為斷無常火故，隨修*內身身觀住？謂色無常，為斷彼故，隨修內身身觀住。受、想、行、識無常，為斷彼故，隨修內身身觀住⋯⋯」廣說乃至⋯⋯。

佛說此經已，諸比丘聞佛所說，歡喜奉行。

---

❽ 外受：他人的感受。

❽ 內外受：自身及他人的感受（同時觀察）。

❽ 內心：自己的心念。

❽ 外心：他人的心念。

❽ 內外心：自己及他人的心念（同時觀察）。

❽ 內法：自己的諸法。

❽ 外法：他人的諸法。

❽ 內外法：自己及他人的諸法（同時觀察）。

㉟ 宋、元、明三本無「止義」二字。

如無常，如是過去無常、未來無常、現在無常、過去未來無常、過去現在無常、未來現在無常、過去未來現在無常。如內身身觀住八經，如是外身身觀八經、內外身身觀八經如上說。

如身念處二十四經，如是受念處、心念處、法念處二十四經如上說。

如當斷無常九十六經，如是當知、當吐、當盡、當止、當捨、當滅、當沒——九十六經，亦如上說。

第 178 經 【0046c10】

如是我聞：

一時，佛住舍衛國祇樹給孤獨園。

爾時，世尊告諸比丘：「猶如有人火燒頭衣，當云何救？」

比丘白佛言：「世尊！起㊱增上欲，慇懃方便時救令滅。」

佛告比丘：「頭衣燒然尚可暫忘，無常盛火應盡斷。為斷無常火故，已生惡不善法當斷，起欲、精勤、攝心令增長。斷何等無常法故，已生惡不善法為斷故，起欲、方便、攝心增進？謂色無常故，受、想、行、識無常當斷故，已生惡不善法令斷，起欲、方便、攝心增進……」廣說乃至……。

佛說此經已，諸比丘聞佛所說，歡喜奉行。

如無常經，如是過去無常、未來無常、現在無常、過去未來無常、過去現在無常、未來現在無常、過去未來現在無常八經，亦如上說。

如已生惡不善法當斷故，如是未生惡不善法令不生、未生善法令生、已生善法令增廣故，起欲、方便、攝心增進八經，亦如上說。

如當斷無常三十二經，如是當知、當吐、當盡、當止、當捨、當滅、當沒——三十二經，廣說如上。

㊱「起」，宋、元、明三本作「當起」。

【讀經拾得】

本經說明以四正勤（四正斷）精進努力：（1）已生惡令斷滅、（2）未生惡令不生、（3）未生善令生起、（4）已生善令增長，而斷無常。

《雜阿含經》的「正勤相應」在千年的傳抄中已佚失，所以對此主題的探討要多參考其他經典及南傳《相應部尼柯耶》的對應經卷。

第 179 經　【0047a02】

如是我聞：

一時，佛住舍衛國祇樹給孤獨園。

爾時，世尊告諸比丘：「猶如有人火燒頭衣，當云何救？」

比丘白佛言：「世尊㊲！當起增上欲，慇懃方便時救令滅。」

佛告比丘：「頭衣燒燃尚可暫忘，無常盛火當盡斷。為斷無常火故，當修欲定斷㊳行成就如意足❾①。當斷何等法無常？謂當斷色無常，當斷受、想、行、識無常故，修欲定斷*行成就如意足……」如經廣說，乃至……。

佛說此經已，諸比丘聞佛所說，歡喜奉行。

如無常，如是過去無常、未來無常、現在無常、過去未來無常、過去現在無常、未來現在無常、過去未來現在無常㊴八經，亦㊵如上說。

---

❾① 欲定斷行成就如意足：依「意欲」所引發的禪定，斷行陰，而成就神通。其中「欲定」是指由（對禪定的、聖果的）意欲而引發的禪定；「斷行」可解為斷行陰，或解為行於四正斷；「如意足」即隨心所欲的神通，「如意足」又譯為「神足」。

㊲「尊」，明本作「增」。

㊳「斷」，宋、元、明三本作「斷斷」。*

㊴ 宋、元、明三本無「過去未來現在無常」八字。

㊵ 宋、元、明三本無「亦」字。*

　　如修欲定，如是精進定❷、意定❸、思惟定❹亦如是。如當斷三十二經，如是當知、當吐、當盡、當止、當捨、當滅、當沒一一三十二經，亦如上說。

【讀經拾得】

本經說明應修行四如意足，精勤禪定成就神通，而斷無常。

《雜阿含經》的「如意足相應」在千年的傳抄中已佚失，因此對此主題的探討要多參考其他經典及南傳《相應部尼柯耶》的對應經卷。

四如意足中：

　　1.「欲定斷行成就如意足」是依「願」成就如意足。

　　2.「精進定斷行成就如意足」是依「行」成就如意足。

　　3.「意定斷行成就如意足」是依（如慈「悲」喜捨無量）心三昧成就如意足。

　　4.「思惟定斷行成就如意足」是依「智」成就如意足。

四如意足也可說是依悲、智、願、行所引發的禪定，斷行陰，而成就神通。

第 180 經　【0047a19】

　　如是我聞：

　　一時，佛住舍衛國祇樹給孤獨園。

　　爾時，世尊告諸比丘：「猶如有人火燒頭衣，當云何救？」

　　比丘白佛言：「世尊！當起增上欲，慇懃方便時救令滅。」

---

❷ 精進定（斷行成就如意足）：依「精進」所引發的禪定，斷行陰，而成就神通。「精進定」又譯為「勤定」。

❸ 意定（斷行成就如意足）：依「心念專注」所引發的禪定，斷行陰，而成就神通。「意定」又譯為「心定」。

❹ 思惟定（斷行成就如意足）：依「慧觀」所引發的禪定，斷行陰，而成就神通。「思惟定」又譯為「觀定」。

佛告比丘：「頭衣燒然尚可暫忘，無常盛火當盡斷。為斷無常火故，當修信根❾。斷何等無常法？謂當斷色無常，當斷受、想、行、識無常故，修信根……」如是廣說，乃至……。

佛說此經已，諸比丘聞佛所說，歡喜奉行。

如無常，如是過去無常、未來無常、現在無常、過去未來無常、過去現在無常、未來現在無常、過去未來現在無常，亦如上說。

如信根八經，如是修精進根❾、念根❾、定根❾、慧根❾八經，亦如上說。

如當斷四十經，如是當知、當吐、當盡、當止、當㊶捨、當滅、當沒四十經，亦如上說。

【讀經拾得】

五根是五種能轉迷為悟的能力，詳見卷二十六。

＿＿＿＿＿＿＿＿＿＿＿＿＿＿＿＿

第 181 經　　【0047b06】

如是我聞：

一時，佛住舍衛國祇樹給孤獨園。

爾時，世尊告諸比丘：「猶如有人火燒頭衣，當云何救？」

比丘白佛言：「世尊！當起增上欲，慇懃方便時救令滅。」

---

❾ 信根：對佛、法、僧、戒的信心。如同根生莖葉般能增上其他善法，因此稱為「根」。

❾ 精進根：勇猛精勤修行。

❾ 念根：修習四念處而不忘。

❾ 定根：入定而不散亂。

❾ 慧根：智慧。

㊶ 「當」，宋本作「常」。

佛告比丘：「頭衣燒然尚可暫忘，無常盛火當盡斷。為斷無常火故，當修信力❿。斷何等無常故，當修信力？謂斷色無常故，當修信力，斷受、想、行、識無常故，當修信力㊷……」如是廣說，乃至……。

佛說此經已，諸比丘聞佛所說，歡喜奉行。

如無常，如是過去無常、未來無常、現在無常、過去未來無常、過去現在無常、未來現在無常、過去未來現在無常八經，亦*如上說。

如信力，如是精進力⓫、念力⓬、定力⓭、慧力⓮八經，亦如上說。

如當斷四十經，如是當知、當吐、當盡、當止、當捨、當滅、當沒——四十經，亦如上說。

【讀經拾得】

五力是由五根實修而發揮出的具體力量，詳見卷二十六。

第 182 經　【0047b23】

如是我聞：

一時，佛住舍衛國祇樹給孤獨園。

爾時，世尊告諸比丘：「猶如有人火燒頭衣，當云何救？」

比丘白佛言：「世尊！當起增上欲，慇懃方便時救令滅。」

---

❿ 信力：對佛、法、僧、戒的淨信，能破邪信。

⓫ 精進力：徹底的斷惡生善，能破懈怠。

⓬ 念力：修習四念處而不忘，能破邪念。

⓭ 定力：入四禪等定境，能破散亂。

⓮ 慧力：證得四聖諦的智慧，能破無明。

㊷「力」，宋、元、明三本作「力斷」。

佛告比丘：「頭衣燒然尚可暫忘，無常盛火當盡斷。為斷無常火故，修念覺分❿。斷何等法無常故，修念覺分？謂斷色無常，修念覺分，當斷受、想、行、識無常，修念覺分……」如是廣說，乃至……。

佛說此經已，諸比丘聞佛所說，歡喜奉行。

如無常，如是過去無常、未來無常、現在無常、過去未來無常、過去現在無常、未來現在無常、過去未來現在無常八經如上說。

如念覺分八經，如是擇法覺分❿、精進覺分㊸❿、喜覺分❿、除覺分❿、捨覺分⓿、定覺分⓫——八經，亦如上說。

如當斷五十六經，如是當知、當吐、當盡、當止、當捨、當滅、當沒——五十六經如上說。

【讀經拾得】

七覺分是覺悟的七個要素，詳見卷二十六、二十七。

第 183 經　【0047c11】

如是我聞：

一時，佛住舍衛國祇樹給孤獨園。

爾時，世尊告諸比丘：「猶如有人火燒頭衣，當云何救？」

---

❿ 念覺分：專注清楚，修習四念處。其中「覺」即覺悟，「分」即分支、部分。「修念覺分」即修習覺悟的方法中念的部分。

❿ 擇法覺分：以智慧選擇法的真偽、善惡。

❿ 精進覺分：勇猛精勤修行。

❿ 喜覺分：契悟於佛法而生的歡喜、法喜。

❿ 除覺分：除去身心的粗重及煩惱，使得身心寧靜、輕利安適。又譯為猗覺分、輕安覺分。

⓿ 捨覺分：心平等、寧靜，而能捨離。

⓫ 定覺分：入定而不散亂。

㊸ 宋、元、明三本在「分」字下尚有「念覺分」三字。

比丘白佛言：「世尊！當起增上欲，慇懃方便時救令滅。」

佛告比丘：「頭衣燒然尚可暫忘，無常盛火當盡斷。為斷無常火故，當㊹修正見。斷何等無常火㊺故，當修正見，斷色無常故，當修正見，斷受、想、行、識無常故，當修正見……」如是廣說，乃至……。

佛說此經已，諸比丘聞佛所說，歡喜奉行。

如無常，如是過去無常，未來無常，現在無常，過去未來無常、過去現在無常、未來現在無常、過去未來現在無常，亦如上說。

如正見八經，如是正志、正語、正業、正命、正方便、正念、正定一一八經，亦如上說。

如當斷六十四經，如是當知、當吐、當盡、當止、當捨、當滅、當沒一一六十四經，亦如上說。

【讀經拾得】

八正道是邁向解脫的八個正確途徑，詳見卷二十八。

第 184 經　【0047c28】

如是我聞：

一時，佛住舍衛國祇樹給孤獨園。

爾時，世尊告諸比丘：「猶如有人火燒頭衣，當云何救？」

比丘白佛言：「世尊！當起增上欲，慇懃方便時救令滅。」

佛告比丘：「頭衣燒然尚可暫忘，無常盛火當盡斷無餘。為斷無

㊹「當」，宋、元、明三本作「常」。

㊺大正藏在「火」字之上有一「法」字，今依據宋、元、明三本刪去。

常火㊻故，當修苦習㊼盡道⓬。斷何等無常法故，當修苦習*盡道？謂斷色無常故，當修苦習*盡道；斷受、想、行、識無常故，當修苦習*盡道……」如是廣說，乃至……。

佛說此經已，諸比丘聞佛所說，歡喜奉行。

如無常，如是過去無常、未來無常、現在無常、過去未來無常、過去現在無常、未來現在無常、過去未來現在無常，亦如上說。

如苦習*盡道八經，如是苦盡道⓭、樂非盡道⓮、樂盡道⓯——八經，亦如上說。

如當斷三十二經，如是當知、當吐、當盡、當止、當捨、當滅、當沒——三十二經，亦如上說。

【讀經拾得】

本經說明應修習（四聖諦的）道諦，而斷無常。

第 185 經　【0048a16】

如是我聞：

一時，佛住舍衛國祇樹給孤獨園。

爾時，世尊告諸比丘：「猶如有人火燒頭衣，當云何救？」

比丘白佛言：「世尊！當起增上欲，慇懃方便時救令滅。」

⓬ 苦習盡道：滅除「苦的集（習）起」的途徑，也就是四聖諦的「道」諦。
⓭ 苦盡道：滅除苦的途徑，也就是四聖諦的「道」諦。
⓮ 樂非盡道：滅除非樂（苦及不苦不樂）的途徑，也就是四聖諦的「道」諦。
⓯ 樂盡道：滅除樂（受而涅槃）的途徑，也就是四聖諦的「道」諦。
㊻ 宋、元、明三本無「火」字。*
㊼「習」，元、明二本作「集」。*

佛告比丘：「頭衣燒然尚可暫忘，無常盛火當盡㊽斷無餘。為斷無常火故，當修無貪法句⓶。斷何等法無常故，當修無貪法句？謂當斷色無常故，修無貪法句，斷受、想、行、識無常故，修無貪法句……」如是廣說，乃至……。

佛說此經已，諸比丘聞佛所說，歡喜奉行。

如無常，如是過去無常、未來無常、現在無常、過去未來無常、過去現在無常、未來現在無常、過去未來現在無常，亦如上說。

如當修無貪法句八經，如是無恚、無癡諸句正句法句一一八經如上說。

如當斷二十四經，如是當知、當吐、當盡、當止、當捨、當滅、當沒一一二十四經，亦如上說。

第 186 經　【0048b04】

如是我聞：

一時，佛住舍衛國祇樹給孤獨園。

爾時，世尊告諸比丘：「猶如有人火燒頭衣，當云何救？」

比丘白佛言：「世尊！當起增上欲，慇懃方便時救令滅。」

佛告比丘：「頭衣燒然尚可暫忘，無常盛火當盡斷。為斷無常火＊故，當修止。斷何等法無常故，當修止？謂斷色無常故，當修止；斷受、想、行、識無常故，當修止……」如是廣說，乃至……。

佛說此經已，諸比丘聞佛所說，歡喜奉行。

⓶ 無貪法句：離貪的教說。「法句」是表達正法教說的詞句，常為偈頌形式。
㊽ 宋、元、明三本無「盡」字。

　　如無常，如是過去無常、未來無常、現在無常、過去未來無常、過去現在無常、未來現在無常、過去未來現在無常，亦如上說。

　　如修止八經，如是修觀八經，亦如上說。

　　如當斷十六經，如是當知、當吐、當盡、當止、當捨、當滅、當沒——十六經，亦如上說。

　　「諸所有色，若過去、若未來、若現在，若內、若外，若麤、若細，若好、若醜，若遠、若近，彼一切非我、非異我、不相在如實知；受、想、行、識亦如是。多聞聖弟子如是正觀者，於色生厭，受、想、行、識生厭；厭已不樂，不樂故解脫，解脫知見：『我生已盡，梵行已立，所作已作，自知不受後有。』」

　　佛說此經已，諸比丘聞佛所說，歡喜奉行。

　　「如無常，如是動搖、旋轉、尪瘵❶❶❼、破壞、飄疾、朽敗、危頓、不恒、不安、變易、惱苦、災患、魔邪、魔勢、魔器，如沫、如泡、如芭蕉、如幻，微劣、貪嗜、殺摽、刀劍、疾妬❶❶❽、相殘、損減、衰耗、繫縛、搥打、惡瘡、癰疽、利刺、煩惱、譴罰❶❶❾、陰蓋、過患、處愁、感、惡知識，苦、空、非我、非我所，怨家、連鑛、非義、非安慰，熱惱、無蔭、無洲、無覆、無依、無護，生法、老法、病法、死法、憂悲法、惱苦法、無力法、羸劣法、不可欲法、誘引法、將養法、有苦法、有殺法、有惱法、有熱法、有相法、有吹法、有取法、深嶮法、難澀法、不正法、兇暴法、有貪法、有恚法、有癡法、不住法、燒然法、罣閡❹❾法、災法、集法、滅法、骨聚法、肉段法、執炬法、火坑法，如毒蛇、如夢❺❿假❺❶借、如樹果❺❷、如屠牛

---

❶❶❼ 尪瘵：又弱又病。「尪」是「弱」，「瘵」是「病」。

❶❶❽ 妬：「妒」的異體字。

❶❶❾ 譴罰：責罰。

❹❾「閡」，宋、元、明三本作「礙」。

❺❿「夢」，宋、元、明三本作「夢如」。

❺❶「假」，大正藏原為「價」，今依據宋、元、明三本改作「假」。

❺❷「果」，宋、元二本作「菓」。*

者、如殺人者、如觸露、如淹水、如駛流[120]、如織縷、如輪涉[53]水、如跳杖[54][121]、如毒瓶、如毒身、如毒華、如毒果*、煩惱動。如是，比丘[55]！乃至斷過去、未來、現在無常，乃至滅沒，當修止觀。

「斷何等法過去、未來、現在無常，乃至滅沒，修止觀？謂斷色過去、未來、現在無常，乃至滅沒，故修止觀。受、想、行、識亦復如是。

「是故諸所有色，若過去、若未來、若現在，若內、若外，若麁、若細，若好、若醜，若遠、若近，彼一切非我、非異我、不相在如實知。受、想、行、識亦復如是。

「多聞聖弟子如是觀者，於色生厭，於受、想、行、識生厭，厭故不樂，不樂故解脫，解脫知見：『我生已盡，梵行已立，所作已作[56]，自知不受後有。』」

佛說此經已，諸比丘聞佛所說，歡喜奉行。

【讀經拾得】

觀五陰無常、苦、空、非我，不只是概念，更是需要實證的。實證的修法，最常見的就是「止觀」：「止」是心定於一處（或一境）而不動，例如專注在呼吸上，止息想念與思慮，可以培養「定」；「觀」是洞察，例如觀無常，可以培養「慧」。止、觀配合，則可以實證真理。

[120] 駛流：湍急的水流。

[121] 跳杖：跳起的杖子。參見《雜阿含經》卷十六第 430、431 經及卷三十四第 954 經所說，擲杖空中不是杖頭、就是杖尾、杖腹落地，比喻輪迴當中一定曾墮地獄道、畜生道、或餓鬼道。

[53]「涉」，大正藏原為「沙」，今依據宋、元、明三本改作「涉」。

[54]「杖」，宋、元、明三本作「狀」。

[55] 宋、元、明三本無「丘」字。

[56] 宋、元、明三本無「解脫，解脫知見：我生已盡，梵行已立，所作已作」十八字。

第 187 經　【0048c27】

如是我聞：

一時，佛住舍衛國祇樹給孤獨園。

爾時，世尊告諸比丘：「以成就一法故，不復堪任知色無常，知受、想、行、識無常。何等為一法成就？謂貪欲一法成就，不⑰堪能知色無常，知受、想、行、識無常。何等一法成就？謂無貪欲成就，無貪欲法者，堪能知色無常，堪能知受、想、行、識無常。」

佛說此經已，諸比丘聞佛所說，歡喜奉行。

「如成就不成就，如是知不知、親不親、明不明、識不識、察不察、量不量、覆不覆、種不種、掩不掩、映翳⑫不映⑱翳亦如是。

「如是知，如是識解，受、求、辯⑲、獨證，亦復如是。

「如⑳貪，如是恚、癡、瞋、恨、呰⑬、執、嫉、慳、幻、諂、無慚、無愧、慢、慢慢、增慢、我慢、增上慢⑭、邪慢、卑慢、憍慢、放逸、矜高、曲偽㉑相規、利誘、利惡、欲多、欲常、欲不敬、惡口、惡知識、不忍貪、嗜下㉒貪、惡貪，身見、邊見⑮、邪見、見取⑯、戒取⑰、欲愛、

---

⑫映翳：遮蔽。
⑬呰：毀謗。
⑭增上慢：特別強烈的傲慢，特指未得未證而自認為已得已證。「增上」即「加強」的意思。
⑮邊見：偏於一邊的見解，包括常見（認為身心乃至世界常住不變的見解，又稱為「有見」）及斷見（斷滅的見解，又稱為「無見」）。
⑯見取：執著錯誤的邪見。
⑰戒取：執著於無益解脫的禁戒、禁忌。
⑰「成就不」，宋、元、明三本作「不成就」。
⑱大正藏無「映」字，今依據元、明二本補上，而明本則作「暎」字。
⑲「辯」，宋、元二本作「辨」。
⑳「如」，元、明二本作「如是」。
㉑「偽」，大正藏原為「為」，今依據宋、元、明三本改作「偽」。
㉒「下」，大正藏原為「不」，今依據宋、元、明三本改作「下」。

瞋恚、睡眠、掉悔❷⓲、疑、惽悴❷⓳、蹁蹮❸⓿、矗屓㊿❸①、懶、亂想、不正憶、身濁、不直、不軟、不異、欲覺❸②、恚覺、害覺❸③、親覺、國土覺、輕易覺、愛他家覺、愁憂惱苦＊，於此等一一法，乃至映翳，不堪任滅色作證。

「何等為一法？所謂惱苦，以惱苦映翳故，不堪任於色滅盡作證，不堪任於受、想、行、識滅盡作證。一法不映翳故，堪任於色滅盡作證，堪任於受、想、行、識滅盡作證。

「何等一法？謂惱苦，此一法不映翳故，堪任於色滅盡作證，堪任於受、想、行、識滅盡作證。」

佛說此經已，諸比丘聞佛所說，歡喜奉行。

【讀經拾得】

貪欲熾盛時，就會失去智慧，而不能夠知道五陰無常。其餘各種執著熾盛時也是如此。

雜阿含經卷第七

---

❷⓲ 掉悔：心浮動靜不下來。「掉」又譯為「掉舉」，心躁動不安；「悔」即「追悔」，於所作的事心懷憂惱。

❷⓳ 惽悴：昏亂、憂傷。

❸⓿ 蹁蹮：行走搖晃不穩的樣子。

❸① 矗屓：用力的樣子。

❸② 欲覺：想要感官之欲的意向。此處的「覺」即「有覺有觀（有尋有伺）」的「覺（尋）」。

❸③ 害覺：想要加害別人的意向。

㊿ 「矗屓」，宋本作「隓欹」。

好讀

雜阿含經

卷第八

導讀：六入處；六入處相應（1/5）

「六入處」是：
- 眼：視覺器官。
- 耳：聽覺器官。
- 鼻：嗅覺器官。
- 舌：味覺器官。
- 身：觸覺器官。
- 意：腦功能。（照經中所說，「意根」是心、意、識一類，不見得單純是肉體的「腦」。由於現代所謂的「腦功能」與意根作用類似，為方便理解，姑且以「腦功能」描述。）

這六個感官猶如外境進入身心的管道，因此稱為六入處。又稱為「六內入處」、「六根」。

六入處所接收的，是「六境」：
- 色：影像。
- 聲：聲音。
- 香：香臭。
- 味：味道。
- 觸：碰觸。
- 法：訊息。

六境又稱為「六外入處」。由於六境能沾染身心，也稱作「六塵」。

在名詞的定義上，六境的「色」是指顏色、形色等影像，和五陰的「色」定義不同。六境的「觸」是指粗細冷熱濕滑等碰觸的觸感，和十二因緣的「觸」定義完全不同。六境的「味」是指食物的滋味，和「味患離」的「味」定義也不相同，要加以明辨。

六入處接收到六境時，如果有欲貪，就會追逐著外境跑，陷入輪迴。如果沒有欲貪，就能有智慧的辨明外境，心不隨境轉。

《雜阿含經》「六入處相應」的內容依次為現今版本的第八、九、四十三、十一、十三卷，當中佛陀對我們開示六入處的性質、作用、為何會染著、如何防護、以及如何藉六入處修行解脫。

若已熟讀之前的「陰相應」，就會發現「六入處相應」有許多類似的經文，只是將主題從「五陰」換成「六入處」，因為不論是五陰或是六入處，都是無常、苦、空、非我的。

本卷很多的專有名詞在卷一、二已註釋過，於本卷即不重覆註釋，若有需要的話可逕行複習卷一、二的相關內容。

第 188 經經文導讀

如是我聞：一時，佛住舍衛國祇樹給孤獨園。爾時，世尊告諸比丘：「當正觀察眼無常。如是觀者，是名正見。正觀故生厭，生厭故離喜、離貪，離喜、貪故，我說心正解脫。

佛陀教導弟子：「應該正確的觀察眼（視覺感官）是無常的，照這樣的觀察，則是正確的見解。依正確的觀察而修行，就不會貪得無厭（於視覺感官），而可離於喜愛和貪欲，心就能解脫。」

如是耳、鼻、舌、身、意，離喜、離貪，離喜、貪故。比丘！我說心正解脫，

也要認清耳（聽覺感官）、鼻（嗅覺感官）、舌（味覺感官）、身（觸覺感官）、意（腦功能；接收訊息的感官）也都是如此，而能離於貪欲、進而解脫。

例如在禪坐時腦中仍不停的有妄念，就是因為腦袋繼續貪得無厭地接收、處理訊息，而無法捨棄這些妄念。觀察無常則漸能捨棄這些妄念。

心正解脫者，能自記說：『我生已盡，梵行已立，所作已作，自知不受後有。』」

心已徹底解脫的人，則能夠自己作證：「我不會再次出生，清淨的修行已經確立，應當完成的都已完成，自己知道不會再受輪迴。」

佛說此經已，諸比丘聞佛所說，歡喜奉行。如無常，如是苦、空、非我，亦如是說。

此經文中講「無常」的觀法，皆可以「苦」、「空」、「非我」替代入。舉例而言：
- 當正觀察六根是苦：感官是受到逼迫的。
- 當正觀察六根是空：感官是因緣和合而生，沒有實體的。
- 當正觀察六根非我：感官不是「我」。

修行人應該時常禪定，去觀照、運用這些法義。

第 188 經　【0049b07】

如是我聞①：

一時，佛住舍衛國祇樹給孤獨園。

爾時，世尊告諸比丘：「當正觀察眼無常。如是觀者，是名正見。正觀故生厭，生②厭故離喜、離貪，離喜、貪故，我說心正解脫。如是耳、鼻、舌、身、意，離喜、離貪，離喜、貪故。比丘！我說心正解脫，心正解脫者，能自記說：『我生已盡，梵行已立，所作已作，自知不受後有。』」

佛說此經已，諸比丘聞佛所說，歡喜奉行。

如無常，如是苦、空、非我，亦如是說。

---

① 元、明二本在「如是我聞」前一行有「誦六入處品第二」七字。
② 宋、元、明三本無「生」字。

【對應經典】

- 南傳《相應部尼柯耶》〈六處相應35〉第156經喜悅消盡（二）經。
- 南傳《相應部尼柯耶》〈六處相應35〉第181經凡無常者（七～九）經。
- 南傳《相應部尼柯耶》〈六處相應35〉第182經凡無常者（一○～一二）經。
- 南傳《相應部尼柯耶》〈六處相應35〉第185經內（一、二、三）經。
- 參考 南傳《相應部尼柯耶》〈六處相應35〉第157經喜悅消盡（三）經。
- 參考 南傳《相應部尼柯耶》〈六處相應35〉第179經凡無常者（一、二、三）經。

第 189 經 【0049b17】

如是我聞：

一時，佛住舍衛國祇樹給孤獨園。

爾時，世尊告諸比丘：「於眼當正思惟、觀察無常。所以者何？於眼正思惟、觀察無常故，於眼欲貪斷，欲貪斷故，我說心正解脫。耳、鼻、舌、身、意，正思惟、觀察故，欲貪斷，欲貪斷者，我說心正解脫。如是，比丘！心正解脫者，能自記說：『我生已盡，梵行已立，所作已作，自知不受後有。』」

佛說此經已，諸比丘聞佛所說，歡喜奉行。

【對應經典】

- 參考 南傳《相應部尼柯耶》〈六處相應35〉第157經喜悅消盡（三）經。
- 參考 南傳《相應部尼柯耶》〈六處相應35〉第158經喜悅消盡（四）經。
- 參考 南傳《相應部尼柯耶》〈六處相應35〉第159經耆婆菴羅林（一）經。

第 190 經 【0049b26】

如是我聞：

一時，佛住舍衛國祇樹給孤獨園。

爾時，世尊告諸比丘：「若於眼不識、不知、不斷、不離欲者，不堪任正盡苦❶。耳、鼻、舌、身、意亦復如是。諸比丘！於眼若識、若知、若斷、若離欲者，堪任正盡苦。於耳、鼻、舌、身、意，若識、若知、若斷、若離欲者，堪任正盡苦。」

佛說此經已，諸比丘聞佛所說，歡喜奉行。

【對應經典】

- 參考 南傳《相應部尼柯耶》〈六處相應35〉第26經曉了（一）經。
- 參考 南傳《相應部尼柯耶》〈六處相應35〉第27經曉了（二）經。

第 191 經 　【0049c04】

如是我聞：

一時，佛住舍衛國祇樹給孤獨園。

爾時，世尊告諸比丘：「於眼若不識、不知、不斷、不離欲者，不堪任越❷生、老、病、死苦。耳、鼻、舌、身、意，不識、不知、不斷、不離欲者，不堪任越生、老、病、死苦。諸比丘！於眼③若識、若知、若斷、若離欲者，堪任越生、老、病、死苦。於耳、鼻、舌、身、意，若識、若知、若斷、若離欲，堪任越生、老、病、死苦。」

佛說此經已，諸比丘聞佛所說，歡喜奉行。

【對應經典】

- 參考 南傳《相應部尼柯耶》〈六處相應35〉第21經因生起（一）經。
- 參考 南傳《相應部尼柯耶》〈六處相應35〉第22經因生起（二）經。
- 參考 南傳《相應部尼柯耶》〈六處相應35〉第26經曉了（一）經。
- 參考 南傳《相應部尼柯耶》〈六處相應35〉第27經曉了（二）經。

---

❶ 正盡苦：徹底地斷盡所有的苦。

❷ 堪任越：能夠做到超越。

③ 「眼」，大正藏原為「色」，今依據前後文改作「眼」。

第 192 經 【0049c13】

如是我聞：

一時，佛住舍衛國祇樹給孤獨園。

爾時，世尊告諸比丘：「若④於眼不離欲，心不解脫者，不堪任正盡苦。於耳、鼻、舌、身、意不離欲，心不解脫者，不堪任正盡苦。諸比丘！若於眼⑤離欲，心解脫者，彼堪任正盡苦。於耳、鼻、舌、身、意離欲，心解脫者，堪任正盡苦。」

佛說此經已，諸比丘聞佛所說，歡喜奉行。

【對應經典】

■ 參考 南傳《相應部尼柯耶》〈六處相應35〉第26經曉了（一）經。
■ 參考 南傳《相應部尼柯耶》〈六處相應35〉第27經曉了（二）經。

第 193 經 【0049c21】

如是我聞：

一時，佛住舍衛國祇樹給孤獨園。

爾時，世尊告諸比丘：「若於眼、色不離欲，心不解脫者，不堪任越生、老、病、死苦。於耳、鼻、舌、身、意不離欲，心不解脫者，不堪任越生、老、病、死苦。諸比丘！若於眼、色離欲，心解脫者，堪任越生、老、病、死苦。於耳、鼻、舌、身、意離欲，心解脫者，堪任越生、老、病、死苦。」

佛說此經已，諸比丘聞佛所說，歡喜奉行。

---

④ 宋、元、明三本無「若」字。
⑤ 大正藏在「眼」字之下有一「色」字，今依據宋、元、明三本刪去。

【對應經典】

■ 參考 南傳《相應部尼柯耶》〈六處相應35〉第21經因生起（一）經。
■ 參考 南傳《相應部尼柯耶》〈六處相應35〉第22經因生起（二）經。

第 194 經　　【0050a01】

如是我聞：

一時，佛住舍衛國祇樹給孤獨園。

爾時，世尊告諸比丘：「若於眼生喜者，則於苦生喜，若於苦生喜者，我說彼不解脫於苦。於耳、鼻、舌、身、意生喜者，則於苦生喜，於苦生喜者，我說彼不解脫於苦。

「諸比丘！若於眼不生喜者，則於苦不生喜，於苦不生喜者，我說彼解脫於苦。於耳、鼻、舌、身、意不生喜者，則於苦不生喜，於苦不生喜者，我說彼解脫於苦。」

佛說此經已，諸比丘聞佛所說，歡喜奉行。

【對應經典】

■ 南傳《相應部尼柯耶》〈六處相應35〉第19經因歡悅（一）經。
■ 南傳《相應部尼柯耶》〈六處相應35〉第20經因歡悅（二）經。

▎導讀：緣眼色生眼識

六入處能接收六境：
■ 眼根接收影像（色）而有視覺（眼識）。
■ 耳根接收聲音（聲）而有聽覺（耳識）。
■ 鼻根接收香臭（香）而有嗅覺（鼻識）。
■ 舌根接收味道（味）而有味覺（舌識）。
■ 身根接收碰觸（觸）而有觸覺（身識）。
■ 意根（腦功能）接收各種訊息（法）而有意識。

「眼」根接收到影像（「色」），而會有視覺（「眼識」）。眼根、影像、視覺，三者接「觸」，而能感「受」影像。

「受」可以舉三種例子：
- 苦受：苦的感受。
- 樂受：樂的感受。
- 不苦不樂受：不苦也不樂的感受。

例如看到刺眼的強光會有苦受，看到柔和的影像會有樂受，沒什麼特別的影像，則有不苦不樂受。

而這些都隨著因緣遷流變化，都是無常、苦、空、非我的。

第 195 經　【0050a11】

如是我聞：

一時，佛住舍衛國祇樹給孤獨園。

爾時，世尊告諸比丘：「一切無常。云何一切無常？謂眼無常，若色、眼識、眼觸，若眼觸因緣生受，苦覺、樂覺、不苦不樂覺，彼亦無常。耳、鼻、舌、身、意亦復如是。多聞聖弟子如是觀者，於眼生厭，若色、眼識、眼觸、眼觸因緣生受，苦覺、樂覺、不苦不樂覺，於彼生厭。耳、鼻、舌、身、意，聲、香、味、觸、法、意識、意觸、意觸因緣生受，苦覺、樂覺、不苦不樂覺，彼亦生厭，厭故不樂，不樂故解脫，解脫知見：『我生已盡，梵行已立，所作已作，自知不受後有。』」

佛說此經已，諸比丘聞佛所說，歡喜奉行。

如無常經，如是苦、空、無我，亦如是說。

【對應經典】

■ 南傳《相應部尼柯耶》〈六處相應35〉第1～12經。
■ 南傳《相應部尼柯耶》〈六處相應35〉第43～51經。

【讀經拾得】

■ 本經是在解說於根境識和合的過程中，如以下經文所述：「緣眼、色，生眼識，三事和合觸，觸俱生受、想、思」（CBETA, T02, no. 99, p. 72, c9-10）其中的「眼」、「色」、「眼識」、「觸」、「受」等等每一項因緣而生的東西，都是無常的。

■ 卷二第41經說受有眼受、耳受、鼻受、舌受、身受、意受，而本卷提到受有苦受、樂受、不苦不樂受。這只是分類法的不同，不相抵觸：眼受、耳受等六受，各自皆可再分為苦受、樂受、不苦不樂受。

第 196 經 【0050a24】

如是我聞：

一時，佛住舍衛國祇樹給孤獨園。

爾時，世尊告諸比丘：「一切無常。云何一切❸？謂眼無常，若色、眼識、眼觸、眼觸因緣生受，若苦、若樂、不苦不樂，彼亦無常。如是耳、鼻、舌、身、意⑥，若法、意識、意觸、意觸⑦因緣生受，若苦、若樂、不苦不樂，彼亦無常。多聞聖弟子如是觀者，於眼解脫，若色、眼識、眼觸⑧、眼觸因緣生受，若苦、若樂、不苦不樂，彼亦解脫。如是耳、鼻、舌、身、意，法、意識、意觸*、意觸因緣生受，若苦、若樂、不苦不樂，彼亦解脫，我說彼解脫⑨生、老、病、死、憂、悲、惱、苦⑩。」

佛說此經已，諸比丘聞佛所說，歡喜奉行。

---

❸ 云何一切：此處可能有經文脫落，原文可能為「云何一切無常」。
⑥「意」字之下大正藏有一「識」字，今依據前後文刪去。
⑦ 宋、元、明三本無「意觸」二字。*
⑧ 宋、元、明三本無「眼觸」二字。
⑨ 大正藏無「解脫」二字，今依據宋、元、明三本補上。
⑩「惱、苦」，宋、元、明三本作「苦、惱」。

如說一切無常，如是一切苦、一切空、一切非我、一切虛業法、一切破壞法、一切生法、一切老法、一切病法、一切死法、一切愁憂法、一切煩惱法、一切集法、一切滅法、一切知法、一切識法、一切斷法、一切覺法、一切作證❹、一切魔、一切魔勢、一切魔器、一切然、一切熾然、一切燒，皆如上二經廣說。

【對應經典】

- 南傳《相應部尼柯耶》〈六處相應35〉第33～42經。
- 南傳《相應部尼柯耶》〈六處相應35〉第43～51經。
- 南傳《相應部尼柯耶》〈六處相應35〉第52經所攝經。

第 197 經　【0050b14】

如是我聞：

一時，佛住迦闍尸利沙⑪❺支提❻，與千比丘俱，皆是舊縈髮婆羅門❼。

爾時，世尊為千比丘作三種示現教化。云何為三？神足變化示現❽、他心示現❾、教誡示現❿。

神足示現者，世尊隨其所應，而示現入禪定正受⓫，陵虛⓬至東

---

❹ 作證：親身體證。

❺ 迦闍尸利沙：是音譯，又譯為「伽耶山」，義譯為「象頭山」，因山頂似象頭而得名。位於當時的中印度摩竭陀國伽耶城附近，現今為印度教的聖地。

❻ 支提：一種塔狀的建築。義譯為「靈廟」。

❼ 舊縈髮婆羅門：曾是將頭髮盤繞捲在頭上這一派的婆羅門。「舊」表示跟隨佛陀出家以前。

❽ 神足變化示現：展示神足通。神足通是可飛身天上、一念之間到達目的地、變化身形的神通力。

❾ 他心示現：展示他心通。他心通是可知道他人心中在想什麼的神通力。

❿ 教誡示現：開示說法教誨弟子。

⓫ 正受：字面的意思是「正確地獲得」，指正確地到達定境。又譯為「等至」、「正定現前」，音譯為「三摩鉢底」。

⓬ 陵虛：升於空中。

⑪ 「迦闍尸利沙」，巴利本作 Gayāsīsa。

方，作四威儀❸，行、住、坐、臥，入火三昧❹，出種種火光，青、黃、赤、白、紅、頗梨❺色，水火俱現、或身下出火，身上出水，身上出火，身下出水，周圓四方亦復如是。爾時，世尊作種種神變已，於眾中坐，是名神足示現。

他心示現者，如彼心、如彼意、如彼識，彼應作如是念、不應作如是念、彼應作如是捨、彼應作如是身證❻住，是名他心示現。

教誡示現者，如世尊說：「諸比丘！一切燒然。云何一切燒然？謂眼燒然，若色、眼識、眼觸、眼觸因緣生受，若苦、若樂、不苦不樂，彼亦燒然。如是耳、鼻、舌、身、意燒然，若法、意識、意觸、意觸因緣生受，若苦、若樂、不苦不樂，彼亦燒然，以何燒然，貪火燒然、恚火燒然、癡火燒然，生、老、病、死、憂、悲、惱、苦火燒然。」

爾時，千比丘聞佛所說，不起諸漏，心得解脫，佛說此經已，諸比丘聞佛所說，歡喜奉行。

【對應經典】
■ 南傳《相應部尼柯耶》〈六處相應35〉第28經燃燒經。
■ 《雜阿含經》梵文殘卷 SF 270。

【讀經拾得】

本經的南傳相當經文沒有提到「三種示現教化」，而是直接解說「一切燒然」。但在其它南傳經文（例如南傳《增支部尼柯耶》3集61經，相當於《中阿含經》卷三十五〈梵志品2〉第143經傷歌邏經）也有講述三種示現教化，並且表示三種示現教化中，以「教誡示現」為最上。

---

❸ 四威儀：行、住、坐、臥，各有儀態而不損威德。
❹ 火三昧：以火為專注對象（所緣）所成就的定境，入這種定時，身體能發出火燄。又譯為「火光三昧」。
❺ 頗梨：玻璃。
❻ 身證：親身得證。即「自證」。

第 198 經　【0050c07】

如是我聞：

一時，佛住王舍城耆闍崛山。

爾時，尊者羅睺羅往詣佛所，稽首佛足，退住一面，白佛言：「世尊！云何知、云何見我內識身及外一切相，令我、我所、我慢使繫著不生？」

觀無我能令我、我所、我慢使繫著不生

爾時，世尊告羅睺羅：「善哉！羅睺羅！能問如來甚深之義。」

佛告羅睺羅：「眼若過去、若未來、若現在，若內、若外，若麁、若細，若好、若醜，若遠、若近，彼一切非我、非異我、不相在如實知。耳、鼻、舌、身、意亦復如是。

「羅睺羅！作如是知、如是見我此識身及外一切相，令我、我所、我慢使繫著不生。羅睺羅！如是我、我所、我慢使繫著不生者。羅睺羅！是名斷愛濁見，正無間等，究竟苦邊。」

佛說此經已，尊者羅睺羅聞佛所說，歡喜奉行。

如內入處❶，如是外入處❶，色、聲、香、味、觸、法，眼識，耳、鼻、舌、身、意識，眼觸，耳、鼻、舌、身、意觸❶，眼觸生受，耳、鼻、舌、身、意觸生受❷，眼觸生想，耳、鼻、舌、身、意觸生想❷，眼觸生思，耳、鼻、舌、身、意觸生思❷，眼觸生愛，耳、鼻、舌、身、意觸生愛❷，亦如上說。

---

❶ 內入處：眼、耳、鼻、舌、身、意。這六個感官猶如外境進入身心的管道，因此稱為六內入處。也稱為六入處、六根。

❶ 外入處：色、聲、香、味、觸、法。因為與眼、耳、鼻、舌、身、意六根（六內入處）相對，而稱為六外入處。又稱為六境、六塵。

❶ 眼觸，耳、鼻、舌、身、意觸：即六觸。參見卷二第 41 經。

❷ 眼觸生受，耳、鼻、舌、身、意觸生受：即六受。

❷ 眼觸生想，耳、鼻、舌、身、意觸生想：即六想。

❷ 眼觸生思，耳、鼻、舌、身、意觸生思：即六思。

❷ 眼觸生愛，耳、鼻、舌、身、意觸生愛：即六愛。

【對應經典】

- 《雜阿含經》卷一第23經。
- 《雜阿含經》卷十七第465經。
- 南傳《相應部尼柯耶》〈羅睺羅相應18〉第21經使經。
- 南傳《相應部尼柯耶》〈蘊相應22〉第71經羅陀經。
- 南傳《相應部尼柯耶》〈蘊相應22〉第91經羅睺羅（一）經。

【讀經拾得】

- 本經可與卷五第103經的意涵（知無我後，要觀五陰生滅，除我慢、我欲、我使）互相參照。

- 此經中提到「眼若過去、若未來」，有同學會問：「這是指眼睛看到的過去、未來嗎？」其實經中常用「眼」代表眼睛所見的、眼緣生的色、受、想、行、識，等等一連串從眼所緣生的東西。這些東西不論過去、未來、現在，都是無我的。

- 此經最後一段列舉六根可有各自相關或緣生的五陰，舉例而言：

  - 眼的色：眼根（可能包括視網膜、視神經）。

  - 眼接收的色：光線反映出影像。（眼睛見到的通常是物體表面反射的光線。）

  - 眼識：產生視覺，識別到光線。

  - 眼觸生受：感受光線。（光線若太強會刺眼。）

  - 眼觸生想：對光線進行取相。（只取人看得到的光線，不會取紅外線、紫外線、或是聲波等人眼不認得的境。）

  - 眼觸生行：意願加以辨認分別。

此時即有視覺。視覺（眼識）只是單純的「看到」影像，還沒有攙雜人的主觀意識；主觀意識是在此訊息傳到意根時，由意識加以識別、意觸生想加以取相、意觸生行加以思維造作，人腦才識別出畫面的意義。

眼根通俗的講法是眼睛，而根據佛學及生理學，精確的來看可能是視網膜、視神經等組織；眼接收的色，通俗的來講是影像，而根據物理學精確的說法是光線。同學們只要瞭解在修行上身心運作的原理即可，不必拘泥於生理學或物理學的用詞，本書中也不特別加以區分。

感官接收的訊號傳到最後，由意作最後的反應。當意觸時不生愛，斷了十二因緣的鎖鏈，就不會有苦。就生活上的講法，意的「受想行識」是由「動念」開始，當不起心動念時，就沒有後續一連串的受想行識（參見本卷第209經），因而不再受到無常的苦。生活上如此，禪定也是一樣。

第 199 經 【0050c27】

如是我聞：

一時，佛住王舍城迦蘭陀竹園。

爾時，世尊告羅睺羅：「云何知、云何見，於此識身及外一切相，無有我、我所、我慢使繫著？」

羅睺羅白佛言：「世尊是法根、法眼、法依。善哉！世尊！當為諸比丘廣說此義，諸比丘聞已，當受奉行。」

佛告羅睺羅：「善哉！諦聽，當為汝說。諸所有眼，若過去、若未來、若現在，若內、若外，若麁、若細，若好、若醜，若遠、若近，彼一切非我、非異我、不相在如實正觀。羅睺羅！耳、鼻、舌、身意亦復如是。

「羅睺羅！如是知、如是見我此識身及外一切相，我、我所、我慢使繫著不生。羅睺羅！如是比丘越⑫於二❷，離諸相，寂滅解脫。羅睺羅！如是比丘斷諸愛欲，轉去諸結，究竟苦邊❷。」

佛說此經已，羅睺羅聞佛所說，歡喜奉行。

如內入，如是外入，乃至意觸因緣生受，亦如是廣說。

【對應經典】

- 《雜阿含經》卷一第24經。
- 《雜阿含經》卷十七第466經。
- 南傳《相應部尼柯耶》〈羅睺羅相應18〉第22經遠離經。
- 南傳《相應部尼柯耶》〈蘊相應22〉第92經羅睺羅（二）經。

【讀經拾得】

本卷第213經：「何等為二？眼、色為二。耳聲、鼻香、舌味、身觸、意法為二，是名二法。」

---

❷ 越於二：超越根與境；在六根識知六境時，不起執著。

❷ 斷諸愛欲，轉去諸結，究竟苦邊：斷除各種愛欲，去除各個結使（煩惱），徹底地斷盡了苦。

⑫「越」，宋、元、明三本作「超越」。

如實觀「無我」，當「眼耳鼻舌身意」接觸到「色聲香味觸法」時，沒有我、我所的執著，才能不起欲貪，也就是「越於二」；這或許也是「不二法門」在《阿含經》的定義。

六根遇六境不染著，六識就不會生長增廣。

導讀：十二入處

眼、耳、鼻、舌、身、意又稱為「六內入處」，色、聲、香、味、觸、法則稱為「六外入處」。六內入處加上六外入處，合稱「十二入處」，廣義的來看，就含括了人的身心乃至宇宙。

咦，人的身心乃至宇宙，不是也可以區分為「五陰」嗎？的確，這些可以說是不同的分類法，將人的身心乃至宇宙作不同程度的解析：

- 「五陰」是將物質與精神層面，分類為物質的「色」，以及精神的「受、想、行、識」。在精神的層面作比較細的區分。

- 「六入處」或「十二入處」則是以感官功能來區分。但也可以說對物質層面作比較細的區分，像眼、耳、鼻、舌、身；色、聲、香、味、觸，都是對物質世界的感官功能的區分。意、法則是偏向精神層面的。

因此觀察五陰，可以對精神的層面作較詳細的分析，一一覺察到精神的各個部分都是無常、苦、空、非我的。觀察六入處或十二入處，則可以對感官的層面及物質的層面作較詳細的分析，一一覺察到感官及物質的各個部分也是無常、苦、空、非我的。觀察完五陰和六入處後，就可以更加確認物質與精神層面都是無常、苦、空、非我的。

後世還有人想分析得更細，因此更多的分類法就層出不窮，像是論師依識的不同功能細分出了七識、八識，南、北傳的論師們也都將身心乃至宇宙進一步的細分出將近一百種的各種法；單就「色」而言，現代科學家則細分出比四大分類精細的元素週期表，並發現了各種的物理及化學定律。佛陀則清楚的指出，所有因緣而生的萬事萬物，不管怎麼分類、不管分類得多細，都是無常、苦、空、非我的。

第 200 經　【0051a15】

如是我聞：

一時，佛住舍衛國祇樹給孤獨園。

爾時，尊者羅睺羅往詣佛所，稽首佛足，退坐一面，白佛言：「善哉！世尊！為我說法，我聞法已，獨一靜處，專精思惟，不放逸㉖住；獨一靜處，專精思惟，不放逸住已，如是思惟；所以族姓子剃除鬚髮，正信⑬非家，出家學道，修持梵行，見法自知作證：『我生已盡，梵行已立，所作已作，自知不受後有。』」

爾時，世尊觀察羅睺羅心，解脫慧未熟，未堪任受增上法㉗。問羅睺羅言：「汝以授人五受陰㉘未？」

羅睺羅白佛：「未也，世尊！」

佛告羅睺羅：「汝當為人演說五受陰。」

爾時，羅睺羅受佛教已，於異時為人演說五受陰，說已，還詣佛所，稽首佛足，退住一面，白佛言：「世尊！我已為人說五受陰，唯願世尊為我說法，我聞法已，獨一靜處，專精思惟，不放逸住，乃至自知不受後有。」

爾時，世尊復觀察羅睺羅心，解脫智未熟，不堪任受增上法。問羅睺羅言：「汝為人說六入處未？」

羅睺羅白佛：「未也，世尊！」

佛告羅睺羅：「汝當為人演說六入處。」

㉖ 不放逸：不怠惰。

㉗ 增上法：超越世間的法；解脫法。

㉘ 五受陰：色、受、想、行、識合稱「五陰」，有執著的五陰，又稱為「五受陰」。參見卷二第55、58經。又譯為「五盛陰」、「五取蘊」。

⑬ 「信」，宋、元、明三本作「住」。

爾時，羅睺羅於異時為人演⑭說六入處，說⑮六入處已，來詣佛所，稽首禮足，退住一面，白佛言：「世尊！我已為人演說六入處，唯願世尊為我說法，我聞法已，當獨一靜處，專精思惟，不放逸住，乃至自知不受後有。」

爾時，世尊觀察羅睺羅心，解脫智未熟，不堪任受增上法。問羅睺羅言：「汝已為人說尼陀那❷法未？」

羅睺羅白佛言：「未也，世尊！」

佛告羅睺羅：「汝當為人演說尼陀那法。」

爾時，羅睺羅於異時為人廣說尼陀那法已，來詣佛所，稽首禮足，退住一面，白⑯佛言：「世尊！為我說法，我聞法已，獨一靜處，專精思惟，不放逸住，乃至自知不受後有。」

爾時，世尊復觀察羅睺羅心，解脫智未熟……廣說乃至告羅睺羅言：「汝當於上所說諸法，獨於一靜處，專精思惟，觀察其義。」

爾時，羅睺羅受佛教勅，如上所聞法、所說法思惟稱量，觀察其義，作是念：「此諸法一切皆順趣涅槃、流注涅槃、後住涅槃。」爾時，羅睺羅往詣佛所，稽首禮足，退住一面，白佛言：「世尊！我已於如上所聞法、所說法獨一靜處，思惟稱量，觀察其義，知此諸法皆順趣涅槃、流注涅槃、後住涅槃。」

爾時，世尊觀察羅睺羅心，解脫智熟，堪任受增上法。告羅睺羅言：「羅睺羅！一切無常。何等法無常？謂眼無常，若色、眼識、眼觸……」如上無常廣說。

爾時，羅睺羅聞佛所說，歡喜隨喜，禮佛而退。

---

❷ 尼陀那：為音譯，義譯為緣起、因緣。
⑭「演」，宋、元、明三本作「廣」。
⑮「說」，宋、元、明三本作「廣說」。
⑯「白」，宋、元、明三本作「而白」。

　　爾時，羅睺羅受佛教已，獨一靜處，專精思惟，不放逸住；所以族姓子剃除鬚髮，著袈裟衣，正信非家，出家學道，純修梵行，乃至見法自知作證：「我生已盡，梵行已立，所作已作，自知不受後有。」成阿羅漢，心⑰善解脫。

　　佛說此經已，羅睺羅聞佛所說，歡喜奉行。

【對應經典】

■ 《出曜經》卷三。
■ 參考 南傳《相應部尼柯耶》〈六處相應35〉第121經羅睺羅經。
■ 參考 南傳《中部尼柯耶》〈六處品5〉第147經教羅睺羅小經。

【讀經拾得】

從本經可知，為他人講解佛法，也是一種修行。

《長阿含經》卷八第9經眾集經也提到，為他人說佛法，是「五解脫入」（從大師聞法、受持諷誦、為他人說、思惟分別、於法得定）之一，能讓修行者分別法義後得法喜，得法喜後得輕安，得輕安後得定、得定後得實知見而解脫。（CBETA, T01, no. 1, p. 51, c3-12）

本經記載佛陀觀察到羅睺羅「未堪任受增上法」，而要羅睺羅漸次為人講解「五受陰」、「六入處」、「尼陀那」等法，這些法都有解說世間的運作。羅睺羅在為人解說的過程中，也加深了自己的修學基礎，等到羅睺羅「堪任受增上法」後，佛陀向他深入解說「無常」等出世間解脫法（「增上法」），羅睺羅在聞、思、修後也就證阿羅漢了。對比之下，佛陀的確一向由淺入深地教導弟子，對於剛接觸佛法的人，通常先由「施論、戒論、生天之論，欲為穢惡，漏不淨行」等人天善法開始解說，等到弟子心開意解，才教導苦集滅道等出世間法，弟子就得法眼淨了。《增壹阿含經》卷十四〈高幢品24〉第2經（CBETA, T02, no. 125, p. 616, a2-9）等許多經典都有記載佛陀由淺入深的說法次第。

本經相當的南傳經文沒有提到佛陀要求羅睺羅為人講解「五受陰」、「六入處」、「尼陀那」，而是直接記錄佛陀觀羅睺羅解脫智熟後，說「一切無常」。南傳經文另外記載佛陀開示後「許多跟在一起的天眾們的遠塵、離垢之法眼生起：『凡任何集法都是滅法』」。

---

⑰「心」，宋、元、明三本作「已」。

第 201 經 【0051c11】

如是我聞：

一時，佛住舍衛國祇樹給孤獨園。

時，有異比丘來詣佛所，稽首佛足，退住一面，白佛言：「世尊！云何知、云何見，次第疾得漏盡❸？」

爾時，世尊告彼比丘：「當正觀無常。何等法無常？謂眼無常，若色、眼識、眼觸、眼觸因緣生受，若苦、若樂、不苦不樂，當觀無常。耳、鼻、舌、身、意當觀無常。若法、意識、意觸、意觸因緣生受，若苦、若樂、不苦不樂，彼亦無常。比丘！如是知、如是見，次第盡有漏。」

時，彼比丘聞佛所說，歡喜作禮而去。

如是，比丘所說經。若差別者：「云何知、云何見，次第盡⑱一切結、斷一切縛、斷一切使❸、斷一切上煩惱、斷一切結、斷諸流❸、斷諸軛⑲、斷諸取、斷諸觸、斷諸蓋、斷諸纏⑳、斷諸垢、斷諸愛、斷諸意、斷邪見生正見、斷無明生明。比丘！如是觀㉑眼無常，乃至如是知、如是見，次第無明斷，明生。」

時，彼比丘聞佛所說歡喜，歡喜已，作禮而去。

【對應經典】

- 參考 南傳《相應部尼柯耶》〈六處相應35〉第53經無明經。
- 參考 南傳《相應部尼柯耶》〈六處相應35〉第54經繫縛（一）經。
- 參考 南傳《相應部尼柯耶》〈六處相應35〉第55經繫縛（二）經。

---

❸ 疾得漏盡：快速地滅盡煩惱，得到解脫。

❸ 使：煩惱。煩惱能驅使人，因此又稱「使」。

❸ 諸流：各種煩惱如同瀑流般源源不絕，因此譬喻為「諸流」。

⑱「盡」，宋、元、明三本作「盡盡」。

⑲「軛」，宋本作「厄」，元、明二本作「扼」。

⑳「纏」，宋、元、明三本作「受」。

㉑「觀」，宋、元、明三本作「觀察」。

■ 參考 南傳《相應部尼柯耶》〈六處相應35〉第56經煩惱的捨斷經。
■ 參考 南傳《相應部尼柯耶》〈六處相應35〉第57經煩惱的根除經。
■ 參考 南傳《相應部尼柯耶》〈六處相應35〉第58經煩惱潛在趨勢的捨斷經。
■ 參考 南傳《相應部尼柯耶》〈六處相應35〉第59經煩惱潛在趨勢的根除經。

第 202 經　　【0051c29】

如是我聞：

一時，佛住舍衛國祇樹給孤獨園。

時，有異比丘往詣佛所，稽首佛足，白佛言：「世尊！云何知、云何見，次第我見斷，無我見生？」

佛告彼比丘：「於眼正觀無常，若色、眼識、眼觸、眼觸因緣生受，若苦、若樂、不苦不樂，彼亦正觀無我。如是乃至意觸因緣生受，若苦、若樂、不苦不樂，彼亦正觀無我。比丘！如是知、如是見，次第我見斷，無我見生。」

時，彼比丘聞佛所說歡喜，歡喜已，作禮而去。

【對應經典】

■ 南傳《相應部尼柯耶》〈六處相應35〉第166經我經。
■ 南傳《相應部尼柯耶》〈六處相應35〉第167經欲念（一、二、三）經。

第 203 經　　【0052a10】

如是我聞：

一時，佛住毘舍離耆婆拘摩羅藥師菴羅園❸。

---

❸ 耆婆拘摩羅藥師菴羅園：耆婆奉獻給佛陀的芒果園。耆婆是優婆塞（在家的男性佛教徒）名，以醫術聞名。拘摩羅是音譯，義譯為童子。

爾時，世尊告諸比丘：「若有比丘能斷一法者，則得正智，能自記說：『我生已盡，梵行已立，所作已作，自知不受後有。』」

諸比丘白佛言：「世尊是法根、法眼、法依，唯願演說，諸比丘聞已，當受奉行。」

佛告諸比丘：「諦聽，善思，當為汝說。諸比丘！云何一法斷故，乃至不受後有？所謂無明，離欲❸明生，得正智，能自記說：『我生已盡，梵行已立，所作已作，自知不受後有。』」

時，有異比丘從座㉒起，整衣服，偏袒右肩，為佛作禮，右膝著地，合掌白佛言：「世尊！云何知、云何見，無明離欲明生？」

佛告比丘：「當正觀察眼無常，若色、眼識、眼觸、眼觸因緣生受，若苦、若樂、不苦不樂，彼亦正觀無常。耳、鼻、舌、身、意亦復如是。比丘！如是知、如是見，無明離欲明生。」

佛說此經已，諸比丘聞佛所說，歡喜奉行。

【對應經典】

■ 南傳《相應部尼柯耶》〈六處相應35〉第79經無明（一）經。
■ 南傳《相應部尼柯耶》〈六處相應35〉第80經無明（二）經。

【讀經拾得】

此經中的「一法」即「無明」；「一法斷」，斷無明，即「明生」。

如何照見「無明」以「明生」？可正觀六根、六境、六識，因緣生起的六受，都是無常。

---

❸ 離欲：「離欲」的巴利文也有一義是「消逝」。因此「無明離欲明生」也可解為「無明消逝而明生起」。

㉒ 「座」，大正藏原為「坐」，今依據宋、元、明三本改作「座」。*

第 204 經　【0052a27】

如是我聞：

一時，佛住毗舍離耆婆拘摩羅藥師菴羅園。

爾時，世尊告尊者阿難：「於眼當如實知、如實見，若眼、色㉓、眼識、眼觸、眼觸因緣生受，若苦、若樂、不苦不樂，彼亦如實知、如實見。耳、鼻、舌、身、意亦復如是。彼如實知、如實見已，於眼生厭，若色、眼識、眼觸、眼觸因緣生受，若苦、若樂、不苦不樂，彼亦生厭。耳、鼻、舌、身、意亦復如是。厭已不樂，不樂已解脫，解脫知見：『我生已盡，梵行已立，所作已作，自知不受後有。』」

佛說此經已，諸比丘聞佛所說，歡喜奉行。

第 205 經　【0052b09】

如是我聞：

一時，佛住毗舍離耆婆拘摩羅藥師菴羅園。

爾時，世尊說一切優陀那偈㉟已，告尊者阿難：「眼無常、苦、變易、異分㊱法，若色、眼識、眼觸、眼觸因緣生受，若苦、若樂、不苦不樂，彼亦無常、苦、變易、異分法。耳、鼻、舌、身、意亦復如是。多聞聖弟子如是觀者，於眼得解脫，若色、眼識、眼觸、眼觸因緣生受，彼亦解脫。耳、鼻、舌、身、意法、意識、意觸、意觸因緣生受，若苦、若樂、不苦不樂，彼解脫，我說彼解脫生、老、病、死、憂、悲、惱、苦。」

佛說此經已，尊者阿難聞佛所說，歡喜奉行。

㉟ 優陀那偈：佛陀不問自說的感性語。優陀那是十二部經之一。

㊱ 異分：會變異成其他狀態的。

㉓「色」字之上大正藏有一「眼」字，今依據前後文刪去。

第 206 經　【0052b20】

如是我聞：

一時，佛住毘舍離城耆婆拘摩羅藥師菴羅園。

爾時，世尊告諸比丘：「當勤方便禪思，內寂其心。所以者何？比丘！方便禪思，內寂其心，如是如實知顯現。於何如實知顯現？於眼如實知顯現，若色、眼識、眼觸、眼觸因緣生受，若苦、若樂、不苦不樂，彼亦如實知顯現。耳、鼻、舌、身、意亦復如是。此諸法無常、有為❸，亦如是如實知顯現。」

佛說此經已，諸比丘聞佛所說，歡喜奉行。

【對應經典】

■ 南傳《相應部尼柯耶》〈六處相應35〉第100經獨想經。
■ 南傳《相應部尼柯耶》〈六處相應35〉第161經拘瑟他迦（一）經。

第 207 經　【0052b29】

如是我聞：

一時，佛住毘舍離耆婆拘摩羅藥師菴羅園。

爾時，世尊告諸比丘：「當修無量三摩提❸，精勤繫念❹。所以者何？修無量三摩提，精勤繫念已，則如實顯現❹。於何如實顯現？

---

❸ 方便禪思：精進於禪定。「方便」有「精進」、「權宜方法」等意義，在本經中，比對巴利本解為「精進」。

❸ 有為：有造作的；因緣而生的。「為」是「造作」的意思。

❸ 三摩提：心定於一處（或一境）而不散亂。又譯為「三昧」、「三摩地」，義譯為「等持」。

❹ 繫念：將心念繫於一處而沒有雜念。

❹ 如實顯現：契合真理的洞察、了知。

於眼如實顯現……」如是廣說，乃至「此諸法無常、有為，此如實顯現。」

佛說此經已，諸比丘聞佛所說，歡喜奉行。

【對應經典】

- 南傳《相應部尼柯耶》〈六處相應35〉第99經三昧經。
- 南傳《相應部尼柯耶》〈六處相應35〉第160經耆婆菴羅林（二）經。

【讀經拾得】

- 止與觀

  「精勤繫念」即「止」、「定」，「如實顯現」即「觀」、「慧」。

  上一經及本經都說明了，要證知佛法深義，得依定發慧，止觀俱修，而不只是在概念上瞭解。

- 修無量三摩提

  本經提到「修無量三摩提」，有二種可能的解釋：

  第一種解釋是修各種不同的定，例如四禪及三三昧。

  第二種解釋是修無量心三昧，也就是基於慈悲喜捨四無量心之一而修定的方法。

  本經相當的南傳經文沒有「無量」一詞。

第 208 經　【0052c07】

如是我聞：

一時，佛住毘舍離耆婆拘摩羅藥師菴羅園。

爾時，世尊告諸比丘：「過去、未來眼無常，況現在眼。多聞聖弟子如是觀者，不顧過去眼，不欣未來眼，於現在眼厭、不樂、離欲、向厭❷。耳、鼻、舌、身、意亦復如是。」

佛說此經已，諸比丘聞佛所說，歡喜奉行。

---

❷ 向厭：疑為「向滅」的訛誤。

如無常，苦、空、無我，亦如是說。

如內入處四經，如是外入處色、聲、香、味、觸、法四經，內外入處❸四經，亦如是說。

【對應經典】

■ 《雜阿含經》卷十三第333經。
■ 南傳《相應部尼柯耶》〈六處相應35〉第7經自身內的過去未來無常經。
■ 南傳《相應部尼柯耶》〈六處相應35〉第8經自身內的過去未來苦經。
■ 南傳《相應部尼柯耶》〈六處相應35〉第9經自身內的過去未來無我經。
■ 南傳《相應部尼柯耶》〈六處相應35〉第10經無常（四）外經。
■ 南傳《相應部尼柯耶》〈六處相應35〉第11經苦（四）外經。
■ 南傳《相應部尼柯耶》〈六處相應35〉第12經無我（四）外經。

【讀經拾得】

■ 《雜阿含經》卷八第211經：「汝等諸比丘亦復多逐過去五欲功德，現在、未來亦復微少……眼處滅，色想則離。耳、鼻、舌、身、意入處滅，法想則離。」（CBETA, T02, no. 99, p. 53, b4-c4）

■ 《雜阿含經》卷一第8經：「過去、未來色無常，況現在色。聖弟子！如是觀者，不顧過去色，不欣未來色，於現在色厭、離欲、正向滅盡。」（CBETA, T02, no. 99, p. 1, c23-26）

■ 《中阿含經》卷四十三〈根本分別品2〉第166經釋中禪室尊經：「若比丘不樂過去色，不欲、不著、不住，不樂過去覺、想、行、識，不欲、不著、不住，如是比丘不念過去……若比丘不樂未來色，不欲、不著、不住，不樂未來覺、想、行、識，不欲、不著、不住，如是比丘不願未來……若比丘不樂現在色，不欲、不著、不住，不樂現在覺、想、行、識，不欲、不著、不住，如是比丘不受現在法。」（CBETA, T01, no. 26, p. 700, a23-b16）

■ 《金剛般若波羅蜜經》：「過去心不可得，現在心不可得，未來心不可得。」（CBETA, T08, no. 235, p. 751, b27）

---

❸ 內外入處：六內入處加上六外入處，合稱為十二入處。

導讀：六入處無我

「六入處」都是無我的。舉例而言，「腦功能」（意根）與「我」的真相是：

- 非我（不是我）：腦功能不是「我」。
- 非異我（不異我）：腦功能之外也沒有「我」。（腦功能也不是由這個「我」所擁有的東西。）
- 不相在：「我」不是腦功能的一部分；腦功能不是「我」的一部分。

佛陀則證悟到「六入處」都無我的事實，都是因緣生滅，不管怎麼分析感官、內外，都沒有「我」。

第 209 經　【0052c17】

如是我聞：

一時，佛住毘舍離耆婆拘摩羅藥師菴羅園。

爾時，世尊告諸比丘：「有六觸入處❹。云何為六？眼觸入處，耳、鼻、舌、身、意觸入處。沙門、婆羅門於此六觸入處集、滅、味、患、離不如實知，當知是沙門、婆羅門去我法、律遠，如虛空與地。」

時，有異比丘從座*起，整衣服，為佛作禮，合掌白佛言：「我具足如實知此六觸入處集、滅、味、患、離。」

---

❹ 六觸入處：由「六觸」進入身心的管道，常特指六觸使人心意動搖、產生貪愛的過程、時空、或情境。六觸是「眼觸、耳觸、鼻觸、舌觸、身觸、意觸」，這裡的「觸」特指感官、外境、識，三者接觸，是十二因緣之一。

佛告比丘：「我今問汝，汝隨問答我。比丘！汝見眼觸入處是
我、異我、相在不？」

答言：「不也，世尊！」

佛告比丘：「善哉！善哉！於此眼觸入處非我、非異我、不相
在，如實知見者，不起諸漏、心不染著、心得解脫，是名初觸入處❹
已斷、已知，斷其根本，如截多羅樹頭，於未來法永不復起，所謂眼
識及色。汝見耳、鼻、舌、身、意觸入處是我、異我、相在不？」

答言：「不也，世尊！」

佛告比丘：「善哉！善哉！於耳、鼻、舌、身、意觸入處非我、
非異我、不相在，作如是如實知見者，不起諸漏、心不染著，心㉔得
解脫，是名比丘六觸入㉕處已斷、已知，斷其根本，如截多羅樹頭，
於未來世欲不復生，謂意識、法❹。」

佛說此經已，諸比丘聞佛所說，歡喜奉行。

【對應經典】

■ 南傳《相應部尼柯耶》〈六處相應35〉第71經六觸處（一）經。
■ 南傳《相應部尼柯耶》〈六處相應35〉第72經六觸處（二）經。
■ 南傳《相應部尼柯耶》〈六處相應35〉第73經六觸處（三）經。

【讀經拾得】

■ 問：六根各自緣生的五陰的「味」，有什麼禪修時可應用的例子？

　六根猶如外境進入身心的管道，根境觸後，常使人心意動搖，產生後續的五陰。
　六根各自緣生的五陰，如何讓人味著，以下為一些例子：

---

❹ 初觸入處：指眼觸入處，因其在六觸入處中排第一個。
❹ 意識、法：此處指「意識」及「法」。和前二段的「眼識」及「色」對應。
㉔ 「心」，大正藏原為「以」，今依據宋、元、明三本改作「心」。
㉕ 「入」，元本作「八」。

六根	色味	受味	想味	行味	識味
眼（見食物）	影像發生	有沒看見	要不要看清	加以辨認分別	確定為食物
耳（聽音樂）	聲響發生	有沒聽見	要不要聽清	加以辨認分別	確定為音樂
鼻（聞香水）	香味發生	有沒聞到	要不要聞聞	加以辨認分別	確定為香味
舌（吃蛋糕）	滋味發生	吃得出來	要不要嘗嘗	加以辨認分別	確定為好吃
身（摸羊毛）	碰觸發生	有沒東西	是否可觸摸	加以辨認分別	確定為柔軟
意（想助人）	（無色）	樂於助人	開始想助人	加以辨認分別	確定為好事

在一個事件發生時，六根緣生的色、受、想、行、識不斷的交替出現，直到事件終了。

色、受、想、行、識不一定全有，但最後一定會經由「意」，才會有意識的苦或樂。例如眼根接觸影像、生眼識，而「看到」後，所看到的訊息由意根加以認知（意識）、執取。

這個過程，《中阿含經》卷五十八〈晡利多品3〉第211經大拘絺羅經是說：「眼根，耳、鼻、舌、身根，此五根異行、異境界，各各受自境界。意為彼盡受境界，意為彼依。」（CBETA, T01, no. 26, p. 791, b15-17）

也就是說，意根是由六根提供訊息，所謂「緣意、法，生意識」，這個「法」就是六根傳來的「訊息」。佛教的論中一般認為前一剎那的意識，成為下一剎那的意根，如此念念生滅、念念相續。

這是每天無時無刻的起心動念，由意而執取，也能由意而捨棄。若意識能捨、能無我，就是解脫自在。（參見本卷第229經。）

打坐時想要專心，但念頭一直不由自主的亂跑，是因為意根染著了哪些味？

第 210 經　【0053a11】

如是我聞：

一時，佛住毘舍離耆婆拘摩羅藥師菴羅園。

爾時，世尊告諸比丘：「莫樂莫苦。所以者何？有六觸入處地獄，眾生生彼地獄中者，眼所見不可愛色、不見可愛色，見不可念[47]色、不見可念色，見不善色、不見善色，以是因緣故，一向受憂苦。

---

[47] 可念：可愛的。

耳聲、鼻香、舌味、身觸、意識法❽，見不可愛、不見可愛，見不可念、不見可念，見不善法、不見善法，以是因緣故，長受憂苦。

「諸比丘！有六觸入處❾，其有眾生生彼處者，眼見可愛、不見不可愛，見可念色、非不可念色，見善色、非不善色，以是因緣故，一向長受喜樂。耳聲、鼻香、舌味、身觸、意所識法，可愛非不可愛、可念非不可念、善㉖非不善。」

佛說此經已，諸比丘聞佛所說，歡喜奉行。

【對應經典】

■ 南傳《相應部尼柯耶》〈六處相應35〉第135經執著經。

【讀經拾得】

參考其餘經典，並沒有特定一個地獄叫做「六觸入處地獄」，也沒有特定一個天界叫做「六觸入處天」，因此本經應該是比喻地獄之苦也是六觸入處之苦，天界之樂也是六觸入處之樂。

佛陀表示「莫樂莫苦」，不要向地獄之苦去，也不要沉迷於天界之樂。

第 211 經 【0053a26】

如是我聞：

一時，佛住毘舍離耆婆拘摩羅藥師菴羅園。

爾時，世尊告諸比丘：「我昔未成正覺❺時，獨一靜處，禪思思惟：『自心多向何處觀察？』自心多逐過去五欲功德❺，少逐現在五

---

❽ 意識法：此處指意根（名詞）識別（動詞）法境（名詞）。和此段開頭的「眼」見不可愛「色」對應。

❾ 有六觸入處：相當的南傳經文作「有六觸入處天」，因此疑似此處經文傳抄時脫落「天」字。

❺ 成正覺：成佛。其中「正覺」指佛的真正覺悟的智慧。

❺ 五欲功德：色欲、聲欲、香欲、味欲、觸欲的作用。

㉖ 大正藏在「善」字之上有一「見」字，今依據宋、元、明三本刪去。

欲功德，逐未來世轉復微少；我觀多逐過去五㉗欲心已，極生方便，精勤自護，不復令隨過去五欲功德。

「我以是精勤自護故，漸漸近阿耨多羅三藐三菩提。汝等諸比丘亦復多逐過去五欲功德，現在、未來亦復微少，汝今亦當以心多逐過去五欲功德故，增加自護，亦當不久得盡諸漏，無漏心解脫、慧解脫，現法自知作證：『我生已盡，梵行已立，所作已作，自知不受後有。』

「所以者何？眼見色因緣生內受，若苦、若樂、不苦不樂。耳、鼻、舌、身、意法❺因緣生內受，若苦、若樂、不苦不樂。是故，比丘！於彼入處當覺知，若眼滅，色想則離；耳、鼻、舌、身、意滅，法想則離。」

佛說：「當覺六入處。」言已，入室坐禪。時，有眾多比丘，世尊去後，作此論議㉘：「世尊為我等略說法要，不廣分別，而入室坐禪。世尊說言：『當覺六入處，若彼眼滅，色想則離；耳、鼻、舌、身、意滅，法想則離。』我等今日於世尊略說法中猶故不解，今此眾中，誰有慧力，能為我等於世尊略說法中廣為我等演說其義？」

復作是念：「唯有尊者阿難，常侍世尊，常為大師之所讚歎，聰慧梵行。唯有尊者阿難堪能為我等於世尊略說法中演說其義，我等今日皆共往詣尊者阿難所，問其要義，如阿難所說，悉當奉持。」

爾時，眾多比丘往詣尊者阿難所，共相問訊已，於一面坐。白尊者阿難言：「尊者！當知世尊為我等略說法要，如上所說，具問阿難，當為我等廣說其義。」

尊者阿難語諸比丘：「諦聽，善思，於世尊略說法中，當為汝等廣說其義。世尊略說者，即是滅六入處有餘之㉙說❻，故言：『眼處

❺ 法：此處指六境中的「法」。「耳、鼻、舌、身、意法因緣」是「耳聲因緣、鼻香因緣、舌味因緣、身觸因緣、意法因緣」的簡稱。

❻ 世尊略說者，即是滅六入處有餘之說：佛陀簡化而講的，就是滅除六入處餘留的執著的說法。「有餘」即還有餘留的。此處特指還有餘留的執著。

㉗ 「五」，大正藏原為「正」，今依據前後文改作「五」。

㉘ 「議」，宋、元、明三本作「義」。

㉙ 「之」，大正藏原為「當」，宋本作「定」，今依據元、明二本改作「之」。

滅，色想則離；耳、鼻、舌、身、意入處滅，法想則離。』世尊略說此法已，入室坐禪，我今已為汝等分別說義。」

尊者阿難說此義已，諸比丘聞其所說，歡喜奉行。

【對應經典】

■ 南傳《相應部尼柯耶》〈六處相應35〉第117經世間欲類（二）經。

【讀經拾得】

■ 問：為什麼自心多逐過去五欲功德，少逐現在五欲功德，逐未來世轉復微少？

此經中佛陀是描述他未成道前的經驗。一般說來，打坐時的妄念是本於過去的經驗而來的居多、對於正在用功的當下的妄念較少。若打坐時會思考到未來的計畫，可能妄念已太粗重、而完全脫離了打坐所採用的所緣或方法了。因此若非心思散亂，打坐時追逐未來的妄念應該最少。

這些妄想會影響打坐，因此佛陀接著開示，要守護六根，進一步的則在禪定中滅除六根殘餘的執著或「關掉」六根，就能「色想即離⋯⋯法想即離」。可注意的是這邊的六根是微觀的六根、念念生滅的六根，由前一剎那的身心（名色）而緣生的下一剎那的感官（六入處），因此可以滅除。關於念念生滅的六根的深義，有興趣的同學可研究《雜阿含經》卷十三第335經《第一義空經》（CBETA, T02, no. 99, p. 92, c12）。

■ 問：阿難廣說的，和佛陀略說的，都是要滅六根，似乎一模一樣？

要瞭解阿難解釋了什麼，可將整篇經文的脈絡貫串起來看，才能知道阿難如何用幾個字畫龍點睛而廣說：

佛陀提到了（a）打坐時有對於過去、現在、未來的妄想，因此努力守護六根，而能致涅槃。佛陀又進一步解釋，（b）滅六入處可離色想乃至法想。

阿難解釋說：「世尊略說者，即是滅六入處有餘之說」，他的解釋其實只多了「滅六入處有餘」這幾個字。滅除了六入處的有餘、執著，斷了六入處所緣生十二因緣的鎖鏈，自然就將（a）和（b）串在一起，而能達到涅槃。

第 212 經　　【0053c07】

如是我聞：

一時，佛住舍衛國祇樹給孤獨園。

　　爾時，世尊告諸比丘：「我不為一切比丘說不放逸行，亦非不為一切比丘說不放逸行。

　　「不向何等像類❺比丘說不放逸行？若比丘得阿羅漢，盡諸有漏，離諸重擔，逮得己利❺，盡諸有結❺，心正解脫。如是像類比丘！我不為說不放逸行。所以者何？彼諸比丘已作不放逸故，不復堪能作放逸事，我今見彼諸尊㉚得不放逸果，是故不為彼說不放逸行。

　　「為何等像類比丘說不放逸行？若諸比丘在學地❺者，未得心意增上安隱，向涅槃住，如是像類比丘！我為其說不放逸行。所以者何？以彼比丘習學諸根，心樂隨順資生之具❺，親近善友，不久當得盡諸有漏，無漏心解脫、慧解脫，現法自知作證：『我生已盡，梵行已立，所作已作，自知不受後有。』所以者何？彼眼識所可愛樂、染著之色，彼比丘見已，不喜、不讚歎、不染、不繫著住；以不喜、不讚歎、不染、不著住故，專精勝進，身心止息，心安極住不忘❺，常定一心，無量法喜，但逮得第一三昧正受，終不退減㉛隨於眼色。於耳、鼻、舌、身、意識法❻亦復如是。」

　　佛說此經已，諸比丘聞佛所說，歡喜奉行。

【對應經典】

　■ 南傳《相應部尼柯耶》〈六處相應35〉第134經提婆陀訶經。

---

❺ 像類：種類。

❺ 逮得己利：達到、獲得佛法對自己的利益。「逮」是「達到」的意思。

❺ 有結：後有（輪迴、不得解脫）的束縛。

❺ 學地：在修學戒定慧的「有學」階段。四向四果中，除阿羅漢外的四向三果，都是「有學」。（阿羅漢則是「無學」，已畢業了。）

❺ 資生之具：能資助活命的東西，例如食物、衣服、住處。

❺ 心安極住不忘：心念安定，極為穩固而不忘失。

❻ 意識法：此處指「意識」（染著或不染著）「法」。和此段先前的「眼識」染著或不染著「色」對應。

㉚ 大正藏在「尊」字之下有一「者」字，今依據宋、元、明、永樂北藏四本刪去。

㉛ 「減」，大正藏原為「滅」，今依據宋、元、明三本改作「減」。

導讀：六入處與十二因緣

「眼」根接收到影像（「色」），而會有視覺（「眼識」）。眼根、影像、視覺，三者接「觸」，而能感「受」光線……。

這個過程，在接下來的經文中描述為「緣眼、色，生眼識，三事和合觸，觸緣受……」，接著是十二因緣的「受緣愛、愛緣取、取緣有、有緣生、生緣老病死憂悲惱苦」。這些即是十二因緣的（6）～（12）支，如下所列：

（6）觸：（感官、識、外境的）接觸；眼觸、耳觸、鼻觸、舌觸、身觸、意觸。

（7）受：（接觸後產生）感受；苦受、樂受、不苦不樂受。

（8）愛：（對於感受產生）貪愛；色愛、聲愛、香愛、味愛、觸愛、法愛。

（9）取：（由於貪愛，因此）執取。有四種：欲取、見取、戒取、我語取。

（10）有：（因為執取，所以有）生命的存在；積集的善惡業；有三種：欲有、色有、無色有。

（11）生：（生命存在而）出生。例如眾生的出生、身心的產生等。

（12）老病死憂悲惱苦：（出生後，自然會有）衰滅及苦果。

在這個過程當中，若六入處不與六境接「觸」，或是不貪「愛」、不執「取」，斷了十二因緣的鎖鏈，就不會引生老病死憂悲惱苦。如果每個當下都能夠洞察（「無間等」）的斷除十二因緣鎖鏈，那麼即可不受後「有」，解脫了。

第 213 經 【0054a01】

如是我聞：

一時，佛住舍衛國祇樹給孤獨園。

爾時，世尊告諸比丘：「當為汝等演說二法。諦聽，善思，何等為二？眼、色為二。耳聲、鼻香、舌味、身觸、意法為二，是名二法。

「若有沙門、婆羅門作如是說：『是非二者，沙門瞿曇所說二法，此非為二。』彼自以意說二法者，但有言說，問㉜已不知，增其疑惑，以非其境界故❻。

「所以者何？緣眼、色，眼識生，三事和合緣觸，觸生受：若苦、若樂、不苦不樂。若於此受集、受滅、受味、受患、受離不如實知者，種❷貪欲身❸觸❹、種瞋恚身觸、種戒取身觸、種我見身觸，亦種植㉝增長諸惡不善法，如是純大苦聚㉞❺皆從集生。如是耳、鼻、舌、身、意、法緣，生意識，三事和合觸……」廣說如上。

「復次，眼緣色，生眼識，三事和合觸，觸緣受：若苦、若樂、不苦不樂。於此諸受集、滅、味、患、離如是❻知。如是知已，不種貪欲身觸、不種瞋恚身觸、不種戒取身觸、不種我見身觸、不種諸惡不善法。如是諸惡不善法滅，純大苦聚滅。耳、鼻、舌、身、意法亦復如是。」

佛說此經已，諸比丘聞佛所說，歡喜奉行。

【對應經典】

■ 南傳《相應部尼柯耶》〈六處相應35〉第92經二（法）（一）經。

【讀經拾得】

本經表示如實知「受」支，就能滅「愛」（貪欲身觸、瞋恚身觸）、「取」（戒取身觸、我見身觸）、「有」（惡不善法）等支，滅掉十二因緣後續的苦果。

能如實知，就從「無明觸」變成「明觸」，不再受苦，參見卷二第45經。

---

❻ 但有言說，問已不知，增其疑惑，以非其境界故：這只是空話，如果去問他，他就回答不出來了，只會越來越迷惑，因為他其實沒有相關經驗。其中「言說」又譯為「言數」。

❷ 種：此處以「種植」比喻造業。

❸ 身：此處指「種類」。

❹ 觸：此處的「觸」指接觸，是一般性的用詞，並不是特指十二因緣的「觸」支或六境的「觸」。「種貪欲身觸」即「種下了貪欲這一類的接觸（來源）」。

❺ 純大苦聚：全都是大苦的積聚。

❻ 是：疑為「實」（寔）的抄寫訛誤。

㉜ 「問」，大正藏原為「聞」，今依據宋、元、明三本改作「問」。

㉝ 「植」，大正藏原為「殖」，今依據宋、元、明三本改作「植」。

㉞ 「聚」，大正藏原為「集」，今依據元、明二本改作「聚」。

第 214 經　【0054a22】

如是我聞：

一時，佛住舍衛國祇樹給孤獨園。

爾時，世尊告諸比丘：「有二因緣生識。何等為二？謂眼色、耳聲、鼻香、舌味、身觸、意法……」如是廣說，乃至「非其境界故。所以者何？眼、色因緣生眼識，彼無常、有為、心緣生❻，色若眼、識❻，無常、有為、心緣生，此三法和合觸，觸已受，受已思，思已想，此等諸法無常、有為、心緣生，所謂觸、想、思。耳、鼻、舌、身、意亦復如是。」

佛說此經已，諸比丘聞佛所說，歡喜奉行。

【對應經典】

■ 南傳《相應部尼柯耶》〈六處相應35〉第93經二（法）（二）經。

【讀經拾得】

本經在文字上寫到「受、想、思（行）」是觸已受、受已思、思已想，看似有次序。然而若由其餘各經來看，其實是觸「俱生」受想思。相當的南傳經文則順序為觸已受、觸已思、觸已想。

第 215 經　【0054b02】

如是我聞：

一時，佛住舍衛國祇樹給孤獨園。

---

❻ 心緣生：以意欲為條件所生。相當的南傳經文作「變化性的」。

❻ 色若眼、識：色如同眼、識（都是無常、有為、心緣生）。此處疑為「若色、眼、識」的訛誤。

　　爾時，尊者富留那㉟⑥比丘往詣佛所，稽首佛足，退住一面，白佛言：「世尊說現法⑦、說滅熾然⑦、說不待時⑦、說正向⑦、說即此見⑦、說緣自覺⑦。世尊！云何為現法，乃至緣自覺？」

　　佛告富留那：「善哉！富留那！能作此問。富留那！諦聽，善思，當為汝說㊱。富留那！比丘眼見色已，覺知色、覺知色貪：『我此內有眼識色貪』，我此內有眼識色貪如實知。富留那！若眼見色已，覺知色、覺知色貪，我此內有眼識色貪如實知者，是名現見法。

　　「云何滅熾然？云何不待時？云何正向？云何即此見？云何緣自覺？富留那！比丘眼見色已，覺知色，不起色貪覺：『我有內眼識色貪』，不起色貪覺如實知。若，富留那！比丘眼見色已，覺知色㊲，不起色貪覺，如實知色，不起色貪覺如實知，是名滅熾然、不待時、正向、即此見、緣自覺。耳、鼻、舌、身、意亦復如是。」

　　佛說此經已，富留那比丘聞佛所說，歡喜奉行。

【對應經典】

■ 南傳《相應部尼柯耶》〈六處相應35〉第70經優波先那經。

【讀經拾得】

■ 「現法、滅熾然、不待時、正向、即此見、緣自覺」表示佛法可當下體證。這形容佛法特質的定型句在經中常出現，詳見卷二十第550經的「讀經拾得」中的比對。

---

⑥ 富留那：比丘名，以通達經義、長於辯才聞名，被譽為「說法第一」。又譯為「富樓那」。

⑦ 現法：這一生。

⑦ 滅熾然：滅除像火燃燒一般的煩惱。

⑦ 不待時：即時（得證）。

⑦ 正向：正確的趣向涅槃。

⑦ 即此見：就在這裡當下看到。南傳相當的經典作「請你來親自看」。

⑦ 緣自覺：親自能體證。

㉟ 「富留那」，巴利本作 Puṇṇa。

㊱ 「說」，宋、元、明三本作「說此」。

㊲ 「色」，大正藏原為「已」，今依據宋、元、明三本改作「色」。

■ 此經表面上看起來「現見法」是「若眼見色已，覺知色、覺知色貪，我此內有眼識色貪如實知」，而「滅熾然……緣自覺」是「眼見色已，覺知色，不起色貪覺，如實知色，不起色貪覺如實知」，好像「現見法」是有色貪、「滅熾然……緣自覺」是不起色貪？其實不是的。此處南傳的版本較完整，敘述了：

1. 眼見色已，覺知色，覺知色貪如實知……這樣，法是直接可見的、即時的、請你來見的、能引導的、智者應該自己經驗的。

2. 眼見色已，覺知色，不起色貪覺如實知……這樣，法是直接可見的、即時的、請你來見的、能引導的、智者應該自己經驗的。

在六根識知六境時，從有貪到不起貪都如實知，就是當下體證佛法，就是「現法、滅熾然、不待時、正向、即此見、緣自覺」。

第 216 經　　【0054b22】

如是我聞：

一時，佛在㊳舍衛國祇樹給孤獨園。

爾時，世尊告諸比丘：「言大海者，愚夫所說，非聖所說，此大海㊴小水耳。云何聖所說海？謂眼識色已，愛念、染㊵著，貪樂身、口、意業，是名為海。一切世間阿修羅眾，乃至天、人，悉於其中貪樂沈沒，如狗肚㊶藏❼⓺，如亂草蘊❼⓻，此世、他世絞結纏鎖，亦復如是。耳識聲、鼻識香、舌識味、身識觸，此世、他世絞結纏鎖，亦復如是。」

佛說此經已，諸比丘聞佛所說，歡喜奉行。

如身、口、意業，如是貪、恚、癡，老、病、死，亦如是說。如五根三經，六根三經，亦如是說❼⓼。

---

❼⓺ 狗肚藏：狗肚中的腸子（般的糾纏）。

❼⓻ 亂草蘊：雜亂積聚的水草。

❼⓼ 如五根三經，六根三經，亦如是說：本經講了眼、耳、鼻、舌、身等五根，識知色、聲、香、味、觸後，染著身、口、意業，是一經。染著貪、恚、癡，是第二經。染著老、病、死，是第三經。這些經中沒提到意根，因此是五根三經。另外有經典則講了眼、耳、鼻、舌、身、意等六根的染著，而為六根三經。

㊳ 「在」，明本作「住」。

㊴ 大正藏無「海」字，今依據宋、明二本補上。

㊵ 「染」，大正藏原為「深」，今依據宋、元、明三本改作「染」。

㊶ 「肚」，宋、元、明三本作「壯」。

【對應經典】

■ 南傳《相應部尼柯耶》〈六處相應35〉第229經海經第二。

【讀經拾得】

後世佛教徒將流轉生死的無量身、口、意業稱作海，例如《地藏菩薩本願經》卷一〈忉利天宮神通品1〉：「三業惡因之所招感，共號業海」（CBETA, T13, no. 412, p. 779, a7-8），其原始定義可見本經。

如何能渡過「業海」？本經及下一經中，佛陀告訴了我們根本之道。

第 217 經　【0054c05】

如是我聞：

一時，佛住舍衛國祇樹給孤獨園。

爾時，世尊告諸比丘：「所謂海者，世間愚夫所說，非聖所說。大海㊷小水耳，眼是人大海，彼色為濤波。若能堪忍㊸色濤波者，得度眼大海，竟於濤波迴㊹澓❼諸水、惡蟲、羅剎女鬼。耳、鼻、舌、身、意是人大海，聲、香、味、觸、法為濤波，若堪忍彼法濤波，得度於意海，竟於濤波迴*澓、惡蟲、羅剎女鬼。」

爾時，世尊以偈頌曰：

「大海巨濤波，　　　　惡蟲羅剎怖，

　難度而能度，　　　　集離永無餘，

　能斷一切苦，　　　　不復受餘有，

　永之般涅槃，　　　　不復還放逸。」

佛說此經已，諸比丘聞佛所說，歡喜奉行。

---

❼ 迴澓：水來回轉動，即漩渦。

㊷ 「大海」，大正藏原為「海大」，今依據元、明二本改作「大海」。

㊸ 大正藏無「忍」字，今依據宋、元、明三本補上。

㊹ 「迴」，宋、元、明三本作「洄」。*

【對應經典】

- 《雜阿含經》卷十七第469經。
- 南傳《相應部尼柯耶》〈六處相應35〉第228經海經第一。

第 218 經　【0054c19】

如是我聞：

一時，佛住舍衛國祇樹給孤獨園。

爾時，世尊告諸比丘：「我今當為汝等說苦集道跡❽、苦滅道跡。諦聽，善思，當為汝說。

「云何苦集道跡？緣眼、色，生眼識，三事和合觸，緣觸受，緣受愛，緣愛取，緣取有，緣有生，緣生老、病、死、憂、悲、惱、苦集，如是。耳、鼻、舌、身、意亦復如是。是名苦集道跡。

「云何苦滅道跡？緣眼、色，生眼識，三事和合觸，觸滅則受滅，受滅則愛滅，愛滅則取滅，取滅則有滅，有滅則生滅，生滅則老、病、死、憂、悲、惱、苦㊺滅，如是純大苦聚滅。耳、鼻、舌、身、意亦如是說，是名苦滅道跡。」

佛說此經已，諸比丘聞佛所說，歡喜奉行。

【對應經典】

- 南傳《相應部尼柯耶》〈六處相應35〉第106經苦經。

【讀經拾得】

本經分析要有根、境、識，三事和合，才會有觸，引發之後的因緣。

若「觸」滅，即可滅掉十二因緣後續的苦果：觸滅 → 受滅 → 愛滅 → 取滅 → 有滅 → 生老病死憂悲惱苦滅。

---

❽ 道跡：途徑。
㊺「惱、苦」，宋、元、明三本作「苦、惱」。

有同學問：「觸要怎麼滅？」

最根本的，無明滅，則無明觸滅，也就是由十二緣起的根源「無明」滅起。《雜阿含經》卷二第45經：「多聞聖弟子於此六觸入處，捨離無明而生明，不生有覺、無覺、有無覺、勝覺、等覺、卑覺、我知我見覺。如是知、如是見已，先所起無明觸滅，後明觸覺起。」（CBETA, T02, no. 99, p. 11, b15-19）

另外，既然觸是要三事和合，若沒有三事和合，自然也就沒有那個當下的觸，例如禪定中關掉眼根，詳見卷九第241經的經文導讀。但暫時沒有觸不算是解脫，只能暫時不造新業，無間等的斷無明才是治本之道。

苦滅道跡，微觀的就是滅無明，巨觀的就是行八正道。

第 219 經　【0055a03】

如是我聞：

一時，佛住舍衛國祇樹給孤獨園。

爾時，世尊告諸比丘：「我今當說涅槃道跡。云何為涅槃道跡？謂觀察眼無常，若色、眼識、眼觸因緣生受，內覺若苦、若樂、不苦不樂，彼亦無常。耳、鼻、舌、身、意亦復如是，是名涅槃道跡。」

佛說此經已，諸比丘聞佛所說，歡喜奉行。

【對應經典】

- 南傳《相應部尼柯耶》〈六處相應35〉第147經有驗（二）經。
- 參考 南傳《相應部尼柯耶》〈六處相應35〉第148經有驗（三）經。
- 參考 南傳《相應部尼柯耶》〈六處相應35〉第149經有驗（四）經。
- 參考 南傳《相應部尼柯耶》〈六處相應35〉第150經內住經。

第 220 經　【0055a10】

如是我聞：

一時，佛住舍衛國祇樹給孤獨園。

爾時,世尊告諸比丘:「有似趣涅槃道跡❽。云何為似趣涅槃道跡?觀察眼非我,若色、眼識、眼觸因緣生受,若內覺若苦、若樂、不苦不樂,彼亦觀察無常。耳、鼻、舌、身、意亦復如是,是名似趣涅槃道跡。」

佛說此經已,諸比丘聞佛所說,歡喜奉行。

【對應經典】

■ 南傳《相應部尼柯耶》〈六處相應35〉第149經有驗(四)經。
■ 參考 南傳《相應部尼柯耶》〈六處相應35〉第147經有驗(二)經。
■ 參考 南傳《相應部尼柯耶》〈六處相應35〉第148經有驗(三)經。
■ 參考 南傳《相應部尼柯耶》〈六處相應35〉第150經內住經。

第 221 經　【0055a17】

如是我聞:

一時,佛住舍衛國祇樹給孤獨園。

爾時,世尊告諸比丘:「有趣一切取道跡❾。云何為趣一切取道跡?緣眼、色,生眼識,三事和合觸,觸緣受,受緣愛,愛緣取,取所取故。耳、鼻、舌、身、意亦復如是。取所取故,是名趣一切取道跡。

「云何斷一切取道跡?緣眼、色,生眼識,三事和合觸,觸滅則受滅,受滅則愛滅,愛滅則取滅;如是知耳、鼻、舌、身、意亦復如是。」

佛說此經已,諸比丘聞佛所說,歡喜奉行。

---

❽ 似趣涅槃道跡:可用以趣向涅槃的道路,相對應的南傳經文為「有益於到達涅槃的途徑」。此經中的幾個「似」字都疑為「以」字的抄寫訛誤。

❾ 趣一切取道跡:趣向一切執取的途徑。

第 222 經　【0055a27】

如是我聞：

一時，佛住舍衛國祇樹給孤獨園。

爾時，世尊告諸比丘：「當知一切知法❸、一切識法❹。諦聽，善思，當為汝說。

「云何一切知法、一切識法？諸比丘！眼是知法、識法，若色、眼識、眼觸、眼觸因緣生受，內覺若苦、若樂、不苦不樂，彼一切是知法、識法。耳、鼻、舌、身、意亦復如是。」

佛說此經已，諸比丘聞佛所說，歡喜奉行。

【對應經典】

- 參考 南傳《相應部尼柯耶》〈六處相應35〉第26經曉了（一）經。
- 參考 南傳《相應部尼柯耶》〈六處相應35〉第27經曉了（二）經。

第 223 經　【0055b06】

如是我聞：

一時，佛住舍衛國祇樹給孤獨園。

爾時，世尊告諸比丘：「我不說一法不知、不識而得究竟苦邊。云何不說一法不知、不識而得究竟苦邊？謂不說於眼不知、不識而得究竟苦邊，若色、眼識、眼觸、眼觸因緣生受，內覺若苦、若樂、不苦不樂亦復不說，不知不見而得究竟苦邊。耳、鼻、舌、身、意亦復如是。」

佛說此經已，諸比丘聞佛所說，歡喜奉行。

---

❸ 知法：應該知道的法。
❹ 識法：應該認識的法。

【對應經典】

■ 參考 南傳《相應部尼柯耶》〈六處相應35〉第26經曉了（一）經。
■ 參考 南傳《相應部尼柯耶》〈六處相應35〉第27經曉了（二）經。

第 224 經 【0055b15】

如是我聞：

一時，佛住舍衛國祇樹給孤獨園。

爾時，世尊告諸比丘：「一切欲法❽應當斷。云何一切欲法應當斷？謂眼是一切欲法應當斷，若色、眼識、眼觸、眼觸因緣生受，內覺若苦、若樂、不苦不樂，彼一切欲法應當斷。耳、鼻、舌、身、意亦復如是。」

佛說此經已，諸比丘聞佛所說，歡喜奉行。

【對應經典】

■ 南傳《相應部尼柯耶》〈六處相應35〉第24經捨棄（一）經。

第 225 經 【0055b22】

如是我聞：

一時，佛住舍衛國祇樹給孤獨園。

爾時，世尊告諸比丘：「我不說一法不知、不斷而究竟苦邊。云何不說一法不知、不斷而究竟苦邊？謂不說眼不知、不斷而究竟苦

---

❽ 欲法：引人貪欲的事物。

邊，若色、眼識、眼觸、眼觸因緣生受，內覺若苦、若樂、不苦不樂，彼一切不說不知、不斷而究竟苦邊。耳、鼻、舌、身、意亦復如是。」

佛說此經已，諸比丘聞佛所說，歡喜奉行。

【對應經典】

- 南傳《相應部尼柯耶》〈六處相應35〉第24經捨棄（一）經。

導讀：計

許多禪師教導弟子不要有「分別心」。在《阿含經》的用詞中，「分別」卻通常是正面的詞彙，代表解析，有分別才能分辨種種邪見。佛陀一再教導弟子要善分別諸法，若不能善分別，反而是「癡」。

其實在《阿含經》中，「計」這個詞的意義較接近後世論師說的「分別心」一詞。「計」是計度、思量、分別、認為的意思，尤指根據「我」而有的計度。由於認為有「我」，而有人、我的分別，也產生了種種對立。這正是經中說由於有我、我所，而產生貪、瞋、癡的原理。

第 226 經中，佛陀教我們如何「斷一切計」，也可以說是斷除分別心：斷除分別心絕非沒有知覺、沒有智慧、不懂揀擇，而是斷除「是我、異我、相在」的「我見」，沒有了我、我所的錯誤分別，而能於一切事不執著。

第 227 經講「不計住」，不應該思量「是我、異我、相在」的「我見」，才能無所執取、無所染著，才能如卷二第 39 經等經所說的「攀緣斷已，彼識無所住，不復生長增廣」（CBETA, T02, no. 99, p. 9, a18-19），也就是由「不計住」而「識無所住」，才能解脫。

卷十四第 359 經也說：「若不思量、不妄想，無使、無攀緣識住；無攀緣識住故，於未來世生、老、病、死、憂、悲、惱、苦滅，如是純大苦聚滅。」（CBETA, T02, no. 99, p. 100, a26-29）

佛弟子必須要能善巧的解析、分別諸法，同時斷除我、我所的執著，而能以平等心待人接物，解脫自在的行走世間。

第 226 經 【0055c01】

如是我聞：

一時，佛住舍衛國祇樹給孤獨園。

爾時，世尊告諸比丘：「我今當說斷一切計❽。諦聽，善思，當為汝說。

「云何不計？謂不計我見色，不計眼我所，不計相屬❽，若色、眼識、眼觸、眼觸因緣生受，內覺若苦、若樂、不苦不樂，彼亦不計樂我、我所，不計樂相屬㊻；不計耳、鼻、舌、身、意亦復如是。

「如是不計者，於諸世間常無所取，無所取故無所著，無所著故自覺涅槃：『我生已盡，梵行已立，所作已作，自知不受後有。』」

佛說此經已，諸比丘聞佛所說，歡喜奉行。

如上所說，眼等不計，一切事不計亦如是。

【對應經典】

■ 參考 南傳《相應部尼柯耶》〈六處相應35〉第90經動著（一）經。
■ 參考 南傳《相應部尼柯耶》〈六處相應35〉第91經動著（二）經。

【讀經拾得】

本經中「我見色、眼我所、相屬」即「眼是我、異我、相在」：

- 我見色：認為「眼是我」，因此眼見色就是我見色。
- 眼我所：認為「眼異我」，而是我所有的，因此眼是我所有的。
- 相屬：我在眼中，或眼在我中，就是「相在」的意思。

---

❽ 計：思量分別。
❽ 相屬：互相從屬；互相隸屬。
㊻「屬」，大正藏原為「樂」，今依據前後文改作「屬」。

第 227 經　【0055c13】

如是我聞：

一時，佛住舍衛國祇樹給孤獨園。

爾時，世尊告諸比丘：「計者是病，計者是癰，計者是刺，如來以不計住故，離病、離癰、離刺。

「是故，比丘欲求不計住，離病、離癰、離刺者，彼比丘莫計眼我、我所，莫計眼相屬，莫計色、眼識、眼觸、眼觸因緣生受，內覺若苦、若樂、不苦不樂，彼亦莫計是我、我所、相在。耳、鼻、舌、身、意亦復如是。

「比丘！如是不計者，則⑪無所取，無所取故無所著，無所著故自覺涅槃：『我生已盡，梵行已立，所作已作，自知不受後有。』」

佛說此經已，諸比丘聞佛所說，歡喜奉行。

如眼等所說，餘一一事亦如是。

【對應經典】

- 參考 南傳《相應部尼柯耶》〈六處相應35〉第90經動著（一）經。
- 參考 南傳《相應部尼柯耶》〈六處相應35〉第91經動著（二）經。

【讀經拾得】

《金剛般若波羅蜜經》：「不應住色生心，不應住聲、香、味、觸、法生心。」（CBETA, T08, no. 235, p. 749, c21-22）

---

⑪「則」，大正藏原為「眼」，今依據前後文改作「則」。

第 228 經 【0055c26】

如是我聞：

一時，佛住舍衛國祇樹給孤獨園。

爾時，世尊告諸比丘：「我今當說增長法、損⑱滅法。云何增長法？謂緣眼、色，生眼識，三事和合觸，觸緣⑲受……」廣說乃至「純大苦聚集，是名增長法。耳、鼻、舌、身、意亦復如是，是名增長法。

「云何損＊滅法，緣眼、色，生眼識，三事和合觸，觸滅則受滅……」廣說乃至「純大苦聚滅。耳、鼻、舌、身、意亦復如是，是名損滅⑳法。」

佛說此經已，諸比丘聞佛所說，歡喜奉行。

如增長、損滅＊，如是起法、處變易法、集法、滅法，亦如上說。

第 229 經 【0056a08】

如是我聞：

一時，佛住舍衛國祇樹給孤獨園。

爾時，世尊告諸比丘：「我今當說有漏、無漏法。云何有漏法？謂眼色、眼識、眼觸、眼觸因緣生受，內覺若苦、若樂、不苦不樂。

---

⑱ 大正藏無「損」字，今依據宋、元、明三本補上。＊
⑲ 「觸緣」，宋、元、明三本作「緣觸」。
⑳ 「滅」，大正藏原為「減」，今依據宋、元、明三本改作「滅」。＊

耳、鼻、舌、身、意法、意識、意觸、意觸因緣生受，內覺若苦、若樂、不苦不樂，世俗者，是名有漏法。

「云何無漏法？謂出世間意，若法、若⑤意識、意觸、意觸因緣生受，內覺若苦、若樂、不苦不樂，出世間者，是名無漏法。」

佛說此經已，諸比丘聞佛所說，歡喜奉行。

【讀經拾得】

眼、耳、鼻、舌、身的運作，若不是在禪定中，一般人不易開關自如，遑論滅除其微觀的受想行識。

意的運作，也就是起心動念，則較容易下手。看到的、聽到的、聞到的、嘗到的、摸到的會傳送給意根，這時意根有「明」、滅「無明」，就能解脫（出世間），因此本經說「出世間意」是無漏法。

關於「出世間意」的訓練，在此引用南傳《小部尼柯耶》的《婆希亞經》以作參照。佛陀曾教導來求法的外道婆希亞：「婆希亞，你要如此的修習：

每當你看到影像的時候，只看到就好了；

每當你聽到聲音的時候，只聽到就好了；

每當你五官感知的時候，只感知就好了……

每當你腦中認知的時候，只認知就好了。

那麼，婆希亞，在這當中沒有『我』的存在。這當中沒有『我』的時候，你既不在這裡、也不在遠處、也不在中間。這就是苦的熄滅。」

雜阿含經卷第八

---

⑤ 宋、元、明三本無「若」字。

好讀

雜阿含經

卷第九

導讀：六入處因緣是世間；六入處相應（2/5）

人是透過六入處看世界的，所接觸的都是六入處所感知的世界。因此佛陀說六入處因緣是「世間」（230 經），十二入處是「一切」（319 經），十二入處因緣生「一切有」（320 經）、「一切法」（321 經）。

佛陀更進一步的分析，世間是危脆敗壞的（231 經），世間是空（232 經）、一切無常、苦、空、非我、貪瞋癡火燒然……（196、197 經）。

世間無常，國土危脆。裏裏外外，何處不如此呢？

本卷屬於《雜阿含經》的「六入處相應」，是解說六入處的相關經文。

第 230 經　【0056a24】

如是我聞：

一時，佛住舍衛國祇樹給孤獨園。

時，有比丘名三彌離提，往詣佛所，稽首佛足，退坐一面，白佛言：「世尊！所謂世間①者，云何名世間？」

六入處因緣是世間

佛告三彌離提：「謂眼、色、眼識、眼觸、眼觸因緣生受，內覺若苦、若樂、不苦不樂。耳、鼻、舌、身、意、法、意識、意觸、意觸因緣生受，內覺若苦、若樂、不苦不樂，是名世間。所以者何？六入處集則觸集，如是乃至純大苦聚集。

---

① 「世間」，巴利本作 Loka。

「三彌離提！若無彼眼、無色、無眼識、無眼觸、無眼觸因緣生受，內覺若苦、若樂、不苦不樂；無耳、鼻、舌、身、意、法、意識、意觸、意觸因緣生受，內覺若苦、若樂、若不苦不樂者，則無世間，亦不施設❶世間。所以者何？六入處滅則觸滅，如是乃至純大苦聚滅故。」

佛說此經已，諸比丘聞佛所說，歡喜奉行。

如世間。如是眾生、如是魔，亦如是說。

【對應經典】

- 南傳《相應部尼柯耶》〈六處相應35〉第68經三彌離提（四）經。
- 南傳《相應部尼柯耶》〈六處相應35〉第66經三彌離提（二）經。
- 南傳《相應部尼柯耶》〈六處相應35〉第65經三彌離提（一）經。

第 231 經 【0056b11】

如是我聞：

一時，佛住舍衛國祇樹給孤獨園。

時，有比丘名三彌離提，往詣佛所，稽首佛足，退坐一面，白佛言：「世尊！所謂世間者，云何名世間？」

佛告三彌離提：「危脆敗壞，是名世間。云何危脆敗壞？三彌離提！眼是危脆敗壞法❷，若色、眼識、眼觸、眼觸因緣生受，內覺若苦、若樂、不苦不樂，彼一切亦是危脆敗壞。耳、鼻、舌、身、意亦復如是。是說危脆敗壞法，名為世間。」

佛說此經已，三彌離提比丘聞佛所說，歡喜奉行。

---

❶ 施設：安立；描述。
❷ 法：事物。「法」在這邊是廣義的用法，代表任何有形、無形、真實、虛妄的事物或道理。

【對應經典】

■ 南傳《相應部尼柯耶》〈六處相應35〉第82經世間經。
■ 南傳《相應部尼柯耶》〈六處相應35〉第84經壞敗經。

【讀經拾得】

《佛說八大人覺經》：「第一覺悟：世間無常，國土危脆；四大苦空，五陰無我。」（CBETA, T17, no. 779, p. 715, b7-8）

以本經中佛陀所解說的「世間」來看，前後呼應，的確是無常及危脆。

第 232 經　【0056b21】

如是我聞：

一時，佛住舍衛國祇樹給孤獨園。

時，有比丘名三彌離提，往詣佛所，稽首佛足，退坐一面，白佛言：「世尊！所謂世間空❸，云何名為世間空？」

佛告三彌離提：「眼空，常、恒、不變易法空❹，我所空。所以者何？此性自爾❺，若色、眼識、眼觸、眼觸因緣生受，若苦、若樂、不苦不樂，彼亦空，常、恒、不變易法空，我所空。所以者何？此性自爾。耳、鼻、舌、身、意亦復如是，是名空世間。」

佛說此經已，三彌離提比丘聞佛所說，歡喜奉行。

【對應經典】

■ 南傳《相應部尼柯耶》〈六處相應35〉第85經空經。

---

❸世間空：由感官及外境交織而構成的世間，是虛幻不實的。
❹常、恒、不變易法空：縱使是恆常不會變化的無為法（例如涅槃），也不是實有的。相當的南傳經文為「我空」。
❺此性自爾：性質本來如此。

【讀經拾得】

中國古代曾有一些論師說小乘是「我空、法不空」，而大乘是「我法皆空」。然而佛陀在《阿含經》就已開示了世間空的道理，可見一些論師說《阿含經》是小乘經的判教，恐怕有些誤會。

另一方面，有些剛開始讀經的初學者，因為南傳相當於北傳《雜阿含經》卷一「無常、苦、空、非我」的《相應部尼柯耶》經文是說「無常、苦、非我」，而誤以為南傳《相應部尼柯耶》完全不講「空」，五陰、六根不「空」。其實，南傳《相應部尼柯耶》也有經文清楚載明五陰、六根是「空」，例如本經相對應的南傳經文：南傳《相應部尼科耶》〈六處相應35〉第85經空經。

而諸如《雜阿含經》卷五第110經：「此五受陰勤方便觀，如病、如癰、如刺、如殺，無常、苦、空、非我」（CBETA, T02, no. 99, p. 35, b4-5），相對應的南傳經文為「如理思惟；五受陰無常、苦、病、癰、刺、痛、病、他、壞、空、無我」，其中「病……壞」可以解為是說明「苦」的，因此南傳經文也同義於「無常、苦、空、非我」。

由本經來看，佛教所說的「空」和「無我、無我所」是一體的二面。

很多的宗派論戰，如同佛陀說的「瞎子摸象」比喻，摸到象鼻的，就說摸到象牙的不對，各各共諍。佛子還是要深入經藏，放下偏見，自洲自依、法洲法依，願解如來真實義。

第 233 經　　【0056c02】

如是我聞：

一時，佛住舍衛國祇樹給孤獨園。

爾時，世尊告諸比丘：「我今當說世間、世間②集、世間滅、世間滅道跡。諦聽，善思。

「云何為世間？謂六內入處。云何六？眼內入處，耳、鼻、舌、身、意內入處。

「云何世間集？謂當來有愛❻，喜、貪俱❼，彼彼集著❽。

---

❻當來有愛：對未來存在的渴愛；導致來生的渴愛。其中的「有」即是十二因緣的「有」支，指「生命的存在」

❼喜、貪俱：伴隨著喜愛、貪欲。

❽彼彼集著：到處貪著。又譯為「彼彼樂著」、「彼彼染著」。

②宋、元、明三本無「世間」二字。

「云何世間滅？謂當來有愛，喜、貪俱，彼彼集著無餘斷❾，已捨、已吐、已盡、離欲、滅、止、沒。

「云何世間滅道跡？謂八聖道，正見、正志、正語、正業、正命、正方便、正念、正定。」

佛說此經已，諸比丘聞佛所說，歡喜奉行。

【對應經典】

■ 南傳《相應部尼柯耶》〈六處相應35〉第107經世間經。

第 234 經　　【0056c12】

如是我聞：

一時，佛住舍衛國祇樹給孤獨園。

爾時，世尊告諸比丘：「我不說有人行到世界邊❿者，我亦不說不行到世界邊而究竟苦邊者。」如是說已，入室坐禪。

時，眾多比丘，世尊去後，即共議言：「世尊向者略說法言：『我不說有人行到世界邊者，我亦不說不行到世界邊而得究竟苦邊者。』如是說已，入室坐禪。我等今於世尊略說法中未解其義，是中諸尊，誰有堪能於世尊略說法中，廣為我等說其義者。」

復作是言：「唯有尊者阿難，聰慧總持，而常給侍世尊左右，世尊讚歎多聞梵行，堪為我等於世尊略說法中廣說其義，今當往詣尊者阿難所，請求令說。」時，眾多比丘往詣尊者阿難所，共相問訊已，於一面坐。具以上事廣問阿難，爾時，阿難告諸比丘：「諦聽，善思，今當為說。若世間、世間名、世間覺、世間言辭、世間語說，此

---

❾ 無餘斷：徹底的斷除。又譯為「永斷無餘」。

❿ 有人行到世間邊：有人行走到達世界的邊際。

等皆入世間數❶。諸尊！謂眼是世間、世間名、世間覺、世間言辭、世間語說，是等悉入世間數。耳、鼻、舌、身、意亦復如是。多聞聖弟子於六入處集、滅、味、患、離如實知，是名聖弟子到世界邊、知世間、世間所重、度世間❶。」

爾時，尊者阿難復說偈言：

「非是遊③步者，　　　　能到世界邊，

不到世界邊，　　　　不能免眾苦，

是故牟尼❶尊，　　　　名知世間者，

能到世界邊，　　　　諸梵行已立，

世界邊唯有，　　　　正智能諦了❶，

覺慧達世間，　　　　故說度彼岸。

「如是，諸尊！向者世尊略說法已，入室坐禪，我今為汝分別廣說。」

尊者阿難說是法已，眾多比丘聞其所說，歡喜奉行。

【對應經典】
　■ 南傳《相應部尼柯耶》〈六處相應35〉第116經世間欲類（一）經。

---

❶ 世間數：世間的種種。

❶ 知世間、世間所重、度世間：知道世間是什麼、被世間所尊重、度脫世間而到彼岸。

❶ 牟尼：指釋迦牟尼佛。「牟尼」是「寂默」的意思。

❶ 世界邊唯有正智能諦了：只有具有正智，才能真實地瞭解世間的邊際。

③ 「遊」，宋本作「旋」。

第 235 經 【0057a16】

如是我聞：

一時，佛住舍衛國祇樹給孤獨園。

爾時，世尊告諸比丘：「有師、有近住弟子❶，則苦獨住，無師、無近住弟子，則樂獨住。

「云何有師、有近住弟子，則苦獨住？緣眼、色，生惡不善覺，貪、恚、癡俱，若彼比丘行此法者，是名有師，若於此邊住者，是名近住弟子。耳、鼻、舌、身、意亦復如是。如是有師、有近住弟子，常苦獨住。

「云何無師、無近住弟子，常樂獨住④？緣眼、色，生惡不善覺，貪、恚、癡俱，彼比丘不行❶，是名無師。不依彼住，是名無近住弟子。是名無師、無近住弟子，常樂獨住。若彼比丘無師、無近住弟子者，我說彼得梵行福。所以者何？無師、無近住弟子，比丘於我建立梵行，能正盡苦，究竟苦集。」

佛說此經已，諸比丘聞佛所說，歡喜奉行。

【對應經典】

■ 南傳《相應部尼柯耶》〈六處相應35〉第151經何功德經。

【讀經拾得】

本經的原文是以諧音來作譬喻：在巴利文或梵文中，「師」和「行」是諧音，「弟子」和「邊住」是諧音。另外，比丘尼律中有「諫習近住法」（不應親近惡友朋黨，共同作惡或互相掩飾），和「近住弟子」也算諧音。因此本經倒不是指「師」、「近住弟子」本身是不好的。

---

❶ 近住弟子：受持八關齋戒、住在寺院裡的弟子。
❶ 不行：不作前述「緣眼、色，生惡不善覺，貪、恚、癡俱」的行為。
④「住」，元本作「往」。

導讀：善護根門

六入處是感知外境的入口，如果從六入處起了貪著，就會引生十二因緣的相續。因此佛經中常講「善護根門」，就是將六根（六入處）比喻為一扇門，把關的好，就不會遭小偷；如果門戶洞開，不加以守護，家產就有危險了。

對於眼所見、耳所聽、鼻所嗅、舌所味、身所觸、意所思，有警覺心，不會沉迷其中無法自拔，這就是智慧。

第 236 經 【0057b03】

如是我聞：

一時，佛住舍衛國祇樹給孤獨園。

爾時，尊者舍利弗晨朝著衣持鉢，入舍衛城乞食。乞食已，還精舍，舉衣鉢，洗足已，持尼師檀⑤⑰，入林中，晝日坐禪。時，舍利弗從禪覺，詣世尊所，稽首禮足，退坐一面。

爾時，佛告舍利弗：「汝從何來？」

舍利弗答言：「世尊！從林中晝日坐禪來。」

---

⑰ 尼師檀：跟衣服的質料一樣，坐時或臥時墊在身下，以保持衣服乾淨的長方形布。又譯為敷具、坐具、臥具。

⑤「檀」，宋、元、明三本作「壇」。

佛告舍利弗：「今入何等禪住？」

舍利弗白佛言：「世尊！我今於林中入空三昧❶⓲禪住。」

佛告舍利弗：「善哉！善哉！舍利弗！汝今入上座⑥⓳禪住而坐禪。若諸比丘欲入上座禪者，當如是學：

「若入城時、若行乞食時、若出城時，當作是思惟：『我今眼見色，頗起欲、恩愛、愛念著不？』

「舍利弗！比丘作如是觀時，若眼識於色有愛念染著者，彼比丘為斷惡不善故，當勤欲方便⓴，堪能繫念修學。譬如有人，火燒頭衣，為盡滅故，當起增上方便，勤教令滅。彼比丘亦復如是，當起增上勤欲方便，繫念修學。

「若比丘觀察時，若於道路、若聚落中行乞食、若出聚落，於其中間，眼識於色，無有愛念染著者，彼比丘願以此喜樂善根，日夜精勤，繫念修習，是名比丘於行、住、坐、臥淨除乞食，是故此經名清淨乞食住。」

佛說此經已，尊者舍利弗聞佛所說，歡喜奉行。

【對應經典】

■《增壹阿含經》卷四十一〈馬王品45〉第6經。
■ 南傳《中部尼柯耶》〈六處品5〉第151經乞食清淨經。

【讀經拾得】

本經中佛陀教導比丘如何在入世應對的行、住、坐、臥間，收攝心念，無有愛念染著，以作為入禪定的準備。當今社會的應對更為複雜，更需要在平日自淨其意，修習禪定才能有成就。

對於在家居士而言，可在齋日受持八關齋戒，練習一日一夜學阿羅漢，「身在家、心出家」的修習。

⓲ 空三昧：觀五陰無常、本空，而入的定境。
⓳ 上座：對出家年數較多者的尊稱。此處引申指高級的意思。
⓴ 方便：具活力的精進。
⑥「座」，大正藏原為「坐」，今依據高麗藏改作「座」。

第 237 經 【0057b28】

如是我聞：

一時，佛住毘舍離獼猴池側重閣講堂。

時，有長者名郁瞿婁⑦❷，往詣佛所，稽首佛足，退坐一面，白佛言：「世尊！何故有一比丘見法般涅槃❷？何故比丘不得見法般涅槃？」

佛告長者：「若有比丘眼識於色，愛念染著，以愛念染著故，常依於識；為彼縛故，若彼取故，不得見法般涅槃。耳、鼻、舌、身、意識法亦復如是。

「若比丘眼識於色，不愛樂染著，不愛樂染著者，不依於識，不觸、不著、不取故，此諸比丘得見法般涅槃。耳、鼻、舌、身、意識法亦復如是。

「是故，長者！有比丘得見法般涅槃者，有不得見法般涅槃者。」

如長⑧者所問經，如是阿難所問經及佛自為諸比丘所說經，亦如上說。

【對應經典】

■ 南傳《相應部尼柯耶》〈六處相應35〉第124經毘舍離經。

---

❷ 郁瞿婁：優婆塞（在家的男性佛教徒）名，是舍衛城的長者，身在家而心中學習出家法，詳見《郁迦羅越問菩薩行經》。

❷ 見法般涅槃：當生證得解脫涅槃。另譯為「現法涅槃」、「現法般涅槃」。

⑦「郁瞿婁」，巴利本作 Ugga。

⑧「者。如長」，宋、元二本作「長如是」。

第 238 經　【0057c14】

如是我聞：

一時，佛住毘舍離獼猴池側重閣講堂。

時，有異比丘往詣佛所，稽首佛足，退坐一面，白佛言：「世尊！何因何緣眼識生？何因何緣耳、鼻、舌、身、意識生？」

佛告比丘：「眼因緣色，眼識生。所以者何？若眼識生，一切眼色因緣故。耳聲因緣、鼻香因緣、舌味因緣、身觸因緣⑨、意法因緣意識生。所以者何？諸所有意識，彼一切皆意法因緣生故。是名比丘眼識因緣生，乃至意識因緣生。」

時，彼比丘聞佛所說，歡喜隨喜，作禮而去。

第 239 經　【0057c24】

如是我聞：

一時，佛住毘舍離獼猴池側重閣講堂。

爾時，世尊告諸比丘：「我今當說結所繫❷法及結❷法。云何結所繫法？眼色、耳聲、鼻香、舌味、身觸、意法，是名結所繫法。云何結法？謂欲貪，是名結法。」

佛說此經已，諸比丘聞佛所說，歡喜奉行。

---

❷ 結所繫：結使（煩惱）所繫縛的。

❷ 結：結使；煩惱。

⑨ 大正藏無「身觸因緣」四字，今依據元、明二本補上。

【對應經典】

- 南傳《相應部尼柯耶》〈六處相應35〉第109經繫縛經。
- 南傳《相應部尼柯耶》〈六處相應35〉第122經繫縛經。

【讀經拾得】

- 眼與色、耳與聲、鼻與香、舌與味、身與觸、意與法，是被綁住的東西（結所繫法）。被什麼綁？被欲貪綁（結法）。因為有欲貪，眼才會與色綁在一起，執著於其上。

- 《雜阿含經》卷一第19經：「色是結所繫法，是結所繫法宜速除斷。斷彼法已，以義饒益，長夜安樂。如是受、想、行、識結所繫法，是結所繫法宜速除斷。斷彼法已，以義饒益，長夜安樂。」（CBETA, T02, no. 99, p. 4, b13-16）

第 240 經　【0058a01】

如是我聞：

一時，佛住毘舍離獼猴池側重閣講堂。

爾時，世尊告諸比丘：「我今當說所取法❷❺及取法。云何所取法？眼色、耳聲、鼻香、舌味、身觸、意法，是名所取法。云何取法？謂欲貪，是名取法。」

佛說此經已，諸比丘聞佛所說，歡喜奉行。

【對應經典】

- 南傳《相應部尼柯耶》〈六處相應35〉第110經執取經。
- 南傳《相應部尼柯耶》〈六處相應35〉第123經取執經。

---

❷❺ 所取法：所執取的事物。

第 241 經經文導讀

不能善護根門，六根執著六境的結果，就是無法解脫、沉溺於輪迴。因此佛陀常教導比丘，不要像凡夫般，沉迷於五欲，否則就白出家了。此經就是佛陀警告比丘們的開示。

爾時，世尊告諸比丘：「愚癡無聞凡夫，比丘！寧以火燒熱銅籌，以燒其目，令其熾然，不以眼識，取於色相、取隨形好。所以者何？取於色相、取隨形好故，墮惡趣中，如沈鐵丸。」

那時，佛陀告訴比丘們：「比丘啊，即使是愚癡無聞的俗人，寧可拿燒紅炙熱的銅條來燒自己的眼睛，讓眼睛燒起來，也不要以眼識去執取顯著或微細的各種影像。為什麼呢？因為執取各種影像，最終會導致墮於惡道，像鐵球沉入水中。」

這邊說的「眼識取於色相」，有二種層次：

1. 眼根接觸影像、生眼識，而「看到」，這是感官自動運作、生物本能的執取，得要睡眠時或禪定中關掉眼根，眼根才不會看到色相。

2. 眼根接觸影像、生眼識，而「看到」後，所看到的訊息由意根加以認知（意識）、執取。這是每天無時無刻的起心動念，由意而執取，也能由意而捨棄。若能捨、能無我，就是解脫自在。

通常 1 要在禪定中才能訓練關掉，而 2 則是在行住坐臥間都能以正念避免執取。

耳根、鼻根、舌根、身根，也是如此，就不一一重複解說了。

「諸比丘！睡眠者是愚癡活、是癡命，無利、無福，然諸比丘寧當睡眠，不於彼色而起覺想；若起覺想者，必生纏縛諍訟，能令多眾起於非義，不能饒益安樂天人。」

「比丘們，睡眠是愚癡地過活、是虛度生命，沒有利益、沒有福報，但是比丘們寧可睡眠，也不要對色相而生起思想；若生起思想的話，就會生起貪欲纏縛、瞋恚爭辯，使得眾人得不到利益、不能利益世間。」

佛陀之前比喻說寧可破壞眼、耳、鼻、舌、身，也不要執著於色、聲、香、味、觸。那意根呢？意根是無形的，不像前五根能用物理手段破壞，因此這邊以睡眠來比喻寧可減少意根的作用，也不要執著。

此處說「不於彼色而起覺想」，為什麼在談意根的時候提到「色」？如同上段導讀中2提到的，意根所認知的，是前一剎那的六根所傳來的訊息（例如眼見色），執著了就會有後續的思想。所謂「意根」識知「法」，六根所傳來的訊息都是「法」。

「若起覺想者，必生纏縛諍訟」，其中「起覺想」是癡，「纏縛」是貪，「諍訟」是瞋。

「彼多聞聖弟子作如是學：『我今寧以熾然鐵槍以貫其目，不以眼識取於色相，墮三惡趣，長夜受苦。我從今日當正思惟：「觀眼無常、有為、心緣生法，若色、眼識、眼觸、眼觸因緣生受，內覺若苦、若樂、不苦不樂，彼亦無常、有為、心緣生法。」』耳、鼻、舌、身入處當如是學：『寧以鐵槍貫其身體，不以身識取於觸相及隨觸好故，墮三惡道。我從今日當正思惟：「觀身無常、有為、心緣生法，若觸、身識、身觸、身觸因緣生受，內覺若苦、若樂、不苦不樂，彼亦無常、有為、心緣生法。」』」

「有智慧的佛弟子要作這樣的學習：『我今天寧可以熾熱的鐵槍穿刺眼睛，也不要以眼識執取色相，墮入三惡道，長夜受苦。我從今天開始應當正確的思惟：「觀察眼根是無常的、是因緣造作的有為法、是緣於心而生的法；而眼根所接觸的色境、眼根接觸色境生起的眼識、由眼根、色境、眼識三者和合生起的眼觸，而由眼觸緣生的感受，內心覺得苦、樂、不苦不樂，這些都是無常的、是因緣造作的有為法、是緣於心而生的法。」』對耳、鼻、舌、身等入處也都要作這樣的學習。」

本段講多聞聖弟子對於前五根該有的正思惟，下段則講對於第六根（意根）該有的正思惟：

「多聞聖弟子作如是學：『睡眠者是愚癡活、癡命，無果、無利、無福，我當不眠，亦不起覺想，起想者生於纏縛諍訟，令多人非義饒益，不得安樂。』」

「有智慧的佛弟子作這樣的學習：『睡眠是愚癡地過活、是虛度生命，沒有利益、沒有福報，我不該貪睡，也不要對六境生起思想，若生起思想的話，就會生起貪欲纏縛、瞋恚爭辯，使得眾人得不到利益、不能安樂。」

睡眠中，雖然前五根關閉了，意根的作用也減弱，但作夢時意根仍能運作。前面佛陀曾打比方說「寧當睡眠，不於彼色而起覺想」，但當然用功修行的佛弟子，並不會貪睡，醒時也盡量避免意根起覺想。

「多聞聖弟子如是觀者,於眼生厭,若色、眼識、眼觸、眼觸因緣生受,內覺若苦、若樂、不苦不樂,彼亦生厭,厭故不樂,不樂故解脫,解脫知見:『我生已盡,梵行已立,所作已作,自知不受後有。』耳、鼻、舌、身、意亦復如是。」

> 「有智慧的佛弟子作這樣的觀察的話,於眼根厭足、不再執著,而眼根所接觸的色境、眼根接觸色境生起的眼識、由眼根、色境、眼識三者和合生起的眼觸,而由眼觸緣生的感受,內心覺得苦、樂、不苦不樂,也都厭足,而不愛樂,不愛樂而能自在解脫。耳、鼻、舌、身、意也是如此。」

第 241 經 【0058a07】

如是我聞:

一時,佛住毘舍離獼猴池側重閣講堂。

爾時,世尊告諸比丘:「愚癡無聞凡夫,比丘!寧以火燒熱銅籌❷,以燒其目,令其熾⑩然,不以眼識,取於色相❷、取隨形好❷。所以者何?取於色相、取隨形好故,墮惡趣中,如沈鐵丸。」

「愚癡無聞凡夫,寧燒鐵錐,以鑽其耳,不以耳識,取其聲相、取隨聲好。所以者何?耳識取聲相、取隨聲好者,身壞命終,墮惡趣中,如沈鐵丸。」

---

❷ 籌:以竹、木、銅、鐵等材料作成的細棒,長約一寸,粗如小指。多用於僧團舉行布薩或滅靜時,計算僧眾人數或是表決。

❷ 色相:顯而易見的影像。顯而易見的表徵稱為「相」,微細、不易立刻辨識的稱為「隨……好」。例如說佛陀有「三十二大人相,八十種隨形好」,即指在相法上來看佛陀有「纖長指相」等三十二種顯而易見的莊嚴相貌,「每個指頭都妙好」等八十種微細、不易立刻辨識的完美的表徵。

❷ 隨形好:微細、不易立刻辨識的影像。

⑩「熾」,宋、元、明三本作「燒」。

「愚癡無聞凡夫，寧以利刀，斷截其鼻，不以鼻識，取於香相、取隨香好。所以者何？以取香相、取隨香好故，身壞命終，墮惡趣⑪中，如沈鐵丸。」

「愚癡無聞凡夫，寧以利刀，斷截其舌，不以舌識，取於味相、取隨味好。所以者何？以取味相、隨味好故，身壞命終，墮惡趣中，如沈鐵丸。」

「愚癡無聞凡夫，寧以剛鐵利槍，以刺其身，不以身識，取於觸相及隨觸好。所以者何？以取觸相及隨觸好故，身壞命終，墮惡趣中，如沈鐵丸。」

「諸比丘！睡眠者是愚癡活、是癡⑫命，無利、無福，然諸比丘寧當睡眠，不於彼色而起覺想❷；若起覺想者，必生纏縛諍訟，能令多眾起於非義，不能饒益安樂天人。」

「彼多聞聖弟子作如是學：『我今寧以熾然鐵槍以貫其目，不以眼識取於色相，墮三惡趣，長夜受苦。我從今日當正思惟：「觀眼無常、有為、心緣生法，若色、眼識、眼觸、眼觸因緣生受，內覺若苦、若樂、不苦不樂，彼亦無常、有為、心緣生法。」』耳、鼻、舌、身入處當如是學：『寧以鐵槍貫其身體，不以身識取於觸相及隨觸好故，墮三惡道。我從今日當正思惟：「觀身無常、有為、心緣生法，若觸、身識、身觸、身觸⑬因緣生受，內覺若苦、若樂、不苦不樂，彼亦無常、有為、心緣生法。」』」

「多聞聖弟子作如是學：『睡眠者是愚癡活、癡*命，無果、無利、無福，我當不眠，亦不起覺想，起想者生於纏縛諍訟，令多人非義饒益❸，不得安樂。』」

---

❷ 覺想：思想。相當的《增壹阿含經》經文作「意有所念，欲壞聖眾」，相當的南傳經文作「思考能導致別人在受到控制下破僧的想法」。

❸ 非義饒益：對真義（的獲得）沒有幫助。

⑪「趣」，明本作「道」。

⑫「癡」，宋、元、明三本作「癖」。*

⑬ 宋、元、明三本無「身觸」二字。

　　「多聞聖弟子如是觀者，於眼生厭，若色、眼識、眼觸、眼觸因緣生受，內覺若苦、若樂、不苦不樂，彼亦生厭，厭故不樂，不樂故解脫，解脫知見：『我生已盡，梵行已立，所作已作，自知不受後有。』耳、鼻、舌、身、意亦復如是。」

　　佛說此經已，諸比丘聞佛所說，歡喜奉行。

【對應經典】

- 《增壹阿含經》卷四十九〈非常品51〉第6經。
- 南傳《相應部尼柯耶》〈六處相應35〉第235經燃燒法門經。

第 242 經　【0058b21】

　　如是我聞：

　　一時，佛住毘舍離獼猴池側重閣講堂。

　　爾時，世尊告諸比丘：「若眼不知、不識、不斷、不離欲，不堪能正盡苦；於眼若知、若識、若斷、若離欲，堪能正盡苦。」

　　佛說此經已，諸比丘聞佛所說，歡喜奉行。

　　如眼四經，如是乃至意二十四經如上說。

【對應經典】

- 南傳《相應部尼柯耶》〈六處相應35〉第111經了知（一）經。
- 南傳《相應部尼柯耶》〈六處相應35〉第112經了知（二）經。

導讀：魔的勢力範圍

「魔」是音譯「魔羅」的簡稱，有奪命、障礙、擾亂、破壞的意思，讓人在世間不得解脫的惡勢力自然就可稱為魔。

六入處是世間，六入處的染著，障礙人的慧命、使人沉於生死，自然就是魔的勢力範圍。

接下來這幾經中，佛陀告訴我們魔是如何能讓人無法解脫：
- 第 243 經：愛著於十二入處的滋味，不得解脫於魔。
- 第 244 經：六根味著六境，是魔鉤鉤住喉嚨。
- 第 245 經：六根識可愛的六境而起貪，六根識不可愛的六境而起瞋，於魔不得自在。
- 第 246 經：六觸入處是魔的勢力。
- 第 247 經：六根親近六境，就落入魔的勢力。

第 243 經　【0058b27】

如是我聞：

一時，佛住毘舍離獼猴池側重閣講堂。

爾時，世尊告諸比丘：「若諸比丘於眼味❸者，當知是沙門、婆羅門不得自在脫於魔手，魔縛所縛，入於魔繫。耳、鼻、舌、身、意亦復如是。若沙門、婆羅門於眼不味者，當知是沙門、婆⑭羅門不隨於魔，脫於魔手，不入魔繫。」

---

❸ 味：愛著於其滋味。
⑭ 「婆」，大正藏原為「波」，今依據前後文改作「婆」。

佛說此經已,諸比丘聞佛所說,歡喜奉行。

如味,如是歡喜、讚歎、染著、堅住㉜、愛樂、憎嫉,亦如是說。

如內入處七經,外入處七經,亦如是說。

【對應經典】

- 南傳《相應部尼柯耶》〈六處相應35〉第114經魔索(一)經。
- 南傳《相應部尼柯耶》〈六處相應35〉第115經魔索(二)經。

第 244 經　　【0058c09】

如是我聞:

一時,佛住毘舍離獼猴池側重閣講堂。

爾時,世尊告諸比丘:「有六魔鈎。云何為六?眼味著㉝色,是則魔鈎,耳味著聲,是則魔鈎,鼻味著香,是則魔鈎,舌味著味,是則魔鈎,身味著觸,是則魔鈎,意味著法,是則魔鈎。若沙門、婆羅門眼味著色者,當知是沙門、婆羅門魔鈎鈎其咽,於魔不得自在。」

穢說淨說,廣⑮說如上。

【對應經典】

- 南傳《相應部尼柯耶》〈六處相應35〉第114經魔索(一)經。
- 南傳《相應部尼柯耶》〈六處相應35〉第115經魔索(二)經。
- 南傳《相應部尼柯耶》〈六處相應35〉第230經像漁夫那樣經。

㉜ 堅住:穩固地保持著。
㉝ 味著:愛樂貪著。
⑮「廣」,宋、元、明三本作「魔」。

第 245 經 　【0058c17】

如是我聞：

一時，佛住拘留搜❸調伏駮⑯牛聚落。

爾時，世尊告諸比丘：「我今當為汝等說法，初語亦善，中語亦善，後語亦善，善義善味❸，純一滿淨，清白梵行，謂四品❸法經。諦聽，善思，當為汝說。

「何等為四品法經？有眼識色可愛、可念、可樂、可著，比丘見已，歡喜、讚歎、樂著、堅住，有眼識色不可愛、不可念、不可樂著、苦厭。比丘見已，瞋恚、嫌薄❸。如是比丘於魔不得自在，乃至不得解脫魔繫。耳、鼻、舌、身、意亦復如是。

「有眼識色可愛、可念、可樂、可著，比丘見已，知喜不讚歎、不樂著堅實，有眼識色不可愛、念、樂、著，比丘見已，不瞋恚、嫌薄。如是比丘不隨魔，自在，乃至解脫魔繫。耳、鼻、舌、身、意亦復如是。是名比丘四品法經。」

【對應經典】

■ 參考 南傳《相應部尼柯耶》〈六處相應35〉第230經像漁夫那樣經。

【讀經拾得】

本經的「四品法」是：

　　1.有眼識色可愛、可念、可樂、可著，比丘見已，歡喜、讚歎、樂著、堅住。

　　2.有眼識色不可愛、不可念、不可樂著、苦厭。比丘見已，瞋恚、嫌薄。

　　3.有眼識色可愛、可念、可樂、可著，比丘見已，知喜不讚歎、不樂著堅實。

　　4.有眼識色不可愛、念、樂著，比丘見已，不瞋恚、嫌薄。

也就是說：

---

❸ 拘留搜：古代印度十六大國之一，位於恆河上游西岸，相當於現今的德里所在。

❸ 善義善味：意義正確，辭句正確。

❸ 品：項目；主題。

❸ 嫌薄：嫌棄、輕視。

⑯「駮」，大正藏原為「駁」，今依據高麗藏改作「駮」。

1.遇到好的六境，起貪。

2.遇到不好的六境，起瞋。

3.遇到好的六境，不貪。

4.遇到不好的六境，不瞋。

前兩項是凡夫的境界，後兩項是聖者的境界。藉著守護根門、離於執著等日常修持，而能轉凡入聖。

無論是本經、無漏法經、律儀、守護根門，都教導我們：於可念六境不生貪，於不可念六境不生瞋。

這不但日常生活中可以應用，禪修時也很好用，例如坐了一炷好香，或體驗到好的境界，若要進階到更高的層次，則可訓練自己不起貪心。若坐得全身酸痛，或周圍環境吵鬧，也不要因此生氣，反而可訓練自己遠離瞋心。

畢竟佛弟子修行的最重要目的並不在於求得特別高深的禪境或神通，而在於斷除貪瞋癡。

因此，不管是可愛或不可愛的境界，都可以是修行的好道場。

第 246 經　　【0059a03】

如是我聞：

一時，佛住王舍城耆闍崛山。

爾時，世尊晨朝著衣持鉢，入王舍城乞食。

爾時，天魔波旬⑰作是念：「沙門瞿曇晨朝著衣持鉢，入王舍城乞食，我今當往亂其道意。」

時，魔波旬化作御車像⑱類❸，執杖覓牛，著弊衣，蓬頭亂髮，手腳剝裂，手執牛杖，至世尊前問言：「瞿曇！見我牛不？」

世尊作是念：「此是惡魔，欲來亂我。」即告魔言：「惡魔！何處有牛？何用牛為？」

---

❸ 御車像類：駕車的這類人。

⑰「天魔波旬」，巴利本作 Māra pāpimant。

⑱「像」，大正藏原為「象」，今依據元、明二本改作「像」。

魔作是念：「沙門瞿曇知我是魔。」而白佛言：「瞿曇！眼觸入處，是我所乘。耳、鼻、舌、身、意觸入處，是我所乘。」

復問：「瞿曇！欲何所之？」

佛告惡魔：「汝有眼觸入處，耳、鼻、舌、身、意觸入處。若彼無眼觸入處，無耳、鼻、舌、身、意觸入處，汝所不到，我往到彼。」

世尊能到魔所到不了的沒有六觸入處的地方

爾時，天魔波旬即說偈言：

「若常有我者，　　　　彼悉是我所，

　一切悉屬我，　　　　瞿曇何所之。」

爾時，世尊說偈答言：

「若言有我者，　　　　彼說我則非，

　是故知波旬，　　　　即自墮負處。」

魔復說偈言：

「若說言知道，　　　安隱向涅槃，

　汝自獨遊往，　　　何煩教他為？」

世尊復說偈答言：

「若有離魔者，　　　問度彼岸道，

　為彼平等說，　　　真實永無餘，

　時習不放逸，　　　永離魔自在。」

魔復說偈言：

「有石似段肉，　　　餓鳥來欲食，

　彼作軟美想，　　　欲以補飢虛，

　竟不得其味，　　　折觜❸而騰虛，

---

❸ 觜：鳥嘴。

我今猶如鳥，	瞿曇如石生，
不入愧而去，	猶鳥陵虛逝，
內心懷愁毒，	即彼沒不現。」

【對應經典】

- 南傳《相應部尼柯耶》〈魔相應4〉第19經農夫經。
- 參考 《雜阿含經》卷三十九第1092經。
- 參考 《別譯雜阿含經》卷二第31經。
- 參考 南傳《相應部尼柯耶》〈魔相應4〉第24經 七年追蹤經。
- 參考 南傳《相應部尼柯耶》〈魔相應4〉第25經 魔的女兒經。

【讀經拾得】

天魔波旬是欲界最高天「他化自在天」的天主之一，只要有眼、耳、鼻、舌、身、意等六觸入處的地方，放眼所見都是他的勢力範圍，而問佛陀：「看你能跑到哪兒？」

佛陀回答：「你有六觸入處的勢力範圍，但沒六觸入處的地方你就到不了了，而我就到那邊。」

「六觸入處」直翻是由「六觸」進入身心的管道，常特指六觸使人心意動搖、產生貪愛的過程、時空、或情境。若是在無明的狀態下的「六觸」，就是「六觸入處」，也就是「無明觸」，會造成輪迴，在魔王的掌握中。若有智慧，在根境識會遇時不因六觸而心意動搖，也就是「明觸」，斷了十二因緣的鎖鏈，自然不在魔王的領地中。

第 247 經　【0059b08】

如是我聞：

一時，佛住王舍城耆闍崛山。

爾時，世尊告諸比丘：「若沙門、婆羅門眼習近❹於色，則隨⑲魔所自在，乃至不得解脫魔繫。耳、鼻、舌、身、意亦復如是。

---

❹ 習近：親近。

⑲「隨」，宋、元、明三本作「為」。

「若沙門、婆羅門眼不習近於色，不隨魔，自在，乃至得解脫魔繫。耳、鼻、舌、身、意亦復如是。」

佛說此經已，諸比丘聞佛所說，歡喜奉行。

如習近，如是繫、著，如是味，如是鄰、聚，若使、受持、繫著、我所、求、欲，淳、濃、不捨，亦如上說。

導讀：六入處在世間

本卷最後這八經，是佛和佛弟子在世間行走時，關於六入處的應機討論，從各層面探討六入處：

- 第 248 經：六入處無我。

- 第 249 經：六觸入處盡，得般涅槃。

- 第 250 經：欲貪繫根境。

- 第 251 經：不如實知六觸入處，是無明。

- 第 252 經：十二入處無我、無我所。

- 第 253 經：六入處因緣生苦樂，也因緣滅。

- 第 254 經：阿羅漢六根識六境，不妨解脫。

- 第 255 經：善護根門得解脫。

第 248 經　【0059b17】

如是我聞：

一時，佛住波吒利弗多羅國㊶雞林園㊷。

爾時，尊者阿難往詣尊者大純陀㊸所，共相問訊已，於一面坐。

爾時，尊者阿難語尊者純陀言：「欲有所問，寧有閑暇見答與⑳不？」

尊者純陀語尊者阿難言：「隨仁所問，知者當答。」

尊者阿難問尊者純陀：「如世尊、如來、應、等正覺所知所見，說四大造色，施設顯露㊹，此四大色非我，如來、應、等正覺所知所見，亦復說識非我耶？」

尊者純陀語尊者阿難言：「仁者最為多聞，我從遠來詣尊者所，為問此法故，今日，尊者！唯願為說此義。」

尊者阿難語純陀言：「我今問尊者，隨意見答。尊者純陀！為有眼、有色、有眼識不？」

答言：「有。」

尊者阿難復問：「為緣眼及色，生眼識不？」

答言：「如是。」

尊者阿難復問：「緣㉑眼及色生眼識，彼因、彼緣，為常、為無常？」

㊶ 波吒利弗多羅國：波吒利弗多羅城是古代中印度摩竭陀國的首都，位於恆河左岸，即當今印度的巴丹市所在。這裡是以首都代國名。又譯為「巴連弗邑」、「華氏城」。

㊷ 雞林園：佛陀的道場之一，位於波吒利弗多羅城東南，佛滅後阿育王晚年時護持此寺院。又譯為「雞林精舍」、「雞雀寺」。

㊸ 純陀：比丘名，是舍利弗的弟弟。又譯為「摩訶周那」。舍利弗家有四兄弟出家學佛，包括舍利弗、純陀、優波先那、離婆多。

㊹ 施設顯露：加以描述，讓人能清楚的瞭解。

⑳ 「與」，元、明二本作「以」。

㉑ 「緣」，大正藏原為「若」，今依據宋、元、明三本改作「緣」。

答言：「無常。」

尊者阿難又問：「彼因、彼緣生眼識，彼因、彼緣無常變易時，彼識住耶？」

答曰：「不也，尊者阿難！」

尊者阿難復問：「於意云何？彼法若生、若滅可知，多聞聖弟子於中寧見是我、異我、相在不？」

答曰：「不也，尊者阿難！」

「耳、鼻、舌、身、意、法，於意云何？有意、有法、有意識不？」

答曰：「有，尊者阿難！」

復問：「為緣意及法，生意識不？」

答曰：「如是，尊者阿難！」

復問：「若意緣法生意識，彼因、彼緣，為常、為無常？」

答曰：「無常，尊者阿難！」

復問：「若因、若緣生意識，彼因、彼緣無常變易時，意識住耶？」

答曰：「不也，尊者阿難！」

復問：「於意云何？彼法若生、若滅可知，多聞聖弟子寧於中見我、異我、相在不？」

答言：「不也，尊者阿難！」

尊者阿難語純陀言：「是故，尊者！而如來、應、等正覺所知所見，說識亦無常。譬如士夫持斧入山，見芭蕉樹，謂堪材用，斷根、截葉、斫❹杖㉒、剝皮，求其堅實，剝至於盡，都無堅處。如是多聞聖弟子正觀眼識，耳、鼻、舌、身、意識。當正觀時，都無可取，無可取故，無所著，無所著故，自覺涅槃：『我生已盡，梵行已立，所作已作，自知不受後有。』」

正觀識無常、無可取、無所著

---

❹ 斫：以刀斧砍削。

㉒「截葉、斫杖」，大正藏原為「截斫葉葉」，今依據宋、元、明三本改作「截葉、斫杖」。

彼二㉓正士說是法時，展轉隨喜❹，各還其所。

【對應經典】

■ 南傳《相應部尼柯耶》〈六處相應35〉第234經優陀夷經。

第 249 經　【0059c27】

如是我聞：

一時，佛住舍衛國祇樹給孤獨園。

爾時，尊者阿難詣尊者舍利弗所，語尊者舍利弗：「欲有所問，寧有閑暇為解說不？」

舍利弗言：「隨仁所問，知者當答。」

尊者阿難問尊者舍利弗：「六觸入處盡，離欲、滅、息、沒已，更有餘不？」

尊者舍利弗語阿難言：「莫作此問：『六觸入處盡，離欲、滅、息、沒已，更有餘不？』」

阿難又問尊者舍利弗：「六觸入處盡，離欲、滅、息、沒已，無有餘耶？」

尊者舍利弗答阿難言：「亦復不應作如是問：『六觸入處盡，離欲、滅、息、沒已，無有餘耶？』」

阿難復問尊者舍利弗：「六觸入處盡，離欲、滅、息、沒已，有餘無餘、非有餘非無餘耶？」

尊者舍利弗答阿難言：「此亦不應作如此問：『六觸入處盡，離欲、滅、息、沒已，有餘無餘、非有餘非無餘耶？』」

---

❹ 展轉隨喜：互相為彼此高興。
㉓「二」，大正藏原為「一」，今依據高麗藏改作「二」。

　　尊者阿難又問舍利弗：「如尊者所說：『六觸入處盡，離欲、滅、息、沒已，有亦不應說，無亦不應說，有無亦不應說，非有非無亦不應說。』此語有何義？」

　　尊者舍利弗語尊者阿難：「六觸入處盡，離欲、滅、息、沒已，有餘耶？此則虛言。無餘耶？此則虛言。有餘無餘耶？此則虛言。非有餘非無餘耶？此則虛言。若言六觸入處盡，離欲、滅、息、沒已，離諸虛偽，得般涅槃，此則佛說。」

　　時，二正士展轉隨喜，各還本處。

六入處盡，不談有餘無餘，而是得涅槃

【對應經典】

■ 南傳《增支部尼柯耶》集4〈故思品18〉第173經。
■ 南傳《增支部尼柯耶》集4〈故思品18〉第174經。

【讀經拾得】

可參照卷五第104、106經，解脫後不是如一些論師說的「灰身滅智」或「焦芽敗種」，而是不落入有、無二邊，煩惱止息的涅槃。

第 250 經　【0060a22】

　　如是我聞：

　　一時，佛住王舍城迦蘭陀竹園。

　　時，尊者舍利弗、尊者摩訶拘絺羅㉔❹俱在耆闍崛山。

　　尊者摩訶拘絺羅晡時從禪覺，詣尊者舍利弗所，共相問訊已，退坐一面，語舍利弗言：「欲有所問，寧有閑暇見答已㉕不？」

---

❹ 摩訶拘絺羅：比丘名，佛陀稱讚他「得四辯才，觸難答對」第一。他是舍利弗的舅舅，從佛出家前又被稱為「長爪梵志」。「摩訶」為音譯，義譯為「大」，加在人名前可作尊稱，例如用以和資歷較淺的同姓名人士區分。

㉔「摩訶拘絺羅」，巴利本作 Mahākoṭṭhika。

㉕「已」，元、明二本作「以」。＊

尊者舍利弗語摩訶拘絺羅：「隨仁所問，知者當答。」

尊者摩訶拘絺羅問尊者舍利弗言：「云何？尊者舍利弗！眼繫色耶？色繫眼耶？耳聲、鼻香、舌味、身觸、意法，意繫法耶？法繫意耶？」

欲貪繫根境

尊者舍利弗答尊者摩訶拘絺羅言：「非眼繫色，非色繫眼，乃至非意繫法，非法繫意，尊者摩訶拘絺羅！於其中間，若彼欲貪，是其繫也。尊者摩訶拘絺羅！譬如二牛，一黑一白，共一軛鞅縛繫，人問言：『為黑牛繫白牛，為白牛繫黑牛。』為等問不？」

答言：「不也，尊者舍利弗！非黑牛繫白牛，亦非白牛繫黑牛，然於中間，若軛、若繫鞅者，是彼繫縛。」

「如是，尊者摩訶拘絺羅！非眼繫色，非色繫眼，乃至非意繫法，非法繫意，中間欲貪，是其繫也。」

「尊者摩訶拘絺羅！若眼繫色，若色繫眼，乃至若意繫法，若法繫意，世尊不教人建立梵行，得盡苦邊，以非眼繫色，非色繫眼，乃至非意繫法，非法繫意，故世尊教人建立梵行，得盡苦邊。」

「尊者摩訶拘絺羅！世尊㉖眼見色若好、若惡，不起欲貪，其餘眾生眼若見色若好、若惡，則起欲貪，是故世尊說當斷欲貪，則心解脫，乃至意、法亦復如是。」

時，二正士展轉隨喜，各還本處。

【對應經典】

■ 南傳《相應部尼柯耶》〈六處相應35〉第232經拘絺羅經。

【讀經拾得】

是什麼讓人玩物喪志？

有所謂「色不迷人人自迷」，同樣一個東西，某些人就迷，某些人就不迷。為什麼會迷，而無法放下？

㉖「尊」，宋、元、明三本作「尊說」。

本經講「非眼繫色,非色繫眼」,人不一定就會被物所綁住,物也不一定就會被人所綁住。「於其中間,若彼欲貪,是其繫也」,由於有欲貪的關係,才讓人沉迷其中,無法自拔。

如果沒有欲貪,就不會被物所役了,海闊天空,自由自在。

第 251 經　【0060b22】

如是我聞:

一時,佛住王舍城迦蘭陀竹園。

爾時,尊者舍利弗、尊者摩訶拘絺羅俱在耆闍崛山中。

尊者摩訶拘絺羅晡時從禪覺,詣尊者舍利弗所,共相問訊已,退坐一面,語尊者舍利弗:「欲有所問,寧有閑暇見答已*不?」

舍利弗言:「隨仁所問,知者當答。」

尊者摩訶拘絺羅問尊者舍利弗言:「謂無明者。云何為無明?」

尊者舍利弗言:「所謂無知,無知者是為無明。云何無知?謂眼無常不如實知,是名無知,眼生滅法不如實知,是名無知。耳、鼻、舌、身、意亦復如是。如是,尊者摩訶拘絺羅!於此六觸入處如實不知❹⓼、不見、不無間等、愚闇㉗、無明、大冥,是名無明。」

什麼是無明

尊者摩訶拘絺羅又問尊者舍利弗:「所謂明者。云何為明?」

舍利弗言:「所謂為知,知者是明,為何所知?謂眼無常、眼無常如實知,眼生滅法、眼生滅法如實知。耳、鼻、舌、身、意亦復如是。尊者摩訶拘絺羅!於此六觸入處如實知、見、明、覺、悟、慧、無間等,是名為明。」

什麼是明

時,二正士各聞所說,展轉隨喜,各還其所。

---

❹⓼ 如實不知:不能契合真理的了知。
㉗「闇」,宋、元、明三本作「癡」。

【對應經典】

- 《中阿含經》卷五十八〈晡利多品17〉第211經大拘絺羅經。
- 南傳《中部尼柯耶》〈雙小品5〉第43經有明大經。

【讀經拾得】

各經中關於「無明」的定義的整理，可參見卷十的導讀。

第 252 經　　【0060c14】

如是我聞：

一時，佛住王舍城迦蘭陀竹園。

時，有比丘名優波先那❹，住王舍城寒林❺中塚間蛇頭巖下迦陵伽行處。時，尊者優波先那獨一於內坐禪。

時，有惡毒蛇長尺許，於上石間墮優波先那身上，優波先那喚舍利弗：「語諸比丘，毒蛇墮我身上，我身中毒，汝等駛來，扶持我身，出置於外，莫令於內身壞碎，如糠糩㉘聚❺。」

時，尊者舍利弗於近處，住一樹下，聞優波先那語，即詣優波先那所，語優波先那言：「我今觀汝色貌，諸根不異於常，而言中毒，持我身出，莫令散壞，如糠糩*聚，竟為云何？」

優波先那語舍利弗言：「若當有言：『我眼是我、我所。耳、鼻、舌、身、意，耳、鼻、舌、身、意是我、我所。色、聲、香、味、觸、法，色、聲、香、味、觸、法是我、我所。地界❺，地界是

---

❹ 優波先那：比丘名，是舍利弗尊者的弟弟。

❺ 寒林：佛陀及弟子的修行場所之一，位於王舍城北方。稱作寒林是因為林木多而較涼，也是棄屍的樹林，而讓一般人恐懼而發涼。

❺ 身壞碎，如糠糩聚：身體敗壞崩解，如同一把粗糠般散掉。「糠」、「糩」都指穀物的外殼。

❺ 地界：物質及物理現象中的堅固性。古代印度人認為一切物質及物理現象，是由四種元素所構成的：地大（堅固性）、水大（濕潤性）、火大（溫熱性）、風大（移動性）。

㉘ 「糩」，大正藏原為「糟」，今依據宋、元、明三本改作「糩」。*

我、我所。水、火、風、空、識界，水、火、風、空、識界是我、我所。色陰，色陰是我、我所。受、想、行、識陰，受、想、行、識陰是我、我所』者，面色諸根應有變異。我今不爾，眼非我、我所；乃至識陰非我、我所，是故面色諸根無有變異。」

舍利弗言：「如是，優波先那！汝若長夜離我、我所、我慢繫著使，斷其根本，如截多羅樹頭，於未來世永不復起，云何面色諸根當有變異。」

時，舍利弗即周匝扶持優波先那身出於窟外，優波先那身中毒碎壞，如聚糠糟*。

時，舍利弗即說偈言：

「久植㉙❺諸梵行，　　善修八聖道，

歡喜而捨壽，　　猶如棄毒鉢。

久植*諸梵行，　　善修八聖道，

歡喜而捨壽，　　如人重病愈。

久植*諸梵行，　　善修八聖道，

如出火燒宅，　　臨死無憂悔，

久植*諸梵行，　　善修八聖道，

以慧觀世間，　　猶如穢草木，

不復更求餘，　　餘亦不相續。」

時，尊者舍利弗供養優波先那尸已，往詣佛所，稽首禮足，退坐一面，白佛言：「世尊！尊者優波先那有小惡毒蛇，如治眼籌❺，墮其身上，其身即壞，如聚糠糟*。」

佛告舍利弗：「若優波先那誦此偈者，則不中毒，身亦不壞，如聚糠糟*。」

慈悲化諸惡，三寶解眾毒

❺植：建立。

❺治眼籌：治療眼疾的小竹片，此處形容蛇的大小如同治眼疾的小竹片。

㉙「植」，大正藏原為「殖」，今依據宋、元、明三本改作「植」。*

舍利弗白佛言：「世尊，誦何等偈？何等辭句？」

佛即為舍利弗而說偈言：

「常慈念於彼，　　　　堅固賴吒羅❺，

慈伊羅槃那，　　　　尸婆弗多羅，

欽婆羅上馬，　　　　亦慈迦拘吒，

及彼黑瞿曇，　　　　難徒㉚跋難陀。

慈悲於無足，　　　　及以二足者，

四足與多足，　　　　亦悉起慈悲，

慈悲於諸龍，　　　　依於水陸者，

慈一切眾生，　　　　有畏㉛及無畏*，

安樂於一切，　　　　亦離煩惱生，

欲令一切賢，　　　　一切莫生惡。

常住蛇頭巖，　　　　眾惡不來集，

凶害惡毒蛇，　　　　能害眾生命，

如此真諦言，　　　　無上大師說，

我今誦習此，　　　　大師真實語，

一切諸惡毒，　　　　不㉜能害我身。

貪欲瞋恚癡，　　　　世間之三毒，

如此三惡毒㉝，　　　　永除名佛寶，

---

❺堅固賴吒羅：蛇或龍的名字。其後的伊羅槃那等也都是蛇或龍名。

㉚「徒」，元、明二本作「陀」。

㉛「畏」，大正藏原為「量」，今依據宋、元、明三本改作「畏」。＊

㉜「不」，大正藏原為「無」，今依據宋、元、明三本改作「不」。

㉝「惡毒」，大正藏原為「毒惡」，今依據宋、元、明三本改作「惡毒」。

法寶滅眾毒，　　　　僧寶亦無餘，

破壞凶惡毒，　　　　攝受護善人，

佛破一切毒，　　　　汝蛇毒今破。」

故說是呪術章句，所謂：

「塢耽婆隸　耽婆隸　軏㉞陸婆㉟婆軏陸　梀渧　蕭梀渧　枳㊱跋
渧　文那移　三摩移　檀諦　尼羅枳施㊲　婆羅拘閉塢隸　塢娛隸
悉波訶㊳」

「舍利弗！優波先那善男子爾時說此偈，說此章句者，蛇毒不能
中其身，身亦不壞，如糠糟*聚。」

舍利弗白佛言：「世尊！優波㊴先那未曾聞此偈，未曾聞此呪術
章句，世尊今日說此，正為當來世耳。」

尊者舍利弗聞佛所說，歡喜作禮而去。

【對應經典】
- 南傳《相應部尼柯耶》〈六處相應35〉第69經優波先那經。
- 南傳《增支部尼柯耶》集4〈適切業品7〉第67經。
- 《隨勇尊者經》。
- 《雜阿含經》梵文殘卷 SF 258。
- 《雜阿含經》梵文殘卷 SF 261。

㉞「軏」，大正藏原為「航」，今依據宋、元、明三本改作「軏」。
㉟「婆」，大正藏原為「波」，今依據宋、元、明三本改作「婆」。
㊱「枳」，大正藏原為「抧」，今依據宋、元、明三本改作「枳」。
㊲宋、元、明三本在「施」字之下沒有空格。
㊳「訶」，大正藏原為「呵」，今依據宋、元、明三本改作「訶」。
㊴「波」，大正藏原為「婆」，今依據宋、元、明三本改作「波」。

【讀經拾得】

- 火宅喻：

此經偈中的「出火燒宅」，即後世以「出三界火宅」譬喻解脫，在《阿含經》中的出處。

- 本經中對蛇的護咒：

本經在南傳《相應部尼柯耶》的對應經文沒有偈誦和對蛇的護咒，因此有些人斷言偈誦和對蛇的護咒是北傳《雜阿含經》所增添的。殊不知此經護咒的部分，在南傳是歸類於律藏：南傳律藏《小品》〈小事犍度5〉第6條對蛇之護咒。也就是說護咒並非北傳所增添，而是在南傳被歸入律藏中。這是合理的，因為不同部派的經律分類不同，基於生活上遇到的狀況而制訂的律儀，許多是收錄於律藏。此外，不同部派所傳的《四分律》、《五分律》、《根本說一切有部毘奈耶》、《隨勇尊者經》、南傳《蘊護衛經》等經律也有記載本經中的事件，這些經律都有說護咒，且與本經的偈誦部分相似，但有半數不包含拼音的「塢耽婆隸」該句。

然而並不是唸咒語就不會被蛇咬，重點是「慈一切眾生」、「亦離煩惱生」的慈三昧，並祈請三寶加護，如同本經偈中所說。另外像《增壹阿含經》卷十四〈高幢品24〉第5經中也有記載佛陀以慈三昧漸除毒龍的瞋心，降伏了毒龍，不受毒龍所害，要防小蛇侵害自然是小事一椿。在本經中，佛陀毫不藏私的分享以慈三昧對治毒龍毒蛇的行法，這是實際可行的慈三昧的應用，而不是迷信或外道法。以優波先那比丘的修行，若當初知此行法，自然「則不中毒，身亦不壞」了。若有人只會誦咒卻無慈心，妄想靠咒語就不被蛇咬，那無非是畫虎類犬，學了皮毛卻忘了根本，恐怕就沒什麼效果了。

- 咒術章句：

佛陀在剛開始弘法時只教核心法義，大多弟子則很快地證果。但當弟子人數大增、素質不一後，為了讓不同根器的弟子都能修行解脫，而施設不同的法門，對於弟子的律制也隨需求而調整。例如《雜阿含經》卷二十九第809經、南傳《相應部尼柯耶》54相應9經載道，佛陀早期教導比丘打坐以不淨觀為主，但後來有比丘福慧不足，修不淨觀後過度厭世而自殺，因此佛陀改教比丘較溫和的安那般那（觀呼吸）法門。另外像《中阿含經》卷五十第193經、南傳《中部尼柯耶》第21經記載，佛陀曾制戒要求比丘日中一食，每天只吃正午一餐，以節省耗費在吃飯的時間，精進修行。但後來可能因為不是每位弟子都適合日中一食，而放寬為過午不食，也就是今日的比丘戒的內容。

咒語的議題也是如此，早期佛弟子很快就能證果，沒有了身見也就不會想要趨吉避凶，《中阿含經》卷四十七〈心品3〉第181經多界經中佛陀即表示聖者不會持咒外求離苦。當時婆羅門教常以咒術辦事或變神通，但佛陀則要弟子專心修習戒定慧，縱有神通也不在俗人前展示。但當弟子人數眾多後，《四分律》卷二十七、卷三十、南傳律藏《大分別》〈波逸提49〉皆記載，有比丘尼習誦各種外道咒術，或以咒術賺錢，因此佛陀制戒禁止比丘尼持誦外道咒術、或以咒術維持生計，同時佛陀也許可以咒語排除於世間的修行的阻礙，例如《四分律》卷二十七：「若誦治毒咒，以護身故，無犯。」、卷三十：「為自護，不以為活命，無犯。」南傳律藏《大分別》〈波逸提49〉：「學憶持、為守護而學咒文……不犯也。」

南傳《長部尼柯耶》第32經阿吒曩胝經中毘沙門天王眾發願守護四眾排除惡鬼神造成的障礙，表示若四眾需要四天王天守護以避免非人的侵擾時，可以持誦此經，此經的北傳譯本《長阿含經》卷十二第19經大會經則音譯四天王天部眾的名字，稱為結咒。《佛說灌頂經》卷六也以這些名號作為咒語，並解說這咒語是「為諸凡夫（而不是聖者）而演說」，召請四天王天及其降伏的八部眾，以排除惡鬼神所擾。實務上，很多護咒的內容即是皈依三寶並召請護法龍天守護。

這些咒語原本的巴利語或梵語都是有實際意涵的，由三寶的真實語或諸天的護持而有其功效，很多譯師會義譯一遍、音譯一遍，而後人常以為音譯才是咒語。依《五分律》卷十八等等律制，比丘在接受飲食供養後，要咒願為施主祈福，說法後也要咒願迴向。《四分律》卷二十一等經律即記載佛陀本人在最初成道，接受商賈供養後，即咒願迴向之：「所為布施者，必獲其利義；若為樂故施，後必得安樂。」《增壹阿含經》卷二十九〈六重品37〉第4經等經中佛說咒願有六德，《雜阿含經》卷四十七第1241經則顯示這些迴向確實能為施主帶來利益。《中阿含經》卷四〈業相應品2〉第20經波羅牢經、《中阿含經》卷二十九〈大品1〉第124經八難經等經則表示「有呪說」是世間正見之一。

實務上，除了北傳有持咒的行法，南傳《大護衛經》也包含許多經，記載各種護咒。南傳比丘在出家、接受布施、誦戒日、結夏安居日等場合有念誦護衛經的傳統，許多寺院則將護衛經列入每日的課誦。在家眾們則有在各婚喪喜慶場合邀請僧眾念誦護衛經祈福迴向的習俗，也常見以咒語誦念而修定的方法。南傳《彌蘭陀王問經》則記載並認可防護咒的使用，顯示了上座部佛教自初期即有咒語的使用。《香光莊嚴》雜誌第37期所翻譯的〈消災佛教〉一文，則以學術角度描述當今緬甸寺院持誦咒語的普遍情形。

近年一些學者為了避免迷信的觀感，而在重新翻譯南傳相關經律時將「護衛咒」一詞翻譯為「護衛經」，雖然古代通常翻譯為「咒」。南傳寺院通常以巴利語持誦護衛咒，而不是以翻譯後的本土語言為主，這和北傳的相關行法也有類似處。至於南傳有人認為其護咒行法較純，北傳也有人認為其持咒行法較強，這些宗派觀點就不在本文討論之列。

咒語是祝福而不是保證，《阿含經》沒有否定咒語在世間能有效果，但更強調修習四聖諦而解脫的核心法義，畢竟若因為咒語而增強了貪瞋癡，那離解脫就愈來愈遠。像《長阿含經》卷十四第21經梵動經及各律中都禁止比丘以咒術求取名聞利養，現世也有很多沉迷咒術而走上歧路的例子。把握住佛教的核心、勤修戒定慧以求解脫才是最重要的。

諸天願意幫忙四眾排除障礙以利修行，但解脫則必須由行者自己達成。如同本經偈中所說，慈悲能化解諸惡，三寶能化解三毒，善修八正道，才能得到出世間的解脫。

第 253 經 【0061b29】

如是我聞：

一時，尊者優陀夷④⑤往拘薩羅國人間遊行，至拘槃茶④聚落，到毘紐迦旃延氏婆羅門尼⑤菴羅園中住。

時，毘紐迦旃延氏婆羅門尼有諸年少弟子，遊行採樵⑤，至菴羅園中，見尊者優陀夷坐一樹下，容貌端正，諸根寂靜⑤，心意安諦，成就第一調伏⑥。見已，往詣其所，共相問訊已，退坐一面。時，優陀夷為諸年少種種說法，勸勵已，默然而住，彼諸年少聞尊者優陀夷所說，歡喜隨喜，從坐起去。

時，諸年少擔持束薪，還至毘紐迦旃延氏婆羅門尼所，置薪束於地，詣毘紐迦旃延氏婆羅門尼所，白言：「我和上④尼⑥，當知菴羅園中有沙門優陀夷，姓瞿曇氏，依於彼住，極善說法。」

毘紐迦旃延氏婆羅門尼語諸年少言：「汝可往請沙門優陀夷瞿曇氏，明日於此飯食。」

時，諸年少弟子受毘紐迦旃延氏婆羅門尼教已，往詣尊者優陀夷所，白優陀夷言：「尊者當知，我和上*毘紐迦旃延氏婆羅門尼請尊者優陀夷明旦飯食。」

時，優陀夷默然受請。

---

❺ 優陀夷：比丘名，佛陀稱讚他「善能勸導、福度人民」第一。

❺ 婆羅門尼：婆羅門階級的女性。此處指在家的女性修行人。

❺ 遊行採樵：四處行走撿柴。

❺ 諸根寂靜：六根（眼耳鼻舌身意）都安定詳和。

❻ 成就第一調伏：具有最好的身口意的訓練。

❻ 和上尼：女師父。「和上」即「和尚」，義譯為「親教師」，是弟子對師父的尊稱。

④ 「優陀夷」，巴利本作 Udāyī。

④ 「拘槃茶」，大正藏原為「拘磐茶」，今依據宋、元、明三本改作「拘槃茶」。巴利本作 Kāmaṇḍāya。

④ 「上」，明本作「尚」。*

時，彼諸年少知優陀夷受請已，還歸和上*毘紐迦旃延氏婆羅門尼所，白言：「和上*尼！我以和上*尼語，請尊者優陀夷，尊者優陀夷默然受請，和上*尼自知時。」

爾時，尊者優陀夷夜過晨朝，著衣持鉢，往詣毘紐迦旃延氏婆羅門尼舍。時，毘紐迦旃延氏婆羅門尼遙見尊者優陀夷來，疾敷床座，請令就坐，設種種飲食，自手供養，豐美滿足。食已，澡漱㊸、洗鉢訖，還就本座。

時，毘紐迦旃延氏婆羅門尼知食已訖，著好革屣，以衣覆頭，別施高床，現起輕相，憍慢而坐❻，語優陀夷言：「欲有所問，寧有閑暇見答與*不？」

優陀夷答言：「姊妹！今是非時❻。」作此語已，從坐起去。

如是。明日諸弟子復至菴羅園採樵聽法，還復白和上*尼，和上*尼復遣詣請食，如前三返㊹，乃至請法，答言：「非時。」不為說法。

諸年少弟子復白和上*尼，菴羅園中沙門優陀夷極善說法。

和上*尼答言：「我亦知彼極善說法，再三請來，設食問法，常言非時，不說而去。」

諸弟子言和上*尼：「著好革屣，以衣覆頭，不恭敬坐，彼云何說？所以者何？彼尊者優陀夷以敬法故，不說而去。」

和上*尼答言：「若如是者，更為我請彼。」

諸弟子受教，更請供養如前。時，和上*尼知食訖已，脫革屣，整衣服，更坐卑床❻，恭敬白言：「欲有所問，寧有閑暇見答與*不？」

優陀夷答言：「汝今宜問，當為汝說。」

---

❻ 著好革屣，以衣覆頭，別施高床，現起輕相，憍慢而坐：穿著好皮鞋，拿衣物覆蓋頭部，另擺一張高的座位（自己坐），露出輕視的樣子，傲慢地坐著。

❻ 非時：不是適當的時機。

❻ 卑床：矮的座位。

㊸「漱」，大正藏原為「嗽」，今依據宋、元、明三本改作「漱」。

㊹「返」，宋、元、明三本作「反」。

彼即問言：「有沙門、婆羅門說苦樂自作❻，復有說言苦樂他作❻，復有說言苦樂自他作❻，復有說言苦樂非自非他作❻。尊者！復云何？」

尊者優陀夷答言：「姊妹！阿羅訶④❻說苦樂異生❼，非如是說。」

婆羅門尼復問：「其義云何？」

優陀夷答言：「阿羅訶說：『從其因緣，生諸苦樂。』」

優陀夷復語婆羅門尼言：「我今問汝，隨意答我。於意云何？有眼不？」

答言：「有。」

「有色不？」

答言：「有。」

「有眼識、眼觸、眼觸因緣生受，內覺若苦、若樂、不苦不樂不？」

答言：「如是，尊者優陀夷！」

優陀夷復問：「有耳、鼻、舌、身、意、意觸⑯因緣生受，內覺若苦、若樂、不苦不樂不？」

答言：「如是，尊者優陀夷！」

優陀夷言：「此是阿羅訶說：『從其因緣，生於苦樂。』」

---

❻ 自作：自己所作。指世間苦樂等一切，都是我自己所作的。例如「常見論」執著認為恆常不變的自我造作了一切。

❻ 他作：他人所作。指世間苦樂等一切，都是他人（例如造物主大梵天）所作的。例如執著認為大梵（造物主、大我）創造一切。

❻ 自他作：部分是自己所作，部分是他人所作。

❻ 非自非他作：沒有原因而自然發生。

❻ 阿羅訶：「阿羅漢」的另譯，也是如來十號之一，義譯為「應供」。

❼ 苦樂異生：苦樂產生的原因和前述不同。

④ 「阿羅訶」，巴利本作 Arahanta。

⑯ 「觸」，宋、元、明三本作「觸意觸」。

　　婆羅門尼言：「尊者優陀夷！如是阿羅訶說：『從其因緣，生苦樂』耶？」

　　優陀夷答言：「如是，婆羅門尼！」

　　婆羅門尼復問：「沙門！云何阿羅訶說：『因緣生苦、樂、不苦不樂滅』❼❶？」

　　優陀夷答言：「我今問汝，隨意答我。婆羅門尼！一切眼、一切時滅無餘❼❷，猶有眼觸因緣生受，內覺若苦、若樂、不苦不樂耶？」

　　答言：「無也，沙門！」

　　「如是，耳、鼻、舌、身、意，一切時滅永盡無餘，猶有意觸因緣生受，內覺若苦、若樂、不苦不樂耶？」

　　答言：「無也，沙門！」

　　「如是，婆羅門尼！是為阿羅訶說：『因緣生苦、樂、不苦不樂滅。』」

　　尊者優陀夷說是法時，毘紐迦旃延氏婆羅門尼遠塵離垢，得法眼淨。爾時，毘紐迦旃延氏婆羅門尼見法、得法、知法、入法❼❸，度疑惑，不由於他入佛教法，於法得無所畏。從座㊼起，整衣服，恭敬合掌，白尊者優陀夷：「我今日超入決定❼❹，我從今日歸依佛、歸依法、歸依僧，我從今日盡壽歸依三寶。」

　　爾時，優陀夷為婆羅門尼說法，示、教、照、喜已，從座*起去。

【對應經典】

■ 南傳《相應部尼柯耶》〈六處相應35〉第133經毘紐迦旃延婆羅門尼經。

---

❼❶ 云何阿羅訶說：『因緣生苦、樂、不苦不樂滅』：阿羅漢是怎麼解說「因緣而生的苦、樂、不苦不樂的息滅」？
❼❷ 滅無餘：滅除而沒有剩餘。
❼❸ 見法、得法、知法、入法：看見（理解）了正法、證得了正法、了知了正法、悟入了正法。形容證初果者對正法體悟的情境。
❼❹ 超入決定：超越一般次第地有決心。
㊼「座」，大正藏原為「坐」，今依據宋、元、明三本改作「座」。*

第 254 經　【0062b22】

如是我聞：

一時，佛住王舍城迦蘭陀竹園。

爾時，尊者二十億耳⓲⓳住耆闍崛山，常精勤修習菩提分法⓴。

時，尊者二十億耳獨靜禪思㊲，而作是念：「於世尊弟子精勤聲聞中，我在其數，然我今日未盡諸漏，我是名族姓子㊳，多饒財寶，我⓴今寧可還受五欲，廣行施作福。」

爾時，世尊知二十億耳心之所念，告一比丘，汝等今往二十億耳所，告言：「世尊呼汝。」

是一比丘受佛教已，往詣二十億耳所，語言：「世尊呼汝。」

二十億耳聞彼比丘稱大師命，即詣世尊所，稽首禮足，退住一面。

爾時，世尊告二十億耳，汝實獨靜禪思作是念：「世尊精勤修學聲聞中，我在其數，而今未得漏盡解脫。我是名族姓子，又多錢財，我寧可還俗，受五欲樂，廣施作福耶？」

時，二十億耳作是念：「世尊已知我心。」驚怖毛豎，白佛言：「實爾，世尊！」

佛告二十億耳：「我今問汝，隨意答我。二十億耳！汝在俗時，善彈琴不？」

答言：「如是，世尊！」

復問：「於意云何？汝彈琴時，若急其絃，得作微妙和雅音不？」

答言：「不也，世尊！」

彈琴不緩
不急之喻

⓲ 二十億耳：比丘名，以「精進第一」聞名。音譯為「輸屢那」。

⓴ 菩提分法：即「七覺分」，又譯為「七菩提分」、「七覺支」。

㊲ 禪思：專心思惟。

㊳ 族姓子：婆羅門大族的子弟。

⓲ 「二十億耳」，巴利本作 Soṇa。

⓳ 元、明二本無「我」字。

復問：「云何？若緩其絃，寧發微妙和雅音不？」

答言：「不也，世尊！」

復問：「云何善調琴絃，不緩不急，然後發妙和雅音不？」

答言：「如是，世尊！」

佛告二十億耳：「精進太急，增其掉悔❼，精進太緩，令人懈怠，是故汝當平等修習攝受，莫著、莫放逸、莫取相❽。」

時，尊者二十億耳聞佛所說，歡喜隨喜，作禮而去。

時，尊者二十億耳常念世尊說彈琴譬，獨靜禪思。如上所說，乃至漏盡心得解脫，成阿羅漢。

爾時，尊者二十億耳得阿羅漢，內覺解脫喜樂，作是念：「我今應往問訊世尊。」

爾時，尊者二十億耳往詣佛所，稽首禮足，退坐一面，白佛言：「世尊！於世尊法中得阿羅漢，盡諸有漏，所作已作，捨離重擔，逮得己利，盡諸有結，正智心解脫，當於爾時解脫六處❽。云何為六？離欲解脫、離恚解脫、遠離解脫❽、愛盡解脫、諸取解脫、心不忘念解脫❽。

「世尊！若有依少信心而言離欲解脫，此非所應❽；貪、恚、癡盡，是名真實離欲解脫。

「若復有人依少持戒而言我得離恚解脫，此亦不應；貪、恚、癡盡，是名真實離恚㊿解脫。

---

❼ 掉悔：心浮動靜不下來。「掉」又譯為「掉舉」，心躁動不安；「悔」即「追悔」，於所作的事心懷憂惱。

❽ 莫取相：不要執著表相。

❽ 解脫六處：相當的南傳經文作「勝解六處」。接下來的「離欲解脫」等六個，相當的南傳經文作「離欲勝解」等。「勝解」指深刻而堅定的理解。

❽ 遠離解脫：遠離於世間而解脫。

❽ 心不忘念解脫：有智慧（離於癡）而解脫。

❽ 若有依少信心而言離欲解脫，此非所應：如果有人只依靠少許的信心就說能離欲而解脫，這是不應該的。

㊿ 大正藏無「離恚」二字，今依據前後文補上。

「若復有人依於修習利養遠離而言遠離解脫，是亦不應；貪、恚、癡盡，是真實遠離解脫。

「貪、恚、癡盡，亦名離愛，亦名離取，亦名離忘念解脫。如是，世尊！若諸比丘未得羅漢，未盡諸漏，於此六處不得解脫。

「若復比丘在於學地，未得增上樂❽，涅槃習向心住❻，爾時成就學戒❼，成就學根❽，後時當得漏盡、無漏心解脫，乃至自知不受後有。當於爾時得無學❾戒，得無學諸根。譬如嬰童愚小仰臥，爾時成就童子諸根，彼於後時漸漸增長，諸根成就，當於爾時成就長者諸根。在學地者亦復如是，未得增上安樂，乃至成就無學戒、無學諸根。

「若眼常識色，終不能妨心解脫、慧解脫，意堅住故，內修無量善解脫❿，觀察生滅，乃至無常。耳識聲、鼻識香、舌識味、身識觸、意識法，不能妨心解脫、慧解脫，意堅住故，內修無量善解脫，觀察生滅。譬如村邑近大石山，不斷、不壞、不穿，一向厚密，假使四方風吹，不能動搖、不能穿過。彼無學者亦復如是，眼常識色，乃至意常識法，不能妨心解脫、慧解脫，意堅住故，內修無量善解脫，觀察生滅。」

爾時，二十億耳重說偈言：

「離欲心解脫，　　　　無恚脫亦然，

遠離心解脫，　　　　貪愛永無餘。

諸取心解脫，　　　　及意不忘念，

曉了入處生，　　　　於彼心解脫。

阿羅漢六根識六境，不妨解脫

---

❽ 增上樂：提升的快樂，指解脫樂。

❻ 涅槃習向心住：心意穩定地趨向涅槃。

❼ 學戒：「有學」的戒律。四向四果中，除阿羅漢外的四向三果，都是「有學」。（阿羅漢則是「無學」，已畢業了。）

❽ 學根：「有學」的五根（信根、精進根、念根、定根、慧根）。

❾ 無學：阿羅漢已無惑可斷、畢業了，因此稱為「無學」。

❿ 內修無量善解脫：內心（持續地保持這樣的）修持，廣大無量（而不隨來自六境的衝擊起波動），完全不受束縛。

彼心解脫者，　　　　　比丘意止息，

諸所作已作，　　　　　更不作所作。

猶如大石山，　　　　　四風不能動。

色聲香味觸，　　　　　及法之好惡，

六入處常對，　　　　　不能動其心。

心常住堅固，　　　　　諦觀法生滅。」

尊者二十億耳說是法時，大師心悅，諸多聞梵行者聞尊者二十億耳所說，皆大歡喜。爾時，尊者二十億耳聞佛說法，歡喜隨喜，作禮而去。

爾時，世尊知二十億耳去不久，告諸比丘：「善心解脫者，應如是記說❾１，如二十億耳以智記說，亦不自舉❾²，亦不下他，正說其義；非如增上慢❾³者，不得其義，而自稱歎得過人法❾⁴，自取損減。」

解脫者以智記說，而不會自己稱讚自己

【對應經典】

- 《中阿含經》卷二十九〈大品11〉第123經沙門二十億經。
- 《增壹阿含經》卷十三〈地主品23〉第3經。
- 南傳《增支部尼柯耶》集6〈大品6〉第55經。
- 參考《彌沙塞部和醯五分律》卷第二十一第三分之六皮革法。
- 參考《四分律》卷第三十八皮革揵度。
- 《雜阿含經》梵文殘卷 SF 274。
- 《雜阿含經》梵文殘卷 SF 278。

【讀經拾得】

- 此經就是常見的佛學故事「佛陀向尊者二十億耳說彈琴喻，修行不可太緩、亦不可太急」的出處。

---

❾１ 記說：決定說；確定說。例如佛弟子記說自己證得的果位，即指此弟子確知地說出自己證得的果位。

❾² 自舉：自己抬舉自己；驕傲自大。

❾³ 增上慢：特別強烈的傲慢，特指未得未證而自認為已得已證。「增上」即「加強」的意思。

❾⁴ 過人法：超越凡人的解脫或神通。

■ 此經的解脫六處，在不同譯本的翻譯如下：

譯本	《雜阿含經》第254 經	《中阿含經》第123 經	南傳《增支部尼柯耶》6 集第 55 經
總稱	解脫六處	樂此六處	傾心於六件事 / 勝解六處
1	離欲解脫	樂於無欲	傾心於離欲
2	離恚解脫	樂於無諍	傾心於不加害
3	遠離解脫	樂於遠離	傾心於獨居
4	愛盡解脫	樂於愛盡	傾心於渴愛的滅盡
5	諸取解脫	樂於受盡	傾心於執取的滅盡
6	心不忘念解脫	樂心不移動	傾心於無癡

■ 經典中在講述阿羅漢的資格時，通常是說斷五下分結、五上分結，如卷三的「導讀：四果」所述。此經中尊者二十億耳自己領悟的解脫六處，是否也滿足其餘經中所述阿羅漢的資格呢？

我們將尊者二十億耳領悟的解脫六處，和阿羅漢的資格作個比較，可發現如下連結：

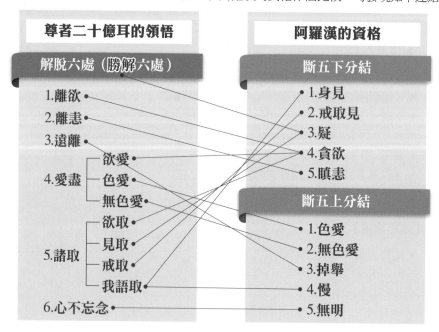

也就是說尊者二十億耳的領悟，也滿足證得阿羅漢的資格。

■ 此經提到阿羅漢聖者「眼常識色，乃至意常識法，不能妨心解脫、慧解脫，意堅住故，內修無量善解脫，觀察生滅」。聖者仍然可以看東西，但看東西不會妨礙他的心解脫、慧解脫，他的心意不雜染、穩固、泰然，念念了知能看所看的都是因緣生滅的、都是無常的。

第 255 經 【0063b19】

如是我聞：

一時，尊者摩訶迦旃延(51)(95)住阿磐(52)提(53)國(96)濕摩陀江側，獼猴室(54)阿練若(55)(97)窟。有魯醯遮(56)婆羅門，恭敬承事，如羅漢法。

爾時，尊者摩訶迦旃延晨朝著衣持鉢，入獼猴室聚落，次行乞食，乞食還，舉衣鉢，洗足已，入室坐禪。

時，魯醯遮婆羅門有諸年少弟子，遊行採薪，至尊者摩訶迦旃延窟邊，共戲笑言：「此中剃髮沙門(98)住，是黑闇人，非世勝人，而魯醯遮婆羅門尊重供養，如羅漢法。」

時，尊者摩訶迦旃延語諸年少言：「年少！年少！莫作聲。」

諸年少(57)言終，不敢復言，如是再三，語猶不止。

於是尊者摩訶迦旃延出戶外，語諸年少言：「年少！年少！汝等莫語。我今當為汝等說法，汝等且聽。」

諸年少言：「諾，唯願說法，我當聽受。」

爾時，尊者摩訶迦旃延即說偈言：

---

(95) 摩訶迦旃延：比丘名，以「論議第一」聞名。

(96) 阿磐提國：古代印度十六大國之一，位於當時的西印度。是摩訶迦旃延的祖國。

(97) 阿練若：離開聚落，寂靜而適合修行的地方。又譯為「空閑」、「空閑處」、「阿蘭若」。

(98) 剃髮沙門：佛教的出家人剃除鬚髮，與外道的蓄鬚髮不同，因此有時外道稱佛教出家人為剃髮沙門。

(51)「摩訶迦旃延」，巴利本作 Mahā-kaccāna。

(52)「磐」，宋、元、明三本作「盤」。

(53)「阿磐提」，巴利本作 Avantī。

(54)「獼猴室」，巴利本作 Makkarakaṭe。

(55)「阿練若」，巴利本作 Arañña。

(56)「魯醯遮」，巴利本作 Lohicca。

(57)「年少」，大正藏原為「少年」，今依據高麗藏改作「年少」。

「古昔婆羅門，　　　修習勝妙戒，

　得生宿命智，　　　娛樂真諦禪，

　常住於慈悲，　　　關閉諸根門❾❾，

　調伏於口過，　　　古昔行如是。

　捨本真實行，　　　而存虛偽事，

　守族姓放逸❿⓪，　　從諸根六境，

　自餓⓵居塚間，　　三浴⑤⑧誦三典⓶，

　不守護根門，　　　猶如夢得寶。

　編髮衣皮褐，　　　戒盜灰坌身⓷，

　麤衣以蔽形，　　　執杖⑤⑨持水瓶，

　假形婆羅門，　　　以求於利養。

　善攝護其身，　　　澄淨離塵垢，

　不惱於眾生，　　　是道婆羅門。」

爾時，諸年少婆羅門瞋恚不喜，語尊者摩訶迦旃延：「謗我經典，毀壞所說，罵辱婆羅門。」執持薪束，還魯醯遮婆羅門所，語魯醯遮婆羅門言：「和上＊知不？彼摩訶迦旃延誹謗經典，毀呰⓸言說，罵辱婆羅門。」

魯醯遮婆羅門語諸年少：「諸年少！莫作是語。所以者何？摩訶迦旃延宿重戒德，不應謗毀經典，毀呰言說，罵婆羅門。」

---

❾❾ 根門：眼、耳、鼻、舌、身、意等六根，是外境進入身心的門戶，因此稱為根門。

❿⓪ 守族姓放逸：自視出身高貴而行為放逸。

⓵ 自餓：指自餓外道長久忍受飢餓的苦行。

⓶ 三典：婆羅門教傳統的三種吠陀經典：梨俱、沙摩、夜柔。

⓷ 灰坌身：指以灰塗身的苦行。

⓸ 呰：毀謗。

⑤⑧ 「浴」，大正藏原為「洛」，今依據宋、元、明三本改作「浴」。

⑤⑨ 「杖」，元本作「林」。

諸年少言：「和上＊不信我言，當自往看。」

時，魯醯遮婆羅門不信諸年少語，往詣摩訶迦旃延，共相問訊慰勞已，退坐一面。語摩訶迦旃延言：「我諸年少弟子來到此不？」

答言：「到此。」

「少多與共言語不？」

答云：「與共言語。」

魯醯遮婆羅門言：「汝與諸年少共語，今可為我盡說是。」

摩訶迦旃延即為廣說。時，魯醯遮婆羅門亦復瞋恚，心得不喜，語摩訶迦旃延：「我先不信諸年少語，今摩訶迦旃延真實誹謗經典，毀呰而說，罵辱婆羅門。」作此語已，小默然住❿。須臾，復語摩訶迦旃延：「仁者所說『門』。何等為『門』？」

摩訶迦旃延言：「善哉！善哉！婆羅門！所問如法，我今當為汝說『門』。婆羅門！眼是門，以見色故。耳、鼻、舌、身、意是門，以識法故。」

婆羅門言：「奇哉！摩訶迦旃延！我問其門，即說其門，如摩訶迦旃延所說不守護門。云何不守護門？」

摩訶迦旃延言：「善哉！善哉！婆羅門！問不守護門，是如法問，今當為汝說不守護門。

「婆羅門！愚癡無聞凡夫眼見色已，於可念色而起緣著，不可念色而起瞋恚。不住身念處❿，故於心解脫、慧解脫無如實知。於彼起種種惡不善法，不得無餘滅盡，於心解脫、慧解脫妨礙，不得滿足；心解脫、慧解脫不滿故，身滿惡行，不得休息❿，心不寂靜，以不寂靜故，於其根門則不調伏、不守護、不修習。如眼色，耳聲、鼻香、舌味、身觸、意法，亦復如是。」

---

❿ 默然住：保持靜默不語。

❿ 身念處：正念安住在身體上，覺知當下的身體狀態或本質。

❿ 休息：止息。

魯醯遮婆羅門言：「奇哉！奇哉！摩訶迦旃延！我問不守護門，即為我說不守護門。摩訶迦旃延！云何復名善守護門？」

摩訶迦旃延語婆羅門言⑥：「善哉！善哉⑥！汝能問我善守護門義。諦聽，善思，當為汝說守護門義。

「多聞聖弟子眼見色已，於可念色不起緣著，不可念色不起瞋恚；常攝其心住身念處，無量心解脫、慧解脫如實知⑩，於彼所起惡不善法寂滅無餘，於心解脫、慧解脫而得滿足；解脫滿足已，身觸惡行悉得休息，心得正念，是名初門善調伏守護修習。如眼及色，耳聲、鼻香、舌味、身觸、意法，亦復如是。」

魯醯遮婆羅門言：「奇哉！摩訶迦旃延！我問守護門⑥義，即為我說守護門義。譬如士夫求毒藥草反⑥得甘露，今我如是，瞋恚而來至此座坐，而摩訶迦旃延以大法雨，雨我身中，如雨甘露。摩訶迦旃延！家中多事，今請還家。」

摩訶迦旃延言：「婆羅門！宜知是時。」

時，魯醯遮婆羅門聞摩訶迦旃延所說，歡喜隨喜，從座*起去。

【對應經典】

■ 南傳《相應部尼柯耶》〈六處相應35〉第132經魯醯遮經。

【讀經拾得】

本經中，外道少年罵尊者摩訶迦旃延「是黑闇人，非世勝人」，可能會讓一些人誤以為摩訶迦旃延尊者出身種姓差。而摩訶迦旃延尊者的回覆中，也只提到種姓不可恃。

實際上，「迦旃延」這個種姓為婆羅門十八姓之一；而依據《佛本行集經》〈那羅陀出家品〉，摩訶迦旃延出生於巨富人家，父親富有到成為國師，而摩訶迦旃延學婆羅門教到處是第一名，成為仙人的接班人，並且在仙人過世後被視為仙人，只是

---

⑩ 無量心解脫、慧解脫如實知：依無量心（慈、悲、喜、捨）三昧，離欲得到心解脫，斷無明得到智慧的解脫，契合真理的了知。

⑥ 宋、元、明三本無「言」字。

⑥ 「哉」，宋、元、明三本作「哉言」。

⑥ 「門」，大正藏原為「問」，今依據宋、元、明三本改作「門」。

⑥ 「反」，宋、元、明三本作「乃」。

仍貪名聞利養，最後因為無法回答別人的問題，去找佛陀，聽了佛法而證道。

雖然他出身婆羅門貴族，卻完全沒見到他說「我的種姓比你尊貴得多」來回覆外道少年的污辱，反而是一貫的認為四姓無別、種姓平等，貴族不可恃，而以論議佛法改變對方，可見尊者的確對佛法有徹底的瞭解，論議第一的稱號不是浪得虛名。

本經中一開始提到「魯醯遮婆羅門，恭敬承事，如羅漢法」，或許魯醯遮婆羅門一開始即是敬重摩訶迦旃延出身婆羅門貴族，且從佛出家前為婆羅門中最尊貴者，因此而恭敬承事他的。直到聽了摩訶迦旃延尊者的論議，才對佛法有進一步的瞭解，對佛法產生淨信。

雜阿含經卷第九

好讀 雜阿含經

卷第十

導讀：無明；陰相應 (2/5)

許多人都曾聽過「無明」這個詞，但到底什麼是無明？

無明就是「沒有智慧」。沒有什麼智慧？對於四聖諦不了解，不知道五陰及六入處的無常、苦、空、非我，而迷昧於其中，就是無明。沒有世間及出世間的正見，對於佛、法、僧沒有知見，就是無明。

或許有人會問：「我現在知道五陰及六入處都是無常、苦、空、非我的，我也有正見，是不是就沒了無明？」嚴格說來，概念上的「知道」，和禪定的「如實知」，是有距離的，必須要證知了，才是如實知。另外，當下有智慧，就可能去除當下的一些無明，不過若要解脫，必須有實修的功夫，每個當下都能夠洞察（「無間等」），那麼就真的能斷除無明了。

本卷第256~258經即有解說什麼是「無明」，下表則整理了《阿含經》中不同經文對「無明」的定義：

經	卷	經號	無明的定義
雜阿含經	九	251	六觸入處無常、生滅法不如實知、不見、不無間等、愚癡、無明、大冥。
雜阿含經	十	256	五受陰無常、磨滅法、生滅法不如實知、不見、無無間等、愚、闇、不明。
雜阿含經	十	257	五受陰、五受陰集、滅、道跡不如實知、不知、不見、不無間等、愚、闇、不明。
雜阿含經	十	258	五受陰、五受陰集、滅、味、患、離不如實知、不如實見、不無間等、若闇、若愚。
雜阿含經	十八	490	於前際無知，後際無知，前、後、中際無知；佛、法、僧寶無知，苦、集、滅、道無知；善、不善、無記無知，內無知、外無知，若於彼彼事無知闇障。
增壹阿含經	四十六	49-5	不知苦，不知習，不知盡，不知道。

本卷屬於《雜阿含經》的「陰相應」，是解說五陰的相關經文。

第 256 經 【0064b22】

如是我聞：

一時，佛住王舍城迦蘭陀竹園。爾時，尊者舍利弗、尊者摩訶拘絺羅在耆闍崛山。

時，尊者拘絺羅晡時從禪起，詣尊者舍利弗所，共相問訊，種種相娛悅已，却坐一面。

時，尊者摩訶拘絺羅語舍利弗言：「欲有所問，寧有閑暇為我說不？」

舍利弗言：「隨仁所問，知者當說。」

摩訶拘絺羅問舍利弗言：「所謂無明。云何是無明？誰有此無明？」

舍利弗答言：「無明者謂不知，不知者是無明。」

「何所不知？」

「謂色無常，色無常如實不知，色磨滅法❶，色磨滅法如實不知，色生滅法，色生滅法如實不知。受、想、行、識，受、想、行、識無常如實不知，識磨滅法，識磨滅法如實不知，識生滅法如實不知。摩訶拘絺羅，於此五受陰如實不知、不見、無無間等、愚、闇、不明，是名無明，成就此者，名有無明。」

又問：「舍利弗！所謂明者，云何為明？誰有此明？」

舍利弗言：「摩訶拘絺羅！所謂明者是知，知者是名為明。」

又問：「何所知？」

「謂知色無常，知色無常如實知；色磨滅法，色磨滅法如實知；色生滅法，色生滅法如實知。受、想、行、識，受、想、行、識無常如實知，識磨滅法，識磨滅法如實知，識生滅法，識生滅法如實知。拘絺羅！於此五受陰如實知、見、明、覺、慧、無間等，是名為明；成就此法者，是名有明。」

❶ 磨滅法：屬於會消散的事物。

是二正士各聞所說，展轉隨喜，從坐而起，各還本處。

【對應經典】

- 南傳《相應部尼柯耶》〈蘊相應22〉第126經集法（一）經。
- 南傳《相應部尼柯耶》〈蘊相應22〉第127經集法（二）經。
- 南傳《相應部尼柯耶》〈蘊相應22〉第128經集法（三）經。

第 257 經　【0064c20】

如是我聞：

一時，佛住王舍城迦蘭陀竹園。時，尊者舍利弗、尊者摩訶拘絺羅在耆闍崛山。

時，摩訶拘絺羅晡時從禪起，詣尊者舍利弗所，共相問訊，種種相娛悅已，却坐一面。

時，尊者摩訶拘絺羅語舍利弗言：「欲有所問，寧有少暇為我說不？」

舍利弗言：「仁者且問，知者當說。」

摩訶拘絺羅問舍利弗言：「所謂無明，復云何為無明？誰有此無明？」

舍利弗答言：「無明者謂不知，不知者是無明。」

「何所不知？」

「謂色不如實知，色集❷、色滅❸、色滅道跡❹不如實知。受、想、行、識不如實知，識集、識滅、識滅道跡不如實知。摩訶拘絺羅！於此五受陰不如實知、不知、不見、不無間等、愚、闇、不明，是名無明，成就此者，名有無明。」

---

❷ 色集：色的起因。

❸ 色滅：色的止息、解脫。

❹ 色滅道跡：解脫色的正確道路。

又問舍利弗：「云何為明？誰有此明？」

舍利弗言：「所謂明者是知，知者是明。」

又問：「何所知？」

舍利弗言：「色如實知，色集、色滅、色滅道跡如實知。受、想、行、識如實知，識集、識滅、識滅道跡如實知。拘絺羅！於此五受陰如實知、見、明、覺、慧、無間等，是名為明，成就此法者，是名有明。」

是二正士各聞所說，展轉隨喜，從坐而起，各還本處。

【對應經典】
■ 南傳《相應部尼柯耶》〈蘊相應22〉第135經拘絺羅(三)經。

第 258 經　【0065a13】

如是我聞：

一時，佛住王舍城迦蘭陀竹園。爾時，尊者舍利弗、尊者摩訶拘絺羅在耆闍崛山。

時，摩訶拘絺羅晡時從禪起，詣舍利弗所，共相問訊，相娛悅已，却坐一面。

時，摩訶拘絺羅語舍利弗：「欲有所問，仁者寧有閑暇見答以不？」

舍利弗言：「仁者且問，知者當答。」

時，摩訶拘絺羅語舍利弗言：「所謂無明，無明者為何謂耶？誰有此無明？」

舍利弗言：「不知，是無明。」

「不知何等？」

「謂色不如實知，色集、色滅、色味、色患、色離不如實知。受、想、行、識，識集、識滅、識味、識患、識離不如實知。摩訶拘絺羅！於此五受陰不如實知、不如實見、不無間等、若闇、若愚，是名無明，成就此法者，名有無明。」又問：「明者。云何為明？誰有此明？」

舍利弗言：「知者是明。」

「為何所知？」

舍利弗言：「色如實知，色集、色滅、色味、色患、色離①如實知。如是②受、想、行、識如實知，識集、識滅、識味、識患、識離如實知。摩訶拘絺羅，於此五受陰如實知、如實見、明、覺、慧、無間等，是名為明，成就此者，名為有明。」

時，二正士各聞所說，歡喜而去。

【對應經典】

- 南傳《相應部尼柯耶》〈蘊相應22〉第131經集（一）經。
- 南傳《相應部尼柯耶》〈蘊相應22〉第132經集（二）經。
- 南傳《相應部尼柯耶》〈蘊相應22〉第133經拘絺羅（一）經。
- 南傳《相應部尼柯耶》〈蘊相應22〉第134經拘絺羅（二）經。
- 南傳《相應部尼柯耶》〈蘊相應22〉第129經味（一）經。
- 南傳《相應部尼柯耶》〈蘊相應22〉第130經味（二）經。

---

① 「離」，宋、元、明三本作「離如是」。
② 宋、元、明三本無「如是」二字。

第 259 經　【0065b05】

如是我聞：

一時，佛住王舍城迦蘭陀竹園。爾時，尊者舍利弗共摩訶拘絺羅在耆闍崛山。

摩訶拘絺羅晡時從禪起，詣舍利弗所，共相問訊，相娛悅已，却坐一面。

時，摩訶拘絺羅語舍利弗：「欲有所問，仁者寧有閑暇見答以不？」

舍利弗言：「仁者且問，知者當答。」

時，摩訶拘絺羅問舍利弗言：「若比丘未得無間等法，欲求無間等法，云何方便求❺？思惟何等法？」

舍利弗言：「若比丘未得無間等法，欲求無間等法，精勤思惟：『五受陰為病、為癰、為刺、為殺、無常、苦、空、非我。』所以者何？是所應處❻故。若比丘於此五受陰精勤思惟，得須陀洹果❼證。」

又問：「舍利弗！得須陀洹果證已，欲得斯陀含果❽證者，當思惟何等法？」

舍利弗言：「拘絺羅！已得須陀洹果證已，欲得斯陀含果證者，亦當精勤思惟：『此五受陰法為病、為癰、為刺、為殺、無常、苦、空、非我。』所以者何？是所應處故。若比丘於此五受陰精勤思惟，得斯陀含果證。」

> 思惟何等法能夠得無間等法

---

❺ 云何方便求：有什麼方法可以求（無間等法）？

❻ 所應處：所應該要做的。

❼ 須陀洹果：斷身見（執著於五陰有「我」的見解）、戒取（執著於無益解脫的禁戒、禁忌）、疑（對於真理的懷疑猶豫；對佛法僧戒的疑惑）的聖人，最多於天界與人間投生七次就能涅槃。是四沙門果（解脫的四階段果位）的初果，又稱為預流果。

❽ 斯陀含果：斷身見、戒取、疑，貪、瞋、癡薄的聖人，最多投生至天界再投生人間，往返一次，就能涅槃。是四沙門果（解脫的四階段果位）的第二果，又稱為一來果。

摩訶拘絺羅又問舍利弗言：「得斯陀含果證已，欲得阿那含果❾證者，當思惟何等法？」

舍利弗言：「拘絺羅！得斯陀含果證已，欲得阿那含果證者，當復精勤思惟：『此五受陰法為病、為癰、為刺、為殺、無常、苦、空、非我。』所以者何？是所應處故。若比丘於此五受陰精勤思惟，得阿那含果證。」

摩訶拘絺羅又問舍利弗言：「得阿那含果證已，欲得阿羅漢果❿證者，當思惟何等法？」

舍利弗言：「拘絺羅！得阿那含果證③已，欲得阿羅漢果證者，當復精勤思惟：『此五受陰法為病、為癰、為刺、為殺、無常、苦、空、非我。』所以者何？是所應處故。若比丘於此五受陰法精勤思惟，得阿羅漢果證。」

摩訶拘絺羅又問舍利弗：「得阿羅漢果證已，復思惟何等法？」

舍利弗言：「摩訶拘絺羅！阿羅漢亦復思惟：『此五受陰法為病、為癰、為刺、為殺、無常、苦、空、非我。』所以者何？為得未得故，證未證故，見法樂住故⓫。」

時，二正士各聞所說，歡喜而去。

【對應經典】

■ 南傳《相應部尼柯耶》〈蘊相應22〉第122經戒經。
■ 南傳《相應部尼柯耶》〈蘊相應22〉第123經有聞經。
■ 《增壹阿含經》卷二十六〈等見品34〉第1經。

❾ 阿那含果：斷五下分結（身見、戒取、疑、欲貪、瞋恚）的聖人，不再生於欲界。例如下一生生於色界或無色界的天界，並在天界證得涅槃。是四沙門果（解脫的四階段果位）的第三果，又稱為不還果。

❿ 阿羅漢果：斷盡煩惱、不再輪迴的四果聖人。

⓫ 為得未得故，證未證故，見法樂住故：為了（讓尚未證阿羅漢的人）得到未得的、證到未證的，（讓阿羅漢）當生保持在安樂中。

③ 大正藏無「摩訶拘絺羅又問舍利弗言：『得阿那含果證已，欲得阿羅漢果證者，當思惟何等法？』舍利弗言：『拘絺羅，得阿那含果證』」四十五字，今依據高麗藏、磧砂藏補上。

【讀經拾得】

■ 應當做的、不應當做的：

本經從正面列舉，什麼「是所應處」：「若比丘未得無間等法，欲求無間等法，精勤思惟：『五受陰為病、為癰、為刺、為殺、無常、苦、空、非我。』所以者何？是所應處故。」

卷一第17經則從反面列舉，什麼是「非汝所應」：「色者非汝所應，宜速斷除。如是受、想、行、識非汝所應，宜速斷除。」（CBETA, T02, no. 99, p. 3, c19-21）

■ 阿羅漢思惟何等法：

本經中舍利弗說：「阿羅漢亦復思惟，此五受陰法為病、為癰、為刺、為殺、無常、苦、空、非我。所以者何？為得未得故，證未證故，見法樂住故。」

關於「為得未得故，證未證故，見法樂住故」這點，在《雜阿含經》外其餘的譯本略有出入：

南傳《相應部尼柯耶》〈蘊相應22〉第122經持戒者經：「阿羅漢應如理作意：此五取蘊是無常、苦、病、癰、刺、痛、病、他、壞、空、無我。友！阿羅漢不再有更進一步應作的，或對已作的增加什麼。然而修習此諸法，多修習者，則資於現法樂住、正念正知。」（CBETA, N15, no. 6, p. 240, a7-10 // PTS.S.3.168 - PTS.S.3.169）

《增壹阿含經》卷二十六〈等見品34〉第1經：「諸比丘問曰：『阿羅漢比丘當思惟何等法？』舍利弗報言：『汝等所問何甚過乎？阿羅漢比丘所作已過，更不造行，有漏心得解脫，不向五趣生死之海，更不受有、有所造作。是故，諸賢！持戒比丘、須陀洹、斯陀含、阿那含，當思惟此五盛陰。』」（CBETA, T02, no. 125, p. 690, a5-11）

《瑜伽師地論》卷八十六〈攝事分〉：「若已證得阿羅漢果，更無未得為得乃至未證為證故，正勤修習但為現法樂住。」（CBETA, T30, no. 1579, p. 779, b22-24）

關於阿羅漢思惟「五受陰為病、為癰、為刺、為殺、無常、苦、空、非我」或是阿羅漢修四念住，是南北傳各經都一致的，例如：

《雜阿含經》卷二十第543經：「尊者阿那律語比丘言：『若比丘諸漏已盡，所作已作，捨離重擔，離諸有結，正智心善解脫，彼亦修四念處也。所以者何？不得者得，不證者證，為現法樂住故。』」（CBETA, T02, no. 99, p. 141, a21-25）

南傳《相應部尼柯耶》〈阿那律相應52〉第5經荊棘(林)經第二：「無學之比丘，應具足四念處而住。何為四念處耶？友！於此有比丘，於身觀身，以熱誠、正知、正念，對世間之貪憂調伏而住。於受……於心……於諸法觀法，以熱誠、正知、正念，對世間之貪憂調伏而住。」（CBETA, N18, no. 6, p. 146, a14-p. 147, a2 // PTS.S.5.299）

■ 阿羅漢思惟何等法，也可和卷九第254經所述無學聖者「眼常識色，乃至意常識法，不能妨心解脫、慧解脫，意堅住故，內修無量善解脫，觀察生滅。」（CBETA, T02, no. 99, p. 63, a24-27）對照。

第 260 經　【0065c12】

如是我聞：

一時，佛住舍衛國祇樹給孤獨園。

爾時，尊者舍利弗詣尊者阿難所，共相問訊已，却坐一面。

時，尊者舍利弗問尊者阿難言：「欲有所問，仁者寧有閑暇見答以不？」

阿難言：「仁者且問，知者當答。」

舍利弗言：「阿難！所謂滅者。云何為滅④？誰有此滅？」

阿難言：「舍利弗！五受陰是本行所作、本所思願⓬，是無常、滅法，彼法滅故，是名為滅。云何為五？所謂色受陰是本行所作、本所思願，是無常、滅法，彼法滅故，是名為滅。如是受、想、行、識，是本行所作、本所思願，是無常、滅法，彼法滅故，是名為滅。」

舍利弗言：「如是，如是。阿難！如汝所說，此五受陰是本行所作、本所思願，是無常、滅法，彼法滅故，是名為滅。云何為五？所謂色受陰是本行所作、本所思願，是無常、滅法，彼法滅故，是名為滅。如是受、想、行、識，是本行所作、本所思願，是無常、滅法，彼法滅故，是名為滅。阿難！此五受陰，若非本行所作、本所思願者。云何可滅？阿難！以五受陰是本行所作、本所思願，是無常、滅法，彼法滅故，是名為滅。」

時，二正士各聞所說，歡喜而去。

【對應經典】

■ 南傳《相應部尼柯耶》〈蘊相應22〉第21經阿難經。

⓬ 本行所作、本所思願：過去的造作、意願所形成。

④「滅」，宋、元、明三本作「滅耶」。

第 261 經 【0066a05】

如是我聞：

一時，尊者阿難住拘睒彌國❸瞿師羅園❹。

時，尊者阿難告諸比丘：「尊者富留那彌多羅尼子⑤❺年少初出家時，常說深法❻，作如是言：『阿難！生法計是我，非不生⑥❼。阿難！云何於生法計是我，非不生？色生，生是我，非不生。受、想、行、識生，生是我，非不生。譬如士夫手執明鏡及淨水鏡，自見面生，生故見，非不生❽。是故，阿難，色生，生故計是我，非不生。如是受、想、行、識生，生故計是我，非不生。

「云何？阿難！色是常耶？為無常耶？』答曰：『無常。』

「又問：『無常者，是苦耶？』答曰：『是苦。』又問：『若無常、苦者，是變易法，聖弟子於中復計我、異我、相在不？』答曰：『不也。』『如是受、想、行、識為是常耶？為無常耶？』答曰：『無常。』『若無常，是苦耶？』答曰：『是苦。』又問：『若無常、苦者，是變易法，多聞聖弟子於中寧復計我、異我、相在不？』答曰：『不也。』

---

❸ 拘睒彌國：古代印度十六大國之一，位於當時的中印度，當今印度北部，其首都為舍衛城，佛陀晚年常在此國。另譯為「拘薩羅國」、「憍薩羅國」。

❹ 瞿師羅園：佛陀的道場之一，由瞿師羅長者所佈施。

❺ 富留那彌多羅尼子：比丘名，以通達經義、長於辯才聞名，被譽為「說法第一」。又譯為「富樓那」。

❻ 年少初出家時，常說深法：相當的南傳經文作「在我們剛出家時對我們多所饒益」。漢譯疑為「常為年少初出家說深法」之誤。

❼ 生法計是我，非不生：由於有「生法」便會思量認為有我，如果「不生」的話便不會思量認為有我。其中「生法」指由於執著、因緣而「生」，例如十二因緣最後為「生」老病死憂悲惱苦，本經中則特指因緣生起五陰。「不生」即沒有執著、沒有生起的因緣。相當的南傳經文作「有執著才有我見」，其中巴利文「執著」也有「依靠」的意涵，而用雙關語作後文的「依靠鏡子才能見到自己的臉」的比喻。

❽ 自見面生，生故見，非不生：自己見到臉在鏡子中出現，（依靠鏡子）所以才見得到（我）；如果沒（依靠鏡子）出現自己的臉，就見不到（我）了。

⑤「富留那彌多羅尼子」，巴利本作 Puṇṇa Mantāṇiputta。

⑥「生法計是我非不生」，巴利本作 Upādāya asm-ti hoti no anupādāya。

「『阿難！是故，色若過去、若未來、若現在，若內、若外，若麁、若細，若好、若醜，若遠、若近，彼一切非我、不異我、不相在。如是受、想、行、識，若過去、若未來、若現在，若內、若外，若麁、若細，若好、若醜，若遠、若近，彼一切非我、不異我、不相在如實知，如實觀察不❶？如是觀者，聖弟子於色生厭、離欲、解脫：「我生已盡，梵行已立，所作已作，自知不受後有。」如是受、想、行、識，生厭、離欲、解脫：「我生已盡，梵行已立，所作已作，自知不受後有。」』

「諸比丘當知，彼尊者於我有大饒益，我從彼尊者所聞法已，遠塵離垢❷，得法眼淨❸。我從是來，常以此法為四眾❹說，非餘外道沙門、婆羅門出家者說。」

【對應經典】

■ 南傳《相應部尼柯耶》〈蘊相應22〉第83經阿難經。

【讀經拾得】

執著而陷入因緣生起五陰而有「我見」，如同有鏡子而可在鏡中看到自己。

如實觀五陰無常、無我，斷除因緣的鎖鏈，就不會有「我見」。

---

❶ 如實觀察不：是否如實觀察？印順法師則認為此處「不」是誤衍，可刪除，那麼就不是問句。

❷ 遠塵離垢：遠離塵垢。塵垢在此特指「見惑」（見道所斷的惑），斷了見惑而得正見，稱作「得法眼淨」，證得初果。

❸ 法眼淨：清楚明白的見到真理（四聖諦）。初果聖者即有法眼淨。

❹ 四眾：比丘（受完整出家戒律的男子）、比丘尼（受完整出家戒律的女子）、優婆塞（在家的男性佛教徒）、優婆夷（在家的女性佛教徒）。

導讀：常見與斷見二邊

許多人執著於世間的有，認為自己的靈魂、或造物主、或萬物，可以永恆的存在。這種見解，稱為「常見」，或是「世間有」。

也有人執著於世間的無，認為殺人放火都沒關係，反正人死後就一了百了，只是早死晚死的差別。這種見解，稱為「斷滅見」，或是「世間無」。

佛陀則告訴我們，執著於「世間有」、「世間無」都不能解脫，要觀世間因緣而生、因緣而滅：因為了知世間是因緣而生，所以不執著「無」，因為了知世間會因緣而滅，所以不執著「有」。所以有此千古名言：「如實正觀世間集者，則不生世間無見，如實正觀世間滅，則不生世間有見……如來離於二邊，說於中道」，即出自本卷第 262 經，以及卷十二第 301 經。

第262經經文導讀

闡陀長老是悉達多太子（佛陀未修行前的身分）出家修道時，駕馬車載太子出城的僕從。他後來隨佛出家，但自恃出身貴族，傲慢而且常犯戒，一直沒有證果。闡陀長老也曾因犯戒而被僧團默擯（大家都不跟他交談），他誠心懺悔過錯，放下身段，認真修學佛法，而再次被大家接受。

有天闡陀長老向其他比丘請教佛法：

> 處處請諸比丘言：「當教授我，為我說法，令我知法、見法，我當如法知、如法觀。」

> 時，諸比丘語闡陀言：「色無常，受、想、行、識無常，一切行無常，一切法無我，涅槃寂滅。」

比丘們回答：「物質及精神都是無常的，一切因緣而生的事物都是無常的，一切的事物都沒有『我』，涅槃是寂滅的。」這也就是「三法印」的內容。

闡陀語諸比丘言：「我已知色無常，受、想、行、識無常，一切行無常，一切法無我，涅槃寂滅。」

闡陀復言：「然我不喜聞：『一切諸行空寂、不可得、愛盡、離欲、涅槃。』此中云何有我而言：『如是知、如是見，是名見法』？」

闡陀長老在僧團這麼久，也知道這三法印，但是他質疑，如果一切事物都是空寂、不可得的，學佛的這個我又是誰？

大家怎麼講他都不聽，最後他想起了名聞十方的阿難尊者，阿難尊者為人溫文儒雅，人緣好、又是「多聞第一」，一定能解答他的疑惑。於是他就造訪阿難尊者，請教這個問題。阿難尊者也很高興闡陀能放下身段，來請教佛法：

時，尊者阿難語闡陀言：「善哉！闡陀！我意大喜，我慶仁者能於梵行人前，無所覆藏，破虛偽刺。闡陀！愚癡凡夫所不能解色無常，受、想、行、識無常，一切諸行無常，一切法無我，涅槃寂滅。汝今堪受勝妙法，汝今諦聽，當為汝說。」

阿難尊者先是稱讚闡陀長老能承認自己的懷疑，把問題攤開來問，而不是虛偽的裝作瞭解。

時，闡陀作是念：「我今歡喜得勝妙心、得踊悅心，我今堪能受勝妙法。」

由於阿難尊者的鼓勵，闡陀長老很歡喜，而心甘情願的聆聽阿難的解說。

爾時，阿難語闡陀言：「我親從佛聞，教摩訶迦旃延言：『世人顛倒依於二邊，若有、若無，世人取諸境界，心便計著。

阿難尊者就舉了他曾聽到佛陀教導「議論第一」的摩訶迦旃延尊者的內容，來教導闡陀長老：世間的人執著於「有」或「無」這二邊，都是因為內心執著外境，而起的錯誤見解。

若不受、不取、不住、不計於我，此苦生時生、滅時滅。迦旃延！於此不疑、不惑、不由於他而能自知，是名正見，如來所說。所以者何？迦旃延！如實正觀世間集者，則不生世間無見，如實正觀世間滅，則不生世間有見。

如果能夠完全的不執著自我，在苦生起時了知、在苦還滅時了知，不懷疑、不困惑、不依賴他人就能自知，這樣就是正確的見解：因為了知世間是因緣而生，所以不執著「無」，因為了知世間會因緣而滅，所以不執著「有」。

如來離於二邊，說於中道，所謂此有故彼有，此生故彼生，謂緣無明有行，乃至生、老、病、死、憂、悲、惱、苦集；所謂此無故彼無，此滅故彼滅，謂無明滅則行滅，乃至生、老、病、死、憂、悲、惱、苦滅。

這也就是佛陀離於「有」與「無」二邊，而說的「中道」。所謂：這裡存在，所以那裡存在；這裡生起，所以那裡生起；也就是十二因緣的集起乃至消滅。

由於明白緣起法，知道如果有無明、貪愛，就會有生死輪迴，因此不會誤以為世間是「無」的。另一方面，如果滅除無明、貪愛，生死輪迴就可以止息了，因此也不會執著世間是「有」的。

藉由這番開示，闡陀長老終於徹底瞭解了無我法及因緣法！

我今從尊者阿難所，聞如是法，於一切行皆空、皆悉寂、不可得、愛盡、離欲、滅盡、涅槃，心樂正住解脫，不復轉還，不復見我，唯見正法。

同樣的一句話，闡陀在證道前不喜歡聽，但經過阿難的解說後，他瞭解其意義，而發現佛說的的確是沒錯的，因此不再有我見，只見到因緣法的真理。

第 262 經　【0066b06】

如是我聞：

一時，有眾多上座比丘住波羅㮈國㉓仙人住處鹿野苑⑦中，佛般泥洹㉔未久。

時，長老闡陀㉕晨朝著衣持鉢，入波羅㮈城乞食。食已，還攝㉖衣鉢，洗足已，持戶鉤㉗，從林至林，從房至房，從經行處至經行處，處處請諸比丘言：「當教授我，為我說法，令我知法、見法，我當如法知、如法觀。」

時，諸比丘語闡陀言：「色無常，受、想、行、識無常，一切行無常，一切法無我，涅槃寂滅。」

闡陀語諸比丘言：「我已知色無常，受、想、行、識無常，一切行無常，一切法無我，涅槃寂滅。」

闡陀復言：「然我不喜聞：『一切諸行空寂、不可得、愛盡、離欲、涅槃。』此中云何有我而言：『如是知、如是見，是名見法』？」第二、第三亦如是說。

闡陀復言：「是中誰復有力堪能為我說法，令我知法、見法？」復作是念：「尊者阿難今在拘睒彌國瞿師羅園，曾供養親覲世尊，佛所讚歎，諸梵行者皆悉識知。彼必堪能為我說法，令我知法、見法。」

㉓ 波羅㮈國：中印度的古國，在摩揭陀國的西北。

㉔ 般泥洹：完全涅槃，特指解脫者肉身的死亡。義譯為「圓寂」、「入滅」。其中「泥洹」又譯為「涅槃」。

㉕ 闡陀：悉達多太子出家修道時，駕馬車載太子出城的僕從。佛陀成道六年後，隨佛出家，但自恃出身貴族而輕賤諸比丘，愛罵人，是結黨不守戒律的六位惡比丘之一。佛滅度後從阿難學道，終證阿羅漢。又譯為「車匿」。

㉖ 攝：收藏。

㉗ 戶鉤：門鑰匙。又譯為「戶鑰」。

⑦「波……野苑」，巴利本作 Bārāṇasī, Isipatana Migadāya。

時，闡陀過此夜已，晨朝著衣持鉢，入波羅㮈城乞食。食已，還攝舉❷臥具，攝臥具已，持衣鉢詣拘睒彌國，漸漸遊行到拘睒彌國，攝舉衣鉢，洗足已，詣尊者阿難所，共相問訊已，却坐一面。

時，闡陀語尊者阿難言：「一時，諸上座比丘住波羅㮈國仙人住處鹿野苑中。時，我晨朝著衣持鉢入波羅㮈城乞食。食已，還攝衣鉢，洗足已，持戶鉤，從林至林，從房至房，從經行處至經行處，處處見諸比丘，而請之言：『當教授我，為我說法，令我知法、見法。』時，諸比丘為我說法言：『色無常，受、想、行、識無常，一切行無常，一切法無我，涅槃寂滅。』我爾時語諸比丘言：『我已知色無常，受、想、行、識無常，一切行無常，一切法無我，涅槃寂滅。然我不喜聞：「一切諸行空寂、不可得、愛盡、離欲、涅槃。」此中云何有我而言：「如是知、如是見，是名見法」？』我爾時作是念：『是中誰復有力堪能為我說法，令我知法、見法？』我時復作是念：『尊者阿難今在拘睒彌國瞿師羅園，曾供養親覲世尊，佛所讚歎，諸梵行者皆悉知識。彼必堪能為我說法，令我知法、見法。』善哉！尊者阿難今當為我說法，令我知法、見法。」

時，尊者阿難語闡陀言：「善哉！闡陀！我意大喜，我慶仁者能於梵行人前，無所覆藏，破虛偽刺。闡陀！愚癡凡夫所不能解色無常，受、想、行、識無常，一切諸行無常，一切法無我，涅槃寂滅❷。汝今堪受勝妙法，汝今諦聽，當為汝說。」

時，闡陀作是念：「我今歡喜得勝妙心、得踊悅心，我今堪能受勝妙法。」

爾時，阿難語闡陀言：「我親從佛聞，教摩訶迦旃延言：『世人顛倒依於二邊，若有、若無，世人取諸境界，心便計著。迦旃延！若不受、不取、不住、不計於我，此苦生時生、滅時滅。迦旃延！於此不疑、不惑、不由於他而能自知，是名正見，如來所說。所以者何？

❷ 攝舉：收藏。

❷ 一切諸行無常，一切法無我，涅槃寂滅：一切形成物都不能永恆存在，一切存在的現象都沒有實有、不變、獨存的成分，究竟之處為一切都止息了的涅槃。此即可用來鑑別是否為佛法的「三法印」。

迦旃延！如實正觀世間集者，則不生世間無見，如實正觀世間滅，則不生世間有見。迦旃延！如來離於二邊，說於中道❸，所謂此有故彼有，此生故彼生，謂緣無明有行，乃至生、老、病、死、憂、悲、惱、苦⑧集；所謂此無故彼無，此滅故彼滅，謂無明滅⑨則行滅，乃至生、老、病、死、憂、悲、惱、苦滅。』」

尊者阿難說是法時，闡陀比丘遠塵離垢，得法眼淨。爾時，闡陀比丘見法、得法、知法、起法，超越狐疑，不由於他，於大師教法，得無所畏。恭敬合掌白尊者阿難言：「正應如是。如是智慧梵行，善知識教授教誡說法。我今從尊者阿難所，聞如是法，於一切行皆空、皆寂、悉⑩不可得、愛盡、離欲、滅盡、涅槃，心樂正住解脫，不復轉還，不復見我，唯見正法。」

時，阿難語闡陀言：「汝今得大善利，於甚深佛法中，得聖慧眼⑪❸。」

時，二正士展轉隨喜，從座*而起，各還本處。

| 輸屢那三種⑫ | 無明亦有三 |
| 無間等⑬及滅 | 富留那、闡陀 |

【對應經典】

- 南傳《相應部尼柯耶》〈蘊相應22〉第90經闡陀經。

❸ 中道：不走極端、不偏不倚的觀念或行為。

❸ 聖慧眼：聖者所具有洞察真相的智慧的眼力。

⑧ 「惱、苦」，宋、元、明三本作「苦、惱」。*

⑨ 「滅」，宋、元、明三本作「滅滅」。

⑩ 「寂悉」，大正藏原為「悉寂」，今依據宋、元、明三本改作「寂悉」。

⑪ 「眼」，宋、元、明三本作「明」。

⑫ 輸屢那三經出自第一卷終（No.30-32）。

⑬ 「間等」，宋、元、明三本作「聞苦」。

正觀集滅，則不落有無二邊

【讀經拾得】

■ 學佛的我是誰

闡陀比丘的疑問是：「如果一切事物都是空寂、不可得的，學佛的這個我又是誰？」

除了本經中阿難不偏不倚的解說外，《雜阿含經》卷十三第335經中佛陀也作了深入的說明：「眼生時無有來處，滅時無有去處。如是眼不實而生，生已盡滅，有業報而無作者，此陰滅已，異陰相續，除俗數法。」（CBETA, T02, no. 99, p. 92, c16-19）有興趣深究的同學可在之後讀該經時，仔細思考。

■ 問題出在實證上

本經中「然我不喜聞：『一切諸行空寂、不可得、愛盡、離欲、涅槃。』此中云何有我而言：『如是知、如是見，是名見法』？」

這句話，相當的南傳經文作：「然而我的心不躍入於一切行的止（定），一切依著的捨棄，渴愛的滅盡、褪去、停止、涅槃；也沒有獲得自信、安穩、勝解。相反的，生起了戰慄與執著，心退轉而想：『那誰是我的自我？』但見法者是不會這樣的。」

南傳的經文指出闡陀比丘尚未達成實證的定、慧，因此而有疑問。

我們縱使觀念都理解且接受了，仍然必須經由止、觀來實證，才是真正的沒有疑惑。

導讀：智者因譬得解

佛陀不僅能解說深奧的義理，也會用譬喻深入淺出的讓弟子抓到重點。
本卷接下來的各經，記錄佛陀在解說五陰時，舉各種譬喻，幫助弟子理解法義。

第 263 經 【0067a22】

如是我聞：

一時，佛住拘留國❸雜色牧牛聚落。

爾時，佛告諸比丘：「我以知見❸故，得諸漏盡，非不知見。云何以知見故，得諸漏盡，非不知見？謂此色、此色集、此色滅；此受、想、行、識，此識集、此識滅。

> 不修習三十七道品，不能得漏盡解脫

「不修方便隨順成就，而用心求❸：『令⑭我諸漏盡，心得解脫。』當知彼比丘終不能得漏盡解脫。所以者何？不修習故，不修習⑮何等？謂不修習念處、正勤、如意足、根❸、力❸、覺❸、道❸。譬如伏雞❸，生子眾多，不能隨時蔭餾⑯❹，消息冷暖❹，而欲令子以觜❹、以爪啄卵自生，安隱出㲉❹，當知彼子無有自力，堪能方便以觜、以爪安隱出㲉。所以者何？以彼雞母不能隨時蔭餾＊，冷暖長養子故。

「如是，比丘不勤修習隨順成就，而欲令得漏盡解脫，無有是處。所以者何？不修習故。不修何等？謂不修念處、正勤、如意足、

---

❸ 拘留國：古代印度十六大國之一。

❸ 知見：了知、見到。也就是經文常見的「如實知、如實見」。

❸ 不修方便隨順成就，而用心求：若不精進地依照修法的順序修習，而只是在心裡空想。

❸ 根：五根。

❸ 力：五力。

❸ 覺：七覺分。

❸ 道：八聖道。

❸ 伏雞：孵蛋的母雞。

❹ 蔭餾：覆蓋加溫，指孵蛋。

❹ 消息冷暖：時時注意每顆蛋的冷、暖狀態。

❹ 觜：嘴。

❹ 㲉：蛋殼。

⑭ 「令」，宋本作「今」。

⑮ 宋、元、明三本無「習」字。

⑯ 「餾」，宋本作「留」，元、明二本作「鶹」。＊

根、力、覺、道，若比丘修習隨順成就者，雖不欲令漏盡解脫，而彼比丘自然漏盡，心得解脫。所以者何？以修習故。何所修習？謂修念處、正勤、如意足、根、力、覺、道，如彼伏雞善養其子，隨時蔭餾*，冷暖得所，正⑰復不欲令子方便自啄卵出，然其諸子自能方便安隱出㲉。所以者何？以彼伏雞隨時蔭餾，冷暖得所故。

「如是，比丘善修方便，正*復不欲漏盡解脫，而彼比丘自然漏盡❹，心得解脫。所以者何？以勤修習故。何所修習？謂修念處、正勤、如意足、根、力、覺、道。譬如巧師❹、巧師弟子，手執斧柯❹，捉❹之不已，漸漸微盡手指處現❹，然彼不覺斧柯微盡而盡處現。

「如是，比丘精勤修習隨順成就，不自知見今日爾所漏盡，明日爾所漏盡，然彼比丘知有漏盡。所以者何？以修習故，何所修習？謂修習念處、正勤、如意足、根、力、覺、道。譬如大舶，在於海邊，經夏六月，風飄日暴❹，藤綴❺漸斷。

「如是，比丘精勤修習隨順成就，一切結縛、使、煩惱、纏❺，漸得解脫。所以者何？善修習故，何所修習？謂修習念處、正勤、如意足、根、力、覺、道。」

說是法時，六十比丘不起諸漏，心得解脫。

佛說此經已，諸比丘聞佛所說，歡喜奉行。

三十七道品修習多修習，自然水到渠成

---

❹ 正復不欲漏盡解脫，而彼比丘自然漏盡：縱使沒有想要斷盡煩惱得解脫，自然也會斷盡煩惱得解脫。相當的南傳經文作「即使沒有生起這樣的希求：『喔，希望我的心以不執著而解脫於諸煩惱。』但他的心以不執著而解脫於諸煩惱。」

❹ 巧師：工巧之師，指各種手工藝技術巧妙的師傅。

❹ 斧柯：斧頭的握柄。

❹ 捉：操持使用。

❹ 漸漸微盡手指處現：斧柄被手指握住的地方會漸漸磨損，久而久之，斧柄上手指的握痕就愈來愈明顯。

❹ 風飄日暴：風吹日曬。

❺ 藤綴：繫住船舶的繩子。呼應下文的「結縛、使、煩惱、纏」。

❺ 結縛、使、煩惱、纏：結縛、使、纏都是指煩惱。結縛與纏有綁結、繫縛、繞捆的意思，使得身心不能解脫；煩惱差使眾生不能出離，所以比喻為使。

⑰ 「正」，宋本作「政」。*

【對應經典】

■ 南傳《相應部尼柯耶》〈蘊相應22〉第101經手斧之柄（船舶）經。

【讀經拾得】

有同學問：「本經中說『若比丘修習隨順成就者，雖不欲令漏盡解脫，而彼比丘自然漏盡，心得解脫』，和《雜阿含經》第561、564經所說的『依（善法）欲斷愛』，是否有衝突呢？修行是要依欲斷欲，還是要自然成就？」

在修行的開始的確是依（善法）欲斷愛，有想要修行的動機，才會修行。本經中所要表達的是只要精進修行於三十七道品，自然能斷盡煩惱，縱使沒有想斷盡煩惱、也會自然斷盡煩惱，因此本經並沒有要求佛弟子故意不想要斷盡煩惱。另一方面，修行的成就也是急不得的，如同佛陀在前面卷九第254經向二十億耳尊者說的「彈琴喻」：「精進太急，增其掉悔，精進太緩，令人懈怠，是故汝當平等修習攝受，莫著、莫放逸、莫取相」（CBETA, T02, no. 99, p. 62, c16-18）。有正確的動機、用對了方法後，就日復一日的練習，自然會漸漸開花結果。

「修行」是從做中學，日起有功的。只要按照有效的方法與步驟，每天練習，偶然回頭一看，或許會驚喜的發現，原來已經默默前進這麼遠了。

第 264 經　【0067c04】

如是我聞：

一時，佛住舍衛國祇樹給孤獨園。

爾[18]時，有異比丘於禪中思惟，作是念：「頗有色常、恒、不變易、正住耶？如是受、想、行、識，常、恒、不變易、正住耶？」

是比丘晡時從禪起，往詣佛所，頭面禮足，住一面，白佛言：「世尊！我於禪中思惟，作是念：『頗有色常、恒、不變易、正住耶？如是受、想、行、識，常、恒、不變易、正住耶？』今白[19]世尊，頗有色常、恒、不變易、正住耶？頗有受、想、行、識，常、恒、不變易、正住耶？」

---

[18] 宋、元、明三本無「爾」字。

[19]「白」，大正藏原為「曰」，今依據宋、元、明三本改作「白」。

爾時，世尊手執小土摶❷，告彼比丘言：「汝見我手中土摶不？」

比丘白佛：「已見，世尊！」

「比丘！如是少土，我不可得❸。若我可得者，則是常、恒、不變易、正住法。」

佛告比丘：「我自憶宿命，長夜❹修福，得諸勝妙可愛果報之事。曾於七年中，修習慈心❺，經七劫❻成壞，不還此世。七劫壞時生光音天❼，七劫成時還生梵世❽，空宮殿中作大梵王❾，無勝、無上，領千世界。從是以⑳後，復三十六反，作天帝釋❻。復百千反，作轉輪聖王❻，領四天下❻，正法治化，七寶具足，所謂輪寶❻、象寶❻、馬寶❻、摩尼寶❻、玉女寶❻、主藏臣寶❻、主兵臣寶❻；千子具足，皆悉勇健；於四海內，其地平正，無諸毒刺，不威、不迫，以法調伏。

---

❷ 摶：捏聚成團。

❸ 如是少土，我不可得：就連這個小小土團，我也不可能永遠保有，因為一切有形的東西，終有磨滅變化的一天。

❹ 長夜：長時間。

❺ 慈心：願給一切眾生安樂的心。

❻ 劫：時間單位，代表極長的時間。

❼ 光音天：色界二禪天中的最高一層。光音天人不用口語溝通，而以光互通心意，所以稱為「光音」。壞劫開始的時候，宇宙發生大火災，將光音天之下全部燒毀，但無法燒到光音天，此時光音天之下的各界眾生會輾轉生於光音天。

❽ 梵世：色界初禪天的統稱，由上而下可分為：大梵天、梵輔天、梵眾天。

❾ 大梵王：色界初禪天當中最高層大梵天的天主，統領千個梵天。

❻ 天帝釋：欲界六天當中，忉利天（又稱三十三天）的天主。

❻ 轉輪聖王：以正法統治世界的君主，具三十二相，即位時由善業感召天空中飛來輪寶，四方國家看到輪寶就自行歸服，因此稱作轉輪聖王。

❻ 四天下：古代印度人認為人間分成東南西北四大洲，稱為四天下。

❻ 輪寶：轉輪王的寶器，能在輪王前飛行引導，使輪王所向無敵。

❻ 象寶：能日行千里的白象王。

❻ 馬寶：能日行千里的紫馬王。

❻ 摩尼寶：純淨無瑕的夜明珠。

❻ 玉女寶：體態穠纖合度，性情端正溫柔的美女。

❻ 主藏臣寶：天生能見得到地中寶藏的大臣。

❻ 主兵臣寶：勇健又有智謀，善於統領軍隊的大臣。

⑳ 「以」，大正藏原為「已」，今依據宋、元、明三本改作「以」。

「灌頂王❼法有八萬四千龍象，皆以眾寶莊嚴而挍餝❼之，寶網覆上，建立寶幢❼，布薩象王最為導首，朝、晡二時自會殿前。我時念言：『是大群象，日日再反往來，蹈殺眾生無數，願令四萬二千象百年一來。』即如所願，八萬四千象中，四萬二千象百年一至。

「灌頂王法復有八萬四千匹馬，亦以㉑純金為諸乘具，金網覆上，婆羅馬王㉒為其導首。

「灌頂王法有八萬四千四種寶車，所謂金車、銀車、琉璃車、頗梨❼車，師子、虎、豹皮、雜色欽婆羅❼以為覆襯㉓❼，跋求毗闍耶難提音聲之車為其導首。

「灌頂王法領八萬四千城，安隱豐樂，人民熾盛，拘舍婆提㉔城㉕而為上首。

「灌頂王法有八萬四千四種宮殿，所謂金、銀、琉璃、頗梨、摩尼琉璃，由訶❼而為上首。

「比丘，灌頂王法有八萬四千四種寶床，所謂金、銀、琉璃、頗梨，種種繒褥❼、氍氀、毲㲪❼、迦陵伽㉖❼臥具以敷其上，安置丹枕。

---

❼ 灌頂王：完成登基儀式的國王。古代印度國王即位時，以海水灌頂，作為登基儀式。

❼ 挍餝：裝飾。

❼ 幢：在高舉的竿柱繫上絲帛作圓桶狀的旗幟。

❼ 頗梨：玻璃。

❼ 欽婆羅：毛織品。

❼ 覆襯：覆蓋或裝飾車子作為襯裡的皮布。

❼ 由訶：莊嚴，宮殿名。另譯為「大正樓」。

❼ 繒褥：以絲織成，供坐臥的墊子。

❼ 氍氀、毲㲪：毛織的地毯、蓆子。

❼ 迦陵伽：鹿名，皮毛名貴，可製為加工品。

㉑ 「以」，明本作「如」。

㉒ 「婆羅馬王」，巴利本作 Valāhaka-assarāja。

㉓ 「襯」，宋、元、明三本作「儭」。

㉔ 「拘舍婆提」，巴利本作 Kusāvatī。

㉕ 「城」，大正藏原為「王」，今依據前後文改作「城」。

㉖ 「迦陵伽」，巴利本作 Kadalimiga。

　　「復次，比丘！灌頂王法復有八萬四千四種衣服，所謂迦尸細㉗衣❽、芻摩㉘衣❽、頭鳩羅㉙衣❽、拘沾婆㉚衣❽。

　　「復次，比丘！灌頂王法有八萬四千玉女，所謂剎利女、似剎利女，況復餘女。

　　「復次，比丘！灌頂王法有八萬四千飲㉛食，眾味具足。比丘！八萬四千玉女中，唯以一人以為給侍；八萬四千寶衣，唯著一衣；八萬四千寶床，唯臥一床；八萬四千宮殿，唯處一殿；八萬四千城，唯居一城，名拘舍婆提；八萬四千寶車，唯乘一車，名毘闍耶難提瞿沙㉜，出城遊觀；八萬四千寶馬，唯乘一馬，名婆羅訶，毛尾紺色❽；八萬四千龍象，唯乘一象，名布薩陀㉝，出城遊觀。

　　「比丘！此是何等業報，得如是威德自在耶？此是三種業報，云何為三？一者布施，二者調伏，三者修道。比丘當知，凡夫染習五欲，無有厭足，聖人智慧成滿，而常知足。比丘！一切諸行，過去盡滅、過去變易，彼自然眾具及以名稱，皆悉磨滅。是故，比丘！永息諸行，厭離、斷欲、解脫。比丘！色為常？無常？」

　　比丘白佛言：「無常，世尊！」

　　「若無常者，是苦耶？」

　　比丘白佛言㉞：「是苦，世尊！」

---

❽ 迦尸細衣：絲綢衣。另譯為「繒衣」。

❽ 芻摩衣：麻衣。另譯為「初摩衣」。

❽ 頭鳩羅衣：棉衣。另譯為「劫貝衣」。

❽ 拘沾婆衣：羊毛衣。

❽ 紺色：深青而微紅的顏色，類似紫色。

㉗ 「迦尸細」，巴利本作 Koseyya(?)。

㉘ 「芻摩」，巴利本作 Khoma(?)。

㉙ 「頭鳩羅」，巴利本作 Kappāsika(?)。

㉚ 「拘沾婆」，巴利本作 Kambala(?)。

㉛ 「飲」，宋、元、明三本作「釜」。

㉜ 「毘闍耶難提瞿沙」，巴利本作 Vejayantaratha。

㉝ 「布薩陀」，巴利本作 Uposatha。

㉞ 宋、元、明三本無「言」字。

「比丘！若無常、苦，是變易法，聖弟子寧復於中計我、異我、相在不？」

比丘白佛：「不也，世尊！」

「如是受、想、行、識，為常、為無常？」

比丘白佛言：「無常，世尊！」

「若無常者，是苦耶？」

比丘白佛言：「是苦，世尊！」

「比丘！若無常、苦，是變易法，聖弟子寧復於中計我、異我、相在不？」

比丘白佛：「不也，世尊！」

佛告比丘：「諸所有色，若過去、若未來、若現在，若內、若外，若 、若細，若好、若醜，若遠、若近，彼一切非我、不異我、不相在。如是受、想、行、識，若過去、若未來、若現在，若內、若外，若麤、若細，若好、若醜，若遠、若近，彼一切非我、不異我、不相在。比丘！於色當生厭離、厭、離欲、解脫。如是於受、想、行、識，當生厭、離欲、解脫，解脫知見：『我生已盡，梵行已立，所作已作，自知不受後有。』」

時，彼比丘聞佛所說，踊躍歡喜，作禮而去。常念土摶譬教授，獨一靜處，精勤思惟，不放逸住，不放逸住已；所以善男子剃除鬚髮，正信非家，出家學道，為究竟無上梵行，見法自知身作證：「我生已盡，梵行已立，所作已作，自知不受後有。」

時，彼尊者亦自知法，心得㉟解脫，成阿羅漢。

【對應經典】
■《中阿含經》卷十一〈王相應品6〉第61經牛糞喻經。
■南傳《相應部尼柯耶》〈蘊相應22〉第96經牛糞經。
■《增壹阿含經》卷十四〈高幢品24〉第4經。
■參考《中阿含經》卷三十四〈大品11〉第138經福經。

㉟「心得」，宋本作「心故」，元、明二本作「故心」。

【讀經拾得】

世尊說過，即使只有一念之間對眾生修習慈心三昧，已有無量福報，何況佛陀過去世連續七年修習慈心三昧。

然而世間無常、五陰無我，無論有多少福報，終究有耗盡的一天。

第 265 經　　【0068b29】

如是我聞：

一時，佛住阿毘陀處㊱恒河❽側。

爾時，世尊告諸比丘：「譬如恒河大水暴起，隨流聚沫，明目士夫諦觀分別；諦觀分別時，無所有、無牢、無實、無有堅固。所以者何？彼聚沫中無堅實故。如是諸所有色，若過去、若未來、若現在，若內、若外，若麁、若細，若好、若醜，若遠、若近。比丘！諦觀思惟分別，無所有、無牢、無實、無有堅固，如病、如癰、如刺、如殺，無常、苦、空、非我。所以者何？色無堅實故。

五陰無堅實

「諸比丘！譬如大雨水泡，一起一滅，明目士夫諦觀思惟分別；諦觀思惟分別時，無所有、無牢、無實、無有堅固。所以者何？以彼水泡無堅實故。如是，比丘！諸所有受，若過去、若未來、若現在，若內、若外，若麁、若細，若好、若醜，若遠、若近。比丘！諦觀思惟分別；諦觀思惟分別時，無所有、無牢、無實、無有堅固，如病、如癰、如刺、如殺，無常、苦㊲、空、非我。所以者何？以受無堅實故。

「諸比丘！譬如春末夏初，無雲、無雨，日盛中時，野馬❻流動㊳，明目士夫諦觀思惟分別；諦觀思惟分別時，無所有、無牢、無

---

❽ 恒河：南亞的一條主要河流，發源於喜馬拉雅山西部，流經印度北部及孟加拉。

❻ 野馬：太陽照射地面，空氣受熱而產生對流，或是火焰周圍空氣受熱而擾動的現象，遠看像奔騰不停的野馬或波動的水面（海市蜃樓之類）。又譯為「陽焰」。

㊱「阿毘陀處」，巴利本作 Ayyojjhā。

㊲「苦」，明本作「若」。

㊳「野馬（流動）」，巴利本作 Marīcikā。

實、無有堅固。所以者何？以彼野馬無堅實故。如是，比丘！諸所有想，若過去、若未來、若現在，若內、若外，若麤、若細，若好、若醜，若遠、若近。比丘！諦觀思惟分別；諦觀思惟分別時，無所有、無牢、無實、無有堅固，如病、如癰、如刺、如殺，無常、苦、空、非我。所以者何？以想無堅實故。

「諸比丘！譬如明目士夫求堅固材，執持利斧，入於山林，見大芭蕉㊼❽樹，傭直長大，即伐其根，斬截其❽，葉葉次剝，都無堅實，諦觀思惟分別；諦觀思惟分別時㊵，無所有、無牢、無實、無有堅固。所以者何？以彼芭蕉無堅實故。如是，比丘！諸所有行，若過去、若未來、若現在，若內、若外，若麤、若細，若好、若醜，若遠、若近。比丘！諦觀思惟分別；諦觀思惟分別時，無所有、無牢、無實、無有堅固，如病、如癰、如刺、如殺，無常、苦、空、非我。所以者何？以彼諸行無堅實故。

「諸比丘！譬如幻師㊶❾、若幻師弟子，於四衢道❿頭，幻作象兵、馬兵、車兵、步兵，有智明目士夫諦觀思惟分別；諦觀思惟分別時，無所有、無牢、無實、無有堅固。所以者何？以彼幻無堅實故。如是，比丘！諸所有識，若過去、若未來、若現在，若內、若外，若麤、若細，若好、若醜，若遠、若近。比丘！諦觀思惟分別；諦觀思惟分別時，無所有、無牢、無實、無有堅固，如病、如癰、如刺、如殺，無常、苦、空、非我。所以者何？以識無堅實故。」

爾時，世尊欲重宣此義，而說偈言：

---

❽ 芭蕉：多年生草本植物，樹幹由葉的葉柄延展變形、互相緊密包圍，形成外表像莖的形狀。但如果將莖從外向內，層層剝開，最後是中空的，不像一般樹幹有實心可當木材。

❽ 峯：芭蕉樹的頂端。

❾ 幻師：魔術師。

❿ 四衢道：十字路口。

㊼ 「芭蕉」，巴利本作 Kadalī。

㊵ 「宋、元、明三本無「時」字。

㊶ 「幻師」，巴利本作 Māyākāro。

「觀色如聚沫，　　　　受如水上泡，

　想如春時燄㊷❾❶，　　諸行如芭蕉，

　諸識法如幻，　　　　日種❾❷姓尊說。

　周匝諦思惟，　　　　正念善觀察，

　無實不堅固，　　　　無有我我所。

　於此苦陰身，　　　　大智分別說，

　離於三法者，　　　　身為成棄物，

　壽暖及諸識❾❸，　　離此餘身分，

　永棄丘塚間，　　　　如木無識想。

　此身常如是，　　　　幻偽㊸誘愚夫。

　如殺如毒刺，　　　　無有堅固者。

　比丘勤修習，　　　　觀察此陰身，

　晝夜常專精，　　　　正智繫念住，

　有為行長息，　　　　永得清涼處。」

時，諸比丘聞佛所說，歡喜奉行。

【對應經典】

- 南傳《相應部尼柯耶》〈蘊相應22〉第95經泡沫經。
- 《五陰譬喻經》。
- 《水沫所漂經》。

---

❾❶ 燄：「陽焰」的簡稱，為「野馬」的另譯。

❾❷ 日種：佛陀俗家古代的族姓。印度神話傳說釋迦族的遠祖，是由甘蔗中孕育，之後甘蔗經過日曬裂開而出生，因此稱為「日種」、「甘蔗種」。音譯為「瞿曇」。

❾❸ 壽暖及諸識：壽命（業力造成的生命持續期間）、體溫（肉體）、心識（精神），這三個須互相依持，生命才得以持續。

㊷ 「燄」，宋本作「炎」。

㊸ 「偽」，大正藏原為「為」，今依據宋、元、明三本改作「偽」。

【讀經拾得】

■ 本經將五陰分別譬喻為：

1. 色無堅實：恒河大水暴起，隨流聚沫。

2. 受無堅實：大雨水泡，一起一滅。

3. 想無堅實：野馬流動。

4. 行無堅實：芭蕉。

5. 識無堅實：幻術。

這些譬喻也成為各經典中對於緣生法的譬喻的基礎，例如：

● 《金剛般若波羅蜜經》：「一切有為法，如夢、幻、泡、影，如露亦如電，應作如是觀。」（CBETA, T08, no. 235, p. 752, b28-29）

● 《大般若波羅蜜多經》卷70〈無所得品18〉：「不見諸法有覺有用，見一切法如幻事、如夢境、如像、如響、如光影、如陽焰、如空花、如尋香城、如變化事，都非實有。」（CBETA, T05, no. 220, p. 396, a11-14）

● 《大毘盧遮那成佛神變加持經》卷1〈入真言門住心品1〉：「如幻、陽焰、夢、影、乾闥婆城、響、水月、浮泡、虛空華、旋火輪。」（CBETA, T18, no. 848, p. 3, c13-14）

第 266 經　【0069b04】

如是我聞：

一時，佛住舍衛國祇樹給孤獨園。

爾時，佛告諸比丘：「於無始生死，無明所蓋，愛結❾所繫，長夜輪迴，不知苦之本際；有時長久不雨，地之所生百穀草木，皆悉枯乾。諸比丘！若無明所蓋，愛結所繫，眾生生死輪迴，愛結不斷，不盡苦邊。諸比丘！有時長夜不雨，大海水悉皆枯竭。諸比丘！無明所蓋，愛結所繫，眾生生死輪迴，愛結不斷，不盡苦邊。諸比丘！有時長夜須彌山王❾皆悉崩落，無明所蓋，愛結所繫，眾生長夜生死輪迴，愛結不斷，不盡苦邊。諸比丘！有時長夜此大地悉皆敗壞，而眾生無明所蓋，愛結所繫，眾生長夜生死輪迴，愛結不斷，不盡苦邊。

---

❾ 愛結：貪愛的煩惱。

❾ 須彌山王：聳立在一世界中央的大高山。

「比丘！譬如狗子繫柱，彼繫不斷，長夜繞柱，輪迴而轉。如是，比丘！愚夫眾生不如實知色、色集、色滅、色味、色患、色離，長夜輪迴，順色而轉。如是不如實知受、想、行、識、識集、識滅、識味、識患、識離，長夜輪迴，順識而轉。諸比丘！隨色轉、隨受轉、隨想轉、隨行轉、隨識轉。隨色轉故，不脫於色，隨受、想、行、識轉故，不脫於識。以⑭不脫故，不脫生、老、病、死、憂、悲、惱、苦。多聞聖弟子如實知色、色集、色滅、色味、色患、色離，如實知受、想、行、識、識集、識滅、識味、識患、識離故，不隨識轉。不隨轉故，脫於色，脫於受、想、行、識，我說脫於生、老、病、死、憂、悲、惱、苦。」

佛說此經已。時，諸比丘聞佛所說，歡喜奉行。

【對應經典】

■ 南傳《相應部尼柯耶》〈蘊相應22〉第99經繫繩（一）經。

【讀經拾得】

■ 什麼事情是真正地老天荒、海枯石爛都不會變的？是我們長夜的生死流轉。除非剪斷將我們綁在五陰上的繩子（無明、貪愛），才可能掙脫輪迴的綑綁，得到真正的自由。

■ 本經中說的「長夜不雨，大海水悉皆枯竭」等情形，可參考《長阿含經》卷二十一〈三災品9〉第30經世記經所記載的小三災，本經中要表達的是夜長夢多、長夜輪迴生死的喻意。

■ 《雜阿含經》卷9：「有六魔鈎。云何為六？眼味著色，是則魔鈎，耳味著聲，是則魔鈎，鼻味著香，是則魔鈎，舌味著味，是則魔鈎，身味著觸，是則魔鈎，意味著法，是則魔鈎。」（CBETA, T02, no. 99, p. 58, c10-14）

⑭「以」，宋本作「已」。

第 267 經 【0069c02】

如是我聞：

一時，佛住舍衛國祇樹給孤獨園。

爾時，世尊告諸比丘：「眾生於無始生死，無明所蓋，愛結所繫，長夜輪迴生死，不知苦際。諸比丘！譬如狗繩繫著柱，結繫不斷故，順柱而轉，若住、若臥，不離於柱。如是凡愚眾生，於色不離貪欲、不離愛、不離念、不離渴、輪迴於色，隨色轉，若住、若臥，不離於色。如是受、想、行、識，隨受、想、行、識轉，若住、若臥不離於識。

「諸比丘！當善思惟觀察於心。所以者何？長夜心為貪欲所㊺染，瞋恚、愚癡所*染故。比丘！心惱故眾生惱，心淨故眾生淨。比丘！我不見一色種種如斑色鳥，心復過是❾。所以者何？彼畜生心種種故，色種種。

「是故，比丘！當善思惟觀察於心。諸比丘！長夜心貪欲所染，瞋恚、愚癡所染，心惱故眾生惱，心淨故眾生淨。比丘當知，汝見嗟蘭那鳥❾種種雜色不？」

答言：「曾見，世尊！」

佛告比丘：「如嗟蘭那鳥種種雜色，我說彼心種種雜亦復如是。所以者何？彼嗟蘭那鳥心種種故其色種種。是故，當善觀察思惟於心，長夜種種，貪欲、瞋恚、愚癡種種，心惱故眾生惱，心淨故眾生淨。

「譬如畫師、畫師弟子，善治素地❾，具眾彩色，隨意圖畫種種像類。

眾生不離五陰，如狗繫柱而轉

心淨故眾生淨

---

❾ 我不見一色種種如斑色鳥，心復過是：我不曾見過有眾生的顏色繽紛多樣更勝於斑色鳥，但心的多樣更勝過斑色鳥。

❾ 嗟蘭那鳥：一種毛色斑雜的鳥。相當的南傳經文例子不同，舉例為「嗟蘭那（德行）圖」，是某個婆羅門宗派表示各種不同善惡行對應善惡業報的彩色圖說，可拿著到處傳教的。

❾ 善治素地：善於在乾淨的平面上作畫。

㊺「所」，大正藏原為「使」，今依據元、明二本改作「所」。*

「如是，比丘！凡愚眾生不如實知色、色集、色滅、色味、色患、色離，於色不如實知故，樂著於色；樂著色故，復生未來諸色。如是凡愚不如實知受、想、行、識、識集、識滅、識味、識患、識離。不如實知故，樂著於識；樂著識故，復生未來諸識。當生未來色、受、想、行、識故，於色不解脫，受、想、行、識不解脫，我說彼不解脫生、老、病、死、憂、悲、惱、苦。

「有多聞聖弟子如實知色、色集、色滅、色味、色患、色離。如實知故，不樂著於色；以不樂著故，不生未來色。如實知受、想、行、識、識集、識滅、識味、識患、識離。如實知故，不染著於識；不樂著故，不生未來諸識。不樂著於色、受、想、行、識故，於色得解脫，受、想、行、識得解脫，我說彼等解脫生、老、病、死、憂、悲、惱、苦。」

佛說此經已，時諸比丘聞佛所說，歡喜奉行。

【對應經典】

■ 南傳《相應部尼柯耶》〈蘊相應22〉第100經繫繩（二）經。

【讀經拾得】

■ 「心惱故眾生惱，心淨故眾生淨」或許為《維摩詰所說經》卷一〈佛國品1〉：「隨其心淨，則佛土淨」（CBETA, T14, no. 475, p. 538, c5）所本。《維摩詰所說經》的說法可說是此篇結合卷九第230經的「世間」定義（六入處因緣）的衍生說法。

■ 「心惱故眾生惱，心淨故眾生淨」或許也和俗話說的「一念天堂、一念地獄」相關。

■ 「譬如畫師」一段，在《雜阿含經》卷十五第377、378經也有呼應的譬喻，表示眾生因貪喜四食（能長養五陰）而沈陷輪迴，猶如畫師能以色彩造各種畫作。這個譬喻，或許在《大方廣佛華嚴經》〈覺林菩薩偈〉「譬如工畫師」一段，改作正面的引申說法，〈覺林菩薩偈〉的結尾「應觀法界性，一切唯心造」（CBETA, T10, no. 279, p. 102, b1），也和本經「心惱故眾生惱，心淨故眾生淨」呼應，在研習本經後，或許更能掌握其意涵。

■ 《正法念處經》中，有關於本經所用譬喻的長篇說明，例如《正法念處經》卷5〈生死品2〉：「又彼比丘如是觀察：云何眾生，有種種色、種種形相、有種種道、種種依止？又彼觀察，有種種心、種種依止、種種信解、有種種業。此如是等，種種諸色、種種形相、種種諸道、種種依止，譬如點慧善巧畫師，若其弟子觀察善平堅滑好地，得此地已，種種彩色、種種雜雜、若好若醜、隨心所作。」（CBETA, T17, no. 721, p. 23, b21-c1）

第 268 經 【0070a12】

如是我聞：

一時，佛在⁴⁶舍衛國祇樹給孤獨園。

爾時，世尊告諸比丘：「譬如河水從山澗出，彼水深駛，其流激注，多所漂沒。其河兩岸，生雜草木，大水所偃，順靡水邊，眾人涉渡，多為水所漂，隨流沒溺，遇浪近岸，手援草木，草木復斷，還隨水漂。

「如是，比丘！若凡愚眾生不如實知色、色⁴⁷集、色滅、色味、色患、色離，不如實知故，樂著於色，言色是我，彼色隨斷❾❾。如是不如實知受、想、行、識、識集、識滅、識味、識患、識離，不如實知故，樂著於識，言識是我，識復隨斷。

「若多聞聖弟子如實知色、色集、色滅、色味、色患、色離，如實知故，不樂著於色。如實知受、想、行、識、識集、識滅、識味、識患、識離，如實知故，不樂著識；不樂著故，如是自知，得般涅槃：『我生已盡，梵行已立，所作已作，自知不受後有。』」

佛說此經已，時諸比丘聞佛所說，歡喜奉行。

【對應經典】

■ 南傳《相應部尼柯耶》〈蘊相應22〉第93經河流經。

---

❾❾ 彼色隨斷：所執著的色若斷壞，自己就受影響。（如同在水中漂流時，抓住河邊的雜草雜木而希望不要被沖走，但只要草木斷了，人就被沖走。）

⁴⁶「在」，明本作「住」。

⁴⁷ 宋、元、明三本無「色」字。

第 269 經 【0070b01】

如是我聞：

一時，佛住舍衛國祇樹給孤獨園。

爾時，世尊告諸比丘：「非汝所應法，當盡捨離，捨彼法已，長夜安樂。比丘！何等法非汝所應，當速捨離，如是色、受、想、行、識，非汝所應，當盡捨離，斷彼法已，長夜安樂。譬如祇桓❿林中樹木，有人斫伐枝條，擔持而去，汝等亦不憂慼。所以者何？以彼樹木非我、非我所。

「如是，比丘！非汝所應者，當盡捨離，捨離已，長夜安樂。何等非汝所應，色非汝所應，當盡捨離，捨離已，長夜安樂。如是受、想、行、識，非汝所應，當速捨離，捨彼法已，長夜安樂。諸比丘！色為常耶？為無常耶？」

諸比丘白佛言：「無常，世尊！」

「比丘！無常者，為是苦耶？」

答言：「是苦，世尊！」

佛告比丘：「若無常、苦，是變易法，多聞聖弟子寧於中見有我、異我、相在不？」

答言：「不也，世尊！」

「如是受、想、行、識為是常耶？無常耶？」

答言：「無常，世尊！」

「比丘！若無常者，是苦耶？」

答言：「是苦，世尊！」

---

❿祇桓：「祇樹給孤獨園」的簡稱。佛陀的道場之一，由給孤獨長者向祇陀太子買下土地，並由祇陀太子布施樹林。

　　佛告比丘：「若無常、苦，是變易法，多聞聖弟子寧於中見有我、異我、相在不？」

　　答言：「不也，世尊！」

　　「比丘！是故諸所有色，若過去、若未來、若現在，若內、若外，若麤、若細，若好、若醜，若遠、若近，彼一切非我、不異我、不相在。如是受、想、行、識，若過去、若未來、若現在，若內、若外，若　、若細，若好、若醜，若遠、若近，彼一切非我、不異我、不相在，聖弟子觀此五受陰非我、非⁴⁸我所。如是觀時，於諸世間無所取著；無所取著者，自得涅槃：『我生已盡，梵行已立，所作已作，自知不受後有。』」

　　佛說此經已，時諸比丘聞佛所說，歡喜奉行。

【對應經典】

■《雜阿含經》卷十一第274經。
■ 南傳《相應部尼柯耶》〈蘊相應22〉第33經非汝所應法（一）經。
■ 南傳《相應部尼柯耶》〈蘊相應22〉第34經非汝所應法（二）經。
■ 南傳《相應部尼柯耶》〈六處相應35〉第101經非汝等有（一）經。
■ 南傳《相應部尼柯耶》〈六處相應35〉第102經非汝等有（二）經。
■ 南傳《相應部尼柯耶》〈六處相應35〉第138經惡意者（二）經。

---

⁴⁸大正藏無「非」字，今依據宋、元、明三本補上。

第 270 經　【0070c02】

如是我聞：

一時，佛住舍衛國祇樹給孤獨園。

爾時，世尊告諸比丘：「無常想❶修習多修習，能斷一切欲愛❷、色愛❸、無色愛❹、掉❺、慢❻、無明。譬如田夫❼，於夏末秋初深耕其地，發荄斷草❽。如是，比丘！無常想修習多修習，能斷一切欲愛、色愛、無色愛、掉、慢、無明。

「譬如，比丘！如人刈❾草，手攬其端，舉而抖擻，萎枯悉落，取其長者。如是，比丘！無常想修習多修習，能斷一切欲愛、色愛、無色愛、掉、慢、無明。

「譬如菴羅㊾果❿著樹，猛風搖條，果悉墮落。如是，無常想修習多修習，能斷一切欲愛、色愛、無色愛、掉、慢、無明。

「譬如樓閣，中心堅固，眾材所依，攝受不散。如是，無常想修習多修習，能斷一切欲愛、色愛、無色愛、掉、慢、無明。

「譬如一切眾生跡，象跡為大，能攝受故。如是，無常想修習多修習，能斷一切欲愛、色愛、無色愛、掉、慢、無明。

---

❶ 無常想：作無常的觀想。

❷ 欲愛：欲界眾生（感官之欲）的渴愛。

❸ 色愛：（斷除淫欲的）色界眾生的渴愛。

❹ 無色愛：（斷除淫欲與物質欲的）無色界眾生的渴愛。

❺ 掉：即「掉舉」，內心躁動不安。

❻ 慢：傲慢。

❼ 田夫：農夫。

❽ 發荄斷草：斬草除根。「荄」讀作「該」，「發荄」是「除根」的意思。

❾ 刈：割取。讀作「易」。

❿ 菴羅果：芒果。

㊾ 「菴羅」，巴利本作 Amba。

「譬如閻浮提一切諸河，悉趣⑩大海，其大海者，最為第一，悉攝受故。如是，無常想修習多修習，能斷一切欲愛、色愛、無色愛、掉、慢、無明。

「譬如日出，能除一切世間闇冥。如是，無常想修習多修習，能斷一切欲愛、色愛、無色愛、掉、慢、無明。

「譬如轉輪聖王，於諸小王最上、最勝。如是，無常想修習多修習，能斷一切欲愛、色愛、無色愛、掉、慢、無明。

常修習無常想能建立無我想，而能離無明

「諸比丘！云何修無常想，修習多修習，能斷一切欲愛、色愛、無色愛、掉、慢、無明？若比丘於空露地⑪、若林樹間，善正思惟，觀察色無常，受、想、行、識無常。如是思惟，斷一切欲愛、色愛、無色愛、掉、慢、無明。所以者何？無常想者，能建立無我想，聖弟子住無我想，心離我慢，順得涅槃。」

佛說是經已，時，諸比丘聞佛所說，歡喜奉行。

【對應經典】

■ 南傳《相應部尼柯耶》〈蘊相應22〉第102經無常性（想）經。

【讀經拾得】

■ 《增壹阿含經》卷32〈力品38〉：「當思惟無常想，廣布無常想，已思惟無常想，廣布無常想，便斷欲愛、色愛、無色愛，盡斷憍慢、無明。」（CBETA, T02, no. 125, p. 724, a9-11）本經則進一步說明這是因為「無常想者，能建立無我想，聖弟子住無我想，心離我慢，順得涅槃。」

■ 本經中提到的「色愛、無色愛、掉、慢、無明」也是阿羅漢所斷的「五上分結」。

---

⑪ 空露地：室外空曠的地方。
⑩ 「趣」，大正藏原為「赴」，今依據宋、元、明三本改作「趣」。

第 271 經 【0071a04】

如是我聞：

一時，佛住舍衛國祇樹給孤獨園。

爾時，有比丘名曰低舍⑫，與眾多比丘集於食堂，語諸比丘言：「諸尊！我不分別於法，不樂修梵行，多樂睡眠，疑惑於法。」

爾時，眾中有一比丘，往詣佛所，禮佛足，却住一面，白佛言：「世尊！低舍比丘以眾多比丘集於食堂，作如是說，唱言：『我不能分別於法，不樂修梵行，多樂睡眠，疑惑於法。』」

佛告比丘：「是低舍比丘是愚癡人，不守根門⑬，飲食不知量，初夜⑭、後夜⑮，心不覺悟，懈怠懶惰，不勤精進，不善觀察思惟善法；彼於分別法，心樂修梵行，離諸睡眠，於正法中離諸疑惑，無有是處。若當比丘守護根門，飲食知量，初夜、後夜，覺悟精進，觀察善法，樂分別法，樂修梵行，離於睡眠，心不疑法，斯有是處。」

爾時，世尊告一比丘，汝往語低舍比丘言：「大師呼汝。」

比丘白佛：「唯然，受教。」前禮佛足，詣㉛低舍所，而作是言：「長老低舍！世尊呼汝。」低舍聞命，詣世尊所，稽首禮足，却住一面。

爾時，世尊語低舍比丘言：「汝低舍！實與眾多比丘集於食堂，作是唱言：『諸長老！我不能分別於法，不樂修㉜梵行，多樂睡眠，疑惑於法』耶？」低舍白佛：「實爾，世尊！」

---

⑫ 低舍：比丘名，自恃為佛陀未出家求道前的表弟而不受勸誡，是佛陀形容為「暫出還沒」墮於惡趣的比丘之一。又譯為「低沙」。

⑬ 根門：眼、耳、鼻、舌、身、意等六根，是外境進入身心的門戶，因此稱為根門。

⑭ 初夜：夜晚的前四分之一，約晚間六點至九點。古印度將一天分為八時，即晝四時、夜四時。夜四時為初夜、中夜、中夜後、後夜。

⑮ 後夜：夜晚的最後四分之一，約凌晨三點至六點。

㉛「詣」，宋、元、明三本作「往詣」。

㉜ 大正藏無「修」字，今依據宋、元、明三本補上。

佛問低舍：「我今問汝，隨汝意答。於意云何？若於色不離貪、不離欲、不離愛、不離念、不離渴，彼色若變、若異。於汝意云何？當起憂、悲、惱、苦*為不耶？」

低舍白佛：「如是，世尊！若於色不離貪、不離欲、不離愛、不離念、不離渴，彼色若變、若異，實起憂、悲、惱、苦*。世尊！實爾不異。」

佛告低舍：「善哉！善哉！低舍！正應如是，不離貪欲說法❶❶❻。低舍！於受、想、行、識，不離貪、不離欲、不離愛、不離念、不離渴，彼識若變、若異，於汝意云何？當起憂、悲、惱、苦*為不耶？」

低舍白佛：「如是，世尊！於識不離貪、不離欲、不離愛、不離念、不離渴，彼識若變、若異，實起憂、悲、惱、苦*。世尊！實爾不異。」

佛告低舍：「善哉！善哉！正應如是，識不離貪欲說法。」

佛告低舍：「於意云何？若於色離貪、離欲、離愛、離念、離渴，彼色若變、若異時，當生憂、悲、惱、苦*耶？」

低舍白佛：「不也，世尊！」

「如是不異。於意云何？受、想、行、識，離貪、離欲、離愛㊼、離念、離渴，彼識若變、若異，當生憂、悲、惱、苦*耶？」

低舍答曰：「不也，世尊！如是不異。」

佛告低舍：「善哉！善哉！低舍！今當說譬，夫㊺智慧者，以譬得解。如二士夫共伴行一路，一善知路，一不知路，其不知者語知路者，作如是言：『我欲詣某城、某村、某聚落，當示我路。』時，知路者即示彼路，語言：『士夫！從此道去，前見二道，捨左從右前行，復有坑澗渠流，復當捨左從右，復有叢林，復當捨左從右。汝當如是漸漸前行，得至某城。』」

---

❶❶❻ 正應如是，不離貪欲說法：未離貪的情形，的確應該是這樣。

㊼「愛」，宋本作「憂」。

㊺「夫」，大正藏原為「大」，今依據宋、元、明三本改作「夫」。

　　佛告低舍：「其譬如是：不知路者，譬愚癡凡夫。其知路者，譬如來、應、等正覺。前二路者，謂眾生狐疑。左路者，三不善法——貪、恚、害覺❶❶❼。其右路者，謂三善覺——出要離欲覺、不瞋覺、不❺❺害覺。前行左路者，謂邪見、邪志、邪語、邪業、邪命❶❶❽、邪方便、邪念、邪定。前行右路者，謂正見、正志、正語、正業、正命、正方便、正念、正定。坑澗渠流者，謂瞋恚、覆障、憂、悲。叢林者，謂五欲功德也。城者，謂般涅槃。」

　　佛告低舍：「佛為大師，為諸聲聞所作已作，如今當作哀愍悲念，以義安樂，皆悉已作。汝等今日，當作所作，當於樹下，或空露地、山巖窟宅，敷草為座，善思正念，修不放逸，莫令久後心有悔恨，我今教汝。」

　　爾時，低舍聞佛所說，歡喜奉行。

【對應經典】

■ 南傳《相應部尼柯耶》〈蘊相應22〉第84經低舍經。

【讀經拾得】

佛經中常有「行於正道」、「誤入險道」的比喻，本經中解說了這比喻在修行上的意義。

---

❶❶❼ 害覺：想要加害別人的意向。此處的「覺」即「有覺有觀（有尋有伺）」的「覺（尋）」。

❶❶❽ 邪命：不正當的謀生。

❺❺ 「不」，宋本作「入」。

第 272 經　【0071c14】

如是我聞：

一時，佛住舍衛國祇樹給孤獨園。

爾時，眾中有少諍事⑲，世尊責諸比丘故，晨朝著衣持鉢，入城乞食。食已，出，攝舉衣鉢，洗足，入安陀林⑳，坐一樹下，獨靜思惟，作是念：「眾中有少諍事，我責諸比丘，然彼眾中多年少比丘，出家未久，不見大師，或起悔心，愁憂不樂。我已長夜於諸比丘生哀愍心，今當復還，攝取彼眾，以哀愍故。」

時，大梵王知佛心念，如力士屈伸臂頃，從梵天沒，住於佛前，而白佛言：「如是，世尊！如是，善逝！責諸比丘，以少諍事故，於彼眾中多有年少比丘，出家未久，不見大師，或起悔心，愁憂不樂。世尊長夜哀愍，攝受眾僧，善哉！世尊！願今當還攝諸比丘。」

爾時，世尊心已垂愍梵天故，默然而許。時，大梵天知佛世尊默然已許，為佛作禮，右遶三匝，忽然不現。

爾時世尊，大梵天王還去未久，即還祇樹給孤獨園。敷尼師檀㊶，斂㊷身㉑正坐，表現微相㉒，令諸比丘敢來奉見。時，諸比丘來詣佛所，懷㊳慚愧色，前禮佛足，却坐一面。

出家的目的

爾時，世尊告諸比丘：「出家之人，卑下活命，剃髮持鉢，家家乞食，如被禁㊴呪㉓。所以然者，為求勝義㉔故，為度生、老、病、死、

---

⑲ 少諍事：小爭執。

⑳ 安陀林：是音譯，義譯為寒林，因為林木多而較涼，也是棄屍的樹林，而讓一般人恐懼而發涼。是佛陀及弟子的修行場所之一，位於王舍城北方。

㉑ 斂身：整肅儀容。

㉒ 表現微相：展現細微的相。比對其餘經典及南傳相當經文，此處特指「使用神通」。

㉓ 如被禁呪：如同被人下詛咒，行為受到制約般。

㉔ 勝義：最高的真理。是「世俗」的對稱。

㊶ 「檀」，宋、元、明三本作「壇」。

㊷ 「斂」，大正藏原為「㲉」，今依據明本改作「斂」。

㊳ 「懷」，元本作「壞」。

㊴ 「禁」，大正藏原為「噤」，今依據宋、元、明三本改作「禁」。

憂、悲、惱、苦、究竟苦邊故。諸善男子！汝不為王賊所使、非負債人、不為恐怖、不為失命而出家，正為解脫生、老、病、死、憂、悲、惱、苦。汝等不為此而出家耶？」

比丘白佛：「實爾，世尊！」

佛告比丘：「汝等比丘為如是勝義而出家。云何於中猶復有一愚癡凡夫，而起貪欲，極生染著，瞋恚兇暴，懈怠下劣，失念❿不定，諸根迷亂？譬如士夫從闇而入闇，從冥入冥，從糞廁出復墮糞廁，以血洗血，捨離諸惡還復取惡。我說此譬，凡愚比丘亦復如是。又復譬如焚尸火橾⑥❷，捐棄塚間，不為樵伐之所採拾。我說此譬，愚癡凡夫比丘而起貪欲，極生染著，瞋恚兇暴，懈怠下劣，失念不定，諸根散亂，亦復如是。

「比丘！有三不善覺法。何等為三？貪覺、恚覺、害覺，此三覺由想而起。云何想？想有無量種種，貪想、恚想、害想，諸不善覺從此而生。比丘！貪想、恚想、害想、貪覺、恚覺、害覺，及無量種種不善。云何究竟滅盡？於四念處繫心，住無相⑥三昧❷，修習多修習，惡不善法從是而滅，無餘永盡，正以此法。

「善男子、善女人信樂❷出家，修習無相三昧，修習多修習已，住甘露門，乃⑥至究竟甘露涅槃❷。我不說此甘露涅槃，依三見者。何等為三？有一種見如是如是說：『命則是身。』復有如是見：『命異身異。』又作是說：『色是我，無二無異，長存不變。』多聞聖弟子作是思惟：『世間頗有一法可取而無罪過者？』思惟已，都不見一法可取而無罪過者。我若取色，即有罪過；若取受、想、行、識，則

❿ 失念：心散亂。

❷ 火橾：燃火的薪柴。

❷ 無相三昧：觀色、聲、香、味、觸、法相斷，不念一切相，而成就的定境。

❷ 信樂：確信和愛樂。

❷ 甘露涅槃：解脫的涅槃。「甘露」是印度傳說中的不死藥，譬喻為「解脫」，因為解脫的聖者不生，不生因而不死。

⑥ 「橾」，宋本作「爍」。

⑥ 「相」，明本作「想」。

⑥ 「乃」，宋本作「及」。

有罪過。作是知已，於諸世間，則無所取，無所取者，自覺涅槃：
『我生已盡，梵行已立，所作已作，自知不受後有。』」

佛說此經已。時，諸比丘聞佛所說，歡喜奉行。

應說、小土摶⑥③　　泡沫、二無知

河流、祇⑥④ 林、樹　　低舍、責諸想

【對應經典】

■《中阿含經》卷三十四〈大品11〉第140經至邊經。

■南傳《相應部尼柯耶》〈蘊相應22〉第80經乞食經。

雜阿含經卷第十

---

⑥③「摶」，宋、元二本作「揣」。

⑥④「祇」，宋本作「我」。

附錄

台大獅子吼佛學專站簡介 >>

台灣大學獅子吼佛學專站,於1995年成立於台大佛學研究中心,是華人世界至今歷史最悠久的佛法討論專站,也是至今少數不隸屬特定宗派及道場的佛教討論園地。

■ 提供園地

台大獅子吼站提供許多別具特色的討論園地,例如「佛法求助哇啦啦」、「大家來讀經」、「佛典電子化討論」、「學佛心得——酸甜苦辣留言版」、「佛法實修與異聞」、「佛教新消息」、「禪與靜坐」、「健康飲食」等等版面,並有相當完整的精華區。

舉例而言,其中「佛法求助哇啦啦」版為許多網路上朋友們接觸佛教乃至三皈五戒的緣起,「佛典電子化討論區」即為中華電子佛典協會(CBETA)創立前,佛典電子化討論者的集散處,而「大家來讀經」版提供許多站友深入經藏的園地。

另外台大獅子吼站也曾推出許多網際網路上首創的服務,例如「一行佛學辭典搜尋」結合了九部佛學辭典的快速線上搜尋,「菩提樹交流網」免費結緣佛成道菩提樹的小苗,「藥師如來祈福許願壇」參照古法曼陀羅提供免費的虛空祈福迴向,皆相當受到歡迎。

■ 討論特色

台大獅子吼站以釋迦牟尼佛教法為中心、不營利、不分宗派及道場,而由眾佛子以和合僧眾的風格經營,群策群力。站上的討論,提倡「深入經藏、以經解經」的思辨方法,另外並秉持「依法不依人」的立場,探索佛陀原義,提供清淨的討論空間。台大獅子吼站也扮演了接引初機的平台,站友們勉勵以淺白的文字讓初學佛者更能參與討論,增進對佛法的認識。

「深入經藏」是三皈依中常念的一句話,在台大獅子吼站裡,每週都有讀經的進度,每次的讀經都不長,經中的文言文或專有名詞更無須懼怕,因為在站上大家可以深入討論。

深入討論的最重要方法就是本站「以經解經」的方式，所依據的就是CBETA電子大藏經，為學佛者人人可以立刻查找所需的經說，並提出見解的最佳工具。根據佛陀說法純一滿淨、不異語的特性，善用電子大藏經來以經解經並交叉比對，可以避免掉入人云亦云的泥淖。也因此，台大獅子吼站上的討論找出了許多具決定性的佛陀教法，這也是在末世能難能可貴地顯示佛世尊獅子吼正法的方式之一。

「接引初機」也是台大獅吼站的作用之一，在站上參與共同研修的人都是同學相稱，和樂融融，期許做到世尊對於僧團和合無諍的要求。

許多初學佛的人由於看到經文就心生艱難想，於是只想拜一拜佛就了事，對於佛理了無興趣；想深入的人又苦於無法深入解析經文，而不了了之。台大獅子吼站諸位先學者常以生花妙筆，用簡單有趣的小故事、生動活潑的譬喻將佛經的義理、典故一一描繪，令想學佛法的初學者無障礙地進入佛法的門內，快速地趕上進度，覺得學佛實在有趣而不枯燥，學佛真正有用而不是口號。

■ 媒體報導

台大獅子吼站不做商業廣告，全靠學佛者之間的口耳相傳。在網上的介紹則有例如：「虛空善法堂：佛教BBS」（詳見http://gaya.org.tw/journal/m14/14-main4.htm）。的確，由於獅子吼站的設立並不是為了名或利，純是學佛者討論佛法的「虛空善法堂」，可說是五濁惡世裡一處清淨佛剎。

想知道更多學佛的資訊，歡迎光臨台大獅子吼站：

http://buddhaspace.org 或 http://facebook.com/groups/budahelp

誌謝 >>

本書不是一時一人之作，而是眾多善緣的和合，除了感謝三寶外，也要感謝諸上善人的幫助。

本書負責編輯、校對、排版等各項工作的義工皆由台大獅子吼佛學專站而結緣，多有彼此切磋佛法一、二十年的同修，也有許多同學十多年來在線上讀經班共同研習、彼此打氣，而閱畢四部阿含。另外也靠著近二十年來的線上問答，編輯們從過往的討論中找出特別不易理解或容易誤解的經文，以及經文在生活的應用，豐富本書的內容。

在成書的過程中獲得許多善士的幫助及建議，在經文輸入、版本校勘、新式標點、難字等內容受惠於中華電子佛典協會（CBETA）的技術支援，編輯方向要感謝台大佛學研究中心創辦人恆清法師的指導，許多編輯的議題承蒙香光尼眾佛學院圖書館館長自衍法師、法鼓山農禪寺監院果毅法師、法鼓山文化中心副都監果賢法師、精微學社出版社賴貞慧居士的指點。

古今各法師大德的相關著述，包含菩提比丘所著 *The Connected Discourses of the Buddha：A Translation of the Samyutta Nikaya*、印順法師所著《雜阿含經論會編》、無著比丘所著《念住：通往證悟的直接之道》、楊郁文教授的諸多著作、莊春江居士的《漢譯阿含辭典》以及《雜阿含經南北傳對讀》，和元亨寺出版的《漢譯南傳大藏經》，都對釐清難詞難字有很大的助益。學術研究論文如溫宗堃教授、蘇錦坤居士的〈五十卷本《雜阿含經》字句斠勘〉、蘇錦坤居士的〈初期漢譯佛典疑難詞釋義〉、林崇安教授的〈《雜阿含經》經文的釐正初探〉，也對本書的校勘帶來很大的助益。法鼓文理學院杜正民教授則不吝轉達學院學生試讀、告知使用上的期許，以及中華佛學研究所的林恕安居士、溫婉如居士的建議，還有無數網路上試讀者的指教與討論，都是讓本書精益求精的動力。

在這些基礎上，配合最新的技術協同合作，才能完成本書的編輯，並作線上的呈現。紙本書的出版流通，則感謝法鼓文化的發行。希望本書對於經典的流布能有一些貢獻，方不負三寶及諸法師大德的恩惠。

好讀
01

好讀 雜阿含經

第一冊／遠離憂悲苦惱　卷一至卷十
Savoring the Samyukta Agama (I): Liberated from worry, sorrow,
pain and vexation (Fascicle 1 to Fascicle 10)

翻　　　　譯／劉宋　求那跋陀羅尊者
編　　　　註／台大獅子吼佛學專站
套 書 主 編／邱大剛
套書副主編／劉忠瑋
執 行 編 輯／釋如聞、白非白、法澤、道融、柯盈楓、劉言
　　　　　　　煒、白果正、林晁立、袁天竑、林慧怡、詹晏
　　　　　　　菖、高鶴容、正智、陳正哲、陳美惠、連德悅
經 文 校 勘／法澤、廖國堯
文 字 校 稿／釋心承、常證、廖國堯、陳阿建、蕭志鴻、謝
　　　　　　　中仁、李艾倫、吳承書
美 術 編 輯／王翔昱、黃常有、連德悅
圖 片 提 供／王翔昱、法鼓文化
線 上 系 統／白果正

出　　　　版／法鼓文化
總　　　　監／釋果賢
總 編 輯／陳重光
地　　　　址／112臺北市北投區公館路186號5樓
電　　　　話／02-2893-4646
傳　　　　真／02-2896-0731
網　　　　址／http://www.ddc.com.tw
電 子 信 箱／market@ddc.com.tw
讀者服務專線／02-2896-1600
初 版 一 刷／2015年5月
初 版 十 刷／2024年5月
建 議 售 價／新臺幣750元
郵 撥 帳 號／50013371
戶　　　　名／財團法人法鼓山文教基金會—法鼓文化
北美經銷處／紐約東初禪寺
　　　　　　　Chan Meditation Center（New York, USA）
　　　　　　　Tel／718-592-6593　E-mail／chancenter@gmail.com

國家圖書館出版品預行編目(CIP)資料

好讀 雜阿含經. 第一冊. 遠離憂悲苦惱.卷一至卷十 / 劉
宋 求那跋陀羅尊者翻譯；臺大獅子吼佛學專站編註. --
初版. -- 臺北市：法鼓文化, 2015.05　　面；　公分
ISBN 978-957-598-671-1(平裝)
1.阿含部
221.84　　　　　　　　　　　　　　　　　104005456

法鼓文化